国家社会科学基金项目：

畲族地区的经济生产方式转型与社会文化变迁（04BMZ009）

国家社会科学基金重大项目：

近代浙江畲族文书的搜集、整理与研究（20&ZD213）

厦门大学社会与人类学院资助出版

明清时期东南畲民的
社会文化变迁

石奕龙 ◎ 著

图书在版编目(CIP)数据

明清时期东南畲民的社会文化变迁 / 石奕龙著. --
厦门：厦门大学出版社，2024.6
ISBN 978-7-5615-9302-8

Ⅰ. ①明… Ⅱ. ①石… Ⅲ. ①畲族-社会变迁-研究
-中国-明清时代 Ⅳ. ①K288.3

中国国家版本馆CIP数据核字(2024)第029175号

责任编辑　薛鹏志　陈金亮
美术编辑　蒋卓群
技术编辑　朱　楷

出版发行　厦门大学出版社
社　　址　厦门市软件园二期望海路39号
邮政编码　361008
总　　机　0592-2181111　0592-2181406(传真)
营销中心　0592-2184458　0592-2181365
网　　址　http://www.xmupress.com
邮　　箱　xmup@xmupress.com
印　　刷　厦门集大印刷有限公司

开本　720 mm×1 000 mm　1/16
印张　18.75
插页　1
字数　310 千字
版次　2024 年 6 月第 1 版
印次　2024 年 6 月第 1 次印刷
定价　76.00 元

本书如有印装质量问题请直接寄承印厂调换

厦门大学出版社
微信二维码

厦门大学出版社
微博二维码

目 录

绪　　论 ……………………………………………………………… 1

第一章　明代早期畲客瑶人的分布 …………………………………… 6
　　第一节　明代早期畲客瑶人的分布区 ……………………………… 6
　　第二节　闽粤赣交界地区畲客瑶人的姓氏 ………………………… 14
　　第三节　闽粤赣交界地区畲客瑶人的来源 ………………………… 26

第二章　明朝早中期畲客瑶人的社会文化图景 ……………………… 30
　　第一节　明代早中期汉人眼里的他者形象 ………………………… 30
　　第二节　明代早中期畲客瑶人的经济 ……………………………… 35
　　第三节　明代早中期畲客瑶人自身的社会组织 …………………… 47

第三章　明代早中期畲客瑶人与明王朝的关系 ……………………… 51
　　第一节　明代早中期愿意向化的畲瑶头领
　　　　　　被政府羁縻 …………………………………………………… 51
　　第二节　明政府设畲官、抚瑶土官约束畲客瑶人 ………………… 54
　　第三节　明王朝的希冀是将畲瑶等客民归化成编户齐民 ………… 59
　　第四节　正德年间王守仁对畲瑶等客民的镇压 …………………… 64
　　第五节　官方统治力量的强化与制度管理 ………………………… 75

第四章　明代中后期畲民徙居闽东浙南地区 ………………………… 86
　　第一节　官方文献所述的畲民徙居闽东浙南 ……………………… 86

第二节 民间文献所述的畲民徙居闽东浙南 …………………… 96

第五章 明中后期至清代闽东浙南的畲族经济 …………………… 120
    第一节 畲民初迁闽东浙南获取土地资源的方式 …………………… 120
    第二节 明中后期至清代的畲民种植经济 …………………… 135
    第三节 其他生计行业 …………………… 153

第六章 盘蓝雷钟四姓山客（畲族）的形成
    ——畲民族群认同标志的再发明 …………………… 169
    第一节 闽东浙南的盘蓝雷钟与其他地区的不同自我表述 …… 169
    第二节 闽东浙南畲民的传统再发明 …………………… 186
    第三节 为何产生如此再发明的解释 …………………… 201
    第四节 产生这种再发明的时间及其影响 …………………… 204
    第五节 凤凰山祖地的想象与建构 …………………… 221

第七章 清代畲民的转型与社会文化图景 …………………… 227
    第一节 清代畲民的经济转型 …………………… 227
    第二节 清代畲民的阶级分化 …………………… 234
    第三节 清代畲民的继嗣方式和通婚情况 …………………… 253
    第四节 清代畲族的服饰 …………………… 267

结　　论 …………………… 274
参考文献 …………………… 280
后　　记 …………………… 292

绪 论

本书是对明清时期畲族的社会文化变迁进行的历史人类学研究。笔者理解的历史人类学是指运用文化人类学的方法、理论与知识,通过对散见在各类文字记述如官方文献、地方文献,历史主体如畲民主位表述的族谱、地方碑刻、歌本、口述资料等中的零星资料汇集、比较、分析,以被叙述之历史主体(某族群或某民族)自我的历史建构为主线,对其自我建构其历史的过程或社会文化的生产与再生产过程加以构筑、丰满、叙事与描述、阐释。

首先,历史人类学与历史学的研究有着一定的差别,历史学的研究主要依靠的资料是官定的二十四史及历史档案。也就是说,其主要的依据是白纸黑字的文献资料。当然近来由于社会史的兴起,其资料的范围也相应扩大,有点类似历史人类学的研究,故也有一些历史学家宣称他们从事历史人类学的研究。然而历史学中的历史人类学仍以历史文献作为主要资料,只不过其文献资料的范围有所扩展,也注重起地方文书与碑刻资料。此外,也开始注重口述史方面的研究。文化人类学的历史人类学的资料来源与历史学的历史人类学基本相同,但它可能会更多地注重田野调查的资料,特别是当以某一少数民族为叙事对象时,它可能更注重田野实际调查来的资料的客观与准确性,因为当这种能客观反映被研究主体的文化面貌的调查资料一旦形成文字后,它们也就成了后世的"历史文献"了。其次,文化人类学主张从田野调查的实践中归纳通则,从实践中检验被研究者的主位建构和研究者客位的理论建构和客位的阐释。文化人类学的研究也能证明,当文献记载的某种事物或现象与现实生活中不一致时,错误的往往是文献记载,而非实践运作中的社会事实。文化人类学的历史人类学与历史学甚至与历史学的历史人类学相比,相应地可能更注重田野调查的实际资料,因为它们的准确性与客观度可能都比历史文献记载的东西要强些。最后,对少数民族的历史进行研究时,历史人类学也相对更为合适。因为对某一具体的少数民族来说,其官方历史文献的资料相对都较少,而且还可能带有汉人主位的偏见,如果单纯靠文献,想要复原其某个历史时期的文化面貌,似乎是非常艰难的。但是文化人类学的历史人类学就不同了,因为经过一百多年来的文化人类学研究,文化人类学对人类社会文化的各种制度、制度之间的关联性都有比较完善的了解与认识。当遇到官方的历史文献记载简单时,其可以运用文化人类学的常识去重构或阐释,这大概也是历史学或历史学的历史人类学所难以完全与完美胜任的。所以笔者采用文化人类学的历史人类学来从事明清时期畲族建构其历史与文化过程的研究。

在这一历史人类学的研究过程中,笔者运用的是唯物主义历史建构论或马克思主义历史建构论来指导研究。社会建构(social construction)是近来后现代主义思潮中流行的概念,其意义在于,通过批判社会历史进程的所谓必然性,强调"当下"是通过人们意识或非意识的共同行动的结果。① 这种理论强调的是,历史是由历史主体自我建构的结果,但是目前多数人在运用这一理论时往往过分强调其"有意识的行动",而忽略"非意识的行动",亦即受限于某种既定的前提条件。所以与这一后现代理论不谋而合的应该是唯物主义或马克思主义的历史建构论。

马克思主义的历史观是一种唯物主义的历史建构论。为何说其为历史建构论呢？首先,是因为马克思、恩格斯在他们的一些文章或著作中都强调历史本身就是人们自己创造的,而创造实际就是建构。如马克思在《路易·波拿巴的雾月十八日》中说：

> 人们自己创造自己的历史,但是他们并不是随心所欲地创造,并不是在他们选定的条件下创造,而是在直接碰到的、既定的、从过去承继下来的条件下创造。②

恩格斯也在《路德维希·费尔巴哈和德国古典哲学的终结》中说：

> 人们通过每一个人追求他自己的、自觉期望的目的而创造自己的

---

① Hacking, I. *The Social Construction of What?* Boston: Harvard University Press, 2000.
② 《马克思恩格斯全集》第一卷,北京：人民出版社,1956年,第603页。

历史,却不管这种历史的结局如何,而这许多按不同方向活动的愿望及其对外部世界的各种各样影响所产生的结果,就是历史。①

恩格斯在《1890年9月21日给约·布洛赫的信》中又说:

> 我们自己创造着我们的历史,但是第一,我们是在十分确定的前提和条件下进行创造的。其中经济的前提和条件归根到底是决定性的。但是政治等等的前提和条件,正是那些存在于人们头脑中的传统,也起着一定的作用,虽然不是决定性的作用……
>
> 但是第二,历史是这样创造的:最终的结果总是从许多单个的意志的相互冲突中产生出来的,而其中每一个意志,又是由于许多特殊的生活条件,才成为它所成为的那样。这样就有无数互相交错的力量,有无数个力的平行四边形,由此就产生出一个总的结果,即历史事变,这个结果又可以看作一个作为整体的、不自觉地和不自主地起着作用的力量产物。因为任何一个人的愿望都会受到任何另一个人的妨碍,而最后出现的结果就是谁都没有希望过的事物。……但是各个人的意志……虽然都达不到自己的愿望,而是融合为一个总的平均数,一个总的合力,然而从这一事实中决不应做出结论说,这些意志等于零。相反地,每个意志都对合力有所贡献,因而是包括在这个合力里面的。②

马克思、恩格斯在《德意志意识形态》中也说:

> 我们首先应当确定一切人类生存的第一个前提,也就是一切历史的第一个前提,这个前提就是:人们为了能够"创造历史",必须能够生活。但是为了生活,首先就需要衣、食、住以及其他东西。因此第一个历史活动就是生产满足这些需要的资料,即生产物质生活本身。同时,这也是人们仅仅为了能够生活就必须每日每时都要进行的(现在也和几千年前一样)一种历史活动,即一切历史的基本条件。……任何历史观的第一件事情就是必须注意上述基本事实的全部意义和全部范围,并给予应有的重视。大家知道,德国人从来没有这样做过,所以他们从来没有为历史提供世俗基础,因而也从来没有过一个历史学家。法国人和英国人尽管对这一事实同所谓历史的联系了解得非常片面(特别因为他们受政治思想的束缚),但毕竟做了一些给历史编纂学提供唯物

---

① 《马克思恩格斯选集》第四卷,北京:人民出版社,1972年,第243~244页。
② 《马克思恩格斯选集》第四卷,北京:人民出版社,1972年,第477~479页。

主义基础的初步尝试,首次写出了市民社会史、商业史和工业史。①

在这些论述中,马克思与恩格斯只有一种提法,就是"人们自己创造自己的历史"。这里的创造,英文为 made,德文为 maken,俄文为 Делать,意即制造、建构。换言之,马克思与恩格斯一贯强调是人们自己建构了自己的历史。因此,在这现代与后现代理论充斥的时代,将马克思主义的历史观视为"历史建构论"是符合马克思与恩格斯的原初意思的。

其次,马克思与恩格斯在文章与著作中强调的是"人们"(men)自己建构自己的历史,马克思与恩格斯之所以如此强调"人们",是以族群出发的,也即某种历史是由某一群体的所有人建构的,而非某一群体中的部分人,如上层的统治者、特权阶级或所谓英雄,也非单纯下层的被压迫的"人民"(people)。换言之,马克思、恩格斯在讨论历史或历史的建构时,强调的历史主体是整个群体,或我们现在所说的族群、民族等人们共同体,而非等级社会或阶级社会的下层——"人民"。

最后,马克思、恩格斯的历史建构论是唯物主义的,即马恩的历史建构论与当下有些人强调的主观历史建构论有所不同,马恩的唯物主义历史建构论十分强调人们在建构其历史时是不能随心所欲,而必须受既定的前提条件的制约或在此基础上建构的。如马克思说:"人们自己创造自己的历史,但是他们并不是随心所欲地创造,并不是在他们选定的条件下创造,而是在直接碰到的、既定的、从过去承继下来的条件下创造。"②即在客观存在的前提条件下或基础上建构的。总之,历史是人们自我建构的,但人们自己在建构其历史时,并不能完全随心所欲地主观建构,他们只能在一定的前提条件或基础上建构。当然这种前提条件可能是多样的,但是正如马克思、恩格斯所强调的生存也许是人们所有建构的前提,所以马克思、恩格斯强调:我们首先应当确定一切人类生存的第一个前提也就是一切历史的第一个前提,这个前提就是:"人们为了能够'创造历史',必须能够生活。但是为了生活,首先就需要衣、食、住以及其他东西。因此第一个历史活动就是生产满足这些需要的资料,即生产物质生活本身。同时,这也是人们仅仅为了能够生活就必须每日每时都要进行的(现在也和几千年前一样)一种历史活动,即一切历史的基本条件。……任何历史观的第一件事情就是必须注意上述

---

① 《马克思恩格斯全集》第一卷,北京:人民出版社,1956年,第32页。
② 《马克思恩格斯全集》第一卷,北京:人民出版社,1956年,第603页。

基本事实的全部意义和全部范围,并给予应有的重视。"①由此看来,马克思主义的历史建构论或者唯物主义的历史建构论强调需重视保证人们生存的"第一历史活动"的经济活动,以及人们建构历史时的"直接碰到的、既定的、从过去承继下来的条件"。

简言之,历史是人们自己建构的,人们建构的"第一历史活动"即生产人们生存下去与延续下去的物质生活资料,人们建构自我历史时需受"直接碰到的、既定的、从过去承继下来的条件"的制约,这些各种各样的条件,既包括客观条件与历史主体的主观条件等,正如恩格斯所说形成一股"合力",最终将使历史主体的建构推向某一方向或形成某种面向。如果我们想客观地叙述某一族体的历史进程,我们似应抛弃研究者的主观,而力求客观地叙述历史主体自我的建构历史过程,在此基础上再做研究者的客位解释。本书试图遵循这一唯物主义的历史建构论来叙述明清时期畲族社会生活史的演变历程,也即他们的社会文化生产与再生产的过程,或其"意识或非意识的共同行动"的历史变迁过程。

本书使用社会文化作为核心概念,书中所指的社会文化主要指的是人们的社会生活方式,其包括经济、政治、社会组织、社会制度、表意文化、宗教、认知体系、世界观等。由于本书是历史人类学的研究,总体为一历时的过程,而这历时的过程主要以研究对象畲族的社会变动来区分,如明代早中期与明代中后期至清,这是畲族社会文化生活变化最大的两个阶段,故本书主要以这两个阶段来陈述和阐释畲族的社会文化的变化。而在每个时段中,就以社会文化这一人们的生活方式展开,有多少资料,就陈述多少类别。总之,根据资料的情况,尽可能地复原其在这些历史时期的社会文化面貌及其变迁情况。

---

① 《马克思恩格斯全集》第一卷,北京:人民出版社,1956年,第32页。

明清时期东南畲民的社会文化变迁

第一章 明代早期畲客瑶人的分布

第一节 明代早期畲客瑶人的分布区

从文献记载来看,明代早期的官方与地方文献甚至更早的官方文献,对畲客瑶人的记载大多集中在福建泉州、漳州、汀州、邵武,广东的潮州、惠州与江西的赣州等地,如柯劭忞的《新元史》卷十《本纪》第十《世祖》四云:

(至元十六年即1279年)五月辛亥,诏漳、泉、汀、邵武等处暨八十四畲官民,若举众来降,官迁擢,军民安堵如故。①

明万历年间王应山等纂修的《闽大记》卷二记载:

至元二十五年(1288年),广贼掠漳浦,泉贼掠长泰,汀、赣畲贼掠龙溪,行省讨平之。

至元二十六年(1289年),泉州、南安陈七师反。群盗陈机察、畲民丘大老等寇漳州诸县,行省兵破之。②

清同治十二年(1873年)魏瀛等主修、钟音鸿等纂的《赣州府志》卷三十二《经政志·武事》记曰:

(元至元)二十六年(1289年),广贼钟明亮寇赣州,掠宁都,据秀岭。诏江西省参政管如德为左丞,将兵往讨。五月,明亮率众降。闰十月复

---

① 柯劭忞撰:《新元史》(第一册)卷十《本纪》第十《世祖》四,上海:上海古籍出版社,2018年,第139页。
② (明)王应山纂修:万历《闽大记》卷二,《记·闽记》,陈叔侗、卢和校注,北京:中国社会科学出版社,2005年,第19页。

6

叛,江罗等应之。

万历元年(1573年)罗青霄修的《漳州府志》云:

> 至元二十六年(1289年)春正月,(漳州府长泰县)畲民丘大老集众千人寇县,福州路达鲁花赤脱欢、漳州路总管高杰与县令共率兵平之。①

> (后)至元三年(1337年),畲寇李胜等作乱,杀长吏晏只哥,时同知郑晟、府判喜春会万户张哇哇讨之,失利。邑人陈君用袭杀(李)胜,遂徙治于小溪琯山之阳。至正十六年(1356年),县尹韩景晦以其地僻多瘴,又徙于双溪之北,改为南靖(原称"南胜")。国朝因之,属漳州府,辖一坊七里。正德十三年(1518年),析清宁、新安二里置平和,今辖一坊五里。②

明末清初的江苏昆山人顾炎武(1613—1682年)在其《天下郡国利病书》第二十六册《福建》篇中说:

> 猺人③楚粤为盛,而闽中山溪高深之处间有之。漳猺人与虔(今赣州等地)、汀、潮、循(今梅州部分、惠州等地)接壤错处,亦以盘、蓝、雷为姓。随山种插,去瘠就腴,编荻架茅为居。善射猎,以毒药涂弩矢,中兽立毙。其贸易商贾,刻木大小短长为验,今酋魁亦有辨华文者。④

《天下郡国利病书》第二十九册《广东》篇也说:

> 畲蛮,岭海随在皆有之,以刀耕火种为名者也。衣服言语渐同齐民,然性甚狡黠,每田熟报税,与里胥为奸,里胥亦凭依之。近海则通番,入峒则通猺,凡田埒矿场有利者皆纠合为愿,以欺官府。其害僭于

---

① (明)罗青霄修,谢彬编纂:万历《漳州府志》卷二十四,《长泰县·兵乱》,明代方志选(三),台北:学生书局,1965年,第517页。

② (明)罗青霄修,谢彬编纂:万历《漳州府志》卷二十五,《南靖县上·建置沿革》,明代方志选(三),台北:学生书局,1965年,第521页。

③ 在历史文本中涉及到一些非汉人的族群名称时,历史文献中常加上"犬"字傍,这是反映当时的政府与汉人作者对非我族类的一种歧视与蔑视的态度。为了尊重历史感,本文在引用历史文献时,仍会原样引用,而不改动。这样的运用,是对历史资料所反映出来的史实与撰写者的心态的尊重,也为批判性的叙述保留资料。但在自我的文字表述时,通常都会用现行的族称的表述而改为"瑶"字,以显现历史资料与当今表述的不同。

④ (明)顾炎武:《天下郡国利病书》第二十六册,《福建·防闽山寇议》,上海:上海古籍出版社,1995年,第256页。

甲兵,广惠、雷、廉罹其毒蛰,而事不发者,里胥庇之也。①

明末浙江海宁人谈迁(孺木,1594—1657年)的《枣林杂俎和集·畲客》曰:

> 盘瓠之余,错处于虔、漳、潮之间,以盘、蓝、雷为姓。汀人呼为蕃、蓝、篓,蕃、蓝、篓,汀人称之曰畲客。②

明代嘉靖二十一年(1542年)李玘主修的《惠州府志》卷十二《外传·猺》记曰:

> 土猺,种出盘瓠,椎髻跣足。以盘、蓝、雷为姓,自结婚姻。随山散处,编荻架茅为居,植粟种豆为粮,斫木射猎贸易于商贾,山光洁则徙焉。自信为狗王后,各画其像,犬首人服,岁时祝祭。③

明嘉靖三十五年(1556年)的姚良弼主修的《惠州府志》卷十四《外志·猺蛋》记载:

> 猺本盘瓠种,地界湖、蜀溪峒间,即长沙、黔中五溪蛮是也。其后滋蔓绵亘数千里,南粤在在有之,至宋始称蛮猺,其在惠者俱来自别境。椎结跣足,随山散处,刀耕火种,采实猎毛,食尽一山则他徙。粤人以山林结竹木障覆居息为輋,故称猺,所止曰輋。自信为狗王后,家有画像,犬首人服,岁时祝祭。其姓为盘、蓝、雷、钟、苟,自相婚姻,土人与邻者亦不与通婚。猺有长有丁,国初设抚猺土官领之,俾略输山赋。赋论刀为准,羁縻而已。(《兴宁志》云:岁输山粮七石。《长乐志》云:输粮五石五斗五升。)久之,稍听征调,长枪劲弩,时亦效功。然此猺颇驯伏,下山见耆老、士人皆拜俯,知礼敬云。④

明末广东南海人邝露(1604—1650年)的《赤雅》中记载:

> 猺名輋客⑤,古八蛮之种。五溪以南,穷极岭海,迤逦巴蜀。蓝、胡、盘、侯四姓,盘姓居多,皆高辛狗王之后。以犬戎奇功,尚帝少女,封于

---

① (明)顾炎武:《天下郡国利病书》第二十九册,《广东》下,上海:上海古籍出版社,1995年,第437页。
② (明)谈迁著,罗仲辉、胡明校点校:《枣林杂俎》,北京:中华书局,2006年,第542页。
③ (明)李玘主修:嘉靖《惠州府志》卷十二,《外传·猺》,北京:书目文献出版社,1991年,第145页。
④ (明)姚良弼修,杨宗甫纂:嘉靖《惠州府志》卷十四《外志·猺蛋》,上海:上海古籍书店,1961年,第975页。
⑤ 輋客,即畲客。顾炎武《天下郡国利病书》注曰:"輋,当作畲。"本书引文仍旧。

第一章 明代早期畲客瑶人的分布

南山,种落繁衍。时节祀之,刘禹锡"时节祀盘瓠"是也。其乐五合,其旗五方,其衣五彩,是谓五参。奏乐则男左女右,铙鼓胡芦笙,忽雷响瓠云阳。祭毕,合乐男女跳跃,击云阳为节,以定婚媾。侧具大木槽,扣槽群号,先献人头一枚,名吴将军首级。

明代早期,闽粤赣交界地区的畲客、山民、瑶人等也延续元代的作为,为其自由自在的生活而屡与政府作对。据《明实录》载:

洪武二十二年(1389年)八月丙申朔,江西赣州府瑞金县丞古亨言,县境东接闽广,山川险阻。近为邻邑山贼作乱,惊骇居民,久废耕稼。继而余党蔓延,四出劫略,燔烧室庐。初,民户在籍者六千一百九十三,今亡绝过半,田多荒芜,租税无所出。乞除其徭役,蠲其无征之赋。

上是其言,诏从之。

戊午……广东韶州府斗龙山民郭日辉等作乱,潮州卫指挥赵兴率兵讨平之。①

洪武二十三年(1390年)春正月……乙酉……赣州府山贼夏三等连结湖广诸峒蛮为乱。命东川侯胡海充总兵官,普定侯陈桓为左副将,靖宁侯叶升为右副将,率湖广各卫军士三万三千五百人讨之。②

辛酉……广东都司以所捕蛮獠一百二十九人械送至京,有司论当宫刑。上曰:此辈非首恶,为人迫胁,至此宥之,谪戍辽东。

辛巳,广东都指挥佥事王才讨黄田山贼袁万山等,平之。初万山聚众劫掠,官军既击破之。万山遁入溪洞,伺官军退,复出剽掠。才设伏待之,仍分兵遏其归路。贼遇伏奔溃,官军掩击,斩万山及其党数十人,遂捣其巢穴,擒伪丞相曾长寿等,复斩首数百级,其党悉平。③

如《明实录》记载,洪武年间,这一区域中屡有人造反。至明代中期,闽粤赣交界地区的畲客瑶人因明政府或地方土人(即编户齐民)的土豪、里胥、地棍等的压迫而兴起的大规模反抗斗争,有的地方"二三年前,总计不过三

---

① 《太祖高皇帝实录》,《明实录·太祖实录》(五)卷一九七,台北:"中央研究院"历史语言研究所,1983年,第2953、2955页。

② 《太祖高皇帝实录》,《明实录·太祖实录》(五)卷一九九,台北:"中央研究院"历史语言研究所,1983年,第2987页。

③ 《太祖高皇帝实录》,《明实录·太祖实录》(五)卷二〇一,台北:"中央研究院"历史语言研究所,1983年,第3011、3015页。

9

千有余,今据各府州兵备守备等官所报,已将数万。盖已不啻十倍于前"。①有的地方如江西"上饶等县横水、左溪、长流、桶冈、关田、鸡湖等处,贼巢共计八十余处。界乎三县之中,东西南北相去三百余里,号令不及,人迹罕到。其初巢贼原系广东流来,先年奉巡抚都御史金泽行令安插于此,不过砍山耕活。年深日久,生长日蕃,羽翼渐多,居民受其杀戮,田地被其占据。又且潜引万安、龙泉等县避役逃民并百工技艺游食之人杂处于内,分群聚党,动以万计。始渐掳掠乡村,后乃攻劫郡县。近年肆无忌惮,遂立总兵,僭拟王号,罪恶贯盈,神人共怒"。②终于引起朝廷的极大关注与重视。正德十一年(1516年)九月,闽、粤、赣、湘交界地区不靖,许多非政府编户齐民的人如畲客、客民、瑶人等造反,在兵部尚书王琼的推荐下,正德皇帝任命当时任南京鸿胪寺卿的王守仁(王阳明)以左佥都御史衔的身份巡抚闽、粤、赣及湖南的交界地区,剿畲、瑶、客等的"盗贼"。吏部下文后,王守仁最初称病推脱,但正德皇帝不允,在十月二十四日下圣旨给王守仁,并授予他很大的自主权以便行事,说:

　　尔前去巡抚江西南安、赣州,福建汀州、漳州,广东南雄、韶州、惠州、潮州各府及湖广郴州地方。抚安军民,修理城池,禁革奸弊。一应地方贼情、军马、钱粮事宜,小则径自区画,大则奏请定夺。钦此!③

正德、嘉靖年间身为明政府兵部尚书的王琼在正德年间分析这一事件的原因时,明确指出当时畲客瑶人等客民反抗政府活动的主要发生区域为"江西南、赣二府,福建汀、漳二府,广东南雄、惠州、潮州、韶州四府,并湖广郴州,四境相接之处,素为盗贼渊薮。数为民患,不可尽除,比之寻常盗贼,迥然不同"。④

王琼在此所说这些地区的"盗贼""比之寻常盗贼,迥然不同",就是指这

---

① (明)王守仁:《申明赏罚以励人心疏》(正德)十二年(1517年)五月初八日,王守仁著,王晓昕、赵平略点校:《王文成公全书》(二)卷九,《别录一·奏疏一》,北京:中华书局,2015年,第375页。
② (明)王守仁:《立崇义县治疏》(正德)十二年闰十二月初五日,王守仁著,王晓昕、赵平略点校:《王文成公全书》(二)卷十,《别录二》,北京:中华书局,2015年,第426页。
③ (明)王守仁:《谢恩疏》(正德)十二年正月二十六日,王守仁著,王晓昕、赵平略点校:《王文成公全书》(二),北京:中华书局,2015年,第361页。
④ (明)王琼:《为申明赏罚以励人心事》,《晋溪本兵敷奏》卷十《福建类》,续修四库全书史部诏令奏议类,上海:上海古籍出版社,1995年,第68页。

些地区的所谓"盗贼"是与王琼这位汉族大臣的民族或族群身份不同的"他者"——当时少数民族或明政府眼中非编户齐民的客民。

而明武宗正德皇帝朱厚照给王阳明的圣旨中提到的江西南安、赣州,福建汀州、漳州,广东南雄、韶州、惠州、潮州各府及湖广郴州地方的"贼""盗""寇",首先,在王守仁的其他奏折中,则有其他如"輋贼""瑶獞""瑶贼""苗贼""逃民"等的表述。如王守仁在《攻治盗贼二策疏》中说:"据(江西)南安府申大庾县报,正德十二年(1517年)四月内,被輋贼四百余人前来打破下南等寨。续被上犹、横水等贼七百余徒截路打寨,劫杀居民。又据南康县报,輋贼一伙突来龙句保掳掠居民。续被輋贼三百余徒突来坊民郭加琼等家,掳捉男妇八十余口,耕牛一百余头。又有輋贼一阵掳劫上长龙乡耕牛三百余头,男妇子女不知其数。又据上犹县申,被横水等村輋贼纠同逃民,四散掳劫人财。续据三门总甲萧俊报,輋贼与逃民约有数百,在于地名梁滩掳牵人牛。……今湖广已有偏桥苗贼之征,广东又有府江(瑶獞)之伐。……据宜章所飞报,乐昌县山峒苗贼二千余众,出到九阳等处搜山捉人。"①由此看来,在这一闽南、闽西、粤东、粤北、赣南、湘南区域中的所谓"贼""盗贼""流贼""贼寇",不是"輋贼"就是"苗贼""瑶獞",或瑶贼,或逃民。

其次,在王守仁的奏折中,同样一个人,他在有的奏折中称其为"贼首",在另一奏折中又给予其他的称谓。如在《攻治盗贼二策疏》中,王守仁称广东乐昌县的造反者高快马为"广东贼首高快马",或(广东乐昌)"东山贼首高快马"。但在《类奏擒斩功次疏》中,则称高快马为"东山瑶贼首高快马"。②同一个人,有时称"贼首",有时称"瑶贼首",这表明这一地区的所谓盗贼,在明代官方眼里都是与汉人不同的其他族群或民族,或是明政府编户齐民之外的客民。

最后,同一地方的所谓"盗贼",王守仁在有的奏折中称之为"輋贼",而在有的奏折中又称之为"苗贼"或"瑶贼";或者有的奏折中称之为"苗贼",而在另一奏折中则称其为瑶贼。如《攻治盗贼二策疏》提到的"(广东)乐昌县

---

① (明)王守仁:《攻治盗贼二策疏》(正德)十二年五月二十八日,王守仁著,王晓昕、赵平略点校:《王文成公全书》(二)卷九,《别录一·奏疏一》,北京:中华书局,2015年,第379页。

② (明)王守仁:《类奏擒斩功次疏》(正德)十二年五月二十八日,王守仁著,王晓昕、赵平略点校:《王文成公全书》(二)卷九,《别录一·奏疏一》,北京:中华书局,2015年,第385页。

山峒苗贼",江西上犹县的"輋贼",在《议夹剿兵粮疏》提到相同的地方的盗贼时,则被写作"广东乐昌、江西上犹等处瑶贼"。① 又如《类奏擒斩功次疏》中提到的"湖广桂阳鱼黄峒輋贼",在《议夹剿兵粮疏》中,则被写作"(湖广)郴(州)、桂(阳)瑶贼"。再如,在王守仁撰写的《平茶寮碑》中说:"正德丁丑,瑶寇大起,江、广、湖、郴之家骚然,且三四年矣。于是三省奉命会征。"② 而在他《与王晋溪司马》的信件中,在提到同样的事件时则说:"守仁近因輋贼大修战具,远近勾结,将遂乘虚而入,乃先其未发,分兵掩扑。"③ 这表明在王守仁的心目中,这些輋、瑶、苗是一回事,是可以随意替换的称谓,既可称輋贼,也可以称"瑶贼"、"瑶寇"或"苗贼"或盗贼。这也表明,在王守仁的奏折中提到的盗贼与这些被王守仁称为"輋贼""瑶贼""苗贼"的造反者都是同样一群人中的成员。换言之,这一区域的"盗贼""逃民"等,他们被王守仁记录的称谓可能有不同,但实际上,这些人应为同一类人。因为他们有着一些共性,如都不是明王朝的编户齐民,属于明政府需"招抚"的对象。如果不听招抚而反抗的话,他们又是政府镇压的对象。而且他们有共同的信仰形式,如他们"各又自称'盘皇子孙',收有传流宝印画像,蛊惑群贼"。④ 他们"自信为狗王(盘瓠)后,家有画像,犬首人服,岁时祝祭"。⑤ 他们有共同的语言或方言,"常称城邑人为'河老'"。⑥ 也就是说,这些明政府眼中的輋、瑶、苗、"盗贼"和"逃民"是讲现在所说的"客家话"⑦进行交流的。由于他们处于明政府的

---

① (明)王守仁:《议夹剿兵粮疏》(正德)十二年七月初五日,王守仁著,王晓昕、赵平略点校:《王文成公全书》(二)卷十九,《别录二》,北京:中华书局,2015年,第396页。

② (明)王守仁:《平茶寮碑》,王守仁著,王晓昕、赵平略点校:《王文成公全书》(二)卷二十五,《墓志铭、墓碑、传碑、赞、箴、祭文》,北京:中华书局,2015年,第1088页。

③ (明)王守仁:《与王晋溪司马》,王守仁著,王晓昕、赵平略点校:《王文成公全书》(二)卷二十七,《续编二·书》,北京:中华书局,2015年,第1155页。

④ (明)王守仁:《横水桶冈捷音疏》(正德)十二年(1517年)闰十二月初二日,王守仁著,王晓昕、赵平略点校:《王文成公全书》(二)卷十九,《别录二》,北京:中华书局,2015年,第416页。

⑤ (明)姚良弼修:嘉靖《惠州府志》卷十四,《外志·瑶蛋》,上海:上海古籍书店,1961年,第975页。

⑥ (明)顾炎武:《天下郡国利病书》第二十六册,《福建》,上海:上海古籍出版社,1995年,第256页。

⑦ 现代畲族言语与客家话几乎一致,差异就类同客家话中的地方差别,如武平话、上杭话、梅县话这样的差异,故武平人有一句俗话,叫作"天上有只九头鸟,地上有个梅县佬",来戏称武平人与梅县人的文化与方言的差别。

"编户齐民"之外,故他们用"河老"这种贬义词①去称呼居住在城镇、村堡中明政府的"编户齐民",有鄙视这些人的意思。当有的人认为编户齐民为早已进入政府体制的"土人"时,这些与编户齐民相对立的人就具有"客民"的他者身份。

总之,在明代早期,甚至在明代以前,在福建南部、西部一直到广东的大部和江西南部的山区,甚至到湖广、巴蜀地区,都有着一些与当时明政府的齐民百姓(土人、居民、坊民等)不同的"他族"或"客民"。他们中也许有部分是这一地方真正的土著,在当地生存了很久,但因没纳入王朝的编户齐民系统,而被官方视为"客民"。当时汉人的官方文献对他们有各种称呼,并把他们视为和已经濡染了华夏文明的"我者"不同的化外之民,甚至用蔑视的字眼来"污名"贬称他们,如"峒獠"、峒、"山獠"、僚人、山越、越人、溪洞、"猺"、"蛮猺"、上"猺獞"瑶僮、傜僮、瑶峒、瑶壮、瑶户、"瑶、僮、平鬃、狼、黎岐"、崎鬃、"猺人"、"猺族"、"漳猺人"、"猺蛋"、瑶疍、抚瑶人、"莫猺"、山民、白衣山子、苗人、诸瑶、"狗头猺"、畲客、客、"畲猺民"、畲户斗老、斗老、"畲蛮"、山輋、輋客、輋户、輋人、斜(畲)人、盘瓠之余、盘皇子孙等。而当他们奋起反抗明、清政府的统治时,官方的文字系统就将他们污名为"某某贼"、"某某盗"、"某某寇"、"某某山贼"、"某某山寇"、"某某土寇"、"猺贼"、"峒贼"、"畲盗"、"輋贼"、"輋盗"、"蛮寇"、"山寇"、"山贼"、"客贼"②等。对于现代研究者来说,将这些不同名称加以归纳之后,把闽、粤、赣、湘交界地区的这些明代汉人编户齐民之外的他者视为"畲客瑶人、客民"或"畲瑶、客民"可能更加接近当时的历史事实。换言之,明代早中期闽粤赣交界地区的明政府编户齐民之外的他者族群——不管官方文献上称为什么,他们都是今天畲族、瑶族、客家人的先民。

---

① "河老"是客家话、畲语"holao"的一种汉字写法,有时也写成"阜佬"、"阜老"、华老、下佬等。这在客家话、畲语中是一个贬义词,贬称"坏人、地主老财"以及贬称客家人、畲民外的他者如"汉人"等,有鄙视他人之意。如畲族的《高皇歌》中云:"女大莫嫁华老去,准当爷娘不养你。无情无义是华老,好似小时死去了。"(《畲族社会历史调查》,福州:福建人民出版社,1986年,第368页。)

② 如"顺治元年甲申,客贼通福建。……三月,山贼邱文德寇蓝田,蓝霖寇打石山。"(周硕勋修纂:乾隆《潮州府志》卷三十八,《征抚》,台北:成文出版社,1967年,第946页。)

第二节　闽粤赣交界地区畲客瑶人的姓氏

闽粤赣地区或更大区域中的这些与明政府治下有户籍的编户齐民百姓——"土人"文化不同的"他者"有很多姓氏，亦即其包括了许多宗族，如明代嘉靖三十五年（1556年）的《惠州府志》卷十四《外志·瑶蛋》记曰："瑶本盘瓠种……自信为狗王后，家有画像，犬首人服，岁时祝祭。其姓为盘、蓝、雷、钟、苟，自相婚配，土人与邻者亦不与通婚。"①又如清代檀萃的《说蛮》卷四云："瑶名輋客，古八蛮之种。五溪以南，穷极岭海，迤逦巴蜀。蓝、胡、盘、侯四姓，盘姓居多，皆高辛狗王之后，时节祀狗王，以桄榔面为吴将军先献之。"除此之外，这一区域的"瑶人"、"畲客"、"輋客"、"輋贼"、"輋盗"，还有其他姓氏，如《明实录》中所提到的"畲蛮"、瑶首、斜（畲）人、瑶长、"山贼"、"抚猺人"等，除了上述的盘、蓝、雷、钟、苟、胡、侯几个姓氏之外，还有其他姓氏，如"洪武十九年（1386年）五月乙亥二十一日，广东潮州府程乡县'钟文远'作乱，捕至京，伏诛。"②洪武五年（1372年）九月戊午，潮阳卫指挥佥事唐贺招降"山贼"八百七十人。洪武二十年（1387年）六月乙酉，"惠州博罗山贼"作乱，杀巡检，焚廨宇，攻州城。广东都指挥使发兵讨之，获"首贼应仲叶"等十一人，送京师诛之。

永乐五年（1407年）八月癸未，潮州卫总旗李和招谕"斜（畲）人头目盘星剑"等一百余户向化，和就率之来朝，赐赍有差。永乐五年（1407年）十一月辛酉初八日，广东"畲蛮雷纹用"等来朝，上"命各赐钞三十锭，彩币一表里，䌷绢衣一袭"等。

正统五年（1440年）二月癸未，广东增城等县抚瑶头目胡亮率"瑶首廖文政"等来朝，贡马及佛像等物。赐彩币、表里有差。正统五年（1440年）六月丙戌，广东博罗等县"瑶长李应山"等俱来朝，贡马及方物。赐彩币、纱绢等物有差。

---

① （明）姚良弼修，杨宗甫纂：嘉靖《惠州府志》卷十四，《外志·瑶蛋》，天一阁藏明代方志选刊，上海：上海古籍书店，1961年，第975页。
② 《大明太祖高皇帝实录》卷一七八，陈历明编校：《明清实录潮州事辑》，香港：艺苑出版社，1998年，第3页。

第一章 明代早期畲客瑶人的分布

正统九年(1444年)六月壬午,广东兴宁县"瑶首蓝子聪"等来朝,贡方物。俱赐彩币等物有差。

景泰二年(1451年)八月乙未,广东海丰县"瑶头李总成"等贡方物。赐彩币有差。景泰四年(1453年)八月壬子,广东博罗"瑶头李满清"等贡马及方物。赐钞、彩币、表里等物有差。景泰五年(1454年)八月庚寅,广东归善县"瑶首蒙仕"等来朝,贡马及方物。赐钞、彩币、表里等物有差。景泰六年(1455年)六月癸未,广东归善县黄峒等山"抚瑶人林原贵"等来朝,贡方物。赐钞、绢有差。景泰七年(1456年)六月甲子,广东河源县赤溪等都、桂岭等山"抚瑶人李广通"等各来朝,贡方物。赐钞、绢、衣服等有差。

天顺元年(1457年)十月己未,广东惠州海丰县九龙山等处"抚瑶人林有通"等来朝,贡马及方物。赐彩缎、表里等物有差。

成化十年(1474年)十月壬午,广东龙川县"抚瑶人黄潮忠"等各来朝,贡马及方物。赐彩缎、表里等物有差。成化十二年(1476年)九月戊申,广东惠州府归善县"抚瑶把总陆士通"等各来朝,贡马及方物。赐彩缎、表里等物有差。[①]

由此可见,从明代洪武到成化年间,闽粤赣交界地区臣服于明政府的畲瑶首领人物,不仅有盘、蓝、雷、钟四姓,也有其他如应、廖、李、蒙、林、黄等姓氏。

而在一些文书、方志中,记录瑶人、畲客时,也有盘、蓝、雷、钟以外的各种各样的姓氏。如《惠州府志》卷一《大事记》曰,明孝宗敬皇帝弘治九年(1496年),"夏六月,盗聚归善县境。……贼首黄恭长等相聚为盗于羊角山、莲塘、包溪、塘坑等处,结为四寨"。弘治十六年(1503年),大帽山寇起,"大帽山,本名大望山,在兴宁北九十里,时徭寇据之,势张甚。其魁彭锦据大信上下輋;刘文玉据宝龙,练成才、叶清各据险,四出劫掠。"[②]这里记述的弘治年间惠州的畲瑶造反首领有黄、彭、刘、练等姓氏。

明正德年间,这一地区的畲瑶造反的形势日强,文献中所记录的畲瑶反抗者首领也是各姓都有。如正德七年(1512年)春正月,大帽山交界赣、闽、

---

① 参见《明实录》,转引自朱洪、姜永兴:《广东畲族研究》,广州:广东人民出版社,1991年,第191~192页。

② (明)姚良弼修:嘉靖《惠州府志》卷一,《大事记》,上海:上海古籍书店,1961年,第17页。

15

广三省,"贼首张番瓆(坛)、李四仔、钟聪、刘条(隆)、黄镛①"等聚徒数千流劫,攻陷建宁、宁化、石城、万安诸县。……十二月……(南赣的)南安、横水、桶冈诸寨有"贼首谢志山②、蓝天凤",广东龙川浰头等寨有"贼首池大鬓"(即池仲容)③等四处攻城陷县,于是福建、江西、湖广、广东之界,方千里皆乱。④到了正德十一年(1516年)九月……(江西)上犹县"輋(畲)盗谢知山"合广东"乐昌盗高快马"千百余人,掠大庾,攻南康、赣县。同时也在江西、广东、湖广这块"溪峒阻深"的广大区域中,掀起了反抗明政府统治的高潮,除了江西上犹等县"輋贼谢志山"等据横水、左溪、桶冈诸巢,广东龙川县贼"池仲容"据三浰头诸巢,"皆称王,攻剽府县",还与大庾之"陈曰能",乐昌之"高快马",上犹之"瑶贼龚福全","势成犄角"。他们在"亘千百里"的区域中,"时出攻剽",势甚强大。而福建的"詹师富",广东龙川的"卢珂、郑志高、陈英辈"等则"屡犯潮境"⑤,"于是江西、福建、广东、湖广之交千余里皆乱"。⑥ 各地的政府都花大力气去镇压,由于各管各的地盘,奏效甚微,最后只好在正德十一年至十二年(1516—1517年)"特设南赣提督军门",派左佥都御史王守仁统一调度闽粤赣,甚至湖广各地的兵马、义民等,才在隔年把畲客、客民、瑶人的奋勇反抗镇压下去。从上述方志的记录来看,正德年间这一地区的畲瑶造反者的首领,除了蓝、雷、钟姓外,还有陈、郑、卢、詹、龚、池、谢、黄、刘、李、张等姓氏。

王守仁巡抚闽、粤、赣、湘交界地区给朝廷的奏折中,提到这一地区的畲瑶"盗贼"首领的人数更多,除了蓝、雷、钟姓之外,还有其他多种姓氏。

如在《攻治盗贼二策疏》中列举了江西南安府、赣州府与广东龙川、浰头的輋贼首的名单,说:"查勘得(江西)南安府所属大庾、南康、上犹三县,除贼巢小者未计,其大者总计三十余处。有名大贼首有谢志珊、志海、志全、杨积

---

① (清)谷应泰撰:《明史纪事本末》(二)卷四十八《平南赣盗》,北京:中华书局,1977年,第709页。

② 谢志山,有的文献中写作"谢知山"或"谢志珊",如《明实录》《王文成公全书》等。

③ (明)姚良弼修:嘉靖《惠州府志》卷一,《大事记》正德十三年(1518年)春正月条云:"有酉池仲容者,俗呼大鬓。"

④ 《明史纪事本末》卷四八,《平南赣盗》。

⑤ (清)吴宗焯修,温仲和等纂:光绪《嘉应州志》卷四,《山川·附记》,台北:成文出版社,1968年,第64页。

⑥ (清)杨澜:光绪《临汀汇考》卷三,《兵寇考》。

荣、赖文英、蓝瑶、陈曰能、蔡积昌、赖文聪、刘通、刘受、萧居谟、陈尹诚、简永广、蔡积庆、蔡西、薛文高、洪祥、徐华、张祥、刘清才、谭曰真、苏景祥、蓝清奇、朱积厚、黄金瑞、蓝天凤、蓝文亨、钟鸣、钟法官、王行、雷明聪、唐洪、刘元满,所统贼众约有八千余徒,且与湖广之桂阳、桂东、鱼黄、聂水、老虎、神仙、秀才等巢,广东之乐昌,巢穴相联,盘据流劫三省,为害多年。赣州之龙南,固与广东之龙川、浰头贼巢接境,被贼首池大鬓、大安、大升纠合龙南贼首黄秀魁、赖振禄、钟万光、王金巢、钟万贵、古兴凤、陈伦、钟万璇、杜思碧、孙福荣、黄万珊、黄秀珏、罗积善、王金、曾子奈、王金奈、王洪、罗凤璇、黎用璇、黄本瑞、郑文钺、陈秀玹、陈珪、刘经、蓝斌、黄积秀等,所统贼众约有五千余徒,不时越境流劫信丰、龙南、安远等县。"①在这些畲客中,除了我们熟知后来畲族中的蓝、雷、钟姓外,还有许多其他姓氏。

又如在《横水桶冈捷音疏》中,王守仁也列举了江西上犹县等地輋贼首的名单,如"上犹等县横水等巢大贼首谢志珊、谢志田、谢志富、谢志海、萧贵模、萧贵福、徐华、谭曰志、雷俊臣,桶冈大贼首蓝天凤、蓝八苏、蓝文昭、胡观、雷鸣聪、蓝文亨,鸡湖大贼首唐洪,新溪大贼首刘允昌,杨梅大贼首叶志亮,左溪大贼首薛文高、高诵、冯祥,朱雀坑大贼首何文秀,下关大贼首苏景祥,义安大贼首高文辉,密溪大贼首高玉瑄、康永三,丝茅坝大贼首唐曰富、刘必深,长河坝大贼首蔡积富、叶三梅,伏坑大贼首陈贵诚,鳖坑大贼首蓝通海,赤坑大贼首谭曰荣,双坝大贼首谭祐、李斌等。冥顽凶毒,恃险为恶,僭拟王号,伪称总兵;聚集党类数千,肆行流毒三省;攻围南安、南康府县城池,杀害千户主簿等官;流劫湖广桂阳、酃县、宜章,吉安府龙泉、万安、泰和、永新等县。良民子女,被其奴戮;房屋仓廪,被其焚烧;道路田土,被其阻荒占夺者,以千万顷;赋税屯粮,负累军民陪纳者,以千万石"。在这里,也是除了"蓝、雷、钟"外,还有其他的姓氏。而且在这篇奏折中,王守仁还特别指出,这一地区的其他姓氏的人与蓝、雷、钟姓等一样也是畲客,如他说江西上犹县的"大贼首谢志珊、蓝天凤,各又自称'盘皇子孙',收有传流宝印画像,蛊

---

① (明)王守仁:《攻治盗贼二策疏》,(正德)十二年(1517年)五月二十八日,王守仁著,王晓昕、赵平略点校:《王文成公全书》(二)卷九,《别录一·奏疏一》,北京:中华书局,2015年,第381页。

惑群贼,悉归约束"。① 很显然,在巡抚闽、粤、赣交界地区军门王守仁的眼中或心目中,这些与"蓝、雷、钟"一起造反的其他姓氏的人,如谢、杨、赖、陈、蔡、刘、萧、简、王、曾、罗、黎、黄、郑、薛、洪、徐、张、谭、苏、朱、唐、池、古、杜、孙、胡、叶、高、冯、何、康、李等,也都是这一地区的客民——畲客或瑶人等。

在正德年间,王守仁对这一地区的残酷镇压后,并没有根绝这一地区畲瑶的反抗,后来这一地区畲瑶造反实际上还屡有发生。如明嘉靖三十五年(1556年)以后,广东和平县岑冈"贼首李文彪"与江西龙南县"高沙"、石保"贼首谢允樟"、下历"贼首赖清规"……相与结党构乱,号为"三巢"。而跟随他们一同反抗明政府的还有"张琏、林朝曦"辈和"岑冈李珍、江月照"、"热水贼首徐仁标、汶龙贼首王凤阳、胡坑贼首胡应川"、"小石保贼首吴珊、大石保贼首杨明甫、洪保贼首刘乔嵩、信丰上里贼首袁尚信、广东龙川羊石寨贼首李世柏、饶钹寨贼首宋伯颙等",他们"跨据江(西)、广(东),恃众负固",常"约期分道四出,攻城略邑,众且数万","广东之和平、龙川、兴宁,江西之龙南、信丰、安远诸县,版图业已蚕食过半",使得明政府十分头疼。② 嘉靖四十二三年,"大埔民'蓝松山③、余大春'倡乱,流劫漳、延(今南平、邵武地区)、兴(今莆仙地区)、泉间。官军击败之,奔永春。与香寮盗'苏阿普、范继祖'连兵犯德化,为都指挥使耿宗元所败"。④ 而参与他们这次反抗斗争的还有"伍端、温七、叶丹楼辈",他们主要的攻击方向为"惠、潮间"。⑤

隆庆五至六年(1567—1568年),惠州贼首"蓝一清、赖元爵"等反。而《明史》中记载蓝一清、赖元爵领导的反抗斗争事件时,还有其他姓氏的人参与,如"惠、潮地相接,山险木深。贼首蓝一清、赖元爵与其党马祖昌、黄民太、曾廷凤、黄鸣时、曾万璋、李仲山、卓子望、叶景清、曾仕龙等各据险结寨,

---

① (明)王守仁:《横水桶冈捷音疏》,(正德)十二年(1517年)闰十二月初二日,王守仁著,王晓昕、赵平略点校:《王文成公全书》(二)卷九,《别录一·奏疏一》,北京:中华书局,2015年,第416页。

② 参见《明实录》,转引自朱洪、姜永兴:《广东畲族研究》,广州:广东人民出版社,1991年,第195~197页。

③ 有些文献中作"蓝松三",如《明史》卷二一二,《俞大猷传》。

④ (清)张廷玉等撰:《明史》卷二二○,《吴百朋传》,北京:中华书局,1974年,第5786页。

⑤ (清)张廷玉等撰:《明史》卷二一二,《俞大猷传》,北京:中华书局,1974年,第5606页。

连地八百余里,党数万人"。① 同时与他们一起造反的还有"潮州林道乾、林凤、诸良宝,琼州李茂"等。② "'钟凌秀、陈万者',五总遗孽也。崇祯三年庚午(1630年)春,纠党数千,流劫会昌、武平等县。八月寇程乡,袭三河镇,行人阻绝。守备张承祚战死,三省震动。总制王业浩檄游击郑芝龙、张一杰会剿于南溪,斩获甚多。擒'(钟)凌秀、万',送军门斩之,枭示三省界上,余党汤豹虎、何四仔俱就戮,贼悉平。"③ 崇祯五年(1632年)"七月,获'霖田渠贼廖辉钦'。'(廖)辉钦'与'金德光'俱为'钟凌秀'党"。④

"吴六奇,号葛如,丰政都(今丰顺县)人,少读书,不事家产。明季,山海窃发,奇集乡勇捍卫。当道稔其能,委以兵事,歼灭'山寇叶阿婆、彭士炳、钟凌秀'等,远迩安之。"⑤

崇祯四年(1631年),"寇钟三舍等犯定南县,知县陈日炳统领机兵、乡勇御之,三舍等一夕遁去"。⑥

清顺治元年(1644年)三月,"山贼邱文德寇蓝田"。⑦

所有这些都表明在明代,闽、粤、赣交界地区的畲客瑶人不只有盘、蓝、雷、钟这几个姓氏。所以由上面这些有限的描述闽、粤、赣,甚至湖广(湖南)等地畲客瑶人的汉人官方文献中,我们可以看到,在当时汉人民间或汉人官方眼里,闽、粤、赣交界这一区域中的畲客瑶人等,除了盘、蓝、雷、钟、苟、侯、胡外,还有应、廖、李、蒙、林、黄、陆、张、刘、谢、池、高、龚、詹、卢、郑、赖、江、徐、王、吴、杨、袁、宋、余、苏、范、伍、温、叶、马、曾、卓、诸、陈、金、彭、邱、唐、洪、汤、朱、邱、萧、谭、杜、黎、康、薛、简、蔡、练等50多姓。这些姓氏的人都

---

① (清)张廷玉等撰:《明史》卷二一二,《张元勋传》,北京:中华书局,1974年,第5626页。
② (清)张廷玉等撰:《明史》卷二二二,《殷正茂传》,北京:中华书局,1974年,第5859页。
③ (清)周硕勋:乾隆《潮州府志》卷三八,《征抚》,台北:成文出版社,1967年,第942页。
④ (清)刘业勤修,凌鱼纂:乾隆《揭阳县志》卷七《风俗志·兵燹》,1937年重刊本,台北:成文出版社,1974年,第983页。
⑤ (清)周硕勋:乾隆《潮州府志》卷二十九,《人物》,台北:成文出版社,1967年,第618页。
⑥ (清)魏瀛等修,钟音鸿等纂:同治《赣州府志》卷三十二,《经政志·武事》,台北:成文出版社,1970年,第595页。
⑦ (清)周硕勋:乾隆《潮州府志》卷三八,《征抚》,台北:成文出版社,1967年,第946页。

"自信为狗王后"①或"自信为盘瓠后",都是"盘瓠之遗种"②或"盘皇子孙"。③由此可见,当时汉人官方文献中记述的畲客瑶人这一"他者"群体的姓氏很多,与当今畲族主要有蓝、雷、钟三姓的情况大相径庭。

我们在明代的各种文献与方志中常可以看到,在官方体系的编户齐民(土人)中有许多蓝、雷、钟等姓的官吏与读书人。如《明实录·太祖高皇帝实录》中提到,洪武二十三年(1390年)"戊申,'凉国公蓝玉'以击破西番蛮人,遣指挥须胜至京献捷"。④ 同年十一月"戊寅,遣'国子生钟必兴'等十四人巡视山东流民"。⑤ 这表明在明代洪武年间,官方体制中就有许多蓝、雷、钟姓的官员与读书人,像蓝玉这样的明代开国武将还被封为公爵。而像钟必兴这样的国子监生员还被委以"钦差"类的职务去灾区公干。

而在王守仁给朝廷的奏折中,我们可以看到,在闽粤赣交界地区参与围剿各姓輋贼、瑶贼的也有钟姓、雷姓、蓝姓的官员。在正德十二年(1517年)三月十五日的《参失事官员疏》中,王守仁提到江西南安府"南康县百长钟德昇"等剿輋贼不力,"临阵不前,故违约束。先行溃散,失误军机,应合处于军法"⑥加以惩罚。在正德十二年(1517年)五月初八日的《闽广捷音疏》中提到,在福建和广东官军联合"夹攻"剿灭闽粤交界地区的永定、南靖和饶平、大埔等地的輋贼、瑶寇中,福建的官员"如(按察司整饬兵备兼管分巡漳南道)佥事胡琏、(经理军务左)参政陈策、副使唐泽、(漳州)知府钟湘,广东如(按察司分巡岭东道兵备)佥事顾应祥、都指挥佥事杨懋、(潮州府程乡县)知

---

① (明)姚良弼修:嘉靖《惠州府志》卷十四,《瑶蜑》,上海:上海古籍书店,1961年,第155页。
② (明)顾炎武:《天下郡国利病书》第二十八册,《广东》下,上海:上海古籍出版社,1995年,第436页。
③ (明)王守仁:《横水桶冈捷音疏》,(正德)十二年闰十二月初二日,王守仁著,王晓昕、赵平略点校:《王文成公全书》(二)卷九,《别录一·奏疏一》,北京:中华书局,2015年,第416页。
④ 《太祖高皇帝实录》,《明实录·太祖实录》(五)卷二〇〇,台北:"中央研究院"历史语言研究所,1983年,第2997页。
⑤ 《太祖高皇帝实录》,《明实录·太祖实录》(五)卷二〇八,台北:"中央研究院"历史语言研究所,1983年,第3075页。
⑥ (明)王守仁:《参失事官员疏》(正德)十二年三月十五日,王守仁著,王晓昕、赵平略点校:《王文成公全书》(二)卷九,《别录一,奏疏一》,北京:中华书局,2015年,第366页。

县张戬"等,"才调俱优,劳勋尤著"。① 在正德十二年(1517年)闰十二月初二日的《横水桶冈捷音疏》中,王守仁也提到有姓雷的官员参与围剿江西上犹县横水、桶冈的峯贼。如十一月十一日,"夜使(赣县)报效听选官雷济、义民萧庚,分率乡兵及樵竖善登山者四百人,各与一旗,赍铳炮钩镰,使由间道攀崖悬壁而上,分列远近极高山顶以瞰贼。张立旗帜,爇茅为数千灶;度我兵且至险,则举炮燃火相应"。② 在正德十三年(1518年)四月二十日的《浰头捷音疏》里提到,在分兵九哨围剿广东龙川浰头的大股峯贼时,其中第四哨由广东"南安府知府季斅"领导,他"统领训导蓝铎、百长许洪等官兵,于正月初三等日,攻破右坑等巢;十一日,攻破新田迳等巢,共四处。二十七等日,覆贼于北山,又与战于风门奥等处。擒斩大贼首刘成珍等四名颗,贼从胡贵琢等一百三十名颗,俘获贼属男妇一百六十五名口,烧毁贼巢房屋禾仓七十三间,及夺获赃银等物"③,大获全胜。在正德十四年(1519年)六月二十日写的《行吉安府收囤兑粮牌》文牍中,也提到赣县、兴国、永新等县的县丞中有位叫"雷鸣岳"④的县丞。

无独有偶,在明代编撰的闽粤赣交界地区各府的诸多方志中,也都有一些邑民、官员姓钟、姓蓝、姓雷的记载。如万历元年(1573年)罗青霄修的《漳州府志》中,就有上述王守仁提到的漳州知府钟湘的传。其云:"钟湘,字用秀,兴国州人,弘治壬戌(弘治十五年,1502年)进士。历任礼部郎中,出知漳州府,正德十一年(1516年)四月履任。先是南靖县巨贼詹师富等聚众劫掠,震动三省,既而侵逼近邻。(钟)湘初至,税于射圃,闻乱即欲亲往谕贼,同官者止之。既而大兵进剿,擒斩甚多,渠魁已执,余党未下,据曹克寨者尚二千人。"钟湘力主招抚,并亲自前往,这些人终"听命,兵遂罢"。正德十二年(1517年),他为王守仁提议在福建增加设立的"平和县"建城池效力,并"建议立社学、买田延师以训化"。当时那些新招抚来的非编户齐民的畲客瑶人

---

① (明)王守仁:《闽广捷音疏》(正德)十二年五月初八日,王守仁著,王晓昕、赵平略点校:《王文成公全书》(二)卷九,《别录一》,北京:中华书局,2015年,第373页。
② (明)王守仁:《横水桶冈捷音疏》(正德)十二年闰十二月初二日,王守仁著,王晓昕、赵平略点校:《王文成公全书》(二)卷十,《别录二》,北京:中华书局,2015年,第419页。
③ (明)王守仁:《浰头捷音疏》(正德)十三年四月二十日,王守仁著,王晓昕、赵平略点校:《王文成公全书》(二)卷十一,《别录三·奏疏三》,北京:中华书局,2015年,第434页。
④ (明)王守仁:《行吉安府收囤兑粮牌》正德十四年六月二十日,王守仁著,王晓昕、赵平略点校:《王文成公全书》(四)卷三十一,《续编六》,北京:中华书局,2015年,第1328页。

等"客民",为安置、安抚新招抚的"客民"而努力。正德十三年(1518年),"岁大旱,发廪银赈饥,尤多所全活"。他"忠清正直,在任数年,行所无事不轻役一夫。后以疾卒于官,囊橐萧然。发柩之日,人莫不流涕,既祀名宦,军民复特祠祀之"①,所以漳州所建的"钟公祠,一在双门街,一在南门外栅尾街。俱正德间建,祀知府钟湘"。② 此外,该书记载,明成化十五年(1479年)上任的龙岩县"儒学教谕"为广东保禺人"钟瑄",其为"举人"出身。③ 明嘉靖三十九年(1560年)任诏安县"主簿"的"钟器",为广西富川人,监生出身。④

嘉靖二十一年(1542年)李玘修的《惠州府志》中,也记录了一些官方体制中的官员或读书人为雷姓、钟姓,如惠州府明代归善县河伯所的第二任河泊官为广西人"雷武"。博罗县嘉靖年间的一位知县为桂林人"雷启蛰",他是举人出身。而该县的儒学教谕中有一位叫"钟正"。洪武年间河源县的县丞中,有位叫"钟镒"。⑤ 同时,该书也记载了明代惠州人中通过读书而有功名的蓝、雷、钟姓人。其一为进士,如惠州府学曾培养出一位钟姓的进士,他叫"钟雅",他在成化十三年(1477年)为举人,成化十四年(1478年)成为曾彦榜的进士。其二为举人,永乐九年(1411年)龙川县出了个"钟和";永乐二十一年(1423年)府学中"钟清账"考上,海丰县则有"钟文聪"考上;景泰四年(1453年)博罗县的"钟奇"考上。其三是"岁贡",洪武三十一年(1398年),海丰县有"钟显";永乐九年(1411年),河源县有"钟寿";宣德七年(1432年),府学有"钟盛";正统十一年(1446年),府学有"钟鼎";正统十三年(1448年),博罗县有"钟英";成化三年(1467年),海丰县有"钟聪";正德八年(1513年),归善县有"钟峦";正德十二年(1517年),府学有"钟杰";嘉靖二十一年

---

① (明)罗青霄修:万历《漳州府志》卷四,《国朝名宦传》,明代方志选(三),台北:学生书局,1965年,第84页。
② (明)罗青霄修:万历《漳州府志》卷二,《坛庙》,明代方志选(三),台北:学生书局,1965年,第34页。
③ (明)罗青霄修:万历《漳州府志》卷二十一,《国朝(明)教谕》,明代方志选(三),台北:学生书局,1965年,第430页。
④ (明)罗青霄修:万历《漳州府志》卷二十九,《秩官志》,明代方志选(三),台北:学生书局,1965年,第607页。
⑤ (明)李玘修:嘉靖《惠州府志》卷二,《表三·秩官》,日本藏中国罕见地方志丛刊,北京:书目文献出版社,1991年,第28~32页。

(1542年),兴宁县有"钟廷宇"等。①

嘉靖三十五年(1556年)姚良弼修的《惠州府志》记载得更多与更为详细一些,如《秩官志》中记载,洪武二年(1369年)任河源县县丞的"钟镒"是惠州府河源县本地人。正统七年(1442年)任河源县"典史"的"钟求贤"是福建长汀人,吏员出身。嘉靖二十三年(1544年)任博罗县"典史"的"蓝显"是高安人,吏员出身。嘉靖十九年(1540年)任博罗县"主簿"的"雷得宏"是福建福宁人,吏员出身。嘉靖年间曾当博罗县"知县"的"雷启蛰"为广西桂林人,举人出身。嘉靖年间任河源县"县丞"的"钟岳"是监生出身。还有成化年间的河源县"儒学训导"为"钟瑞"。嘉靖十二年(1533年)任龙川县"儒学教谕"的"雷裕"为丰城人,举人出身,在龙川县任职后升"国子监助"。嘉靖年间任博罗县"儒学训导"的有两位姓钟的,一位是"钟正",另一位是嘉靖二十四年(1545年)上任的"钟东山",他是柳城人。正德十五年(1520年)任"税课大使"的"钟忻"是鄞县人。②

嘉靖三十五年(1556年)姚良弼修的《惠州府志》也记载了出身岁贡、举人(乡举)、进士等的惠州府本地的蓝、雷、钟姓者。如惠州本地的进士有成化十三年(1477年)考上举人,成化十四年(1478年)考上进士的归善县人"钟雅"。本地的举人有永乐九年(1411年)考上的"钟和",他后来当过交趾"主簿"。永乐二十一年(1423年)海丰县人"钟文聪""钟清"都考上举人,后来钟清当过"长史"。景泰四年(1453年),博罗县人"钟奇"考上举人,后当"通判"。弘治十七年(1504年)"钟经"由监生中式考取举人,嘉靖四年(1525年)龙川县人"钟乐"考上举人。

至于蓝、雷、钟姓的岁贡,则列举了比嘉靖二十一(1542年)《惠州府志》多一些人,而且资料详细一些。如洪武十九年(1386年)惠州府长乐县人"钟瑶"通过"岁贡"而成为石城知县,洪武三十一年(1398年)海丰县人"钟显"通过岁贡当上检校。永乐三年(1405年)长乐县人"钟道生"通过岁贡当上宁化知县。永乐四年(1406年)长乐县人"钟宣"通过岁贡当上石首县丞。永乐九年(1411年)河源人"钟寿"被选上"岁贡"。永乐十二年(1414年)龙川县人

---

① (明)李玘修:嘉靖《惠州府志》卷三,《选举志》,日本藏中国罕见地方志丛刊,北京:书目文献出版社,1991年,第41~50页。

② (明)姚良弼修:嘉靖《惠州府志》卷三,《秩官志》,天一阁藏明代方志选刊,上海:上海古籍书店,1961年。

"钟鼎"被选上岁贡。宣德四年(1429年)河源人"钟铭"通过岁贡当上南平主簿,宣德七年(1432年)"钟盛"通过岁贡成为儒学训导。正统十一年(1446年)博罗县人"钟鼎"通过岁贡当上县丞。正统十三年(1448年)博罗县人"钟英"、龙川县人"蓝碧"成为岁贡。景泰四年(1453年)河源人"钟量"通过岁贡当上武进县丞。成化二年(1466年)龙川县人"钟行"通过岁贡当上州判,其父亲"钟镛"也被赠予州判衔。成化三年(1467年)海丰县人"钟聪"通过岁贡当上漳州照磨。成化十八年(1482年)龙川县人"钟璎"成为岁贡。弘治十四年(1501年)龙川县人"钟经"被选上岁贡。正德四年(1509年)龙川县人"钟昊"通过岁贡当上崖州学正,正德八年(1513年)归善县人"钟峦"被选上岁贡,正德十二年(1517年)归善县人"钟迷"通过岁贡当上训导,正德十五年(1520年)长乐县人"钟克俊"被选为岁贡。嘉靖元年(1522年)龙川县人"钟元乔"通过岁贡成为富溪知县。嘉靖十六年(1537年)归善县人"钟华"被选上岁贡,嘉靖二十一年(1542年)兴宁县人"钟廷宇"通过岁贡成为巴陵训导,嘉靖二十五年(1546年)长乐县人"钟颂"成为岁贡。①

此外,嘉靖三十五年(1556年)的《惠州府志》中还有几个有名的体制内的蓝、雷、钟姓者。如在明嘉靖三十五年(1556年)前惠州府明代唯一的进士"钟雅",在该志的《人物志》中有传,其云:"钟雅,字大章,归善人也,成化戊戌(成化十四年,1478年)进士。性聪敏,善属文,尤长于词。"②在《外志·仙释》中也有蓝姓、钟姓人物,如"蓝乔,龙川人。宋时举进士不第,乃隐于霍山,常吹铁笛赋诗。云:'太乙峰前是我家,满床书史足生涯。春深带酒不归去,老却碧桃无限花。'一日飞升而去,后有人见之洛阳"。还有"钟鼎,不知何许人也。游于新会之金溪寺,托以烧铅煮汞为事,寺有丹灶三十六。一日因涉溺死,有人见之于广州,或曰鼎罗浮人,东坡尝与友也"。③

在嘉靖二十六年(1547年)郭春震修的《潮州府志》中,也有一些官方体制中的蓝、雷、钟姓者。如宋代开禧年间有任通判为南剑人"钟大猷"。明代永乐年间有任知府为泰州人"雷春"。宣德年间有任知府为汀州人"雷迅"。

---

① (明)姚良弼修:嘉靖《惠州府志》卷四,《选举志》,天一阁藏明代方志选刊,上海:上海古籍书店,1961年。

② (明)姚良弼修:嘉靖《惠州府志》卷十三,《人物志》,天一阁藏明代方志选刊,上海:上海古籍书店,1961年。

③ (明)姚良弼修:嘉靖《惠州府志》卷十四,《外志·仙释》,天一阁藏明代方志选刊,上海:上海古籍书店,1961年。

弘治年间曾任"大明照磨"的"钟镛"是广西人，监生出身。① 弘治年间"钟霆"任海阳县主簿。景泰年间赣州人"钟本宏"任潮阳县县丞。正德六年(1511年)广西人、监生"钟政"任揭阳县主簿，正德年间藤县人"钟璘"任揭阳县的仓大使。② 永乐六年(1408年)"钟迪"任程乡县知县。正德四年(1509年)泰和人、进士"钟卿密"任饶平县知县，后擢升监察御史。嘉靖年间蓝山人"雷震"任惠来县靖海仓大使。③ 此外，则是一些潮州府本地出身的官员，如永乐三年(1405年)潮州府海阳县人"钟镛"考取了进士，后当"吏部主事"。景泰元年(1450年)潮阳县人"钟仕杰"考上进士，后任"梧州教授"。正德八年(1513年)饶平县人"钟伦"考取进士，后任"义安知县"。潮州府的贡生中，永乐年间潮州府程乡县学中有"钟亮"，天顺年间有"钟英"，正德年间有"钟仲容"。潮州府明朝以人才举者的"荐辟"有"钟吉甫""钟永清"两人，钟吉甫后来曾任"太平主簿"，而钟永清则任过"武缘主簿"。④

由以上有限的明代编纂的文献与方志中，我们可以看到，在官方体制中也有不少人姓蓝、姓雷、姓钟，有的是在闽粤赣交界地区的府、州、县中任职。有的则是出生在闽粤赣交界地区的各府州县中，通过学而优则仕或举荐而在当地或外地当官。由此看来，在闽粤赣交界地区并非按姓氏来区分族群或民族的，而是按是否处于官方体制的"内"和"外"来区分族群或民族，或区分为"我者"和"他者"。所以当时闽粤赣交界地区的畲客与瑶人，因为都是身处当时官方体制外的客民，因此除了盘、蓝、雷、钟外，也存在其他姓氏的人。而官方体制内的"土人""邑民"，同样既有蓝、雷、钟姓的人，也有其他姓氏者。

---

① （明）郭春震修：嘉靖《潮州府志》卷五，《官师志》，日本藏中国罕见地方志丛刊，北京：书目文献出版社，1991年，第226、223、228页。
② （明）郭春震修：嘉靖《潮州府志》卷五，《官师志》，日本藏中国罕见地方志丛刊，北京：书目文献出版社，1991年，第232～240页。
③ （明）郭春震修：嘉靖《潮州府志》卷五，《官师志》，日本藏中国罕见地方志丛刊，北京：书目文献出版社，1991年，第241～248页。
④ （明）郭春震修：嘉靖《潮州府志》卷六，《选举志》，日本藏中国罕见地方志丛刊，北京：书目文献出版社，1991年，第250～259页。

明清时期东南畲民的社会文化变迁

第三节 闽粤赣交界地区畲客瑶人的来源

关于闽粤赣交界地区畲客瑶人的来源,官方文献上有两种说法。其一,认为闽粤赣交界地区的畲客瑶人来源于古代的"山越"。如清代宣统二年(1910年)桂坫等修纂的《南海县志》云:"岭表溪峒之民,号为峒獠,古称山越。唐宋以来,开拓渐广,自邕州(今广西南宁市地区)以东,广州以西,皆推其雄长者为首领,籍其民为壮丁。其余不可羁縻者,则依山林而居,无酋长版籍,亦无年甲、姓名,以射生物为事。虫豸能蠕动者,皆取食之,谓之山獠。……越人则今猺、獞、平鬃、狼、黎岐、疍诸族是也。"①换言之,清代称之为"猺、獞、平鬃、狼、黎岐、疍"的族群,亦即后世的瑶族、壮族、畲族(即平鬃)②、狼③、黎族、疍民等都可以称之为山僚。因散布于溪峒之间,亦"号为峒獠",他们"古称山越",而且他们是从"唐宋以来,开拓渐广"于广西、广东等地。宣统《南海县志》这段记述前半段来源于明末清初的顾炎武,《天下郡国利病书·广东》说:"峒獠者,岭表溪峒之民,古称山越。唐宋以来,开拓浸广,自邕州以东,广州以西,皆推其雄长者为首领,籍其民为壮丁。其余不可羁縻者,则依山林而居,无酋长版籍,亦无年甲、姓名,以射生物。凡活虫豸能蠕动者,皆取食之,谓之山獠。"④后半段则出自《南海县志》编纂者自己的判断与推论。

其二,认为闽粤赣地区的畲客瑶人来源于南蛮,或更精确些,来源于南蛮中的"五溪蛮"。如明代南海人邝露的《赤雅》上云:"猺名輋客,古八蛮之种。"明嘉靖三十五年(1556年)编纂的《惠州府志》曰:"猺,本盘瓠种,地界湖、蜀溪峒间,即长沙、黔中五溪蛮是也。其后滋蔓绵亘数千里,南粤在在有

---

① (清)桂坫等纂:宣统《南海县志》卷二十六,《杂录》,台北:成文出版社,1965年,第337页。

② (明)顾炎武:《天下郡国利病书》第二十九册《广东》下说:"潮州府畲猺民有山輋,曰猺獞,其种有二:曰平鬃,曰崎鬃;其姓有三:曰盘,曰蓝,曰雷。"

③ 即顾炎武所说的"狼、獞",主要分布在广西高州府一带。参见顾炎武:《天下郡国利病书》第二十九册,《广东》下。

④ (明)顾炎武:《天下郡国利病书》第二十九册,《广东》下,上海:上海古籍出版社,1995年,第395页。

之。至宋始称蛮猺,其在惠者俱来自别境。椎结(髻)跣足,随山散处,刀耕火种,采实猎毛,食尽一山则他徙。粤人以山林中结竹木障覆居息为峯,故称猺所止曰峯。"① 换句话说,明代惠州的瑶人在宋代"始称蛮猺",他们是"盘瓠种",来源于"长沙、黔中五溪蛮"。他们是从宋代开始就"滋蔓绵亘数千里"来到广东南部,至少惠州地区里的瑶人是从外部进来的,在惠州的瑶人亦可称畲人。

明末的昆山人顾炎武延述了《惠州府志》的这段记载,但做了些许改动,其云:"猺本盘瓠种,地界湖、蜀溪峒间,即长沙、黔中五溪蛮。后滋蔓绵亘数千里,南粤在在有之。至宋始称蛮,猺其在邑猺,俱来自别境"。② 在其关于广东情况的记述中,顾炎武删掉了几个字,也改动了一个字,即将"在惠(州)"改为"在邑",这样他就把原本陈述惠州瑶人的情况扩大为陈述整个广东的瑶人了。在另一处,他则明确讲两广的畲客瑶人都来自五溪蛮,如"猺本盘瓠之种,产于湖广溪洞间,即古长沙黔中五溪之蛮是也,其后生息繁衍,南栖两广,右引巴蜀,绵亘数千里"。③

另外,顾炎武在谈论畲瑶的一支"莫猺"时,也明确表示他们就是"五溪蛮"的后裔,"莫猺者,自荆南五溪而来,居岭海间,号曰山民。盖盘瓠之遗种,本猺獞之类,而无酋长,随溪谷群处,斫山为业,有采捕而无赋役,自为生理。不属于官,亦不属于峒首,故名莫猺也,岭西海北人呼为白衣山子。钦(今广西钦州市)、廉(今广西北海市的合浦县)迩来亦有垦田输税于官,愿入编户者,盖教化之渐被也"。④ 虽然如此,但从顾炎武提到这支莫猺,分布于明代的钦州与廉州地区的情况看,他们是居住在广西东部、广东西部的瑶人。其称"莫猺"是因为过去他们"无酋长……有采捕而无赋役,自为生理,不属于官",既不属于政府管辖,也不受当地土著的土官管辖。"钦廉迩来",也就是明代设立了钦州府、廉州府以来,他们也发生了变化,"亦有垦田输税

---

① (明)姚良弼修,杨宗甫纂:嘉靖《惠州府志》卷十四,《外志·猺蛋》,天一阁藏明代方志选刊,上海:上海古籍书店,1961年,第155页。
② (明)顾炎武:《天下郡国利病书》第二十七册,《广东》上,上海:上海古籍出版社,1995年,第256页。
③ (明)顾炎武:《天下郡国利病书》第二十九册,《广东》下,上海:上海古籍出版社,1995年,第383页。
④ (明)顾炎武:《天下郡国利病书》第二十八册,《广东》下,上海:上海古籍出版社,1995年,第436页。

于官,愿入编户者,盖教化之渐被也",他们慢慢地演变成了明王朝的编户齐民。

根据一些官方文献来看,顾炎武所记述的、被人称为"白衣山子"的"莫猺",在广东潮州府也有存在。清代广东东莞茶山人邓淳(1776—1850年)的《岭南丛述》说:"潮州有山峯,其种二:曰平鬃,曰崎鬃。亦皆猺族,有莫猺号白衣山子,散居鹜谷,治生不属官,不属峒,皆为善瑶。其曰斗老,与盘、蓝、雷之大姓者,颇桀骜难驯。"①看来在潮州府也有部分被人们称之为"白衣山子"的"莫猺"存在,他们的生活方式与广东西部早期的"莫猺"一致,"不属官,不属峒",他们大部分都是"善猺"。但他们之中的部分称"斗老"者与"盘、蓝、雷之大姓者"则"桀骜难驯",不太服从明清政府的管束与统治。另外,在清代海阳县(今潮州市潮安县)境中的部分莫猺似乎已受政府管束,如清代的《海阳县志》云:"峯尝作畲,《实录》谓之畲蛮。潮州有山峯,其种二,曰平鬃,曰崎鬃;其姓有三,曰盘,曰蓝,曰雷。皆猺族,号白衣山子,依山而居,采猎而食,不冠不履,三姓自为婚姻,病殁则并焚其室庐而徙居焉。籍隶县官,岁纳皮张而已。"②由此可知,在海阳县境中号称"白衣山子"的"山峯"以狩猎采集为生,而且他们已受官府的管束,需"岁纳皮张"为税收。所以在明代的一些官方编纂的县志中,有"峯户捕户"③的记载,即政府将这些专门依靠狩猎采集为生的畲猺视为"猎户"(捕户),这些人需缴纳兽皮为税收。

总之,关于闽粤赣地区畲客瑶人的来源,在明代就已经有两种说法。其一,认为直接可追溯到早期的"山越"。其二,直接的来源是五溪蛮。但不管是来源于古代的什么族群,明代的文人都认为这些畲猺都是与"土人"或当地的"编户齐民"有别的外来户,是所谓"畲客"或"峯客",或甚至是因其"多在深山溪谷中,又常迁徙无常,故土人称之曰客"④,而当地的编户齐民才是闽粤赣交界地区体制内的"土人"或民户。这些畲客瑶人或"客"与"土人"

---

① (清)邓淳:《岭南丛述》卷五十七,《诸蛮》,清道光十年(1830年)刻,第8页。
② (清)卢蔚猷修,吴道镕纂:光绪《海阳县志》卷四十六《杂录》,台北:成文出版社,1967年,第447页。
③ (明)黄一龙修,林大春纂:隆庆《潮阳县志》卷七,《民赋物产志》,上海:上海古籍书店,1963年,第282~284页。
④ 漳州南靖南坑高港村《曾氏崇本堂世谱》(清末抄本),转引自陈支平:《从客家族谱所见的两个史实问题》,陈支平、周雪香主编:《华南客家族群追寻与文化印象》,合肥:黄山书社,2005年,第418页。

28

"语言不通"①,当地编户齐民的汉人听其说话,认为是"言语侏离弗辨"②,而根据这些畲客瑶人或"客贼","常称城邑人为'河老',谓自河南迁来,畏之"③和"土人称之曰客,彼称土人曰河老"④的文献记载来看,这些明代早中期居住在闽粤赣交界地区的畲客瑶人说的话,与今日的客家方言相差无几。因而这一时期这一地区的畲客瑶人与客家的先民是不分彼此的同一群体,而且其聚居的地方相对集中,占据的地域也相应较大,而非小聚居、大散居。

---

① (明)祝允明纂修:正德《祝枝山手写正德兴宁志稿本》,北京:中华书局,1962年。
② (明)罗青霄修,谢彬编纂:万历《漳州府志》卷一二,《漳州府·杂志》,明代方志选(三),台北:学生书局,1965年,第219页。
③ (明)顾炎武:《天下郡国利病书》第二十六册,《福建·防闽山寇议》,上海:上海古籍出版社,1995年,第256页。
④ (清)李鋐、王相等修,昌天锦等纂:康熙《平和县志》卷十二,《杂览志·猺獞》,台北:成文出版社,1967年,第258页。

第二章　明朝早中期畲客瑶人的社会文化图景

第一节　明代早中期汉人眼里的他者形象

在明代的文献中，畲客瑶人作为闽粤赣地区汉族眼中的他者，其有一些地方或者文化因素是与明政府的编户齐民不一样的。其一，在明代的官方与民间记载中常有一些描述，如明嘉靖十四年（1535年）戴璟、张岳等纂修的《广东通志初稿》卷十八《风俗》记曰：

> 輋户者，男女皆椎发跣足，依山而居，迁徙无常，刀耕火种，不供赋役。善射猎，以毒药涂弩矢，中兽立毙。

《广东通志初稿》卷三十五《瑶獞》曰：

> 潮州府，民有山輋，曰瑶獞，其种有二，曰平鬃，曰崎鬃。其姓有三，曰盘，曰蓝，曰雷。依山而居，采猎而食，不冠不履，三姓自为婚，有病殁则并焚其室庐而徙居焉，俗有类于夷狄。

嘉靖三十五年（1556年）姚良弼主修、杨宗甫编纂的《惠州府志》卷十四《瑶蛋》云：

> 瑶本盘瓠种，地界湖蜀溪峒间，即长沙、黔中五溪蛮是也。其后滋蔓绵亘数千里，南粤在在有之。至宋始称蛮徭，其在惠者俱来自别境。椎结跣足，随山散处，刀耕火种，采实猎毛，食尽一山则他徙。粤人以山林结竹木障覆居息为輋，故称徭所止曰輋。自信为狗王后，家有画像，犬首人服，岁时祝祭。其姓为盘、蓝、雷、钟、苟，自相婚姻，土人与邻者亦不与通婚。

万历元年(1573年)罗青霄总纂、谢彬编纂的《漳州府志》卷十二《漳州府·杂志·猺人》载：

> 猺种本出盘瓠，椎髻跣足，以盘、蓝、雷为姓，自相婚姻。随山散处，编荻架茅为居，植粟种豆为粮，言语侏离弗辨。善射猎，以毒药涂弩矢，中兽立毙，以贸易商贾。居深山，光洁则徙焉。自称狗王后，各画其像，犬首人服，岁时祝祭。其与土人交，有所不合，詈殴讼理，一人讼则众人同之，一山讼则众山同之。土人莫敢与敌。

由此看来，在明代汉人或官方的眼里，闽粤赣交界地区的畲瑶首先在服饰方面与明代编户齐民有所不同，畲客瑶人多"不冠不履"，或"椎结跣足"，或"椎髻跣足"，或"椎发跣足"，即他们头梳"椎髻"，"椎髻"指其头髻呈椎形，男女没有什么差别，这种椎髻看来只能梳于头顶，而无法梳于头后，所以讲其"椎发"，主要是讲其头髻的形式与汉人不同，即畲客瑶人的男子不像汉人邑民的男子在头顶上梳圆髻，并常戴各种各样的帽子或冠带，用笄固定。畲客瑶人的女子也不像土人或民户的女子那样梳着各式各样的头髻，只是梳"椎结"(椎髻)一种，同时也没有很多的装饰物，如簪、夹、耳环、项链等。此外，畲客瑶人的男女均赤着脚而不穿鞋子，其女子也是赤脚，因此她们一定是"天足"，并没有像土人或民户女子那样缠脚。还有其"衣斑斓布褐"[①]，即衣服上色彩较多，五彩缤纷。此外，这些官方的记载也说，在与当地的土人——明政府之编户齐民日益接近的交往中，其衣装服饰也"渐同齐民"，有的人穿戴装束也与明政府体制内的"土人"民户没有区别了。

其二，在汉人的眼里，这些畲瑶"言语侏离弗辨"，"嗜欲言语不同"[②]，言语与当地的土人不太一样，双方用各自的言语沟通起来不方便，"语言不通"[③]，根据他们或"称土人为其'河老'，为其自河南光州来，畏之也"，或"常称城邑人为'河老'，谓之河南迁来，畏之"[④]，或"土人称之为客，彼称土人曰

[①] (明)顾炎武：《天下郡国利病书》第二十九册，《广东》下，上海：上海古籍出版社，1995年，第383页。

[②] (明)黄国奎等纂：嘉靖《兴宁县志》卷三，《人事部·猺蛋》，天一阁藏明代方志选刊续编，上海：上海书店，1990年，第1201页。

[③] (明)祝允明纂修：正德《祝枝山手写正德兴宁志稿本》，北京：中华书局，1962年。

[④] (明)顾炎武：《天下郡国利病书》第二十六册，《福建》下，上海：上海古籍出版社，1995年，第256页。

'河老'"①等陈述来看,这些明代早中期在闽粤赣交界地区生活的畲客瑶人被"土人"称为"客",所说的语言,与今日的畲族语言和客家方言相差无几,应该都是现代所谓"客家方言"。看来畲瑶称其为"河老"的"土人"与"城邑人",应该都是闽南人中的潮州人或惠州人。此外,由于这些土人眼中的"客",或官方所谓"客民",在闽粤赣交界地区与土人的交往逐渐增多后,久而久之,"言语渐同齐民","酋魁亦有辨华文者"②,即他们也慢慢地因交往、交流的机会增多而会讲当地的闽南话或者明代的官话。

其三,闽粤赣交界地区的畲瑶"自信为狗王后"③,或"瑶种本出盘瓠"④,即这些畲瑶自己认为其最远的祖先是盘瓠,并没有什么忌讳。而且他们也将此作为凝聚畲瑶等客民族群抵制与反抗明政府的精神力量,如畲瑶的首领"谢志珊、蓝天凤,各又自称'盘皇子孙',收有传流宝印画像,蛊惑群贼,悉归约束"。⑤ 在这一时期,他们基本还是依据《后汉书》中的盘瓠传说去建构他们的信仰基础。如在祭祀盘瓠时用桄榔面制作的人头形祭品仍称之为"吴将军"等。但是在某些地方也产生了一些传统的再发明,如把《后汉书》中的盘瓠以"畜狗"⑥的形象改变为"犬首人服"的形象,暗含盘瓠变身、盘瓠是王的传说改造、传统再发明。因此,明代早中期闽粤赣交界地区的畲客瑶人的家中多挂有盘瓠的画像,其形象为"犬首人服",以便于"岁时祝祭"。⑦也就是说,畲瑶至迟在明代嘉靖年间已把盘瓠视为神明或始祖,或图腾,开始有了单幅"祖图"——"犬首人服"的盘瓠神像,时常在畲客瑶人的年节(年

---

① (清)薛凝度修,吴文林纂:嘉庆《云霄厅志》卷三,《风土志》,民国二十年重刊本,台北:成文出版社,1967年,第160页。

② (明)顾炎武:《天下郡国利病书》第二十六册,《福建》,上海:上海古籍出版社,1995年,第256页。

③ (明)李玘修,刘梧纂集:嘉靖《惠州府志》卷十二,《外传·瑶》,北京:书目文献出版社,1991年,第145页。

④ (明)罗青霄修,谢彬编纂:万历《漳州府志》卷十二,《漳州府·杂志·瑶人》,明代方志选(三),台北:学生书局,1965年,第219页。

⑤ (明)王守仁:《横水桶冈捷音疏》(正德)十二年(1517年)闰十二月初二日,王守仁著,王晓昕、赵平略点校:《王文成公全书》(二)卷十,《别录二》,北京:中华书局,2015年,第416页。

⑥ (南朝宋)范晔撰:《后汉书》卷一一六,《南蛮西南夷列传第七十六·南蛮》,郑州:中州古籍出版社,2003年,第820页。

⑦ (明)李玘修,刘梧纂集:嘉靖《惠州府志》卷十二,《外传·瑶》,北京:书目文献出版社,1991年,第145页。

关与某些节日)供奉祭品加以祭祀,非常崇敬他。

其四,他们从事祭祀盘瓠与其他神灵或人生礼仪等的宗教民俗仪式时,常有歌舞伴随。他们在某些节日祭祀盘瓠时,"先献(桄榔面制作的)人头一枚,名吴将军首领"。此外,用各种猎物做祭品,每种"各为九坛",祭仪有"七献"。换言之,祭祀时需供奉供品,并用《后汉书》中的盘瓠传说去阐释之。同时,在明早中期,其也受汉人意识形态的影响,以汉人发明的五行观念来组织与处理祭仪,"其乐五合,其旗五方,其衣五彩,是谓五参。奏乐则男左女右,铙鼓胡芦笙,忽雷响瓠云阳","侧具大木槽,扣槽群号",唱着"山歌"或"畲歌"而舞之。换言之,在这一时期他们已有了"五行"的观念,也像汉人一样有"五方"的观念与象征意义,如东南西北中,青、红、白、黑、黄等。但祭仪中还是有其自我的特点,"祭毕,合乐男女跳跃,击云阳为节",或"择其女之姣丽娴巧者劝客,极其绸缪而后已",而与汉人有些差异。在十月里,他们"祭多贝大王",也需"男女联袂而舞",而且他们常在农历十月的祭仪庆典中以"定婚媾"。①

其五,闽粤赣交界地区的畲客瑶人虽有几十个姓氏,但其中有些姓氏由于经常相互通婚,他们之间的关系也就更为密切些,如广东省"潮州府,民有山峯,曰猺獞,其种有二,曰平鬃,曰崎鬃。其姓有三,曰盘,曰蓝,曰雷。……三姓自为婚"。又如惠州府地区的輋"其姓为盘、蓝、雷、钟、苟,自相婚姻,土人与邻者亦不与通婚"。② 再如福建省漳州府地区的"猺种本出盘瓠,椎髻跣足,以盘、蓝、雷为姓,自相婚姻"。③ 这些盘、蓝、雷、钟、苟姓,既不与当地的编户齐民土人通婚,也不与同是畲客瑶人族群的其他姓氏如张、廖、赖、邱、黄、叶、高、苏、应等姓氏联姻,他们这几个姓氏自相婚配联姻,形成了关系比与其他畲客瑶人更加紧密的联系,也形成了现代畲族的基础。

其六,在汉人的眼里,这些畲客瑶人性格彪悍、好斗,"其情乖戾",其"性甚狡黠","桀骜难训"等。这些性格的行为表现为"俗喜仇杀,猜忍轻死,又

---

① (明)邝露:《猺人祀典》,《赤雅》卷一,(清)葛元煦辑:《啸园丛书》。
② (明)姚良弼修,谢彬编纂:嘉靖《惠州府志》卷十四,《猺蜑》,上海:上海古籍书店,1961年,第975页。
③ (明)罗青霄修,谢彬编纂:万历《漳州府志》卷十二,《漳州府·杂志·猺人》,明代方志选(三),台北:学生书局,1965年,第219页。

能忍饥行斗"①,而且他们有集体行动的习惯,如"其与土人交,有所不合,詈殴讼理,一人讼则众人同之,一山讼则众山同之。土人莫敢与敌"。② 他们的男子汉给汉人的印象为"左腰长刀,右负大弩,手长枪,上下山险若飞"的战士形象。其"战则一弩一枪,相将而前,执枪者前,却不常以卫弩执弩者,口衔刀而手射人,敌或冒刃逼之。枪无所施,释弩,取口中刀,奋击以救,度险整其行列,遁去必有伏弩。主军弓手辈与之角技艺,争地利,往往不能决胜也"。畲客瑶人有这些好战、好斗的表现,在汉人的眼里,这是其从儿时开始训练而使然,"儿始能行,烧铁石烙其跟趾,使顽木不仁,故能履棘茨而不伤。其须犷幼已成性,不啻如野兽然"。③ 换言之,其儿时的教养方式与特殊训练,与汉人相比,显得更为严格与残酷。因此,在汉人的眼里,这些畲客瑶人"虽有统者,而狼性亢悍,先几而虑,乃克有终",而那些畲瑶的大姓,即人多势众的某姓宗族,如"盘、蓝、雷,尤桀骛难训"。④

其七,在汉人的眼中,闽粤赣交界地区的畲客瑶人"善射猎",他们"依山而居,采猎而食"、"生平射猎擅神奇,饱寝雄狐大咒皮"⑤,也即他们射猎的精确度使汉人感到惊奇。他们也"以药注弩矢,着禽兽立毙,供宾客悉山雉野鹿狐兔鼠蚓为敬。豺豹虎咒间经其境,群相喜,谓'野菜'。操弩矢往,不逾时,手拽以归"。⑥ 总之,畲客瑶人善于射猎,也在弩矢上使用自制的毒药,所以狩猎常有收获,而且敢于去狩猎猛兽。因此,明政府把他们中的一些人当作猎户,把輋户与捕户并列纳入政府的管理中,成为编户齐民,因此他们需要"岁纳皮张"。⑦ 有时也征调他们以"长枪劲弩,时亦效功"⑧,作为军人去服

---

① (明)顾炎武:《天下郡国利病书》第二十九册,《广东》下,上海:上海古籍出版社,1995年,第383页。
② (明)罗青霄修,杨宗甫纂:万历《漳州府志》卷十二,《漳州府·杂志·瑶人》,明代方志选(三),台北:学生书局,1965年,第219页。
③ (明)顾炎武:《天下郡国利病书》第二十九册,《广东》下,上海:上海古籍出版社,1995年,第383页。
④ (明)姚虞:嘉靖《岭海舆图》,北京:中华书局,1985年,第32页。
⑤ (清)杨澜:光绪《临汀汇考》卷三,《畲民附》,第30页。
⑥ (清)范绍质:《瑶民纪略》,载(清)乾隆十七年(1752年)曾曰瑛等修,李绂等纂:《汀州府志》卷四十一,《艺文·记》,台北:成文出版社,1967年,第527页。
⑦ (明)戴璟、张岳等纂修:嘉靖《广东通志初稿》卷三十五,《瑶獞》,四库存目丛书史部第189册,北京:北京图书馆出版社,2010年,第576页。
⑧ (明)姚良弼修,杨宗甫纂:嘉靖《惠州府志》卷十四,《外志·瑶蛋》,天一阁藏明代方志选刊,上海:上海古籍书店,1961年,第975页。

役,去镇压其他反抗政府者。

第二节 明代早中期畲客瑶人的经济

一、射猎为生

在明代早中期,闽粤赣交界地区的畲客瑶人维持其生存的取食方式或经济生产方式并不统一。根据有限的官方文字记载来看,他们之间有一部分是以狩猎采集这种向大自然索取的方式为其主要的取食方式,如:

> 潮州府,民有山輋,曰猺獞,其种有二,曰平鬃,曰崎鬃。其姓有三,曰盘,曰蓝,曰雷。依山而居,采猎而食,不冠不履,三姓自为婚,有病殁则并焚其室庐而徙居焉。俗有类于夷狄,籍隶县治,岁纳皮张,旧志无所考。我朝设土官以治之,衔曰輋官。[①]

又如:

> 邑之西北山中有曰輋户者,男女皆椎髻箕倨,跣足而行。依山而处,出常挟弩矢,以射猎为生,矢涂毒药,中猛兽无不立毙者。旧尝设官以治之,名曰輋官。[②]

再如:

> 峒僚者,岭表之溪峒之民,古称山越。……其余不可羁縻者,则依山林而居,无酋长版籍,亦无年甲、姓名。以射生物,凡活虫豸能蠕动者,皆取食之,谓之山僚。[③]

复如:

> 澄海山中有輋户,男女皆椎跣,持挟枪弩,岁纳皮张,不供赋。有輋官率领其族。[④]

[①] (明)戴璟、张岳等纂修:嘉靖《广东通志初稿》卷三十五,《猺獞》,四库存目丛书史部第189册,北京:北京图书馆出版社,2010年,第576页。

[②] (明)黄一龙修,林大春纂:隆庆《潮阳县志》卷八,《风俗志》,天一阁藏明代方志选刊,上海:上海古籍书店,1963年,第318页。

[③] (明)顾炎武:《天下郡国利病书》第二十九册,《广东》下,上海:上海古籍出版社,1995年,第395页。

[④] (清)邓淳:《岭南丛述》卷五十七,《诸蛮》。

35

根据这些点滴资料看，这些被称之为瑶僮、峒僚、輋户、山輋的畲客瑶人主要以狩猎采集为其取食方式。也就是说，他们主要靠大自然的恩赐生活，即靠大自然已存在的动植物生活。他们的住所简单，居住在"结竹木障履居息为輋"或"编荻架茅为居"的茅屋里，但他们的狩猎工具已很先进，有铁制的"腰刀""长枪""弩矢"等，与当地的编户齐民等土人并没有什么两样。他们去狩猎多用追踪法，"操弩矢往"，寻找猎物的踪迹，然后射杀之。为了在与猛兽如老虎的搏斗中能消灭它，他们会在猛兽常出没的路上设置弩箭机关来猎杀之，"其射法以劲竹为弩机，迹恶兽出入，人不经行处，夜张机丛莽中，晓则收去，并□书于路，以告行人，至获乃止。峒氓言：蓝粪山虎吼而食人，或阑入山中，则用此射杀之，以免患云"。有时在打猛兽时，他们也会使用一些自制的"毒药"涂抹在箭头上，以便加速猛兽的死亡和减轻他们的劳动强度，或有效地保护自己。他们自制的药箭如何？清人所撰写的《浮山续纪》记述了罗浮山地区峒民的制作方法也许可以让我们了解明代早中期闽粤赣地区畲客瑶人所自制药箭之一斑，其云：

> 峒民所制药箭名三步跌。制法以雄鸡生去其毛，惟存两翼，缚挂黑蜂窠中。黑蜂俗名鬼头蜂，最毒者也。鸡振翼拍其窠，群蜂飞起刺之。须臾鸡毙，皮肉黑色，乃取下，合诸毒药同淹盎中，药成。洒猪血壁上，血下垂如溜，取药一滴，点其垂下末，即有黑气如线上奔至血尽处。故以药涂箭锋，射诸恶兽，血濡缕无不毙者。[①]

由此看来，他们的箭毒主要是鬼头蜂的毒。为了生存与繁衍下去，他们的狩猎采集活动所采集与捕食的对象很广泛，"凡活虫豸能蠕动者，皆取食之"。这主要是与闽粤赣交界地区的山区中自然生态环境有关，即与该地区自然环境中自然生存的动植物有关。经济人类学家曾经统计过不同自然生态环境中的蛋白质含量，他们发现，在东非草原与疏松的森林里才能生存着许多大型的动物，如野牛、斑马、羚羊等，而在茂密的森林中，大型动物则很少，多数都是体型小，行动敏捷，在树上活动的动物。他们也比较了一下东非草原与南美洲亚马逊雨林中的情况，发现东非草原一公顷土地上有 254 公斤的动物，而在亚马逊中游的丛林中，每一公顷土地上的所有动物，包括蜘蛛、昆虫、蛇、哺乳动物等，加起来的总重量只有 45 公斤。[②] 闽粤赣山区虽

[①] （清）《浮山续纪》，载（清）光绪七年（1881 年）陈铭珪撰：《浮山志》卷二，第 41 页。
[②] 宋光宇编译：《人类学导论》，台北：桂冠图书有限公司，1979 年，第 237～238 页。

不是热带雨林区，但其地处亚热带边缘，其特点是山高林密，因此该地区每公顷的动物总量应该与热带森林的情况相差不多，产出也不会太多。我们看一看《海阳县志》等的《物产志》中动物的情况就可以对这一地区的动物情况略知一二。如《海阳县志》记载，该地常见的禽品有"鸡、鹅、鸭、鸽"这几种人工饲养的外，还有"斑鸠、鹧鸪、秦吉了、莺、百舌、鹊、燕、雀、鹌鹑、练雀、啄木、白头翁、竹鸡、画眉、鹰、𫛢鸲、鹳、枭、鸳鸯、䴘鹕、鹭鸶、翡翠、鱼虎"等。兽类除"牛、羊、犬、豕、马、猫"等为家养的外，野生的有"虎、野猪、豪猪、狸、山狗、水獭、鼯鼠、鼠"，虫类有"蜂、蚁、蝶、绀蝶、蜻蜓、蝉、蔗虫、白蜡虫、蛾、蝙蝠、水蛭、蜗牛、蚯蚓、𧒽蜓、蟋蟀、络纬、蚓蛾、蠮螉、蜘蛛、螟蛉、螺蠃、蛇、蝇、蜣螂、萤、蜉蝣、啮桑虫、瓜虫、蠹鱼、蚱蜢、灶马、螳螂、蚕、蝼蛄、蛙、虾蟆、蝌蚪、蜈蚣、蚊、蠛蠓、石背"等。[1] 又如隆庆六年（1572年）的《潮阳县志》卷七《民赋物产志》中的"鸟兽类"云："种类多同诸邑，间出孔雀、锦鸡、翡翠、白鹇、白雀与文豹、熊罴、麋鹿、蚺蛇之属，多见郡志，兹故不备载。"[2] 由此看来，在闽粤赣地区的深山老林中，动物的种类与数量并不是很多，尤其是没有群居活动的动物。所以这些单靠狩猎采集生存的畲客瑶人，为了生存、果腹，也只能是"凡活虫豸能蠕动者，皆取食之"了。

这些靠"采实猎毛"为生计的畲客瑶人，有的"不可羁縻"，"有采捕而无赋役，自为生理，不属于官，亦不属于峒首，故名莫徭也"。[3] 有的则有土官，如明政府认可的或任命的"輋官"或"抚瑶土官"等管束，有的甚至则直接"籍隶县治"。这些受土官管束以及直接"籍隶县治"的畲瑶，需以"岁纳皮张"的方式完成他们对明政府的税收，但由于这些畲瑶都没有耕种土地，也不是土地所有者，所以他们并不缴纳与土地捆绑在一起的"赋"。所以在明政府看来，这些由土官管束或县府直接管束的輋户相当于"捕户"，即猎户。因此有的官修《县志》中，就把他们与捕户归为一类加以统计，如隆庆年间（1567—1572年）编纂的广东《潮阳县志》卷七《民赋物产志》记载，在嘉靖四十五年（1566年）前，该县有"民户一万三千六十七"户，"蛋户四十一"户，"輋户捕户

---

[1] （清）卢蔚猷修，吴道镕纂：光绪《海阳县志》卷八，《舆地略七·物产》，台北：成文出版社，1967年，第70～71页。
[2] （明）黄一龙修，林大春纂：隆庆《潮阳县志》卷七，《民赋物产志》，天一阁藏明代方志选刊，上海：上海古籍书店，1963年，第310页。
[3] （明）顾炎武：《天下郡国利病书》第二十九册，《广东》下，上海：上海古籍出版社，1995年，第436页。

三十七"户。而自从嘉靖四十五年(1566年)因从潮阳县等中分出一部分乡镇去建立普宁县以后,该县的人口有所减少,民户剩下"一万一千一十七"户,"蛋户三十五"户,"畲户捕户"只剩下四户。①

除了"岁纳皮张"以完税外,这些隶属畲官或县府的从事狩猎采集的畲瑶捕户或猎户有时也需要为明政府服役,"长枪劲弩时亦效功",被征调去他地镇压明政府所谓"盗贼"。这是因为这些以狩猎采集为生计的畲客瑶人天天需出猎或采集才能果腹,所以他们天天出猎,经常有与野兽作战的实践,故相比之下,他们的单兵作战能力比较强,他们"左腰长刀,右负大弩,手长枪,上下山险若飞",作"战则一弩一枪,相将而前,执枪者前,却不常以卫护执弩者,口衔刀而手射人。敌或冒刃逼之,枪无所施,弩人释弩,取口中刀,奋击以救。度险整其行列,遁去必有伏弩主军弓手辈与之角技艺"。至于为何他们能"上下山险若飞",履荆棘而如履平地等,这是因为他们从儿童开始就残酷地训练狩猎技能,"儿始能行,烧铁石烙其跟趾,使顽木不仁,故能履棘茨而不伤。其须犷幼已成性,不啻如野兽然"。② 正是由于这些受明王朝管束者以"射猎为生"、"善射猎"、善战,而且"犹忍轻死,又能忍饥行斗",所以明政府遇到难剿之盗贼或现有的军力不敷使用时,也会"调其弩手以击贼",所以他们有时也需被征调去服兵役。

二、农耕兼打猎、砍柴

闽粤赣地区的部分畲客瑶人也许认为单纯以"射猎为生"难以生存,故也有以刀耕火种等方式从事农耕活动,以维持他们的生存,如嘉靖二十一年(1542年)江西南丰人李玘修、刘梧纂集的《惠州府志》卷十二《外传·徭》曰:

> 土徭,种出盘瓠,椎髻跣足,以盘、蓝、雷为姓,自结婚姻。随山散处,编荻架茅为居,植粟种豆为粮,斫木射猎,贸易于商贾,山光洁则徙焉。自信为狗王后,各画其像,犬首人服,岁时祝祭。……国初设抚徭土官使绥之,略纳山赋,羁縻而已。③

---

① (明)黄一龙修,林大春纂:隆庆《潮阳县志》卷七,《民赋物产志》,天一阁藏明代方志选刊,上海:上海古籍书店,1963年,第282~284页。

② (明)顾炎武:《天下郡国利病书》第二十九册,《广东》下,上海:上海古籍出版社,1995年,第383页。

③ (明)李玘修,刘梧纂集:嘉靖《惠州府志》卷十二,《外传·徭》,日本藏中国罕见地方志丛刊,北京:书目文献出版社,1991年,第145页。

又如明嘉靖三十五年(1556年)姚良弼修、杨宗甫纂的《惠州府志》卷十四《外志·猺蛋》云:

　　猺本盘瓠种,地界湖、蜀溪峒间,即长沙、黔中五溪蛮是也。其后滋蔓绵亘数千里,南粤在在有之。至宋始称蛮猺,其在惠者俱来自别境。椎结跣足,随山散处,刀耕火种,采实猎毛,食尽一山则他徙。粤人以山林结竹木障覆居息为輋,故称猺所止曰輋。自信为狗王后,家有画像,犬首人服,岁时祝祭。其姓为盘、蓝、雷、钟、苟,自相婚姻,土人与邻者亦不与通婚。猺有长有丁,国初设抚猺土官领之,俾略输山赋。赋论刀为准,羁縻而已。(《兴宁志》云:岁输山粮七石。《长乐志》云:输粮五石五斗五升。)久之,稍稍听征调,长枪劲弩,时亦效功。然此猺颇驯伏,下山见耆老、士人皆拜俯,知礼敬云。①

再如明万历元年(1573年)罗青霄总纂、谢彬编纂的《漳州府志》卷十二《漳州府·杂志·猺人》曰:

　　猺人,属邑深山皆有之,俗呼畲客。旧志不载,今载之。猺种本出盘瓠,椎髻跣足,以盘、蓝、雷为姓,自相婚姻。随山散处,编荻架茅为居,植粟种豆为粮。言语侏离弗辩,善射猎,以毒药涂弩矢,中兽立毙,以贸易商贾。居深山,光洁则徙焉。自称狗王后,各画其像,犬首人服,岁时祝祭。其与土人交,有所不合,詈殴讼理。一人讼则众人同之,一山讼则众山同之,土人莫敢与敌。国初设抚猺土官,令抚绥之。量纳山赋,其赋论刀若干,出赋若干。或官府有征剿,悉听调用。后因贪吏索取山兽皮张,遂失其赋。及抚驭失宜,往往聚众出而为患,若往年陈吊眼、李胜之乱,非猺人乎?故特志之,以见地方自有此一种族类,欲去之而不得,抚则为用,虐则为仇,为政君子处之,必有其道矣。②

复如明末顾炎武的《天下郡国利病书》第二十六册《福建》记载:

　　猺人楚粤为盛,而闽中山溪高深之处间有之。漳猺人与虔、汀、潮、循接壤错处,亦以盘、蓝、雷为姓。随山种插,去瘠就腴,编荻架茅为居,善射猎,以毒药涂弩矢,中兽立毙。其贸易商贾,刻木大小短长为验。

---

①　(明)姚良弼修,杨宗甫纂:嘉靖《惠州府志》卷十四,《外志·猺蛋》,天一阁藏明代方志选刊,上海:上海古籍书店,1961年,第975～976页。
②　(明)罗青霄总纂,谢彬编纂:万历《漳州府志》卷十二,《漳州府·杂志》,明代方志选(三),台北:学生书局,1965年,第219页。

39

今酋魁亦有辨华文者。山中自称狗王后,各画其像,犬首人身,岁时祝祭。族处喜仇杀,或侵负之。一人讼则众人同,一山讼则众山同。常称城邑人为"河老",谓自河南迁来,畏之,繇陈元光将卒始也。国初设抚瑶土官,令抚绥之,量纳山赋,其赋论刀若干,出赋若干。或官府有征剿,悉听调用。后抚者不得其人,或索取山兽皮革,遂失赋,官随亦废。往往聚出为患,若往年南胜(南靖)李志甫辈之乱,非徭人乎。今山首峒丁略受约束,但每山不过十许人,乌兽聚散无常所,汉纲当宽之尔。①

复如隆庆六年(1572年)福建晋江人黄一龙修、邑人林大春纂的《潮阳县志》记载:

邑之西北山中有曰輋户者,男女皆椎髻箕倨,跣足而行,依山而处,出常挟弩矢,以射猎为生,矢涂毒药,中猛兽无不立毙者。旧尝设官以治之,名曰輋官。或调其弩手击贼亦至。然其俗易迁移,畏疾病,刀耕火种,不供赋也。②

由此观之,在闽粤赣交界的广大地区乃至闽南地区,亦有不少畲客瑶人从事农耕兼"斫木射猎"的打猎、砍柴经济活动与城镇土人交易,他们"随山散处"或"依山而处",找到宅地后就地取材,以树木为框架构成房子的结构,"架茅"为屋顶,以避雨、雪;"编荻"为墙,隔断内外,隔绝风雨的侵蚀。

他们在居所"山房"附近"随山种插",多运用"刀耕火种"的方式经营粗耕农业,"海丰之地,有曰罗輋,曰葫芦輋,曰大溪輋;兴宁有大信輋;归善有窑輋。其人耕无犁锄,率以刀治土种五谷,曰刀耕。燔林木使灰入土,土暖而蛇虫死,以为肥,曰火耨,是为畲蛮之类"。③ 换言之,他们用刀砍树木等加以曝晒,待"草木黄落"后,"燔林木使灰入土",土中的"蛇虫死",亦可"以为肥",然后用刀为锄,在地上戳洞下种。"治土种五谷",然后就等着收成了,也不需要靠灌溉,靠老天下雨去灌溉。所以有人说这是"烈山泽雨,瀑灰浏

---

① (明)顾炎武:《天下郡国利病书》第二十六册,《福建》,上海:上海古籍出版社,1995年,第436页。
② (明)黄一龙修,林大春纂:隆庆《潮阳县志》卷八,《风俗志》,天一阁藏明代方志选刊,上海:上海古籍书店,1963年,第318页。
③ (清)屈大均:《广东新语》卷七,《人语·輋人》,北京:中华书局,1997年,第243~244页。

田,遂肥饶播种布谷,不耘而获"。① 过了几年,燔林木的灰、蛇虫死而生成的肥分没有了,畲瑶就换块地再烧垦,有时"食尽一山,则移一山"②,在一个地方轮换地块耕种。

有的则"食尽一山则他徙",迁移到其他地方,"依山居住","耕山而食"。有的"种谷三年,土瘠辄弃去,则种竹偿之"。③ 即当山田的肥力消失后,就换块山田耕作,但却不是"食尽一山则他徙",越走越远,从一地迁徙另一地,而是把丧失地力的土地抛荒,在此轮歇地里种上竹子等能快速生长成林的植物,让其早些自然地恢复原样后再返回来烧垦耕作。

他们有的是偷开别人的土地,"耕山而食,去瘠就腴,率数岁一徙",不断流动,"无征税,无服役","散居溪谷,治生不属官,不属峒首"。④

有的则租佃土人山主或畲瑶峒主的土地来"耕山而食",虽然也需要"去瘠就腴,率一二岁一徙",不断地轮耕山田,但却不会忘了向山主、峒主等缴纳租税,"惟了山主租税,无他徭役"。⑤

而在"有辇官率领其族"的地方,则需要"略输山赋",这种山赋"论刀为准"。这大概是因为畲瑶多用刀耕火种的方法来从事粗初农业,"以刀治土,种五谷"。⑥ 而刀又是畲客瑶人成年人的必备武器与工具,即每一位成年畲瑶都有一腰刀,因此一刀就代表着一位成年畲瑶,所以"论刀为准"是以成年人,也就是一家之主为单位而收缴的赋税。因此也可以说,对畲瑶,是以家为单位来缴纳"山赋"的。不过根据官方文献记载来看,这种山赋并不是太重,如《兴宁志》云:"岁输山粮七石。"《长乐志》云:"输粮五石五斗五升。"⑦ 换言之,兴宁县一个县的畲瑶山赋为七石粮食,而长乐县则为五石五斗五升,

---

① (清)范绍质:《猺民纪略》,(清)乾隆十七年(1752年)曾曰瑛等修,李绂等纂:《汀州府志》卷四十一,《艺文·记》,台北:成文出版社,1967年,第527页。
② (明)顾炎武:《天下郡国利病书》第二十九册,《广东》下,上海:上海古籍出版社,1995年,第388页。
③ (清)吴宜燮修,黄惠等纂:乾隆《龙溪县志》卷十,《风俗·杂俗》,台北:成文出版社,1967年,第106页。
④ (清)李调元:《南越笔记》卷七,北京:中华书局,1985年,第106页。
⑤ (清)郑一崧修,颜璹纂:乾隆《永春州志》卷七,《风土志·风俗》,台北:成文出版社,1974年,第663页。
⑥ (清)邓淳:《岭南丛述》卷五十七,《诸蛮》,清道光十年(1830年)刻。
⑦ (明)姚良弼修,杨宗甫纂:嘉靖《惠州府志》卷十四,《外志·猺蛋》,天一阁藏明代方志选刊,上海:上海古籍书店,1961年,第975~976页。

因此每位成年畲客或瑶人或每个畲瑶家庭的山赋负担并不是太重。因为相比之下,明代的卫所军士去军屯耕作时,"每下屯旗军一名,给屯田二十亩,总小旗各给牛一只,军人二名共牛一只,不分旗军每名种子一石,每田一亩起科三斗六升,每分(份)纳粮六石"。[①] 也就是说,一位军屯的军士种二十亩田地,需缴纳六石粮食,所以一位屯军所缴纳的田赋,比长乐县一个县受抚瑶土官管辖的畲瑶所交的还要多一点。由此可知,当时受"畲长"或"瑶总"管束的畲瑶确是"略输山赋",只是缴纳一点点山赋或"岁输山粮"[②]而已。

明代早期闽粤赣地区的畲瑶除了"种五谷""植粟种豆"等外,也种植其他农作物和养殖一些家畜、家禽,如清初的长汀人范绍质在其《瑶民纪略》中就说:畲瑶"所树艺曰棱禾,实大且长,味甘香,所产姜、薯、蒜、豆、菇、笋,品不一,所制竹器有筐筥,所收酿有蜂蜜,所畜有鱼、豕、鸡、鹜,皆鬻于市","贸易商贾",进入当地土人的市场体系。此外,由于他们的传统有部分是狩猎采集,虽有的人转向农业,但还是由于过去"精射猎",喜欢"以药注弩矢"去打猎,"着禽兽立毙",所以有时也在农闲时上山狩猎,"供宾客悉山雉、野鹿、狐、兔、鼠、蚓为敬"。有时他们也会去猎取大型的食肉动物,"豺豹、虎兕间经其境,群相喜谓野菜,操弩矢往,不逾时,手拽以归"。[③]

这种相对比较自由自在的山区田园生活有的一直延续到清代,并引起地方文人的关注,清代永定人巫宜耀所作的《三瑶曲》大体反映了当时畲瑶的生活图卷:

> 青山何地不为家,无数棱禾夹道斜。
> 更问一年鲑菜美,斑衣竹笋紫姜芽。
> 岁岁山房缀蜜脾,迢迢鸡唤五更时。
> 可能粗识钱刀戒,市上来过漫自疑。
> 生平射猎擅神奇,饱寝雄狐大兕皮。
> 夜半酸寒闻角处,声声卷地雪风吹。
> 由来风俗好呼巫,祭赛刑牲也自娱。

---

① (明)李玘修,刘梧纂集:嘉靖《惠州府志》卷八,《兵防志·屯田》,日本藏中国罕见地方志丛刊,北京:书目文献出版社,1991年,第97页。

② (清)张鹤龄修,谭史等纂:咸丰《兴宁县志》卷十二,《外志·猺蛋》,台北:成文出版社,1966年,第169页。

③ (清)范绍质:《瑶民纪略》,(清)曾曰瑛等修,李绂等纂:乾隆《汀州府志》卷四十一,《艺文·记》,台北:成文出版社,1967年,第527页。

好是击铙歌且舞,挑灯直到跃阳乌。①

简言之,这《三瑶曲》比较生动、诗意化,基本反映了那些"随山散处,编荻架茅为居,植粟种豆为粮,斫木射猎,贸易于商贾,山光洁则徙焉"②的畲瑶的生活图景:山田中种植着"棱禾",屋边的菜地里种有"鲑菜""紫姜芽",茅草屋后的山坡上有斑竹的竹笋,竹林中也许放着蜜蜂的蜂箱,院子里养着鸡群,有些剩余则到市集上交换。有时也上山打猎,肉自食,皮制衣自穿或卖到集市上,换些盐、糖、酱、醋什么的,非常自由自在。

三、地方特产及固定田地的耕种

当然,在闽粤赣地区的不同地方,由于生态环境以及该地历史过程的关系,不同的地方也有一些不同的特产,而并非千篇一律的。其一,例如广东增城的罗浮山地方有其特产:

> 南烛,生罗(浮)山高处,初生三四年,状若菘,渐似栀子,二三十年成大株,盖木而似草者也。叶似茗而圆厚,冬夏常青,枝茎微紫,大者高四五丈,肥脆易折。子如茱萸,九月熟,酸美可食。昔朱灵芝真人以其叶兼白秔(粳)米,九蒸暴之,为青精饭,常服,人称"青精先生"。今苏罗傜人每以社日为青精饭相饷,师其法也。苏罗,乃罗浮最深处。予诗:"社日家家南烛饭,青精遗法在苏罗。"③

由此可知,在广东增城罗浮山深处的畲民瑶人,有效仿道士朱灵芝真人的做法,在社日中,用粳米和"南烛"树子做成"青精饭"来作为食品,亦有想如同朱真人那样长生不老的观念。另外,从他们使用"白秔米"与"南烛"树子一起来煮"南烛饭"或"青精饭"的情况看,这里的畲瑶已有水田,否则他们煮青精饭的主要原料白秔(粳)米无从生产,因为白粳米是水稻的一种,是在水田中生产出来的产品。此从广东番禺人屈大均在《广东新语》中的另一条记载就可确证,该书卷三《山语·罗浮》条云:"罗浮故多田,唐有尚书常衮,捐资开垦千余亩,以供游者,是曰岚田。自中阁之南,尽梅花村西,皆稻区,畲蛮之所耕种。田上膏,所产白粳岁两熟,山志称,浮山有平田七亩,水旱不

---

① (清)杨澜:光绪《临汀汇考》卷三,《风俗考·畲民附》。
② (明)李玘修,刘梧纂集:嘉靖《惠州府志》卷十二,《外传·瑶》,日本藏中国罕见地方志丛刊,北京:书目文献出版社,1991年,第145页。
③ (清)屈大均:《广东新语》卷二十五,《木语·南烛》,北京:中华书局,1997年,第649～650页。

及,禾稼异常。今二山皆腴田嘉谷,虽高顶可以耕耘,估客多往彼中籴取,信乐土也。"①由此可知,在罗浮山梅花村以西的地方为水稻田,这些水田是由畲民耕种的,这些水田肥沃,一年可以有两熟,种植的就是这"白粳稻"。显然,这种水稻田已不可能是刀耕火种的轮种田,而是每年都可以耕种的水田或梯田。由于这类田地是每年都需使用的固定田地,所以也发展为田地施加肥料的技术,如在广东有些田地偏酸性,当地又产石灰石(青石),所以"居民燔灰以粪田,名曰石粪。盖田之瘠以石,而肥以灰,灰有火气,田得其暖而阳气乃生。火生于地,地之火不足,以人力之火补之,亦一道也"。广东的畲瑶也如此,如屈大均写的《畲田诗》云:"畲客石为田,田肥宜石粪。英州石太多,燔石无人问。"又云:"火烧土膏暖,阳气发畲田。尽斩阴阳木,斜禾种绝巅。"②看来,一旦田地固定,施肥等技术也得相应地产生,否则田地就无法保证地力充足,而使田地的产出下降。

不仅广东那里的畲瑶有的已开始耕作固定的水田或梯田,福建这边的汀、漳畲瑶也有水田耕作,如当时漳州府所属的龙岩地方畲瑶的耕作方式有"火耕水耨"等形式,而该条的注释说:"畲田火耕,泽田水耨。"③换言之,也就是说畲瑶的田地有刀耕火种山田烧垦的"畲田",也有"水耨"的"泽田",而这"泽田"应是现在所称的水田。显然,水田一定是固定的、无须轮耕的农田,其种植的是水稻,而非陆稻(即旱稻)。

有的地方也种旱稻,如四川罗江人李调元的《南越笔记》卷十六提到:

粳有余粳、赤粳,宜作糍饵,皆谷品之良者。其生畲田者,曰山禾也。当四五月时,天气晴霁,有白衣山子(山輋、畲客)者,于斜崖陡壁之际,刈杀阳木,自上而下,悉燔烧,无遗根株,俟土脂熟透,徐转积灰以种禾及吉贝绵,不加灌溉,自然秀实,连岁三四收,地瘠乃弃,更择新者,所谓畲田也。④

由此看来,明代潮州地区的畲客瑶人曾在山顶开垦山田,利用树木的灰烬为肥,种植这种"谷品之良者"的余粳、赤粳旱稻(山禾)和棉花(吉贝绵),

---

① (清)屈大均:《广东新语》卷三,《山语·罗浮》,北京:中华书局,1997年,第94页。
② (清)屈大均:《广东新语》卷五,《石语·石粪》,北京:中华书局,1997年,第185页。
③ (明)罗青霄总纂,谢彬编纂:万历《漳州府志》卷二十一,《龙岩县·风俗》,明代方志选(三),台北:学生书局,1965年,第419页。
④ (清)李调元:《南越笔记》卷十六,《东粤稻种不一》,北京:中华书局,1985年,第199页。

三四年地力尽了,就换块地方再种。这种刀耕火种的山田可称之为"畲田"。明代惠安人张岳编纂的《惠安县志》卷五《物产》也记载了嘉靖时惠安有人种植"畲稻":

> 畲稻,种出獠蛮,必深山肥润处伐木焚之,以益其肥。不二三年,地力耗薄,又易他处。近漳州人有业是者,常来赁山种之。①

这表明在明代嘉靖年间,惠安这地方就有漳州人来租赁山场种"畲稻",而且他们采用"轮耕地"的方式来种。由此看来,在明代嘉靖初年,就有闽南漳州府的畲民迁泉州府惠安地方垦殖或移民。

其二,在潮州府的凤凰山地区畲客瑶人也有当地独特的土特产,如:

> 凤凰山有峰曰乌岽,产乌喙茶,其香能清肺膈。又有龙须草,可织席。绝顶不生树,草悉柔润。盖罡风沆瀣之气所激宕也。②

换言之,因潮州凤凰山那里特产有"乌喙茶",所以凤凰山一带的畲民瑶人就有种这种茶的习惯。直到现代,凤凰山那里还出产"单枞茶"。再者,那里还出龙须草这种植物,其可以用来"织席"而供应市场。由此我们也可以进一步地推测,在凤凰山地区,明代时,畲民瑶人已有固定的田地,而不再只是从事"食尽一山,则移一山"的刀耕火种田了,因为茶叶的种植需要长期性、固定的田地,当其辟为茶园时,不太可能只种一二年或两三年就放弃,而应该是持续种下去,每年摘采茶叶,制茶去卖。所以这一地区的畲民瑶人如果种植有茶树的话,他们就一定有了固定、长期使用的田地,而不可能再"食尽一山,则移一山"这样游动耕种了。当然这种固定的茶园一定是山地,而且需开垦成梯田状,而且它们是旱地,而非水田。

其三,有的地方畲客瑶人也会伐木培植各种食用菌,如屈大均在《广东新语》中就曾记述广东从化一带的"畲人"有培植香菇等食用菌的习惯,其云:

> 从化多香菌,冬采者良。其木曰羊矢。畲人伐置山间,至冬雨雪滋冻,腐而生菌。无蛇虺之毒,谓之雪菌;色白而香,亦曰雪蕈。或以朽桑、樟、楠三者尺断,当腊时,于肥阴处理之,为深畦如种菜法,春月以米

---

① (明)张岳纂:嘉靖《惠安县志》卷五,《物产》,上海:上海古籍出版社,1981年,第88页。

② (清)卢蔚猷修,吴道镕纂:光绪《海阳县志》卷四十六,《杂录》,台北:成文出版社,1967年,第456页。

泔水浇灌,不时菌出。日灌之三,即大如拳许,是谓家蕈。他草产于木之根土处,精华郁结。有白者,有淡黑者,其茎皆白,皆甘美不下蘑菇。性温补益阳。然湿气薰蒸,未免有毒,若夏间瘴雨所成与最大者,煮时投以姜片、饭粒,其色不黑,乃可食。大抵冬春无毒,夏秋多毒,以有蛇虫从下而过,不若石耳生崖壁上,得雾露之气,可以明目益精也。①

也就是说,广东从化县一带的"畲人"在山里将"羊矢"木砍倒,让它朽腐,特别是冬天"雨雪滋冻"后就可以生产出"香菌"了。这种"香菌"如"无蛇虺之毒"的"谓之雪菌",而那些"色白而香"的"香菌"则称"雪蕈"。还有将腐朽的"桑、樟、楠"木砍成一尺一段,在腊月里埋于"肥阴处",春天时用"米泔水浇灌",就可以培植出"家蕈"。如果每天勤浇米泔水,如一天浇三次的话,"家蕈"会长得如拳头那般大小。此外,也摘采野生的菌类与"石耳"(长在岩壁上的木耳)来食用或去集市上贩卖。

其四,有的闽粤赣交界地区的畲瑶也从事半专业化的手工业活计,如大埔县长富甲的"桂竹坑,区署东北二十七里。东接青坑,西接永盛坪,南连大宁甲界,北接黄富村,陆路为通永定县之要道,邻近小村曰路子头。附属之面积,纵约一里,横约二里。居民三十二户一百四十六人,钟姓九十二人,张姓五十四人。除在家耕种外,大半在潮安业铁匠营生"。永定坪,"区署北二十九里,东接桂竹坑,西连长治甲界,南界大宁甲,北接黄富村,陆路通长治甲至永定县。面积纵横约一方里,居民皆钟姓,五十二户二百九十三人"。他们在农田"耕种外,多住潮城营铁业"。② 换言之,大埔崇里一带的钟姓畲人除了在家里耕田外,有的也到潮州府城里开铁匠铺,打铁营生。有的也在本村中从事一些农耕外的手工业产品。如同甲的"石坑,区署东北二十七里。……面积纵横约一方里。居民皆蓝姓,九户三十一人,耕田造纸为业"。"溪上,区署东北四十一里,东界永定县。……面积纵约三里,横约一里。居民五十九户二百九十六人,蓝姓二百五十五人,钟姓二十四人,江姓十七人。业农工,产银纸、竹篾,销售本埔长富乡。"③

---

① (清)屈大均:《广东新语》卷二十七,《草语·菌》,北京:中华书局,1997年,第714页。

② 刘织超修,温廷敬纂:民国《大埔县志》卷二,《地理志·乡村》,大埔县修志局,1943年,第29~31页。

③ 刘织超修,温廷敬纂:民国《大埔县志》卷二,《地理志·乡村》,大埔县修志局,1943年,第29~31页。

综合上述情况看,在明代早中期,闽粤赣地区的畲民瑶人除了狩猎采集、砍柴打猎进入汉人的市集去交易,刀耕火种外,有的已开始耕作固定的旱地开茶园;有的则在固定的梯田或水田中耕作,种植水稻;有的也经营其他经济活动,如培植香菌等食用菌和充当铁匠或生产些手工业产品如土纸、金银纸、竹制品、竹器等销售市场,并非仅是以刀耕火种的生产方式来生产生活资料。

第三节　明代早中期畲客瑶人自身的社会组织

根据明清的官方文献与其他汉人的文字资料看,在明代早中期,畲客或瑶人都以村落为单位构成一个个社区或族群,如《罗浮书》云:"苏罗、石咖之间多瑶,有上、中、下三瑶村,分盘、蓝、雷、钟、苟五姓。自相婚姻,土人与邻者亦不与通。"在罗浮山地区,"瑶官所辖诸峯"的村落,则有"鹦岇、梨木坪、榕树岇、天王岇、通坑、南坑、冈塾、田尾(以上俱在增城),梅宠、霞水、上坑、西坑、桃花坪、符竹坪、白沙坑、长坑、官山、璋背、鱼梁坑、钟鼓岇、龙潭(以上俱在博罗)、跌狗(磜)(在龙门)。……明初设抚瑶土官领之,俾略输山赋,赋论刀为准,羁縻而已。罗浮之瑶,有抚瑶官,黎姓者为之,家增城。片纸传语,岇峯诸瑶无不奉命,亦易治之瑶也"。①又如,"澄海山中有峯户……海丰之地有罗峯、葫芦峯、大溪峯,兴宁有大信峯,归善有窑峯。其人耕无犁锄,率以刀治土,种五谷,曰刀耕。燔林木,使灰入土,土暖而虫蛇死以为肥,曰火耨,是为畲蛮之类"。②换句话说,明代早中期闽粤赣交界地区的畲客瑶人多以地方聚落作为一个群体单位,称其为"某某社区,或某某族群"也未尝不可。

而在村寨这样的地缘族群单位中,畲客瑶人"有长有丁",即他们分为两个等级,高等级的为首领人物。这些首领人物具有一定的号召力与权威性,通常是"推其雄长者为首领,籍其民为壮丁"。③也就是说,闽粤赣地区畲客

---

① 王思章修,赖际熙纂:民国《增城县志》卷一,《瑶人》,上海:上海书店,2003年,第332页。
② (清)李调元:《南越笔记》卷七,北京:中华书局,1985年,第106页。
③ (清)桂坫等纂:宣统《南海县志》卷二十六,《杂录》。

瑶人的首领的条件有二,其一是长者,因其年龄大,有历练与经验;其二,具备有超出一般人的能力,也就是通过后天的努力有突出于一般人的表现。所以前者是以身俱来的,后者则是后天获得的。除了首领人物之外,其他所谓"壮丁"或"丁"等都是平民。

在汉人的文献记载中,这些畲客瑶人首领的名称并不一致,有的称"畲长""畲官",也有的称"畲总"①"瑶头""瑶首""抚瑶人"或"瑶总"等,如:

永乐五年(1407年)十一月辛酉,广东"畲蛮雷纹用"等来朝。初潮州卫卒谢辅言,海阳县凤凰山诸处"畲蛮"遁入山谷中,不供徭赋,乞与耆老陈晚往招之。于是"畲长雷纹用"等凡四十九户俱愿复业。至是(谢)辅率(雷)纹用等来朝。

正统九年(1444年)六月壬午,广东兴宁县"瑶首蓝子聪"等来朝,贡方物。俱赐彩币等物有差。

景泰二年(1451年)八月乙未,广东海丰县"瑶头李总成"等贡方物。赐彩币有差。

景泰四年(1453年)八月壬子,广东博罗"瑶头李满清"等贡马及方物。赐钞、彩币,表里有差。

景泰五年(1454年)八月庚寅,广东归善县"瑶首蒙仕"等来朝,贡马及方物。赐钞、彩币表里等物有差。

景泰六年(1455年)六月癸未,广东归善县黄峒等山"抚瑶人林原贵"等来朝,贡方物。赐钞、绢有差。②

又如王守仁在正德十二年(1517年)五月二十八日的《类奏擒斩功次疏》中,就提到韶州府依附政府的"曲江县瑶总盘宗兴等"在围剿"东山瑶贼首高快马等"的战斗中,"擒获贼徒一名,夺获马一匹"③,获得了战功。

再如"潮之西北山中有畲户者,男女椎髻箕踞跣足而行,依山而处,出常挟弓矢,以射纳为生,矢敷毒药,中猛兽无不立毙。旧常设官以治之,名曰畲

---

① (明)顾炎武:《天下郡国利病书》第二十九册,《广东》下,上海:上海古籍出版社,1995年,第388页。
② 朱洪、姜永兴:《广东畲族研究》,广州:广东人民出版社,1991年,第191~192页。
③ (明)王守仁:《类奏擒斩功次疏》(正德)十二年(1517年)五月二十八日,王守仁著,王晓昕、赵平略点校:《王文成公全书》(二)卷九,《别录一·奏疏一》,北京:中华书局,2015年,第386页。

官"。①

复如"潮州府畲猺民有山輋,曰猺獞,其种有二:曰平鬃,曰崎鬃;其姓有三:曰盘、曰蓝、曰雷。依山而居,采猎而食,不冠不履,三姓自为婚。有病殁,则并焚其室庐而徙居焉,俗有类于夷狄。籍隶县治,岁纳皮张,旧志无所考,我朝设土官以治之,衔曰輋官,所领又有輋总。輋当作畲,《实录》谓之畲蛮"。②

这些去朝贡的"畲长""輋官""輋总""瑶首""瑶头""瑶总""抚瑶人""抚瑶老人"多是闽粤赣交界地区各地畲客瑶人族群中的首领或酋长,他们在其自我的族群中,以其号召力或权威性来领导自我的族群。由于明王朝对他们多采取羁縻政策,因此,他们与明王朝的关系多为半独立的关系或者"羁縻""朝贡"的关系。经常受政府,甚至是朝廷的邀请,前往县、府、省城甚至是京师,拜见各级地方长官或朝觐皇帝,并进贡一些地方特产,如上述所说的"马及方物"。而政府则授予其官衔,如把总、千总、副巡检、巡检等,赐予他们代表某一级别官职的印信以及一些金银、绸缎等。如永乐五年(1407年)十一月辛酉初八日"海阳县凤凰山诸处'畲蛮'遁入山谷中,不供徭赋,乞(谢)辅与耆老陈晚往招之。于是'畲长雷纹用'等凡四十九户俱愿复业。至是(谢)辅率(雷)纹用等来朝"。上"命各赐钞三十锭,彩币一表里,绸绢衣一袭"。③ 由此"羁縻""贡纳"关系,明政府认可这些土官对一定地域及其地域中的畲瑶有控制权。所以在明代早中期,明政府对闽粤赣交界地区的广大畲瑶,是采取间接统治的羁縻制度,当明政府需役使这些畲客瑶人时,多需要通过这些土官或其首领人物,才能"听征调",才能"调其弩手,以击贼"④等。也就是说,由輋官、畲长、瑶官、瑶总、瑶首等率领其手下去效命明王朝的军事行动,如正德十二年(1517年)五月二十八日王守仁在他的《类奏擒斩功次疏》中,就提到韶州府在围剿輋贼、瑶贼的战斗中,"曲江县瑶总盘宗兴等"参与,在围剿乐昌县"东山瑶贼首高快马等"的战斗中,"擒获贼徒一名,

---

① (清)吴震方:《岭南杂记》卷上,北京:中华书局,1985年,第28页。
② (明)顾炎武:《天下郡国利病书》第二十九册,《广东》下,上海:上海古籍出版社,1995年,第388页。
③ 《大明太宗文皇帝实录》卷七三,陈历明编校:《明清实录潮州事辑》,香港:艺苑出版社,1998年,第6页。
④ (清)吴震方:《岭南杂记》卷上,北京:中华书局,1985年,第28页。

夺获马一匹"[1]，获得了战功。

　　总之，对闽粤赣交界地区的大部分畲瑶来说，在明代早中期，他们的社会为级差社会或分层社会、等级社会。他们在等级社会中，社会等级为二，即首领与平民两类。不过，在闽粤赣交界地区，也并非所有的畲瑶社会均如此。根据明代的官方文献来看，有部分地区的畲瑶族群中，其首领的手下也掌控着一些"奴婢"，他们"世世隶属"于畲长或瑶首，"谓之家丁，以渐役以马前牌总，谓之峒丁"。他们部分来源于"攻剿山獠及博买嫁娶所得生口，男女相配，给田便耕，教以武伎，世世隶属"。[2] 也就是说，这些"家丁""峒丁"，有的是被畲瑶俘虏的山獠，有的是买来的人口，所以他们成了酋长或首领的"奴隶"；酋长在自己管辖的土地中给他们土地耕种，而且也让他们互相婚配，其所生的子女也成了"世世隶属"于酋长的奴隶。因此，在明代早中期，闽粤赣交界地区有的畲客瑶人族群中，已进入奴隶社会。

　　此外，正是由于这一时期，畲瑶有以土官的名义拥有或控制了一些区域的土地、山林。故这一时期的畲瑶才可能在其拥有的土地上采取"食尽一山，则移一山"的刀耕火种生产方式，在一个地方轮换地块耕种，而不受"土人"或编户齐民的制约，或与他们发生土地纠纷。换言之，在明代早中期的闽粤赣交界地区生活的畲瑶等客民，并没有全部籍隶明政府，成为明政府的编户齐民，而是通过羁縻关系，半独立地集群生活着。

---

[1] （明）王守仁：《类奏擒斩功次疏》（正德）十二年（1517年）五月二十八日，王守仁著，王晓昕、赵平略点校：《王文成公全书》（二）卷九，《别录一·奏疏一》，北京：中华书局，2015年，第386页。

[2] （明）顾炎武：《天下郡国利病书》第二十九册，《广东》下，上海：上海古籍出版社，1995年，第395页。

第三章　明代早中期畲客瑶人与明王朝的关系

第一节　明代早中期愿意向化的畲瑶头领被政府羁縻

在《明实录》中有一些记述谈到明代闽、粤、赣交界地区的畲客瑶人与明王朝的关系,如:

洪武五年(1372年)九月戊午,潮阳卫指挥佥事唐贺招降山贼八百七十人。

洪武二十年(1387年)六月乙酉,"惠州博罗山贼"作乱,杀巡检,焚廨宇,攻州城。广东都指挥使发兵讨之,获"首贼应仲叶"等十一人,送京师诛之。

永乐五年(1407年)八月癸未,潮州卫总旗李和招谕"輋(畲)人头目盘星剑"等一百余户向化,和就率之来朝。赐赉有差。

永乐五年(1407年)十一月辛酉,广东"畲蛮雷纹用"等来朝。初潮州卫卒谢辅言,海阳县凤凰山诸处"畲蛮"遁入山谷中,不供徭赋,乞与耆老陈晚往招之。于是畲长雷纹用等凡四十九户俱愿复业。至是辅率纹用等来朝。……命各赐钞三十锭,彩币一表里,绸绢衣一袭。

正统五年(1440年)二月癸未,广东增城等县抚瑶头目胡亮率"瑶首廖文政"等……来朝,贡马及佛像等物。赐彩币、表里有差。正统五年六月丙戌,广东博罗等县"瑶长李应山"等俱来朝,贡马及方物。赐彩币、纱绢等物有差。

正统九年(1444年)六月壬午,广东兴宁县"瑶首蓝子聪"等来朝,贡方物。俱赐彩币等物有差。

景泰二年(1451年)八月乙未,广东海丰县"瑶头李总成"等贡方物。赐彩币有差。

景泰四年(1453年)八月壬子,广东博罗"瑶头李满清"等贡马及方物。赐钞、彩币、表里有差。

景泰五年(1454年)八月庚寅,广东归善县"瑶首蒙仕"等来朝,贡马及方物。赐钞、彩币、表里等物有差。

景泰六年(1455年)六月癸未,广东归善县黄峒等山"抚瑶人林原贵"等来朝,贡方物。赐钞、绢有差。

景泰七年(1456年)六月甲子,广东河源县赤溪等都、桂岭等山"抚瑶人李广通"等各来朝,贡方物。赐钞、绢、衣服等有差。

天顺元年(1457年)十月己未,广东惠州海丰县九龙山等处"抚瑶人林有通"等来朝,贡马及方物。赐彩段(缎)、表里等物有差。

成化十年(1474年)十月壬午,广东龙川县"抚瑶人黄潮忠"等来朝,贡马及方物。赐彩段、表里等物有差。

成化十二年(1476年)九月戊申,广东惠州府归善县"抚瑶把总陆士通"等各来朝,贡马及方物。赐彩段、绢、钞有差。

成化十九年(1483年)闰八月辛巳,广东保昌县(今南雄县)有盗数百流劫江西大庾县居民。事闻,上曰:"广东'蛮寇'窃发,屡劳剿捕,数年来,其患稍息。今复逾岭行劫,以惊扰吾民,使之不得安居乐业,本窜山谷,朕甚怜之。两省守臣,其发兵追击,毋令滋蔓,勿谓小寇不足虑也。"

弘治十六年(1503年)一月丁亥,又增设凤凰山巡检司于广东饶平县境。从巡抚江西、都御史韩邦问请也。

正德十一年(1516年)九月辛丑,巡抚江西都御史孙燧奏:"上犹县'輋盗谢知山'合广东'乐昌盗高快马'千百余人,掠大庾,攻南康、赣县。主簿吴玭帅官兵六百人御之,大败,(吴)玭战死,兵士阵亡者五十人。"诏(孙)遂会南、赣都御史王守仁调兵剿之,失事者巡按御史查究以闻。

正德十三年(1518年)七月己酉,江西"輋贼"、广东"三浰头诸贼"悉平。

嘉靖元年(1522年)八月癸未,建立广东惠州府和平县,仍添设捕盗主簿一员。

嘉靖四年(1525年)十二月壬寅,广东惠、潮与福建汀、漳,江西南、赣接壤,万山盘错,为"盗贼"渊薮。时岭东道佥事施儒申严法令,简练士卒,擒渠魁龚良凤等,贼稍解去,会(施)儒升福建参议,其党众仍复啸聚。于是士民咸赴所司,乞留(施)儒久任。抚按官以闻,乃改升广东按察使,仍整饬惠、潮等处兵备。

嘉靖三十八年(1559年)三月戊子,广东苏罗峒贼约结和平、龙川、河源各贼徒,流劫惠州府归善县等处。

嘉靖四十五年(1566年)八月己卯……(因广东和平县岑冈李文彪等的造反),提督南、赣都御史吴百朋决计讨之。

嘉靖四十五年八月甲申,兵部覆巡按广东御史陈联芳奏,山贼李亚元等毒掠河源、和平诸县。

隆庆三年(1569年)一月辛未,以广东惠州府河源县、归善县地广多盗,增建长宁县于鸿雁洲,永安县于安民镇。

隆庆六年(1572年)二月壬辰,巡按广东御史赵焞勘报进奏惠、潮山寇功,凡俘斩一千二百一十人。

万历元年(1573年)四月乙丑,提督侍郎殷正茂奏岭东平寇功次。

万历四年(1576年)二月辛未,以剿平岭东山贼蓝一清、赖元爵等功,指挥杨桂以下各升赏有差。

万历十六年(1588年)四月辛酉,广东巡按御史蔡梦说勘核岭东剿平岑冈功次。①

由这些朝廷的官方档案记录来看,在明朝洪武(1368—1398年)这30年间,闽粤赣交界地区的畲瑶有些小反复,政府需要派兵讨伐与招降。但从永乐五年(1407年)一直到成化十二年(1476年)主要的记录都是反映闽粤赣交界地区各地的畲瑶首领来朝廷朝贡的情况,看来这经历了明成祖、仁宗、宣宗、英宗、代宗、宪宗六代皇帝的70年间,明政府与闽粤赣交界地区的畲客瑶人之间都比较相安无事,明政府与畲瑶的关系为羁縻关系,畲客瑶人对明政府称臣,明政府设畲官、抚瑶土官等来管束畲瑶,畲瑶首领人物对中央

---

① 参见《明实录》,转引自朱洪、姜永兴:《广东畲族研究》,广州:广东人民出版社,1991年,第191～198页。

采取"贡纳"关系,对闽粤赣交界地区的地方州县政府则"略输山赋,赋论刀为准"①,采取贡纳、羁縻关系进入明王朝的统治系统中。而到成化十九年(1483年)以后,这一地区畲瑶反抗活动加剧,有时其反抗的范围很广,而且与明王朝的矛盾还蛮激烈的,这才导致大规模正德十一二年(1516—1517年)的大规模镇压行动。

第二节 明政府设畲官、抚瑶土官约束畲客瑶人

根据一些明代及清代的官方文献记载,在明代早中期,明政府对闽粤赣交界地区的畲客瑶人实行的主要是羁縻政策。明政府在这一地区各地设立有各级"抚瑶土官"或"輋(畲)官",以便管束畲客瑶人的"輋(畲)总""畲长""瑶首""瑶总"等,通过他们去管束畲瑶等族群。嘉靖三十五年(1556年)姚良弼主修、杨宗甫编纂的《惠州府志》云:"瑶有长有丁,国初设抚瑶土官领之,俾略输山赋,赋论刀为准,羁縻而已(《兴宁志》云:岁输山粮七石;《长乐志》云:输粮五石五斗五升)。久之,稍听征调,长枪劲弩时亦效功。然此瑶颇驯伏,下山见耆老、士人皆拜俯,知礼敬云。"②也就是说,在惠州府,有抚瑶土官统领畲瑶。而在潮州府则设"輋官"来统领,"潮州府,民有山輋……俗有类于夷狄。籍隶县治,岁纳皮张。旧志无所考,我朝设土官以治之,衔曰輋官,所领又有輋总"。③不仅广东惠州府设立抚瑶土官,潮州府设輋官,福建省的漳州府也如此,如万历元年(1573年)罗青霄总纂、谢彬编纂的《漳州府志》曰:"瑶种本出盘瓠,椎髻跣足,以盘、蓝、雷为姓,自相婚姻,随山散处。……国初设抚瑶土官,令抚绥之,量纳山赋。其赋论刀若干,出赋若干,或官府有征剿,悉听调用。"④换言之,福建漳州地区也设立有抚瑶土官来管理与

---

① (明)顾炎武:《天下郡国利病书》第二十九册,《广东》上,上海:上海古籍出版社,1995年,第333页。
② (明)姚良弼修,杨宗甫纂:嘉靖《惠州府志》卷十四,《外志·瑶蛋》,天一阁藏明代方志选刊,上海:上海古籍书店,1982年,第975页。
③ (明)戴璟、张岳等纂修:嘉靖《广东通志初稿》卷三十五,《猺獞》,四库存目丛书史部第189册,北京:图书馆出版社,2010年,第576页。
④ (明)罗青霄修,谢彬编纂:万历《漳州府志》卷十二,《杂志》,明代方志选(三),台北:学生书局,1965年,第219页。

约束当时的畲客与瑶人。

而在有些官方文献记载中,"抚瑶土官"则称之为"抚瑶头目""抚瑶官"或"瑶官",例如"正统五年(1440年)二月癸未,广东增城等县'抚瑶头目'胡亮率瑶首廖文政等……来朝,贡马及佛像等物。赐彩币,表里有差"。① 这表明广东省增城县等地的抚瑶土官称"抚瑶头目"。清代道光年间编修的《长乐县志》记载云:"瑶有长有丁,(长乐县,今梅州市五华县)自明初以苟姓者为'抚瑶官'领之"。② 这表明在今天的梅州地区,"抚瑶土官"可称"抚瑶官"。

有的官方文献记载中则将"抚瑶土官"称之为"輋官"或"畲官",如明代嘉靖十四年(1535年)戴璟、张岳等纂修的《广东通志初稿》云:"潮州府,民有山輋,曰猺獞,其种有二,曰平鬃,曰崎鬃。其姓有三,曰盘,曰蓝,曰雷。依山而居,采猎而食,不冠不履,三姓自为婚,有病殁则焚其室庐而徙居焉。俗有类于夷狄。籍隶县治,岁纳皮张。旧志无所考,我朝设土官以治之,衔曰輋官。"③江苏昆山千灯镇人顾炎武(1613—1682年)所撰的《天下郡国利病书》几乎是照抄《广东通志初稿》的表述与叙事,其说:"潮州府畲猺民有山輋,曰猺獞,其种有二:曰平鬃,曰崎鬃;其姓有三:曰盘,曰蓝,曰雷。依山而居,采猎而食,不冠不履,三姓自为婚。有病殁,则并焚其室庐而徙居焉。俗有类似夷狄。籍隶县治,岁纳皮张。旧志无所考,我朝(明朝)设土官以治之,衔曰輋官。所领又有輋总,輋当作畲。《实录》谓之畲蛮。"④此外,四川罗江人李调元(1734—1803年)的《南越笔记》也说:"輋人,澄海山中有輋户,男女皆椎跣,持挟枪弩。岁纳皮张,不供赋,有輋官者领其族。"⑤而广东东莞茶山人邓淳的《岭南丛述》也说:"澄海山中有輋户,男女皆椎跣,持挟抢弩。岁纳皮张,不供赋。有輋官率领其族。"⑥又如道光二年(1822年)阮元主修的《广东通志》曰:"輋户居山中,男女皆椎髻跣足而行。其俗畏疾病,易迁徙,常挟弩矢以射猎为生,旧设官以治,名曰輋官。"⑦看来,在广东省潮州府中,

---

① 《明实录·武宗正统实录》。
② (清)道光侯坤元:《长乐县志》卷六。
③ (明)戴璟、张岳等纂修:嘉靖《广东通志初稿》卷三十五,《猺獞》,四库存目丛书史部第189册,北京:图书馆出版社,2010年,第576页。
④ (明)顾炎武:《天下郡国利病书》第二十九册,《广东》下,上海:上海古籍出版社,1995年,第386页。
⑤ (清)李调元:《南越笔记》卷七,北京:中华书局,1985年,第106页。
⑥ (清)邓淳:《岭南丛述》卷五十七,《诸蛮》,清道光十年(1830年)刻,第7页。
⑦ (清)阮元主修:道光《广东通志》卷三三〇。

"抚瑶土官"可以称为"輋官"或"畲官"。

总之,从"国初设抚猺土官领之"来看,明代一建国就在闽粤赣交界这一地区设立抚瑶土官或畲官等职位来统治闽粤赣交界地区的畲瑶了。

这些政府任命的土官可能是畲客或瑶人的首领人物,也可能是对本地区的少数民族畲客瑶人的情况比较了解的汉人。如广东省"长乐县(今梅州市五华县)自明初以苟姓者为'抚瑶官'领之"。这位长乐县的"苟"姓抚瑶官极有可能本身就是畲瑶出身,因为明代嘉靖三十五年(1556年)编修的《惠州府志》卷十四《外志·瑶蛋》"猺本盘瓠种……其姓为盘、蓝、雷、钟、苟,自相婚姻,土人与邻者亦不与通婚"的记载表明,畲瑶族群中有苟姓之人,因此这位从明朝初年就当上长乐县明政府抚瑶官的苟姓官员应该就是畲客或瑶人。

有的则可能是由当地的"土人"——汉人中熟悉畲瑶情况,又能管束畲瑶者来担当,如有的文献就说:"正统中,东莞吏张富、兴宁人彭伯龄皆以能拊辑猺党。富授善政里巡检,管束广、惠、潮诸猺,子孙袭者三世。伯龄授水口副巡检,仍俾世袭,伯龄死,子玉袭。诸猺讼玉,革其职第,取其属一长者董之,号抚猺老人。其后兴宁练廷爵授职如伯龄例。今府及归善、河源等邑,皆有抚瑶官,然大率出纳授矣。"①在这一记载中,任抚瑶土官的一位是原来的东莞吏,一位则是兴宁县的土人——汉人,他们虽级别不一,有的管束区域较广,如抚瑶土官张富"管束广、惠、潮诸猺";有的管束的范围较小,如彭柏龄管束只是兴宁一个县的畲瑶。但从记载反映的情况来看,他们俩都应该是当地的汉人——明编户齐民土人。

简言之,到明代中期的正统年间(1436—1449年),仍可以看到明政府在闽粤赣地区设有抚瑶土官或畲官,其多数由汉人担任,而且抚瑶土官也被授予明代官员的品秩,如有巡检、副巡检、把总等,甚至称"抚瑶巡检"②,如东莞吏张富被授于"善政里巡检,管束广、惠、潮诸猺"。而兴宁县土人彭伯龄被授予"水口巡检司副巡检,专事抚瑶"③,其管束的是兴宁县境内畲瑶族群。

---

① (明)姚良弼修,杨宗甫纂:嘉靖《惠州府志》卷十四,《外志·瑶蛋》,天一阁藏明代方志选刊,上海:上海古籍书店,1961年,第975页。

② (明)李玘修:嘉靖《惠州府志》卷二,《秩官志》,北京:书目文献出版社,1991年,第38页。

③ (明)刘熙祚修,李永茂纂:崇祯《兴宁县志》卷六,《杂纪·瑶蛋》,北京:中国书店,1992年,第556页。

又如《明实录》中提到:"成化十二年(1476年)九月戊申,广东惠州府归善县'抚瑶把总陆士通'等各来朝,贡马及方物。赐彩段、绢、钞有差。"也就是说,有的抚瑶土官有把总的身份。

这些抚瑶土官或畲官的人选,需熟悉畲瑶的情况,而且还需要有能力使畲瑶"悦服"才能当选。换言之,他们应该熟悉和了解畲瑶的情况,而且需对畲瑶有影响力,才能当选。选上了,可以世袭三代人。但如果畲瑶对其不满时,也可以通过向其上级诉讼的方式"革其职",而由畲瑶选出的"抚瑶老人"暂代之。兴宁县"土人"彭伯龄与其子彭玉的故事,就是对上述抚瑶土官任职标准及其是否称职的注解。

正统中期,惠州府兴宁县的"县人"或"土人"彭伯龄由于"能拊辑瑶僮",并有能力使畲瑶"其党悦服"而闻名于兴宁县,该县的"朱令孟德以其事闻",就向上级报告与推荐,请求授予彭伯龄水口巡检司副巡检职衔,"专事抚瑶,仍俾世袭"。上面同意后,知县朱孟德遂于正统"壬戌岁"(1442年)请彭伯龄担任本县的抚瑶土官之职,彭伯龄答应后"从之",并一直任职,为明政府效命至逝世。"伯龄死,子玉袭"。但彭玉在任职后的作为却不能使众畲瑶信任和服从他,所以"成化丁酉(1477年),瑶党讼玉于上",结果,其上司"乃革其职,并罢其制",即在兴宁县暂时取消抚瑶土官之职位。然而该县没有抚瑶土官(抚瑶巡检),也不是什么好事情,因为安抚、管理畲瑶的工作还得有人干,所以兴宁县就"取其属一长者董之,号'抚徭老人'"[①],管理该县的畲瑶事务。也就是说,兴宁县在把彭玉的抚瑶土官职衔革除后,就在抚瑶土官属下的畲瑶中选了一长者(应为首领人物),任命为"抚瑶老人",来暂时代替抚瑶土官的职责,从事当地的"抚瑶"等工作。后来兴宁知县又任命兴宁人("土人")练廷爵为该县的抚瑶土官,"暂抚瑶",而后又向上司"请受职",最后也让练廷爵担任正式的抚瑶土官。[②] 所以嘉靖二十一年(1542年)修的《惠州府志》记载:"兴宁县"的"抚徭巡检"为"彭伯龄、彭玉、练廷爵"三人。此外,该书还记录了和平县的"浰头巡检"有"吴铎、朱铨、萧泰、吴弦(南丰

[①] (明)刘熙祚修,李永茂纂:崇祯《兴宁县志》卷六,《杂纪·瑶蛋》,北京:中国书店,1992年,第556页。

[②] (明)黄国奎等纂:嘉靖《兴宁县志》卷三,《人事部·瑶蛋》,天一阁藏明代方志选刊续编,上海:上海书店,1990年,第1199页。

人,吏员)、陈玉"等几人。①

由于抚瑶土官都有巡检、副巡检或把总的官衔,因此他们办公的衙门应该就在各地的巡检司或"汛口"中。如张富任巡检的善政里巡检司位于惠州府博罗县的西北偏北处,而彭柏龄任副巡检的水口巡检司在今兴宁市城区东南约25公里的水口镇。明代的"把总"为总兵下属之"营"或"汛口"的领兵官,是卫所之外的某些关隘的驻军。所以这位归善县(今惠州市惠阳区)的"抚瑶把总陆士通",其驻地应在归善县靠山之处,或者他就是畲瑶人的土官,有着"把总"的官衔。如是则表明明代早中期也在闽粤赣交界地区设立土司,给一些畲客瑶人首领一定的官衔,如把总、副巡检、巡检等,这些官衔相当于明朝的"百户"或"百长"。其次,由此我们也可以知道,在明代前期,博罗县、兴宁县、归善县都有抚瑶土官。此外,在罗浮山这一道教圣地,明代也设有抚猺官,"明初,设抚猺土官领之,俾略输山赋,赋论刀为准,羁縻而已。罗浮之猺,有抚猺官,黎姓者为之,家增城,片纸传语,峝輋诸瑶无不奉命,亦易治之猺也"。换言之,道教圣地罗浮山地区的抚瑶官姓黎,住在增城(今广州市增城市)县城里,这位黎姓"猺官所辖诸輋:鹦峝、梨木坪、榕树峝、天王峝、通坑、南坑、冈墩、田尾(以上俱在增城)、梅宠、霞水、上坑、西坑、桃花坪、符竹坪、白沙坑、长坑、官山、嶂背、鱼梁坑、钟鼓峝、龙潭(以上俱在博罗)、跌狗磜(在龙门)"。② 从地图上看,上述这些地名今天有的还在,如博罗县的横河镇有龙潭、上坑村,福田镇有西坑村,增城市正果镇靠近博罗县罗浮山地区的地方有个村子就命名为"畲族"。由此看来,这位驻扎在增城县城的黎姓抚瑶官管辖的区域为罗浮山西部、西北与北部地区。

除了县、府层次的抚瑶土官外,代表明政府管束地方上的畲客瑶人的人员,可能还有各地方的"里胥",如顾炎武说:"畲客,岭海随在皆有之,以刀耕火种为名者也。衣服言语渐同齐民。然性甚狡黠,每田熟报税,与里胥为奸,里胥亦凭依之。……里胥庇之。"③ 这说明在地方上,里胥对地方的控制有一定的力量,那些种田的畲瑶报税时要通过地方上的里胥,其他一些事情也需要通过里胥下达。所以里胥在地方上是明政府编户齐民中的最下层的

---

① (明)李玘修:嘉靖《惠州府志》卷二,《表三:秩官》,北京:书目文献出版社,1991年,第39页。
② 王恩章:民国《增城县志》卷一,《猺人》,上海:上海书店,2003年,第332页。
③ (明)顾炎武:《天下郡国利病书》第二十九册,《广东》下,上海:上海古籍出版社,1995年,第437页。

管理者。

第三节　明王朝的希冀是将畲瑶等客民归化成编户齐民

在明王朝获取对闽粤赣交界地区的统治权后,对当地畲客瑶人等不属于"土人"的客民等,除了用羁縻政策设抚瑶土官、畲长、瑶总等来统治与管束当地畲客瑶人的权宜之计外,最大的希望就是一步到位地把这些属于与"土人"相对的"客民"地位的畲客瑶人等直接全归化,变成明朝郡县管辖下的编户齐民(土人)。所以在实行羁縻政策的同时,其实也展开名为"招抚"等措施来使当地的畲客瑶人纳入明王朝的编户齐民系统,以达到把畲客瑶人等客民归化或向化[①]成为土人——编户齐民的目的。并且在闽粤赣交界地区增设县治,加密明政府的统治网格来强化明政府对这一地区的直接控制。通过一段时间的努力,实际上也在明代的早中期达到一定的成效,如在漳州府中,成化七年(1471年)分龙岩等地,在漳平置县。在汀州府中,成化十四年(1478年)分上杭地,设立永定县。在潮州府中,成化十三年(1477年)置饶平县;在惠州府中,弘治九年(1496年)建立了龙门县。这种在闽粤赣交界地区强化明王朝的直接统治的措施,也促使闽粤赣交界地区的部分畲客与瑶人被归化为明政府的编户齐民,这地区的畲客瑶人"亦有垦田输税于官,愿入编户者"[②],成为"新民"(新归化之民户)。[③] 有的也成为"輋户捕户"[④],"籍隶县治,岁纳皮张"[⑤],直接以交纳某些地方需向朝廷贡纳的皮张形

[①] 《明实录》广东畲族资料,朱洪、姜永兴:《广东畲族研究》,广州:广东人民出版社,1991年,第191页。

[②] (明)顾炎武:《天下郡国利病书》第二十九册,《广东》下,上海:上海古籍出版社,1995年,第436页。

[③] (明)王守仁:《浰头捷音疏》(正德)十三年(1518年)四月二十日,王守仁著,王晓昕、赵平略点校:《王文成公全书》(二)卷十一,《别录三·奏疏三》,北京:中华书局,2015年,第439页。该文提到:"卢珂、郑志高、陈英者,皆龙川旧招新民,有众三千余。远近皆为(池)仲容所胁,而三人者独与之抗,故贼深仇忌之。"即为证明。

[④] (明)黄一龙修,林大春纂:隆庆《潮阳县志》卷七,《民赋物产志》,天一阁藏明代方志选刊,上海:上海古籍书店,1963年,第282~284页。

[⑤] (明)顾炎武:《天下郡国利病书》第二十九册,《广东》下,上海:上海古籍出版社,1995年,第388页。

式纳税于政府。有的则在城镇充当工匠,如大埔县"輋裹、黄輋、下輋坪、下輋、彭公輋、上坪輋、永定坪,居民皆钟姓,五十二户,二百九十三人",他们在农田"耕种外,多住潮城营铁业"①,等等。

这类招抚的举措有各种各样,有的地方是因地方畲瑶的反抗而招抚。如"宣德(1426—1435年)间,赣州信丰诸县盗起,命陈勉抚之,招徕三千六百余人,乱遂定。李志按:宁都陈勉传云:宣德癸丑命征会昌长河峒,贼首朱南郑就抚,议置守御及巡司,民获安堵。癸丑系宣宗八年(1433年),本纪未载信丰等寇,疑即征会昌长河峒贼事也"。② 由此看来,此事发生于宣德八年(1433年),实际是招抚会昌长河的"峒贼",而且在招抚后,明政府就会在当地建构守御千户所或巡检司等军事机构来统治或监管当地。

有的地方则是镇压畲瑶的首领人物(也许就是羁縻政策下的土官)后,将其手下或胁从者招抚转化为"新民"或"招安新民"。如正德六年(1511年),"程乡贼钟仕锦攻劫附近乡邑,都御史周南招降贼首何积玉及余党千余人,擒仕锦戮之,安插朱贵等三百余人于羊角水。后积玉复叛,知县蔡夔督民兵格杀之,安插余党叶芳等于黄乡堡为新民"。③ 又如正德十二年(1517年)在镇压闽广交界地区以福建詹师富、广东温火烧为首的"輋贼瑶寇"后,漳州知府向王守仁呈报,此次围剿后,南靖县知县施洋"招抚胁从贼人朱宗玉、翁景璘等一千二百三十五名,家口二千八百二十八名口,俱经审验安插复业,缘由呈报到道,转呈到臣"。④

有的地方这类招抚则多有反复,如王守仁在正德十二年(1517年)闰十二月初五日的《立崇义县治疏》提到,江西上犹等县横水、左溪、长流、桶冈、关田、鸡湖等处,輋贼的贼巢有八十余处。界乎三县之中,东西南北相去三百余里,占据了相当明代一个县的地域,官方的"号令不及",完全独立于明政府统治之外。而这些"輋贼原系广东流来,先年奉巡抚都御史金泽行令安

---

① 刘织超修,温廷敬纂:民国《大埔县志》卷二《地理志·乡村》,大埔县修志局印行,1943年,第30页。
② (清)魏瀛等修,钟音鸿等纂:同治《赣州府志》卷三十二,《经政志·武事》,台北:成文出版社,1970年,第584页。
③ (清)魏瀛等修,钟音鸿等纂:同治《赣州府志》卷三十二,《经政志·武事》,台北:成文出版社,1970年,第586页。
④ (明)王守仁:《闽广捷音疏》(正德)十二年(1517年)五月初八日,王守仁著,王晓昕、赵平略点校:《王文成公全书》(二)卷九,《别录一·奏疏一》,北京:中华书局,2015年,第370页。

插于此,不过砍山耕活",没有向明政府贡纳或付"赋税",形成"抚瑶土官"或"辇官"统治下的独立王国。"年深日久,生长日蕃,羽翼渐多",开始向明政府的编户齐民发难,"居民受其杀戮,田地被其占据。又且潜引万安、龙泉等县避役逃民并百工技艺游食之人杂处于内,分群聚党,动以万计"。也就是说,当他们占据某地形成一定独立王国的气候后,一些已成为明政府编户齐民的人因受不了明政府的压榨与盘剥时,也会逃离政府的控制,而成为"避役逃民"来依附他们,形成百业俱全的小城镇式的聚落或地方。当他们觉得力量强大后,也会"始渐掳掠乡村,后乃攻劫郡县。近年肆无忌惮,遂立总兵,僭拟王号",扩大自己的地盘,大有跟政府对着干,甚或想脱离明王朝的统治,力求独立,故"罪恶贯盈,神人共怒"。[①] 这表明通过招抚来安置在某处的畲客瑶人,在羁縻政策下,没有在明政府州县的直接控制下,独立经营的时间一长,再加上地方政府贪官污吏的盘剥等因素,有的就可能逐渐形成某些独立王国的力量而游离于明政府的直接统治之外,并与明政府抗衡。

在正德十三年(1518年)六月十五日,王守仁写给皇帝的《三省夹剿捷音疏》中也举过一例,他说:"正德七年(1512年),(广东)兵备衙门招抚(乐昌的)龚福全,给与冠带,设为瑶官;高仲仁等给与衣巾,设为老人。未及两月,已出要路,劫杀军民,号称'高快马''游山虎''金钱豹''过天星''密地蜂''总兵'等官名目。正德十一年(1517年)七月内,流劫乐昌及江西南康等县。后蒙抚谕,将高仲仁、李斌给与冠带,重设瑶官。未宁半月,一起八百余徒出劫乐昌,掳捉知县韩宗尧;一起七百余徒,出劫生员谭明浩等家;一起六百余徒,从老虎峒等处出劫;一起五百余徒,从兴宁县出劫"。[②] 从这个例子我们可以看到,正德七年(1512年)明政府招抚广东乐昌的畲瑶首领龚福全时,给他"瑶官"头衔,给高仲仁(即高快马)"老人"的头衔羁縻之,统领在他们的手下。但没多久,他们就反复,"劫杀军民",还自封一些名号与官衔,与明政府对抗。明政府觉得自己的力量镇压不了他们时,又只好去招抚之,甚至还要给他们升官加爵,如高仲仁、李斌从"老人"升为"瑶官",承认他们的扩张。

[①] (明)王守仁:《立崇义县治疏》(正德)十二年(1518年)闰十二月初五日,王守仁著,王晓昕、赵平略点校:《王文成公全书》(二)卷十,《别录二》,北京:中华书局,2015年,第426页。

[②] (明)王守仁:《三省夹剿捷音疏》(正德)十三年六月十五日,王守仁著,王晓昕、赵平略点校:《王文成公全书》(二)卷十一,《别录三·奏疏三》,北京:中华书局,2015年,第456页。

这反过来又助长了他们的气焰,知道政府无力镇压他们时,会妥协地默认他们的作为,于是在某种希冀得不到满足后,又会再次与明政府作对。

王守仁在刚就任南赣军门巡抚闽粤赣交界地区时,也对当地为何在正德年间"从逆"之举越演越烈的原因进行过调查与分析。他"尝深求其故,寻诸官僚,访诸父老,采诸道路,验诸田野,皆以为(这一地区的)盗贼之日滋",是"由于招抚之太滥"。而"招抚太滥"是"由于兵力之不足","兵力不足"是"由于赏罚之不行"。

他还详细地讨论了这一系列的因果联系。他认为,"盗贼之性虽皆凶顽,固亦未尝不畏诛讨。夫惟为之而诛讨不及,又从而招抚之,然后肆无所忌",也就是说,当对作恶者征讨无力而去招抚之,势必使作恶者"肆无所忌"。"盖招抚之议,但可偶行于无辜胁从之民,而不可常行于长恶怙终之寇"。他认为因政府的无力而行招抚,又不去监管他们,才会形成闽粤赣交界地区"从逆者"日众,形成重大危害的局面。他说:"南赣之盗,其始也,被害之民恃官府之威令,犹或聚众而与之角,鸣之于官。而有司者以为既招抚之,则皆置之不问,盗贼习知官府之不彼与也,益从而仇胁之。民不任其苦,知官府之不足恃,亦遂靡然而从贼。由是盗贼益无所畏,而出劫日频,知官府之必将已招也;百姓益无所恃,而从贼日众,知官府之必不能为己地也。夫平良有冤苦无申,而盗贼乃无求不遂;为民者困征输之剧,而为盗者获犒赏之勤,则亦何苦而不彼从乎?是故近贼者为之战守,远贼者为之乡导,处城郭者为之交援,在官府者为之间谍,其始出于避祸,其卒也从而利之。故曰盗贼之日滋,由于招抚之太滥者,此也。"①也就是说,王守仁认为明政府当时在闽粤赣交界地区实施的"招抚"、羁縻政策只能体现政府的"软弱",并非统治这一地区的最佳方案。他认为对闽粤赣交界地区的畲客瑶人等客民,需有强硬的手段,对"从逆者"需镇压,并建立起有效的行政管理机构,实行郡县制的管理,才能将这些所谓客民真正归化为明政府的编户齐民,为明政府的统治提供赋徭,支撑明政府的运作。而且他也认为过去虽有一些镇压和郡县制的推广,如在这个地区于成化七年(1471年)设漳平县、成化十三年(1477年)置饶平县、成化十四年(1478年)设永定县、弘治九年(1496年)置龙门县等进行控制,但却不够,还是显现出政府统治网格的稀疏和政府软弱

---

① (明)王守仁:《申明赏罚以励人心疏》(正德)十二年五月初八日,王晓昕、赵平略点校:《王文成公全书》(二)卷九,《别录一•奏疏一》,北京:中华书局,2015年,第375页。

的态势。所以他要以强硬的措施来遏制这一地区的畲瑶等客民的"从逆",和将这一地区的各类客民都纳入明王朝的郡县制体制中。

首先,由于当时造反的輋贼瑶寇多集中在两省交界或三省交界这类"三不管"的地区,所以他改变过去主要以一县一府的兵力来针对本府本县的輋贼瑶寇的做法,主要采取集中两省或三省的兵力,对这类三不管地区的大股"从逆者"进行多兵力、多路进攻加以围歼的方法进行镇压。

其次,采取赏罚分明、重赏下必有勇夫的政策来鼓励明政府军系统的官兵提高士气,进行征伐、围剿。如他通过调查认为:"今南、赣之兵,皆畏敌而不畏我,欲求其用,安可得乎!故曰兵力之不足,由于赏罚之不行者。"①所以他一方面处罚了一些镇压輋贼瑶人山民不力的官员,如"将百长钟德昇等查勘的确,处以军法,及方面军职另行参究外,其余前项各官,且量加督责,姑令戴罪堤备,各自相机行事,勉图后功,以赎前罪"。② 正德十二年(1517年)五月初八,王守仁在给皇帝的《申明赏罚以励人心疏》中也提出要严格按《大明律》的"失误军事"条款"领兵官已承调遣,不依期进兵策应,若承差告报军期而违限,因而失误军机者,并斩"和"从军违期"条款"若军临敌境,托故违期三日不至者,斩",以及"主将不固守"条款"官军临阵先退,及围困越城而逃者,斩"的规定,严惩懈怠、"畏敌则不畏我"的官将。③ 另一方面,他则依据"直隶、山东、江西等处征剿流贼升赏事例"鼓励手下的军人、乡勇等,规定"一人并二人为首就阵,擒斩以次剧贼一名者五两,二名者十两,三名者升实授一级,不愿者赏十两。阵亡者升一级,俱世袭,不愿者赏十两。擒斩从贼六名以上至九名者止,升实授二级,余功加赏。④ 等政策来鼓励明政府系统的军队如卫所、巡检司的军人和地方义民等一起来围歼杀敌。

在王守仁的强硬态度与鼓励、驱动下,闽粤赣交界地区的军民形成合力,努力围歼那些明政府眼中造反的畲瑶等客民,并造成杀戮甚众的情况。

---

① (明)王守仁:《申明赏罚以励人心疏》(正德)十二年(1517年)五月初八日,王晓昕、赵平略点校:《王文成公全书》(二)卷九,《别录一·奏疏一》,北京:中华书局,2015年,第377页。

② (明)王守仁:《参失事官员疏》(正德)十二年三月十五日,王晓昕、赵平略点校:《王文成公全书》(二)卷九,《别录一·奏疏一》,北京:中华书局,2015年,第367页。

③ (明)王守仁:《申明赏罚以励人心疏》(正德)十二年五月初八日,王晓昕、赵平略点校:《王文成公全书》(二)卷九,《别录一·奏疏一》,北京:中华书局,2015年,第373页。

④ (明)王守仁:《申明赏罚以励人心疏》(正德)十二年五月初八,王晓昕、赵平略点校:《王文成公全书》(二)卷九,《别录一·奏疏一》,北京:中华书局,2015年,第373~374页。

第四节　正德年间王守仁对畲瑶等客民的镇压

前面提过,在明代早中期,明政府对闽粤赣交界地区包括畲瑶在内的所谓客民政策是招抚、羁縻为主,但也存在着对不服招抚、羁縻之畲客瑶人、山民等的镇压,并把胁从者等纳入到明政府的编户齐民系统中。如:

洪武五年(1372年)九月戊午,潮阳卫指挥佥事唐贺招降山贼八百七十人。

洪武二十年(1387年)六月乙酉,"惠州博罗山贼"作乱,杀巡检,焚廨宇,攻州城。广东都指挥使发兵讨之,获"首贼应仲叶"等十一人,送京师诛之。[①]

洪武五年(1372年)二月己卯朔初一日,潮州盗发,据揭阳、潮阳二县,潮阳卫(应为"潮州卫")佥事王友等率兵讨之。斩伪元帅三人,获贼众一千一百六十余人,马百匹,牛千头,余党悉定。

洪武十二年(1379年)三月戊寅十一日,潮州海阳县民朱得原僭号太子,聚众作乱。潮州卫指挥崔延领兵讨之,得原伏诛。

洪武十四年(1381年)冬十月己卯二十八日,潮州府海阳县民作乱,南雄侯赵庸调兵讨之,擒贼千余人,并其家属二千七十人至京。上命诛其首恶,胁从者释之,各归其家属,俾之复业。

洪武十四年(1381年)十一月丙午二十五日,程乡县群盗窃发,南雄侯赵庸遣潮州卫官军击败其众。擒贼首伪万户饶隆海等一百五十人,斩首四十余级。

洪武十五年(1382年)春正月,潮州府海阳县民曹名用聚众三百余人,杀掠良民。南雄侯赵庸调潮州卫指挥佥事詹继率兵捕之。追至昆仑山黄莺畲,擒名用并其党,悉诛之。

洪武十九年(1386年)五月乙亥二十一日,广东潮州府程乡民钟文远作乱。捕至京,伏诛。

洪武二十一年(1388年)三月辛卯十七日,广东潮州府海阳县民曹

---

① 《明实录》广东畲族资料,朱洪、姜永兴:《广东畲族研究》,广州:广东人民出版社,1991年,第191页。

水萌等作乱,剽掠州县。福建汀州卫指挥同知黄敏兵讨之,大破其众于浓溪赤岭,尽获之,械送京师。上命磔水萌于市,斩从贼数人,余皆宥死,谪戍大宁。

洪武二十一年(1388年)九月乙未二十一日,指挥同知张泰等讨捕潮、惠等州贼众,擒获一千三百五十九人,抚安信丰等县陷贼良民一千四百九十九户。①

永乐五年(1407年)八月壬辰十一日,广东布政司言:"揭阳诸县多流徙者,近招抚复业凡千余户。"②

正统十四年(1449年)四月戊寅十九日,广东按察司佥事张忠奏:"闽贼二千余徒攻劫海阳县,杀伤人民甚众。官军、民壮击却之,斩首二十九级,民壮余孟理等三人功居多。"

正统十四年(1449年)五月戊子初九日,广东按察司佥事张忠奏:"福建汀州等处流贼浸入潮州府海阳等县,劫掠乡民。……调广东、福建官军捕杀。"③

天顺六年(1462年)一月辛丑初六日,广东三司奏:"潮州府程乡县贼首罗刘宁、张福通等纠海贼,攻烧揭阳、兴宁县治,劫仓库及民财,复攻围长乐县。都指挥安福率兵追捕,射杀福通及从贼数人。"④

成化元年(1465年)七月辛亥初五日……程乡民有杨辉者,招集贼党,于闽广江右之交,大肆剽掠,刻期将攻县治。吉密集民兵七百人,信道捣贼巢,擒斩千四百余人。

成化二十三年(1487年)十一月戊戌初三日,总督两广军务都察院右都御史宋旻奏:"江西流贼千余人攻破揭阳县治,劫掠库银,脱放囚犯,纵火杀人,请合兵剿捕。"⑤

弘治元年(1488年)十月乙卯二十五日,广东惠、潮二府土贼陈锦等

---

① 《大明太祖高皇帝实录》,陈历明编校:《明清实录潮州事辑》,香港:艺苑出版社,1998年,第1~4页。
② 《大明太宗文皇帝实录》卷七〇,陈历明编校:《明清实录潮州事辑》,香港:艺苑出版社,1998年,第6页。
③ 《大明英宗睿皇帝实录》,陈历明编校:《明清实录潮州事辑》,香港:艺苑出版社,1998年,第15页。
④ 陈历明编校:《明清实录潮州事辑》,香港:艺苑出版社,1998年,第17页。
⑤ 陈历明编校:《明清实录潮州事辑》,香港:艺苑出版社,1998年,第20、22页。

为乱,佥事胡恩、都指挥何清、知府吕大川、张时泽等剿平之。……擒斩千三百二十六人,俘获三百一十七人,获被掠者百二十二人。①

正德五年(1510年)六月辛亥二十七日,先是,惠州之河源、龙川、兴宁、潮州之程乡贼首林贵等,啸聚攻劫,久而滋蔓,流劫邻境,远近绎骚。乃命总督军务右都御史林廷选等发兵五万人讨平之。

正德六年(1511年)十月甲申初七日,总制江西都御史陈金奏:"广东程乡县贼首张士锦(有的地方称'钟仕锦')②率千余人攻赣之安远,士民何积玉尝与贼通,副使王秩及通判徐珪招积玉令计擒之。积玉伏南径口,遂擒仕锦并其党十二人,杀三十五人,乞录秩、珪功。其未获贼首李细仔等,乃令积玉擒捕,俟有功官之。"兵部复请,得旨:"仕锦等攻城杀人,罪恶深重,即所在斩首示众。积玉革心归化,待再有功,奏来升用。"③

当然,上述所引并非明政府对这一地区畲瑶等客民起义的招抚、镇压的全部,但从中也可看到一些明政府对闽粤赣交界地区统治的症结,即以羁縻为主的政策是导致正德年间闽粤赣交界地区"从逆者"多,占据地盘大的症结。

在王守仁就任南赣军门后的调查显示,当时有几股畲瑶势力最为强大和对明政府有重大威胁,所以王守仁动员三省兵力重点针对他们进行围剿镇压,并在此基础上奏请皇帝批准,在当地建立县治、卫所、巡检等行政、军事单位,强化明政府对这一地区的直接控制力量。

首先,是居住在福建南靖、永定与广东饶平、大埔交界地区的40多处畲客瑶人巢穴(村落)的詹师富、温火烧的一伙"辈贼瑶寇",如福建永定的大帽山可塘洞山寨的詹师富,长富村的黄烨,象湖山的黄猪狸、游四、流恩、小冈的巫姐旺,南靖(今平和县)的黄蜡溪、上下樟溪的温宗富,赤石岩的游宗成,陈吕村的朱老叔等;广东的饶平的古村张大嘴等,大伞的罗圣钦,箭灌大寨、洋竹洞、三角湖等地的温火烧、雷振、赖英等。按王守仁的说法:"闽广贼首詹师富、温火烧等恃险从逆已将十年,党恶聚徒,动以万计。……劫剽焚驱,

---

① 陈历明编校:《明清实录潮州事辑》,香港:艺苑出版社,1998年,第22页。
② (清)魏瀛等修,钟音鸿等纂:同治《赣州府志》卷三十二,《武事》载:此为"程乡贼钟仕锦"。
③ 陈历明编校:《明清实录潮州事辑》,香港:艺苑出版社,1998年,第24、25页。

数郡遭其荼毒,转轮征调,三省为之骚然。"所以当加紧"奉行诛剿"。①

当王守仁在正德十二年(1517年)"正月十六日始抵赣州地方行事"时,就组织闽广交界地区的两省军事力量,如福建按察司整饬兵备分巡漳南道、漳州府与广东按察司分巡岭东道的兵力,对这一地区的"輋贼瑶寇"进行围剿。福建的围剿战斗从正德十二年(1517年)正月十八日开始,广东岭东道的行动从正月二十四日开始,三月底结束,历时三个月左右。

福建方面,在两省军民的夹击下,攻破可塘洞山寨,"长富村等处巢穴三十余处,擒斩首从贼犯一千四百二十余名颗(据具体战况通报的统计为1424人),俘获贼属五百七十余名口(据各战况的统计为578口),夺回被虏男妇五名口,烧毁房屋二千余间,夺获牛马赃仗无算","生擒大贼首詹师富、江蒿、范克起、罗招贤等四名"。以致"余党悉愿携带家口出官投首,听抚安插"。

广东方面,在两省军民夹击下,攻破"贼巢"古村等十六处,"前后共计生擒大贼首一十四名(温火烧、张大背、雷振、蔡晟、赖英、罗圣钦、刘乌嘴、萧乾爻、范端、萧五显、苏钊、苏瑢、赖隆等),擒斩贼犯一千二百五十八名颗(据各战况的统计应该为1272人),俘获贼属九百二十二名口,夺获水、黄牛、马一百三十九头匹,赃仗衣布等物共二千一百五十七件匹,葛蕉纱九十六斤一两,赃银三十二两四钱八分,铜钱一百四十二文"。②

上面两次总计为擒斩2678人,但如果根据《闽广捷音疏》中各地呈报的战况来统计,被擒斩者的总数应该是2696人,烧毁的房屋至少有二三千间。因为虽然广东方面的呈报没有报告烧毁房屋的数字,但在这种围剿中不太可能发生的事。也就是说,在剿灭每个"贼巢"后,明军不太可能不去烧毁他们的房屋和其他抵御设施,只是没有报告而已。所以我们蠡测广东的官军至少应毁掉一千余间房屋。此外,在《升赏谢恩疏》中,王守仁报告说:"得尔奏,该福建兵备佥事等官胡琏等统领军兵,各分哨路,于今年正月十八等日,先后攻破长富村、象湖山、可塘洞等处巢穴,擒斩首从贼级一千四百二十九名颗。及该广东兵备佥事等官顾应祥等统领军兵,分哨并进,于今年正月二

---

① (明)王守仁:《闽广捷音疏》(正德)十二年(1517年)五月初八日,王守仁著,王晓昕、赵平略点校:《王文成公全书》(二)卷九,《别录一·奏疏一》,北京:中华书局,2015年,第373页。

② (明)王守仁:《闽广捷音疏》(正德)十二年五月初八日,王守仁著,王晓昕、赵平略点校:《王文成公全书》(二)卷九,《别录一·奏疏一》,北京:中华书局,2015年,第370~371页。

十四等日,克破古村、箭灌、水竹等寨,斩贼级一千二百七十二名颗,各俘获贼属、夺回人口、头畜、器械等数多。"由此统计,这次围剿擒斩者为2701人。王守仁各疏文中的数字不是很统一,但都可以说明王守仁的镇压行动,杀戮甚众。

其次,是江西南安府、赣州府的"輋贼瑶寇"。"南安府所属大庾、南康、上犹三县,除贼巢小者未计,其大者总计三十余处,有名大贼首有谢志珊(有的文献称其为"谢志山"、"谢知山")、志海、志全、杨积荣、赖文英、蓝瑶、陈曰能、蔡积昌、赖文聪、刘通、刘受、萧居谟、陈尹诚、简永广、蔡积庆、蔡西、薛文高、洪祥、徐华、张祥、刘清才、谭曰真、苏景祥、蓝清奇、朱积厚、黄金瑞、蓝天凤、蓝文享、钟鸣、钟法官、王行、雷明聪、唐洪、刘元满。所统贼众约有八千余徒,且与湖广之桂阳、桂东、鱼黄、聂水、老虎、神仙、秀才等巢,广东之乐昌,巢穴相联,盘据流劫三省,为害多年"。① 由于这群"輋贼"的大首领谢志珊居横水寨,另一大首领蓝天凤居桶冈寨,故官方通常把这伙"从逆者"认定为横水、桶冈之"盗贼"。因"大贼首谢志珊、蓝天凤,各又自称'盘皇子孙',收有传流宝印画像,蛊惑群贼,悉归约束"②,所以他们都是道地的畲客瑶人,而且最初他们应该与他们有联系的广东乐昌的畲客瑶人龚福全、高快马一样,曾被明政府招抚过,封为畲官、畲总或瑶官、瑶总,成为羁縻对象。因为谢志珊、蓝天凤这伙"輋贼原系广东流来,先年奉巡抚都御史金泽行令安插于此,不过砍山耕活"。

他们被明政府安插在横水、桶冈这个离上犹县城很远的"三不管"地方,不受明政府的直接控制,在此生活"年深日久,生长日蕃,羽翼渐多",他们为了自己的生存空间,也向明政府的编户齐民发难,"居民受其杀戮,田地被其占据"。但在他们自主的统辖下,"畲长"或"瑶总"治下的地区,其徭役、赋税等可能轻于明政府郡县制的直接统治,因此"又且潜引万安、龙泉等县避役逃民并百工技艺游食之人杂处于内,分群聚党,动以万计"。当他们力量壮大,也感到生存空间的狭窄,为获得更大的生存空间,才"始渐掳掠乡村,后乃攻劫郡县。近年肆无忌惮,遂立总兵,僭拟王号",与明王朝抗衡,所以代

---

① (明)王守仁:《攻治盗贼二策疏》(正德)十二年(1517年)五月二十八日,王守仁著,王晓昕、赵平略点校:《王文成公全书》(二)卷九,《别录一·奏疏一》,北京:中华书局,2015年,第381页。

② (明)王守仁:《横水桶冈捷音疏》(正德)十二年闰十二月初二日,王守仁著,王晓昕、赵平略点校:《王文成公全书》(二)卷十,《别录二》,北京:中华书局,2015年,第416页。

表明政府的王守仁要说他们"罪恶贯盈,神人共怒"。他们生活在"上犹等县横水、左溪、长流、桶冈、关田、鸡湖等处,贼巢共计八十余处,界乎三县(上犹、大庾、南康交界处)之中,东西南北相去三百余里",地域范围相当于明的一个县境。在他们的统治区域中,明政府的"号令不及,人迹罕到"。① 他们力量壮大后甚至"僭拟王号,伪称总兵;聚集党类数千,肆行流毒三省;围攻南安、南康府县城池,杀害千户主簿等官;流劫湖广桂阳、郴县、宜章,吉安府龙泉、万安、泰和、永新等县。良民子女,被其奴戮;房屋仓廪,被其焚烧;道路田土,被其阻荒占夺者,以千万顷;赋税屯粮,负累军民陪纳者,以千万石"。② 如"谢志珊号'征南王',纠率桶冈等巢贼首钟明贵等,约会广东大贼首高快马等,大修战具并吕公车,欲要先将南康县打破"③,与明政府对着干。

在正德十二年(1517年)四五月间,他们还四处打劫,为自我的持久生存增加粮草积存。如"大庾县报,正德十二年四月内,被輋贼四百余人前来打破下南等寨。续被上犹、横水等贼七百余徒截路打寨,劫杀居民。又据南康县报,輋贼一伙突来龙句保掳掠居民,续被輋贼三百余徒突来坊民郭加琼等家,掳捉男妇八十余口,耕牛一百余头。又有輋贼一阵,掳劫上长龙乡耕牛三百余头,男妇子女不知其数。又据上犹县申,被横水等村輋贼纠同逃民,四散掳劫人财。续据三门总甲萧俊报,輋贼与逃民约有数百,在于地名梁滩掳牵人、牛。本月十六日,准本县捕盗主簿利昱牒报,輋贼劫打头里、茶坑等处,驻扎未散,已关统兵官(南康县)县丞舒富等前去追剿,贼已退回横水等巢去讫""续据龙南县禀,被广东浰头等处强贼池大鬓等三千余徒,突来攻围总甲王受寨所""据南康县申称,上犹贼首谢志珊纠合广东贼首高快马,统众二千余徒攻围南康县治"④,气势旺盛,所以他们就成为代表明政府的王守仁要围剿歼灭"輋贼瑶寇"的第二个主要对象。

---

① (明)王守仁:《立崇义县治疏》(正德)十二年(1517年)闰十二月初五日,王守仁著,王晓昕、赵平略点校:《王文成公全书》(二)卷十,《别录二》,北京:中华书局,2015年,第426页。
② (明)王守仁:《横水桶冈捷音疏》(正德)十二年闰十二月初二日,王守仁著,王晓昕、赵平略点校:《王文成公全书》(二)卷十,《别录二》,北京:中华书局,2015年,第416页。
③ (明)王守仁:《议夹剿方略疏》(正德)十二年九月十五日,王守仁著,王晓昕、赵平略点校:《王文成公全书》(二)卷十,《别录二》,北京:中华书局,2015年,第404页。
④ (明)王守仁:《攻治盗贼二策疏》(正德)十二年五月二十八日,王守仁著,王晓昕、赵平略点校:《王文成公全书》(二)卷九,《别录一·奏疏一》,北京:中华书局,2015年,第380页。

王守仁几经筹划、准备与组织后,终于纠集了闽、粤、赣、湖广四省的兵力,并亲临前线带兵千余人督阵,指挥属下军民分十哨(路),从大庾、上犹、南康三个方向攻入横水、桶冈这一"三不管"区域,围歼之。从正德十二年(1517年)十月初七日开始,到十二月初九日回军,历时两个月。

其一,先攻横水、左溪等处,十一月初五日再围攻桶冈等处,步步为营地蚕食,"两月之间,通计捣过巢穴八十余处,擒斩大贼首谢志珊、蓝天凤等八十六名颗,从贼首级三千一百六十八名颗,俘获贼属二千三百三十六名口,夺回被虏男妇八十三名口,牛马骡六百八只匹,赃仗二千一百三十一件,金银一百一十三两八钱一分,总计首从贼徒、贼属、牛马、赃仗共八千五百二十五名颗口只件"。① 根据王守仁的《横水桶冈捷音疏》报告,该年七月明军还杀了来攻南安府城的畲瑶"从逆者"263名。九月,在反击"輋贼首"谢志田的外出劫掠抢粮时,也杀了35名"輋贼"。

其二,根据王守仁的《议夹剿方略疏》看,在该年七月之前,江西南安府也对横水、桶冈团伙的"輋贼"发动过剿歼。南安府"知府季敩、县丞舒富等领兵分剿,共生擒大贼首陈曰能等三名,首从贼徒五十四名,斩获贼首首级六十八颗,杀死、射死贼徒二百四十余名,烧死贼徒二百余名,捣过巢穴一十九处,烧毁房屋、禾仓八百九十余间,俘获贼属二十九名口,水黄牛、马、羊、骡一百四十四头匹"。另外,该伙"从逆者"在七月份攻打南安府城失败撤退后,又于八月份卷土重来,"八月二十五日,贼首谢志珊又统领二千余徒,复来攻打南安府城。各官督兵迎敌,生擒贼犯龙正等四十二名,斩获首级一百五十七颗,贼又大败而去"。②

其三,根据王守仁七月初五日的《南赣擒斩功次疏》,在七月前,南康、上犹、大庾、南安、赣县等地,也有打击、歼灭"輋贼"的行动。如"南康县县丞舒富呈:解生擒大贼首一名钟明贵、从贼曾能志等二十一名,斩获贼级四十五颗,杀死未取首贼一百一十七名,俘获贼属男女一十六口,及牛、马、驴等物。并开称,捣过石路坑、白水峒、杞州坑、旱坑、茶潭、竹坝、皮袍、樟木坑等贼巢八处,烧死贼徒三百四十六名,并烧毁房屋禾仓四百七十余间","赣县义官

---

① (明)王守仁:《横水桶冈捷音疏》(正德)十二年(1517年)闰十二月初二日,王守仁著,王晓昕、赵平略点校:《王文成公全书》(二)卷十,《别录二》,北京:中华书局,2015年,第425页。

② (明)王守仁:《议夹剿方略疏》(正德)十二年九月十五日,王守仁著,王晓昕、赵平略点校:《王文成公全书》(二)卷十,《别录二》,北京:中华书局,2015年,第404~405页。

萧庚呈：解生擒大贼首一名唐洪、从贼蒲仁祥等六名，斩获首级并射死贼徒一百三十八名，烧毁贼巢房屋禾仓一百二十间，及俘获牛羊、器械等物"。① 还有上犹、南安、大庾县等地"各哨共计生擒大贼首三名，首从贼徒五十四名；斩获首级六十八颗；杀死、射死贼徒二百四十余名；烧死贼徒二百余名；捣过巢穴一十九处；烧毁房屋禾仓八百九十余间；俘获贼属男女二十九名口，水黄牛、马、骡、羊一百四十四头匹只"。②

由此看来，根据王守仁《横水桶冈捷音疏》《议夹剿方略疏》《南赣擒斩功次疏》的报告，对横水与桶冈方面的畲瑶"从逆者"的分剿、围剿等镇压行动，总的杀戮数字应该是5421人左右，烧毁的"贼巢"房屋有6400多间。所以这次围剿之后，横水、桶冈等地应该成为一片废墟。

再次，是广东龙川县浰头上中下三浰大寨的一伙"輋贼"。按王守仁的说法，广东惠州府龙川县"浰头系大贼池大鬓等巢穴，有众数千，比之他贼，势尤猖獗"③"浰头大贼首池仲容、池仲宁、高允贤、李全等，盘据一方，历有岁年，僭称王号，伪设官职；广东翁源、龙川、始兴，江西龙南、信丰、安远、会昌等县，屡被攻围城池，杀害官军，焚烧村寨，虏杀男妇，岁无虚日。曾经狼兵夹攻数次，俱被漏网。是乃众贼奸雄之巨擘，三省群盗之根源也"。④ 在其他疏文中他也列举了浰头的情况，江西"赣州之龙南，因与广东之龙川、浰头贼巢接境，被贼首池大鬓、大安、大升纠合龙南贼首黄秀魁、赖振禄、钟万光、王金巢、钟万贵、古兴凤、陈伦、钟万璇、杜思碧、孙福荣、黄万珊、黄秀珏、罗积善、王金、曾子奈、王金奈、王洪、罗凤璇、黎用璇、黄本瑞、郑文钺、陈秀玹、陈珪、刘经、蓝斌、黄积秀等，所统贼众约有五千余徒，不时越境，流劫信丰、龙南、安远等县。已经夹攻三次，俱被漏网"。⑤ 而且与江西横水、桶冈的谢志珊、蓝天凤为首的"輋贼"也多有联系、联盟与相援，是闽粤赣交界地区第

---

① （明）王守仁：《南赣擒斩功次疏》（正德）十二年七月初五日，王守仁著，王晓昕、赵平略点校：《王文成公全书》（二）卷十，《别录二》，北京：中华书局，2015年，第400～401页。
② （明）王守仁：《南赣擒斩功次疏》（正德）十二年七月初五日，王守仁著，王晓昕、赵平略点校：《王文成公全书》（二）卷十，《别录二》，北京：中华书局，2015年，第402页。
③ （明）王守仁：《议夹剿兵粮疏》（正德）十二年七月初五日，王守仁著，王晓昕、赵平略点校：《王文成公全书》（二）卷十，《别录二》，北京：中华书局，2015年，第398页。
④ （明）王守仁：《浰头捷音疏》（正德）十三年四月二十日，王守仁著，王晓昕、赵平略点校：《王文成公全书》（二）卷十一，《别录三·奏疏三》，北京：中华书局，2015年，第436页。
⑤ （明）王守仁：《横水桶冈捷音疏》（正德）十二年闰十二月初二日，王守仁著，王晓昕、赵平略点校：《王文成公全书》（二）卷十，《别录二》，北京：中华书局，2015年，第416页。

三支强大的"从逆"力量,所以成了王守仁需强力镇压的第三个主要对象。

针对这伙被明政府屡招抚屡反复的反抗力量,王守仁先也是放出要招抚他们的风声去麻痹他们。"正德十二年九月,臣等议将进兵横水,恐浰贼乘虚出扰,思有以沮离其党。臣乃自为告谕,具述祸福利害,使报效生员黄表、义民周祥等往谕各贼,因皆赐以银布。一时贼党亦多感动,各寨酋长黄金巢、刘逊、刘粗眉、温仲秀等,遂皆愿从表等出投。惟(浰头的)大贼首池仲容即池大鬓,独愤然谓其众曰:'我等做贼已非一年,官府来招亦非一次,此亦何足为凭!待金巢等到官后,果无他说,我等遣人出投亦未为晚。'其时臣等兵力既未能分,意且羁縻,令勿出为患,故亦不复与较。金巢等至,臣乃释其罪,推诚厚抚,各愿出力杀贼立效。于是籍其众五百余,悉以为兵,使从征横水。"表演了一场只要接受政府的招抚就能无事和被重用的好戏给浰头"輋贼首"池仲容等看。

当明军合力攻下横水后,"仲容等闻之始惧。计臣等必且以次加兵,于是集其酋豪池仲宁、高飞甲等谋,使其弟池仲安率老弱二百余徒,亦赴臣所投招,求随众立效,意在援兵,因而窥觇虚实,乘间内应"。王守仁"逆知其谋,阳许之"。当王守仁率军"进攻桶冈"时,也"使(池仲安)领其众截路于上新地,以远其归途。内严警御之备,以防其衅;外示宽假之形,以安其心"。[①] 同时王守仁也找了些编户齐民中受过池仲容为害的人与官员来调查。他们认为,"此贼狡诈凶悍,非比他贼,其出劫行剽,皆有深谋,人不能测"。他也"自知恶极罪大,国法难容,故其所以悍拒之备,亦极险谲"。过去曾两次调狼兵二三万夹剿他们,都无法大获全胜,虽打败他过,让他"败遁",但两边的损失都相当。所以近年以来,他"奸谋愈熟,恶焰益炽"。当官府"每以调狼兵恐之",他也不怕,认为"狼兵之来不能速,其留不能久也,是以益无忌惮"。所以这些官员认为要将池仲容这伙輋贼彻底剿灭,"非大调狼兵,事恐难济"。

但是王守仁不这样想,他认为很好谋划后,就是利用他手中现有的兵力,也可以剿灭池仲容这伙人。王守仁先秘密"使数十人者各归部集,候我兵有期,则据隘遏贼"。十一月,当池仲容听说明军已剿灭桶冈的"輋贼"时,

---

[①] (明)王守仁:《浰头捷音疏》(正德)十三年(1518年)四月二十日,王守仁著,王晓昕、赵平略点校:《王文成公全书》(二)卷十一,《别录三·奏疏三》,北京:中华书局,2015年,第438页。

怕明军马上来打他们,因此"为战守备",加强防务。王守仁却派人至三浰,"赐各酋长牛酒,以察其变"。池仲容等看瞒不过去,就"诈称龙川新民卢珂、郑志高等将掩袭之,是以密为之防,非敢虞官兵也。臣亦阳信其言,因复阳怒卢珂、郑志高等将擅兵仇杀,移檄龙川,使廉其实,且趣各贼伐木开道,将回兵自浰头取道,往讨之。贼闻,以为臣等实有为之之意,又恐假道伐之,且喜且惧。因遣来谢,且请无劳官兵,当悉力自防御之"。"卢珂、郑志高、陈英者,皆龙川旧招新民,有众三千余。远近皆为仲容所胁,而三人者独与之抗,故贼深仇忌之。十二月望,臣兵回至南康,卢珂、郑志高等各来告变,谓池仲容等僭号设官,今已点集兵众,号召远近各巢贼首,授以'总兵''都督'等伪官,使候三省,夹攻之兵一至,即同时并举,行其不轨之谋。及以伪授卢珂等官爵'金龙霸王'印信、文书一纸粘状来首。臣先已谍知其事,及珂等来,即阳怒,以为尔等擅兵仇杀投招之人,罪已当死。今又造此不根之言,乘机诬陷,且池仲容等方遣其弟领兵报效,诚心向化,安得有此。遂收缚珂等,将斩之。时池仲容之属方在营,见珂等入首,大惊惧,至是皆喜,罗拜欢呼,竟诉珂等罪恶。臣因亦阳令具状,谓将并拘其党属,尽斩之。于是遂械系卢珂,而使人密谕以阳怒之意,欲以诱致池仲容诸贼。且使卢珂等先遣人归集其众,候珂等既还,乃发。臣又使生员黄表、听选官雷济往谕仲容,使勿以此自疑。密购其所亲信,阴说之,使自来投诉。二十日,臣兵已还赣,乃张乐大享将士。下令城中,今南安贼巢皆已扫荡,而浰头新民又皆诚心归化,地方自此可以无虞。民久劳苦,亦宜暂休为乐。遂散兵使各归农,示不复用。而使池仲安亦领众归,助其兄防守,且云卢珂等虽已系此,恐其党致怨,或掩尔不虞。仲安归,具言其故,贼众皆喜,遂弛备。臣又使指挥余恩赍历往赐仲容等,令毋撤备,以防卢珂诸党,贼众亦喜。黄表、雷济因复说仲容:'今官府所以安辑劳来尔等甚厚,何可不亲往一谢!况卢珂等日夜哀诉反状,乞官试拘尔等,若拘而不至者,即可以证反状之实。今若不待拘而往,因面斥珂等罪恶,官府必益信尔无他,而谓珂等为诈,杀之必矣。'所购亲信者复从力赞,仲容然之,乃谓其众曰:'若要伸,先用屈。赣州伎俩,亦须亲往勘破。'遂定议。率麾下四十余人,自诣赣。臣使人探知仲容已就道,乃密遣人先行属县勒兵,分哨道,候报而发。又使千户孟俊先至龙川,督集卢珂、郑志高、陈英等兵。然以道经浰巢,恐摇诸贼,则别赍一牌,以拘捕卢珂等党属为名。各贼闻俊往,果遮迎问故,俊出牌视之,乃皆罗拜,相争导送出境。俊已至龙川,始发牌部勒卢珂等兵。众贼闻之,皆以为拘捕其属,不复为意。闰十二月二十三日,仲容等至赣,见各营官兵皆已散归,而街市多张灯设戏为乐,信以为不复用兵。密赂狱卒,私往觇卢珂等,又果械系深固。仲容乃大喜,遣人归报其属曰:'乃今吾事始得万全矣!'臣乃夜释卢珂、郑志高等,使驰归发兵,而令所属官僚次设羊酒,日犒仲容等,以缓其归。正月三日,度卢珂等已至家,所遣属县勒兵当已大集,臣乃设犒于庭,先伏甲士,引仲容入,并其党悉擒之。出卢珂等所告状,讯鞫皆伏,遂置于狱,而夜使人趋发属县兵,期以初七日同时入剿"。①

就这样,王守仁运用计谋,暗中布置好围剿的各路人马,又用计谋让池仲容等以为这次明军又会以招抚来对待他们。由于没有调动外省"狼兵",仅凭王守仁手头的兵力不足为惧,所以也放松警惕,故先被王守仁诱捕。然后王守仁马上于正月初七,分兵十支从四面八方进攻,开始围剿已"弛备散处各巢"的三浰"輋贼",打他们个措手不及。从正德十三年(1518年)"正月初七日起,至三月初八日止,前后两月之间,通共捣过巢穴三十八处,擒斩大贼首二十九名颗,次贼首三十八名颗,此贼二千零六名颗,俘获贼属男妇八百九十名口,夺获牛马一百二十二只匹,器械、赃仗二千八百七十件把,赃银七十两六钱六分,总计擒斩、俘获、夺获共五千九百五十五名颗口只匹件把"。② 王守仁这里的总计,并没有计算烧毁的房屋,但我们根据《浰头捷音疏》内各地报告的战况来统计,明军的这次围剿浰头"从逆者"时还烧毁了畲瑶村落中的房屋等栖身、抗御设施至少2366间,浰头等处也成了废墟一片。

由此粗估一下,在这三次大规模的围剿中,明军擒杀的畲瑶"从逆者"至少有10195人,这不包括在围剿中被烧死无法辨认者和跌落悬崖、深谷者。而这些都是壮丁,因妇人与小孩多被俘虏而没有被杀戮。如果加上王守仁巡抚闽粤赣地区两年多在其他地方的杀戮,那王守仁在闽粤赣地区经略两年多,明军杀戮的畲瑶等客民应该超出两万人或更多,可谓杀戮甚众了。而这种对闽粤赣交界地区不愿成为明政府编户齐民的畲瑶"从逆者"的残酷镇压行径,应该是促使明中叶畲瑶外迁的重要推力之一。

---

① (明)王守仁:《浰头捷音疏》(正德)十三年(1518年)四月二十日,王守仁著,王晓昕、赵平略点校:《王文成公全书》(二)卷十一,《别录三·奏疏三》,北京:中华书局,2015年,第439~401页。

② (明)王守仁:《浰头捷音疏》(正德)十三年四月二十日,王守仁著,王晓昕、赵平略点校:《王文成公全书》(二)卷十一,《别录三·奏疏三》,北京:中华书局,2015年,第445页。

第五节　官方统治力量的强化与制度管理

在对闽粤赣地区的畲瑶土官势力强力与残酷镇压取得一定成效后,王守仁要做的就是强化明政府对这一地区的直接统治力量,以及对新招抚的畲民加以严密管理。其具体做法就是,在这些地区建立郡县制的机构,强化明政府的直接统治力量。再则是制定"十家连坐法"和"乡约",来对当地土民和新招抚的"新民"加以制度管理。

一、两年内添设平和、崇义、和平三个县

王守仁巡抚闽粤赣交界地区的任务一是剿灭该地区的"从逆者",二是强化明政府在该地区的直接统治力量。因此,费心思去镇压外,也需要考虑清剿干净后要如何强化和巩固明政府在该地的统治力量。

(一)福建省添设平和县

在正德十二年(1517年)三月剿清福建南靖、永定与广东饶平、大埔交界地的大股"輋贼"后,就开始考虑如何强化那个远离南靖县治地方的直接统治问题。

这时,也收到了一些南靖县的官、民建议,如"南靖县儒学生员张浩然等连名呈称,南靖县治僻在一隅,相离卢溪、平和、长乐等处地里遥远,政教不及,小民罔知法度,不时劫掠乡村,肆无忌惮,酿成大祸。今日动三军之众,合二省之威,虽曰歼厥渠魁,扫除党类,此特一时之计,未为久远之规。乞于河头、中营处添设县治,引带汀、潮,喉襟清宁。人烟辏集,道路适均,政教既敷,盗贼自息。考之近日,龙岩添设漳平,而寇盗以靖;上杭添设永定,而对方以宁。此皆明验。今若添设县治,可以永保无虞"。还有南靖县义民乡老曾敦立、林大俊也建议,南靖县"河头地方北与卢溪、流恩山冈接境,西南与平和象湖山接境,而平和等乡又与广东饶平大伞、箭灌等乡接境,皆系穷险贼巢。两省民居,相距所属县治各有五日之程,名虽分设都图,实则不闻政教。往往相诱出劫,一呼数千,所过荼毒,有不忍言。正德二年(1507年),虽蒙统兵剿捕,未曾设有县治,不过数月遗党复兴。今蒙调兵剿抚,虽少宁息,诚恐漏网之徒复踵前弊。呈乞添设县治,以控制贼巢,建立学校,以移易风

俗，庶得久安长治"。①

王守仁收到这些地方人士建议后，觉得这有利于明政府在闽粤赣交界地区的直接统治，他认为"南靖地方极临边境，盗贼易生，上策莫如设县"。于是他也和漳南道官员、南靖县知县施洋和畲民曾敦立、山人洪钦顺等"亲诣河头地方"勘探了一下，发现"大洋陂背山面水，地势宽平，周围量度可六百余丈，西接广东饶平，北联三团、卢溪，堪以建设县治"。所以在五月二十八日向皇上递交了《添设清平县治疏》，向皇帝建议"南靖县相离卢溪等处委的弯远，难以堤防管束。今欲于河头添设县治，枋头坂移设巡检司，外足以控制饶平邻境，内足以压服卢溪诸巢。又且民皆乐从，不烦官府督责，诚亦一劳永逸"。还说可"将南靖县清宁、新安等里，漳浦县二三等都，分割管摄，随地粮差，及看得卢溪、枋头坂地势颇雄，宜立巡检司，以为防御。就将小溪巡检司移建，仍量加编弓兵，点选乡夫，协同巡逻，遇有盗贼，随即扑捕"。而且"今新抚之民，群聚于河头者二千有余，皆待此以息"。所以添设平和县治有迫切性。他还特别强调，"窃以为开县治于河头，以控制群巢，于势为便，虽使民甚不欲，犹将强而从之"，即他原本就有在河头添设县治的打算，即便当地土人不支持也要执行。但没想到新旧民对此举相当支持，因为"皆缘数邑之民积苦盗贼，设县控御之议，父老相沿已久，人心冀望甚渴，皆以为必须如此，而后百年之盗可散，数邑之民可安，故其乐事劝工"，一听说王守仁要上奏在河头建县治，虽还未获得皇帝的批准，就主动、自觉地行动起来建设城池，"有地者愿归官丈量，以建城池；有山者愿听上砍伐，以助木石；有人力者又皆忻然相聚，挑筑土基"，都动起手来建城了。所以王守仁感佩该地新旧土民建县治的热情，"一面俯顺民情，相度地势，就于建县地内预行区画，街衢井巷，务要均适端方，可以永久无弊。听从愿徙新旧人民，各先占地建屋，任便居住。其县治、学校、仓场及一应该设衙门，姑且规留空址，待奏准命下之日，以次建立"。一面赶紧上奏，恳请支持。王守仁也告诉皇帝，由于新旧民的期待与热情，政府实际上不用花很多钱。由于民众的力量与热情，"不过数月"，就可以"可无督促而成"平和县城，"民之所未敢擅为者，惟县治、学校，须命下之日乃举行耳"。所以王守仁也恳请皇帝批准这一添设县

---

① （明）王守仁：《添设清平县治疏》（正德）十二年（1517年）五月二十八日，王守仁著，王晓昕、赵平略点校：《王文成公全书》（二）卷九，《别录一·奏疏一》，北京：中华书局，2015年，第388～389页。

治的计划,"伏愿陛下俯念一方荼毒之久,深惟百姓永远之图","采而行之"。① 因此,在正德皇帝的批准下,析"南靖县清河、宁里二图,新安里三图,漳浦县二都二图、三都十图,计一十二图,十班人户,查揭册籍,割属新设县治管摄",设立平和县。② 王守仁起初疏请添设的为"清平县",后他亲历诸巢,询知南靖县河头等乡,俱属平河社,因此定名"平和县"。平和县设立后,县城很快就在原南靖县的河头(今平和县九峰镇)建成,还把原南靖小溪的巡检司移到枋头坂,加强平和县的防务。明政府在闽粤赣交界地区的直接统治据点与网格又密集了些。

(二)江西省添设崇义县

正德十二年(1517年)十二月,当王守仁率军剿灭聚居在江西赣州府大庾、上犹、南康交界处的以谢志珊、蓝天凤为首的横水、桶冈畲瑶"逆反者"后,也立即着手在当地设立直接统治据点的问题。横水、桶冈地方虽在上犹县境内,但也与上述平和县一样,都是远离当时县治的地方,而且是三个县的交界之处。也就是说,首领人物虽居住在上犹县,但整个队伍控制的范围可涉及大庾县、南康县,但都在各县的交界地区,又都离各县的县城较远,处于一个各县"三不管"之地。所以谢志珊、蓝天凤的队伍居住在"上犹等县横水、左溪、长流、桶冈、关田、鸡湖等处,贼巢共计八十余处,界乎三县之中,东西南北相去三百余里,号令不及,人迹罕到"。

在十二月剿灭这支"从逆者"后,为今后的长治久安,也有人提议应在这处远离三县县治的地方添设县治。如南安府致仕省祭义官监生杨仲贵等呈称"今幸奏闻征剿","捣其巢穴,擒其首恶,妖氛为之扫荡,地方为之底宁。三县之民欢欣鼓舞,如获更生",但也"恐大兵撤后,未免复聚为患。合无三县适中去处,建立县治,实为久安长治之策"。③ 王守仁等先去实地勘查了一

---

① (明)王守仁:《添设清平县治疏》(正德)十二年(1517年)五月二十八日,王守仁著,王晓昕、赵平略点校:《王文成公全书》(二)卷九,《别录一·奏疏一》,北京:中华书局,2015年,第388~391页。

② (明)王守仁:《再议平和县治疏》(正德)十三年(1518年)十月十五日,王守仁著,王晓昕、赵平略点校:《王文成公全书》(二)卷十一,《别录三·奏疏三》,北京:中华书局,2015年,第465页。

③ (明)王守仁:《立崇义县治疏》(正德)十二年闰十二月初五日,王守仁著,王晓昕、赵平略点校:《王文成公全书》(二)卷十,《别录二》,北京:中华书局,2015年,第426~427页。

下,觉得上犹、大庾、南康"三县之中适均去处,无如横水。原系上犹县崇义里地方,山水合抱,土地平坦,堪以设县"。于是在正德十二年闰十二月初五日向皇帝递交了《立崇义县治疏》,建议在横水、桶冈这地方添设一个崇义县,这样今后才能长治久安。

在奏疏中,王守仁建议以上犹县崇义、上保、雁湖三里,大庾县义安三里,南康县至坪一里为县境的基本盘,"尽将三县贼人占据阻荒田地,通行割出。缘里分人户数少,查得南康县上龙一里、崇德一里,亦与至坪相接,缘至坪三都虽非全里,然而地方广阔,钱粮数多,堪以拆作一里,合割并属新县",以保证该县有基本的空间保障。由于新的崇义县城"东去南康尚有一百二十里,要害去处则有长龙;西去湖广桂阳县界二百余里,要害去处则有土保;南去大庾县一百二十余里,要害去处则有铅厂。俱该设立巡检司",以加强崇义县的防卫力量。

在奏疏中,他还向皇帝报告了他为崇义县治建设而做的一些前期工作,"先于横水建立隘所,以备目前不测之虞。除委典史梁仪等一面竖立木栅,修筑土城,修建营房外,查得横水附近隘所,如至坪、雁湖、赖塘等处,盗贼既平,已为虚设。其附近村寨,如白面、长潭、杰坝、石玉、过步、果木、鸟溪、水眼等处居民,访得多系通贼窝主,及各县城郭、村寨,亦多有通贼之人。合将各隘隘夫悉行拨守横水,其通贼人户,尽数查出,编充隘夫,永远守把。其不系通贼者,量丁多寡,抽选编金,轮班更替,务足一千余名之数。责委属官一员统领,常川守把。遇有残党啸聚出没,既便相机剿捕。候县治既立,人烟辏集,地方果已宁靖,再行议处裁损"。而且他也向皇帝表示会顺从民情、民意,"举大事,须顺民情,兵革之后,尤宜存恤";"必须各县人民踊跃鼓舞,争先趋事,然后兴工,庶几事举而人有子来之美,工成而民享偕乐之休"。[①] 因此,在皇帝批准后,王守仁等通过努力,正德十三年(1518年)四月初六日动工,到八月底,终于在原畲瑶土官独立控制的地方添设了一个崇义县,从而使江西省增添了一个县,增添了一个明政府可以运用郡县制直接统治的据点。

---

① (明)王守仁:《立崇义县治疏》(正德)十二年(1517年)闰十二月初五日,王守仁著,王晓昕、赵平略点校:《王文成公全书》(二)卷十,《别录二》,北京:中华书局,2015年,第428页。

（三）广东省添设和平县

为了增加政府直接控制的地域，为了今后的长治久安，正德十三年（1518年）三月刚拿下畲瑶土官独立盘踞几十年，并于弘治末年来不断与明政府作对的三浰等地方，就着手在该处添设和平县治的计划了。王守仁也接到属下在此建县治的呈报，该呈报认为三浰这地方过去离龙川县治太远，也为羁縻政策下招抚的土官独自统治太久，故形成较大的与政府抗衡的力量，对政府的危害性较大。今"蒙提督军门亲捣贼巢，扫荡残党，除数郡之荼毒，除万民之冤愤。若不趁此机会，建立县治，以控制三省贼冲之路，切恐流贼复聚，祸根又萌"，"如蒙怜念，于和平地方设建县治，以控瑶峒；兴起学校，以移易风俗。及将和平巡检司改立浰头，屯兵堤备，庶几变盗贼之区为冠裳之地，实为保安至计"。

王守仁也认为应在此建立明直接统治的据点——县治，才能保证该地区的长治久安。"但开建县治，置立屯所，必须分剖都图，创起关隘，城池宫室之费，力役输调之资，未经查勘议处，难便奏闻"，所以他委派"龙川县署县事主簿陈甫、河源县署县事县丞朱爝，就近拘集龙川县通县并河源县惠化都里老沙海、钟秀山等，与原呈陈震等到职会勘"调查，发现"和平峒地方原有民二千余家，因贼首池大鬓等作耗，内有八百余家投城居住，尚存一千余家。本峒羊子一处，地方宽平，山环水抱，水陆俱通，可以筑城立县于此。招回投城之人，复业居住"。也认为可以"分割龙川县和平都、仁义都并广三图共三里，及割附近河源县惠化都，与接近江西龙南县邻界，亦拆一里前来，共辖一县"。

至于县名，可以"照建县之所地名和平，以地名县，似为得宜"。还有原先的"和平巡检司宜立浰头，以控制险阻"，加强和平县的防卫。同时，也将建造县城的经费等做了一些安排，如"盖造衙门大小竹木，和平、浰头各山产有，俱派本处人户采办，不用官钱。其余砖石灰瓦、匠作工食之费，须查支官库银两。及差委公正府佐贰官一员，清查浰头、岑冈等处田土，除良民产业被贼占耕者照数给主外，中间有典与新民，得受价银者，量追价银一半入官，其田给还管业。其余同途上盗田土,尽数归官卖价,以助筑修城池、官廨之用"。①

当完成这些调查与建县的具体安排后,王守仁才在正德十三年(1518年)五月初一日向皇帝递交《添设和平县治疏》,恳请皇帝批准他的添设和平县治的奏疏。当皇帝批准后,闽粤赣交界地区的一个新的明政府直接统治据点很快就建立起来。

总之,通过在原先畲瑶等客民还可以集群独立生存的空间中建立明政府的直接控制,推行郡县制度,畲瑶以集群独立生存的空间被挤压得几乎不复存在。这种在极短时间内就在闽粤赣交界地区建立起数个明直接统治的县份做法,也是促使畲瑶残余迅速外迁的推力之一。

二、强力推行十家牌法和乡约对新旧编户齐民的制度管理

为强化明政府对闽粤赣交界地区的控制,消除畲瑶"从逆者"的势力与影响,王守仁还在该地区强力推行十家牌法和乡约,对闽粤赣交界地区新旧编户齐民进行严格的管控。

王守仁于正德十二年(1517年)"正月十六日,已抵赣州接管巡抚"事宜"行事"。② 在正月十八日就开始了他正月初三在南昌颁布的围剿畲瑶"贼盗"的行动。另外方面,他也对地方的实情做了一些调查。为了防范土民与畲瑶"贼盗"的联系,在正德"十二年夏五月,行十家牌法。秋八月,立乡约"。③

所谓的"十家牌法",就是十家为单位形成一个相互监督的社群"牌",每家都需将自家的真实情况,事无巨细地写在一块木牌上,挂于门口。另外还有一份备份则交官方,以便核查。"牌"中各家轮流观察各家的变化,有事就赶紧上报甲长或里胥,再往上报告。如有隐瞒,则十家连罪,以防范土民与

---

① (明)王守仁:《添设和平县治疏》(正德)十三年(1518年)五月初一日,王守仁著,王晓昕、赵平略点校:《王文成公全书》(二)卷十一,《别录三》,北京:中华书局,2015年,第447～452页。

② (明)王守仁:《谢恩疏》(正德)十二年(1517年)正月二十六日,王守仁著,王晓昕、赵平略点校:《王文成公全书》(二)卷九,《别录一·奏疏一》,北京:中华书局,2015年,第362页。

③ (明)姚良弼修:嘉靖《惠州府志》卷一,《大事记》,上海:上海古籍书店,1982年,第918页。

所谓"贼盗"的联系,并处理"牌"内、甲内的纠纷、诉讼等等。按王守仁的说法,"本院所行十家牌法……凡置十家牌,须先将各家门面小牌挨审的实,如人丁若干,必查某丁为某官吏,或生员,或当某差役,习某技艺,作某生理,或过某房出赘,或有某残疾,及户籍田粮等项,俱要逐一查审的实。十家编排既定,照式造册一本留县,以备查考。及遇勾摄及差调等项,按册处分,更无躲闪脱漏,一县之事,如视诸掌。每十家各令挨报甲内平日习为偷窃,及喇唬教唆等项不良之人,同具不致隐漏,重甘结状,官府为置舍旧图新簿,记其姓名,姑勿追论旧恶,令其自今改行迁善。果能改化者,为除其名。境内或有盗窃,即令此辈自相挨缉。若系甲内漏报,仍并治同甲之罪。又每日各家照依牌式,轮流沿门晓谕觉察。如此即奸伪无所容,而盗贼亦可息矣。十家之内,但有争讼等事,同甲即时劝解和释。如有不听劝解,恃强凌弱,及诬告他人者,同甲相率禀官,官府当时量加责治省发,不必收监淹滞。凡遇问理词状,但涉诬告者,仍要查究同甲不行劝禀之罪。又每日各家照牌互相劝谕,务令讲信修睦,息讼罢争,日渐开导。如此则小民益知争斗之非,而词讼亦可简矣"。①或者"在城居民,每家各置一牌,备写门户籍贯,及人丁多寡之数,有无寄住暂宿之人,揭于各家门首,以凭官府查考。仍编十家为一牌,开列各户姓名,背写本院告谕,日轮一家,沿门按牌审察动静,但有面目生疏之人,踪迹可疑之事,即行报官究理。或有隐匿,十家连罪。如此庶居民不敢从恶,而奸伪无所潜形"。

为何要实行此制度来严密控制土民呢?因为王守仁"访得所属军民之家,多有规图小利,寄住来历不明之人,同为狡伪欺窃之事,甚者私通峒贼,而与之传递消息;窝藏奸宄,而为之盘据汇缘。盗贼不靖,职此其由"。所以他就"行令所属府县,为此仰抄案回道,即行各属府县,着落各掌印官,照依颁去牌式,沿街逐巷,挨次编排,务在一月之内了事"。②即他颁布后,希望各级政府能抓紧落实,以完成这一严控土民之网。

因为,他认为:"十家牌式,其法甚约,其治甚广。有司果能着实举行,不但盗贼可息,词讼可简,因是而修之,补其偏而救其弊,则赋役可均;因是而

---

① (明)王守仁:《申论十家牌法》,王守仁著,王晓昕、赵平略点校:《王文成公全书》(二)卷十七,《别录九·公移二》,北京:中华书局,2015年,第738~739页。
② (明)王守仁:《案行各分巡道督编十家牌》,王守仁著,王晓昕、赵平略点校:《王文成公全书》(二)卷十八,《别录八·公移一》,北京:中华书局,2015年,第645页。

修之,连其伍而制其什,则外侮可御;因是而修之,警其薄而劝其厚,则风俗可淳;因是修之,导以德而训以学,则礼乐可兴。"①

不仅如此,他还针对新招抚的"新民"发布《告谕新民》,对这些刚招抚的新民给予规训:

> 尔等各安生理,父老教训子弟,头目人等抚缉下人,俱要勤尔农业,守尔门户,爱尔身命,保尔室家,孝顺尔父母,抚养尔子孙。无有为善而不蒙福,无有为恶而不受殃。毋以众暴寡,毋以强凌弱,尔等务兴礼义之习,永为良善之民。子弟群小中或有不遵教诲,出外生事为非者,父老头目即与执送官府,明正典刑,一则彰明尔等为善去恶之诚,一则剪除良莠,免致延蔓,贻累尔等良善。②

此外,王守仁还在闽粤赣交界地区实行乡约制度,建构一定的社会组织——有约长、约所的乡约组织及其生活行为规范等,对土民与新民的行为严密控制。他制定的《南赣乡约》如下:

> 咨尔民,昔人有言:"蓬生麻中,不扶而直;白沙在泥,不染而黑。"民俗之善恶,岂不由于积习使然哉! 往者新民盖常弃其宗族,畔其乡里,四出而为暴,岂独其性之异,其人之罪哉? 亦由我有司治之无道,教之无方。尔父老子弟所以训诲戒饬于家庭者不早,熏陶渐染于里闬者无素,诱掖奖劝之不行,连属和之无具,又或愤怨相激,狡伪相残,故遂使之靡然日流于恶,则我有司与尔父老子弟皆宜分受其责。

> 呜呼! 往者不可及,来者犹可追。故今特为乡约,以协和尔民。自今凡尔同约之民,皆宜孝尔父母,敬尔兄长,教训尔子孙,和顺乡里。死丧相助,患难相恤;善相劝勉,恶相告戒。息讼罢争,讲信修睦,务为良善之民,共成仁厚之俗。

> 呜呼! 人虽至愚,责人则明;虽有聪明,责己则昏。尔等父老子弟,毋念新民之旧恶而不与其善,彼一念而善,即善人矣;毋自恃为良民而不修其身,而一念而恶,即恶人矣。人之善恶,由于一念之间,尔等慎思吾言,毋忽!

---

① (明)王守仁:《申谕十家牌法》,王守仁著,王晓昕、赵平略点校:《王文成公全书》(二)卷十七,《别录九·公移二》,北京:中华书局,2015年,第739页。
② (明)王守仁:《告谕新民》,王守仁著,王晓昕、赵平略点校:《王文成公全书》(二)卷十八,《别录八·公移一》,北京:中华书局,2015年,第654页。

一、同约中推年高有德为众所敬服者一人为约长,二人为约副。又推公直果断者四人为约正,通达明察者四人为约史,精健廉干者四人为知约,礼仪习熟者二人为约赞。置文簿三扇:其一扇备写同约姓名,及日逐出入所为,知约司之;其二扇一书彰善,一书纠过,约长司之。

二、同约之人每一会,人出银三分,送知约,具饮食,毋大奢,取免饥渴而已。

三、会期以月之望,若有疾病事故不及赴者,许先期遣人告知约。无故不赴者,以过恶书,仍罚银一两公用。

四、立约所于道里均平之处,择寺观宽大者为之。

五、彰善者,其辞显而决;纠过者,其辞隐而婉。亦忠厚之道也。如有人不第,毋直曰不第,但云闻某于事兄敬长之礼颇有未尽,某未敢以为信,姑书之以俟。凡纠过恶皆例此。若有难改之恶,且勿纠,使无所容,或激而遂肆其恶矣。约长副等,须先期阴与之言,使当自首,众共诱掖奖劝之,以兴其善念,姑使书之,使其可改。若不能改,然后纠而书之。又不能改,然后白之官。又不能改,同约之人执送之官,明正其罪。势不能执,戮力协谋官府,请兵灭之。

六、通约之人,凡有危疑难处之事,皆须约长会同约之人与之裁处区画,必当于理、济于事而后已。不得坐视推托,陷人于恶,罪坐约长、约正诸人。

七、寄庄人户,多于纳粮当差之时躲回原籍,往往负累同甲。今后约长等劝令及期完纳应承,如蹈前弊,告官惩治,削去寄庄。

八、本地大户,异境客商,放债收息,合依常例,毋得磊算。或有贫难不能偿者,亦宜以理量宽。有等不仁之徒,辄便捉锁磊取,挟写田地,致令穷民无告,去而为盗。今后有此,告诸约长等,与之明白,偿不及数者,劝令宽舍;取已过数者,力与追还。如或恃强不听,率同约之人明之官司。

九、亲族乡邻,往往有因小忿投贼复仇,残害良善,酿成大患。今后一应斗殴不平之事,鸣之约长等,公论是非。或约长闻之,即与晓谕解释。敢有仍前妄为者,率诸同约呈官诛殄。

十、军民人等若有阳为良善,阴通贼情,贩买牛马,走传消息,归利一己,殃及万民者,约长等率同约诸人指实劝诫,不悛,呈官究治。

十一、吏书、义民、总甲、里老、百长、弓兵、机快人等,若揽差下乡,索求赀发者,约长率同约呈官追究。

十二、各寨居民,昔被新民之害,诚不忍言,但今既许其自新,所占田产,已令退还,毋得再怀前仇,致扰地方。约长等常宜晓谕,令各守本分,有不听者,呈官治罪。

十三、投招新民,因尔一念之善,贷尔之罪。当痛自克责,改过自新,勤耕勤织,平买平卖,思同良民,无以前日名目,甘心下流,自取灭绝。约长等各宜时时提撕晓谕,如踵前非者,呈官惩治。

十四、男女长成,各宜及时嫁娶。往往女家责聘礼不充,男家责嫁妆不丰,遂致愆期。约长等其各省谕诸人,自今其称家之有无,随时婚嫁。

十五、父母丧葬,衣衾棺椁,但尽诚孝,称家有无而行。此外或大作佛事,或盛设宴乐,倾家费财,俱于死者无益。约长等其各省谕约内之人,一遵礼制。有仍蹈前非者,即与纠恶簿内书以不孝。

十六、当会前一日,知约预于约所,洒扫张具于堂,设告谕牌及香案南向。当会日,同约毕至,约赞鸣鼓三,众皆诣香案前序立,北面跪听约正读告谕毕。约长合众扬言曰:"自今以后,凡我同约之人,只奉戒谕,齐心合德,同归于善。若有二三其心,阳善阴恶者,神明诛殛。"众皆曰:"若有二三其心,阳善阴恶者,神明诛殛。"皆再拜,兴,以次出会所,分东西立。约正读乡约毕,大声曰:"凡我同盟,务遵乡约。"众皆曰:"是。"乃东西交拜。兴,各以次就位,少者各酌酒于长者。三行,知约起,设彰善位于堂上,南向置笔砚,陈彰善簿。约赞鸣鼓三,众皆起,约赞唱:"请举善。"众曰:"是在约史。"约史出就彰善位,扬言曰:"某有某善,某能改某过,请书之,以为同约劝。"约正遍质于众曰:"如何?"众曰:"约史举甚当。"约正乃揖善者进彰善位,东西立,约史复谓众曰:"某所举止是,请各举所知。"众有所知即举,无则曰:"约史所举是矣。"约长副正皆出就彰善位,约史书簿毕,约长举杯扬言曰:"某能为某善,某能改某过,是能修其身也;某能使某族人为某善,改某过,是能齐其家也。使人人若此,风俗焉有不厚?凡我同约,当取以为法。"遂属于其善者,善者亦酌酒酬约长曰:"此岂足为善,乃劳长者过奖,某诚惶怍,敢不益加砥砺,期无负长者之教。"皆饮毕,再拜谢约长。约长答拜,兴,各就位,知约撤彰善之席。酒复三行,知约起,设纠过位于阶下,北向置笔砚,陈纠过簿。约赞鸣鼓三,众皆起,约赞唱:"请纠过。"众曰:"是在约史。"约史就纠过位,扬言曰:"闻某有某过,未敢以为然,姑书之,以俟后图,如何?"约正遍质于众曰:"如何?"众皆曰:"约史必有见。"约正乃揖过者出就纠过位,北向立,约史复遍谓众曰:"某所闻止是,请各言所闻。"众有闻即言,无则曰:"约史所闻是矣。"于是约长副正皆出纠过位,东西立,约史书簿毕,约长谓过者曰:"虽然,姑无行罚,惟速改!"过者跪请曰:"某敢不服罪!"自起酌酒,跪而饮曰:"敢不速改,重为长者忧!"约正、副、史皆曰:"某等不能早劝谕,使子陷于此,亦安得无罪!"皆酌自罚。约正副咸曰:"子能勇于受责如此,是能迁于善也。某等亦可免于罪矣。"乃释爵。过者复跪而请曰:"某既知罪,长者又自以为罚,某敢不即就戮,若许其得以自改,则请长者无饮,某之幸也。"趋后酌酒自罚。过者再拜,约长揖之,兴,各就位。知约撤纠过席,酒复三行,遂饭。饭毕,约赞起,鸣鼓三,唱:"申戒!"众起,约正中堂立,扬言曰:"呜呼!凡我同约之人,明听申戒。人孰无善,亦孰无恶?为善虽人不知,积之既久,自然善积而不可掩;为恶若不知改,积之既久,必至恶极而不可赦。今有善而为人所彰,固可喜,苟遂以为善而自恃,将日入于恶矣!有恶而为人所纠,固可愧。苟能悔其恶而自改,将日进于善矣!然则今日之善者,未可自恃以为善,而今日之恶者,亦岂遂终于恶哉?凡我同约之人,盍共勉之!"众皆曰:"敢不勉!"乃出席,以此东西序立,交拜,兴,遂退。[①]

总之,王守仁在巡抚闽粤赣交界地区的两年多时间里,在那里制定、颁布了十家牌法、十家连罪法、南赣乡约等一系列制度和组织体系来严格地管控当地的新旧土民,以便断绝土民与畲瑶等客民的联系。故这些制度在闽粤赣交界地区的制定、颁布与实施,严格管控当地的新旧编户齐民的做法,也是促使明中叶畲瑶等客民向外迁徙的推力之一。

[①] (明)王守仁:《南赣乡约》,王守仁著,王晓昕、赵平略点校:《王文成公全书》(二)卷十七,《别录九·公移二》,北京:中华书局,2015年,第727~732页。

第四章　明代中后期畲民徙居闽东浙南地区

第一节　官方文献所述的畲民徙居闽东浙南

闽东浙南地区的畲人见诸文献记载的情况基本上都在明代后期嘉靖年间以后,这主要与福州万历年间"芝社"的一些文人有关系。如徐㷍(1563—1639年),字惟起,一字兴公,侯官县(今闽侯县)人。童试后,摒弃科举,随兄作诗,以清新隽永见长。明万历三十一年至万历四十二年(1603—1614年),与叶向高(1559—1627年)、翁正春(1553—1626年)、曹学佺(1574—1646年)、谢肇淛(1567—1624年)、陈价夫等结成"芝社",人称"芝山诗派",徐兴公、曹学佺并称诗坛盟主。徐氏工诗,擅长书法、绘画。终生未得一官,平日身处书城,自以为乐。藏书七万余卷,是国内著名藏书家之一,"所藏多宋、元秘本"。毕生求书、藏书,尤精校勘,将所藏书辑成《徐氏家藏书目》,以便查考。凡来就读者无不乐于借阅,且为设几供茶。晚年生活潦倒。著有《红雨楼纂》《闽画记》《闽中海错疏》《荔枝谱》《榕阴新检》《笔精》《鳌峰诗集》等约50种,又曾重修《雪峰志》《鼓山志》《武夷志》《榕城三山志》等。徐兴公一生从没离开过福建,在他的诗作中,曾提到福州北峰一带有畲人,如其在天启五年(1625年)刊印的《鳌峰诗集》中有一首《芙蓉山下饭畲人宅》的七律诗,描述在福州北部芙蓉山游历时,曾在山间畲民家中吃午饭的情形,其曰:

万峰行尽鹧鸪啼,中有畲人结屋栖。

珍重教儿耕白狭,殷勤留客杀黄鸡。

生从异俗声音别,往向深山面目黧。

编竹为门长不闭,草间烟起午蒸藜。①

在这首诗中,他提到在福州芙蓉山的畲民居住的是茅草为屋顶的"草间"、竹编的门。他们耕种山田,养殖家畜家禽,还热情地"杀黄鸡",留他们吃可能是"藜"实(小米)②蒸的午饭。他们有着与福州人不一样的"异俗",语言也是"声音别",与福州人不一样。此诗刊载于其1625年刊行的诗集《鳌峰诗集》中,表明此诗写于此前,也就是说,在1625年之前,徐兴公曾在福州地区北部山里遇见过畲民。

无独有偶,长乐人谢肇淛也写过类似的诗,其云:

畲人百口负山居,苦竹编篱草结庐。

客到科头相问讯,呼儿剪蕨妇烹雏。③

在这首七绝中,谢肇淛也说畲民住的是茅草屋顶、木构、竹子编的墙体的茅草屋。他们访问时,畲民热情"问讯",煮"雏"鸡和刚采下的蕨菜、小竹笋等招待他们。不同的是,他看到的是一个小畲村,人口约有百人,十几户,最多不超过20户。

谢肇淛为长乐人,字在杭,号武林、小草斋主人,晚号山水劳人。明万历二十年(1592年)进士,历任湖州、东昌推官,南京刑部主事、兵部郎中、工部屯田司员外郎,曾上疏指责宦官遇旱仍大肆搜括民财,受到神宗嘉奖。入仕后,历游川陕、两湖、两广、江浙各地所有名山大川,所至皆有吟咏,雄迈苍凉,写实抒情,为当时闽派诗人的代表。曾与徐兴公一起重刻淳熙《三山志》,所著《五杂俎》为明代一部有影响的博物学著作,《太姥山志》亦为其所撰。谢肇淛出生在杭州,但万历六年(1578年)其父亲谢汝韶辞官回福州后,曾在福州生活至考中进士(万历二十年,1592年)、外出当官。所以他青少年时曾在福州生活了14年,后也常回福州。万历年间与徐兴公、叶向高等结"芝社"。在万历四十年(1612年)初夏,他约了几位朋友一起到福州的九峰、芙蓉、寿山诸山游玩,这其中就有徐兴公。他们回来后,谢肇淛写了一篇游记讲述了此次游玩的事,文中云:"郡北莲花峰后,万山林立,而寿山、芙蓉、

---

① (明)徐㷖:《芙蓉山下饭畲人宅》,《鳌峰诗集》卷十八《七言律诗》,续修四库全书集部·别集类,上海:上海古籍出版社,1995年,第333页。

② 藜实:在谢肇淛的《游寿山九峰芙蓉山诸山记》提到的是"黍"。因此,此"藜"应该也是粟类中的一种。

③ (明)谢肇淛:《北山杂诗六首》,《小草斋集》卷二十八《七言绝句二》,续修四库全书集部·别集类,上海:上海古籍出版社,1995年,第213页。

九峰鼎足虎踞,盖亦称三山云。五代时高僧灵训辈各辟道场,聚众千数,丛林福为一时之冠,至今父老尚能道说也。万历壬子初夏,余约二三同志,共命杖屦,以九日发,届期而方广僧真潮至,盛言崄巇不可行状,于是陈伯儒、吴元化、赵子含俱无应者,独与陈汝翔、徐兴公策杖出井楼门,就笋舆。而僧明椿亦追至,明椿盖熟诸刹为向导者也"。换言之,谢肇淛这次出游是与徐兴公、陈汝翔和释明椿一起的,向导为释明椿。

后来他们一行人到了芙蓉山与寿山之间,想去游芙蓉洞,"芙蓉之背,政当寿山之面,而径路纡回,又非人所常行。荻芦荟蔚,虎狼窟穴,兼以积雨,渐泥腐叶相枕藉,腻滑如脂,行者蹴淖则濡,践箨则仆,登石则喘,循畦则陷。初,舆者踬,易奴掖之。俄而掖者踬,余与客无不踬者。凡十余里,止一畲人家,杀鸡为黍,采笋、蕨以相劳也"。因不知芙蓉洞在何方,就向畲人问芙蓉洞,曰:"去此不远,但荒塞数十载矣。"谢肇淛问畲人:"能从我乎?"畲人曰:"能!"于是他们一行人中"腰镰者二,秉炬者一,持刀杖而翼者二"。但这一路似乎很难走,"初尚有径,三里得石潭,潭前峭壁石室,窅然高可三丈许,广如之意,其是而非也。过此皆丛棘矣,畲人先行除道,众猿接而登,萝刺钩襟,石棱啮足。既乃越悬崖,蹑危约,手攀足移,目眩心悸。又三里许至洞,题曰灵源岩,不知何代人书也。洞不甚高而平敞明净,石溜涔涔下滴,洞傍土锉坍毁,曰是向年流僧所居处也。洞而北隅有坎,低窅无际。燃矩入之,鞠躬委蛇,步步渐高,上漏下湿,积泥尺许。既高复下,乃又豁然如外洞高广,自此无复路矣。石上蝙蝠无数,见火惊飞而烟焰蓬勃。余亦不能久留也,麾从者出,昏黑中升降,颠蹶几至委顿,遂取故道归至芙蓉"。①

也就是说,谢肇淛、徐兴公他们在芙蓉山区遇到一畲家,在那里吃了午饭,其菜有鸡、竹笋、蕨菜等。在吃饭时,谢肇淛向畲人打听芙蓉洞,畲人告诉他位置,但也告诉他们,那里已很荒凉了。看来,这些畲民除了有自己的语言外,也通福州话,所以可以与之交谈。谢肇淛请畲人带路,这一畲家的主人欣然答应,并带了些工具为他们带路,去探访俗称芙蓉洞的灵源岩。

因此,此次九峰、芙蓉、寿山之游,谢肇淛是与徐兴公等一伙的,故他们的诗所描述的事情应该是同样的,也就是在福州北部芙蓉山中遇见畲人,在其家中吃午饭,后来又作为向导带他们去探洞的事。根据谢肇淛游记的表

---

① (明)谢肇淛:《游寿山九峰芙蓉山诸山记》,(清)乾隆十九年(1754年)徐景熹主修,鲁曾煜等纂:《福州府志》卷五,《山川一》,台北:成文出版社,2001年,第101~102页。

述,这事发生在万历四十年(1612年)。

根据乾隆《福州府志》云:"九峰山,在四十都,距城七十里,山颠奇峰九出,圆秀峭拔,与寿山、芙蓉旧称三山,有石曰龙迹";"芙蓉山距城六十里,山形秀丽若芙蓉,别麓有洞曰灵洞岩";"寿山距九峰十里,与芙蓉、九峰对峙,有石莹洁如玉,可为印章,盖珉属也。(详物产)去山十余里有五花石坑,今开凿尽矣。"①

由此看来,这些地方距离福州府城有30到35公里。在万历四十年(1612年),那里已有畲民居住,而且他们在此居住有年,否则他们不会对芙蓉山的灵源洞如此熟悉,知道它已荒废多年了。

万历三十七年(万历己酉,1609年)谢肇淛在太姥山游历时,也在那里亲眼见到过畲民在太姥山中烧垦山田,如:

> 自正月晦日抵长溪,即苦淫雨,连旬面壁,客况凄然。二月望,稍霁,出城而雨作,跟跄返,为行人所笑。归邸中,作诗诅雨。既二日,乃大霁,遂携崔茂才征仲、周山人乔卿,以十九日发。过台州岭……既过湖坪,值畲人纵火焚山,西风急甚,竹木迸爆霹雳。舆者犯烈焰而驰下山,回望十里为灰矣。日未落,宿杨家溪,与乔卿、征仲缘溪流竹荟中行,穷于樵径而返。……万历己酉(1609年)二月二十四日记。②

事后,他也写了《游太姥山道中作》与《太姥山中作》两首诗对此次游历进行记录,其中《游太姥山道中作》也提到了畲民山田烧垦的情况,该诗云:

> 新晴山气转氤氲,野鸟钩辀处处闻。
> 溪女卖花当午道,畲人烧草过春分。
> 数行岩瀑千层雪,一线天梯半岭云。
> 迢递前村何处宿,竹篱茅舍日初曛。③

从这首诗中,谢肇淛首先点明畲人山田烧垦的时节是春分。其次,他谈到在往太姥山途中所见到的畲民与当地土人的住宅都是"竹篱茅舍",而并非只有畲人才居住在茅舍中。再次,在诗中他提到了"半岭"这一地名,而半

---

① (清)徐景熹主修,鲁曾煜等纂:乾隆《福州府志》卷五,《山川》,台北:成文出版社,2001年,第101~103页。
② (明)谢肇淛:《游太姥山记》,卓建舟等编著:《太姥山全志》卷十三,《艺文·题咏四》,福州:福建人民出版社,2008年,第166页。
③ (明)谢肇淛:《游太姥山道中作》,卓建舟等编著:《太姥山全志》卷十六,《艺文·游记》,福州:福建人民出版社,2008年,第219~222页。

岭那里确有一条官道经过。总之,在游记中,他说他从长溪(今霞浦县)出发,途经"湖坪"时看到畲民在烧垦山田,下山后夜宿于"杨家溪"。换言之,他们这次去太姥山游览是从霞浦县城出发,经过半岭、湖坪、杨家溪等地后才进入太姥山风景区。其诗里提到的"半岭",在今霞浦县水门乡,游记中提到的"杨家溪"则属霞浦县牙城镇,所以他们是在到达杨家溪前见到畲民在烧垦山田。因此这湖坪应在霞浦县的水门乡境内,或许就是今天的武坪村。如此看来,谢肇淛等见到畲民烧垦山田的地方应在今霞浦境内。

正因为谢肇淛常在闽东各地游山玩水,所以他对当时闽东各地山区的风土人情比较熟悉,也曾在闽东各地的大山里见到一些与当地土人别异的畲民,故他在《五杂俎》中写道:

> 闽女巫有习见鬼者,其言人人殊,足征诈伪。又有吞刀吐火,为人作法事禳灾者。楚、蜀之间,妖巫尤甚。其治病、祛灾,毫无应验,而邪术为祟,往往能之。如武冈姜聪者,乃近时事也。吾闽山中有一种畲人皆能之。其治祟亦小有验。畲人相传盘瓠种也,有苟、雷、蓝等五姓,不巾不履,自相匹配,福州、闽清、永福山中最多。云闻有咒术,能拘山神,取大木箍其中,云:"为吾致兽。"仍设阱其傍,自是每夜必有一物入阱,餍其欲而后已。①

综合上述情况看,谢肇淛、崔征仲、周乔卿在万历三十七年(1609年)曾在霞浦县境内见到畲民,谢肇淛与徐兴公在万历四十年(1612年)时曾在福州北部的芙蓉山附近见到畲民。谢肇淛的《五杂俎》最早应刊行于明代万历四十四年(1616年),也就是说,他在前此已了解到福州、闽清、永福(今永泰县)山中生活着一些畲民。他们与明代中期以前生活在闽粤赣交界地区的畲瑶的生活基本一致,如有"苟、雷、蓝等五姓"、"自相婚配"、"畲人相传盘瓠种也"、"不巾不履",与闽粤赣交界地区的畲瑶不同的是,"闽山中有一种畲人皆能之"的法术,"其治祟亦有小验",而且"闻有咒术,能拘山神"。换言之,从他所见到的某些畲民使用"咒术",而非以附体的方式来"治祟"和"拘山神"的现象看,万历年间在闽东的某些畲民已懂得闾山派法术,有着"法师"的身份。

此外,在一些万历年间以后编纂的闽东地方志中,偶尔开始有一点畲民

---

① (明)谢肇淛:《五杂俎》卷六,《人部二》,续修四库全书子部·杂家类,上海:上海古籍出版社,1995年,第464页。

的记载,如万历四十二年(1614年)罗源县知县、岭南人陈良谏主修的《罗源县志》卷八《杂事志》记曰:

> (罗源县在万历)三十九年(1611年)群虎为虐,知县陈良谏祷于神,率畲民擒获四头,其害遂息。①

由此看来,在明晚期的万历三十九年(1611年)时,罗源县有些捕户(猎户)是畲民。此外,在清代道光九年(1829年)的《罗源县志》中,也提到在万历年间,罗源的官方也利用当地畲民善猎的技能来抵御外来侵略者。如"明万历间,(游日隆)献保城八策于巡道马公",还"有资药弩","用畲民设车船以固水隘"②,以抗外来入侵者。

万历二十五年(1597年)福安县知县、浙江乌程人陆以载总修、邑人选贡监生陈晓梧等纂辑的《福安县志》卷一《舆地志·土产·谷类》云:

> 稻,早稻、晚稻、秫稻(又名糯谷)。诸稻形有长、扁、尖、圆,色有黄、黑、红、赤,芒有长须、无须,种类名号不齐。又有一种山稻,畲人布之山坞。③

该书卷九《杂纪志·外夷》条也提到明代嘉靖年间福安就已有畲人居住,这是嘉靖三十八年(1559年)四月初三日,当时倭寇攻打福安县城时,畲人也被招来当民兵一起抵抗倭寇的侵略。

> 时改筑新城犹未完,北城垛墙未砌。知县李尚德始惧,急督民兵守陴。时承平日久,家无戎器,库无硝磺,败铳朽弩,不堪为用。况官无备员,丞、簿缺,典史陆鹏以他务出,独李一人守东城。分教谕程箕同生员王天爵、萧九衢、柳廷谟守西城,训导谢君锡同生员郭公识、郭大乾、陈学易守小西,训陈豪同生员吴廷琪、吴廷爵、詹洪镐守南城。北城付之上杭陈氏,以其族大、人众而一心者,监生陈埙、生员陈国初、陈魁梧守御。复令晓阳快手并民壮召畲人协战。④

---

① (明)陈良谏修:万历《罗源县志》,万历福州府属县志,北京:方志出版社,2007年,第121页。

② (清)卢凤棼修,林春溥纂:道光《罗源县志》卷二十,《人物下》,上海:上海书店出版社,2000年,第601页。

③ (明)陆以载总修,陈晓梧等纂:万历《福安县志》,厦门:厦门大学出版社,2009年,第38页。

④ (明)陆以载总修,陈晓梧等纂:万历《福安县志》,厦门:厦门大学出版社,2009年,第224页。

我们也翻阅了一些万历以前编纂的志书,如明代正德十五年(1520年)刊行的《福州府志》,但里面却找不到畲民的蛛丝马迹,看来在万历年间,闽东地区的各地如福州府城北部、闽清县、永泰县、罗源县、福安县、霞浦县(当时称长溪),甚或浙南等地才突然冒出了一些畲民。而且这个年代以后,闽粤赣交界地区的畲民移徙闽东浙南的现象似乎越来越多,因而在万历年以后闽东浙南等地的官方文献中,也越来越多地出现关于畲民的记载。换言之,由这种万历之前的闽东浙南地区官方文献没有畲民记载的现象看,闽东浙南的畲民应该是在闽东浙南地区遭受一些动乱,人口锐减,促成移民拉力的情况下,以及在王阳明镇压闽粤赣交界地区的畲瑶起义,对畲瑶杀戮甚狠,对新旧编户齐民管控甚严,而形成移民向外移动的推力后,才逐渐迁徙过来的。

从上面的情况看,畲民大多在明代中叶以后才逐步迁到闽东浙南的。关于这一迁徙过程,有些县志也有一些披露,如明代万历四十年(1612年)永福(今永泰)知县唐学仁主修,长乐人谢肇淛、侯官人陈鸣鹤、徐兴公编纂刊行的《永福县志》卷一《地纪·户口》云:

国朝洪武十四年(1381年),户则有民、有军、有匠,合之得六千九十有二;口则有男、有女,合之得一万四千二百一十七。正统十三年(1448年),邓茂七扇乱沙县,其党西击永福,所过无少长尽屠之,邑遂残破。景泰二年(1451年),户仅一千二百一十八,口仅三千三百七十三。至万历四十年(1612年),户之增不能三百,口亦止于四千一百一十三。或者徒见民不加多,乃疑有司未稽其实。顾皇恩浩荡,不察渊鱼隐匿之弊,时容有之。然余观宋进士考,永福科不乏人,至于今,则寥寥焉。……又考邑之田,其占于异县之民者十有二三,则黄籍之户口因不尽为邑人,而漳、泉、延、汀之宰民流布山谷,生齿凌杂,实皆邑之户口而不登之黄籍。在彼邑为亡命,在此邑为宾萌,由童而白首,由身而累世,曾不闻县官之有庸调,此何以异于鹿豕哉?

其《地纪·风俗》又云:

邑居万山之中,地之平旷者不得什一。通志称其"火爵、水耕、崖锄、陇莳",不虚矣。顾一泓之泉可溉数里,旱无抱瓮之劳,潦无害稼之患。至于引水不及之处,则漳、泉、延、汀之民种菁种蔗,伐山采木,其利乃倍于田。久之,穷冈邃谷,无非客民。客民黠而为党,辚轹土民,岁湛揭竿为变者,皆客民也。①

这两条记载虽没有明说这些景泰二年(1451年)到万历四十年(1612年)间来永福的移民为畲民,但有几点是比较明确的。其一,在某些战乱后,导致了闽东地区人口锐减,造成了有某些土地无人耕种的情况。在明代万历四十年的《永福县志》中,谢肇淛等人将造成这种人口锐减的原因归结于邓茂七起义。但实际上,从邓茂七起义以后,导致闽东地区在籍人口锐减的因素还有嘉靖年间大面积与大规模的倭患。正因为有这些动乱,所以即便像永福这样一个比较偏山的县份,从景泰二年到万历四十年这61年期间人口才增加740人,人口容量还有很大的空间。因此,这种人口锐减、缺少劳动力的现象,就形成了一种人口移动的拉力。也就是说,在闽东等地,这时有土地,但缺乏劳动力。这就导致有些人往这里移动,也促成有些人来这里发展"其利乃倍于田"的种菁业。而这也需要劳动力。其二,由于有这样的发展空间,所以流进的是一些"客民",即非本县户籍的"宾萌"。这些"异县之民"占本县户籍人口的"十有二三",他们都来自漳州、泉州、延平(今日的南平地区)、汀州。这些地方在明代嘉靖之前都是所谓畲客瑶人等客民频繁见诸文献的活动地区。而且自从王阳明在闽粤赣交界地区严厉镇压畲客瑶人在明代里胥等的盘剥下奋起的反抗和严格管控新旧编户齐民后,闽粤赣交界地区原有的畲客瑶人的等级社会也被破坏殆尽,让畲客瑶人觉得在那里已难以很好地生活,因此也就形成了一种"推力",迫使畲客瑶人纷纷到闽东这一具有发展前景的空间来,或为种菁业的棚主打工,或直接就迁移到这里来谋生路。其三,这些来自"漳、泉、延、汀之民种菁种蔗,伐山采木,其利倍于田",也就是说,他们在永福山中开垦山田,种的是蓝靛、甘蔗等经济作物,"其利乃倍于田"。也就是说,他们是在利益的推动下,在山中"伐木采山",开辟菁田与蔗田。他们开垦时用刀砍倒林木,晒干后放火烧之,以做最初的肥料,所以他们采用"畲田"的方式来开垦"菁田""蔗田",而不是回复到原始的刀耕火种的生计模式上。这些"漳、泉、延、汀之幸民流布山谷,生齿凌乱",即这些来自漳州、泉州、延平、汀州的人多集中在山里,他们的来源不同,身份也各种各样,其中不乏有畲客瑶人,或者多就是畲客瑶人。但在闽东汉人的眼里,他们都是客籍、客民,即非本县籍的移民。以致谢肇淛说"久

---

① (明)唐学仁修,谢肇淛等纂:万历《永福县志》,万历福州府属县志,北京:方志出版社,2007年,第24页。

之,穷冈邃谷,无非客民",也难怪闽东的畲民要自称自己为"山客"(shan-ha)。其四,由于他们集中在山里种植蓝靛和甘蔗等经济作物,所以他们应该是所谓"棚民"或"寮民",而这种棚民似有一定的组织,即有一些人充当棚主、寮主,由他们向土民租赁土地,搭寮棚来招徕棚民,组织他们开辟蓝草田和蔗田荒,种植蓝靛草与甘蔗,从事田间管理,收割蓝草、甘蔗等,制作蓝靛与榨糖,棚主则销售作物、分配收入等,这就如同有的地方的垦首与垦丁的关系。垦首向政府或田地的主人租赁土地,然后再招人来开垦。也因此,棚主有一定的号召力,棚民有一定的组织性。因此,"客民黠而为党",一旦与有户籍的土民矛盾冲突,也容易"揭竿为变"而"鳞轹土民"。由此看来,有的畲民是因来闽东浙南种菁等而逐渐留了下来。最初也被闽东的官方视为这一地区的"客民"。

其他一些地方的县志、府志也偶有表述畲民迁徙至闽东浙南的情况,一般而言,迁徙到闽东地区大体都在明代正德年间以后,而迁徙到浙南则更晚。如光绪三年(1877年)潘绍诒等重修、周荣椿编纂的《处州府志》云:

> 畲民,不知其种类,云顺治十八年(1661年)由交趾迁琼州,由琼州迁处州。结庐深山,务耕作。畲妇戴布冠,缀石珠,赤足负戴。土著者贱之,斥为盘瓠遗种。[①]

又说:

> 顺治间,迁琼海之民于浙,名畲民。而处郡十县尤多,在青田者分钟、雷、蓝、盆(盘)、娄五姓,力耕作苦,或佃种田亩,或扛抬山舆。识字者绝少,土民以异类目之,彼亦不能与较。[②]

道光十五年(1835年)重修、郑培椿等纂的《遂昌县志》也云:

> 遂邑之有畲民,盖于国初时,徙自广东,安插于衢、处、温三府者。始来多为农家佣工,土物心藏,安分自下,不敢与本土人抗礼。[③]

同治三年(1864年)伍承告等修、王士鈖纂的《云和县志》说:

> 畲(音如蛇)民不知其种类,或云出粤东海岛间,自国朝康熙初迁处

---

① (清)潘绍诒修,周荣椿纂:光绪《处州府志》卷二十四,《风土志·风俗》,台北:成文出版社,1974年,第900页。
② (清)潘绍诒修,周荣椿纂:光绪《处州府志》卷二十九,《艺文志中·文编三·吴楚椿:畲民考》,台北:成文出版社,1974年,第1061页。
③ (清)郑培椿等纂:道光《遂昌县志》卷一,《风俗》。

郡。依山结庐,务耕作,无寒暑,俱衣麻。①

同治十一年(1872年)周杰等编纂的《景宁县志》也记述说:

畲民,猺獞别种,盘瓠之后也。自粤而闽以暨处之于松(阳)、遂(昌)、云(和)、龙(游)诸邑,皆有其人。②

1925年余绍宋编纂的《龙游县志》亦说:

此族托始于盘瓠,即《后汉书》之南蛮(参考地理考风俗篇),荒诞无稽,不必深究。其后散居武陵、庐江、交趾诸山中,由闽而浙,处州为盛,证以《广东通志》、《福建通志》及《汀州府志》、《处州府志》所载,则有可征信者。清康熙间,吾县遭耿精忠之乱,死亡甚众,迁来者以汀州、处州两处人为多,畲族亦于是时迁来居住,故两旧志均未及载。③

1925年王理孚修,符璋、刘绍宽等纂的《平阳县志》云:

明时倭寇之扰,平阳被害最巨。清顺、康间以郑成功之难,沿海徙界,民族变迁,此时尤甚。……若畲民则散居南北港蒲门各山奥,其语亦居少数。相传先世自闽广来,盖本苗种,俗称畲客,谓为客民也。④

清代同治十三年(1874年)彭润章纂修的《丽水县志》卷十三《风俗》曰:

畲民,不知其种类云。顺治十八年,由交趾迁琼州,由琼州迁处州。结庐深山,务耕作。⑤

由以上一些文字记载,我们大体可以看到,畲民迁徙到闽东大体在明代正德以后,而迁往浙南则在清代以后。当然这主要是汉族文人及官方文献的表述。

---

① (清)伍承告等修,王士纷纂:同治《云和县志》卷十五,《风俗门·畲民》。
② (清)周杰修,严用光等纂:同治《景宁县志》卷十二,《风土·附畲民》。
③ 余绍宋编纂:民国《龙游县志》卷四,《氏族考下·畲民附》,台北:成文出版社,1970年,第51页。
④ 王理孚修,符璋、刘绍宽等纂:民国《平阳县志》卷十九,《风土志·民族》,台北:成文出版社,1970年,第189页。
⑤ (清)彭润章纂修:同治《丽水县志》卷十三,《风俗》,台北:成文出版社,1975年,第1045页。

第二节　民间文献所述的畲民徙居闽东浙南

目前畲族主要分布在中国的东南地区,如福建、浙江、广东、江西、安徽等地,尤以福建东部(简称闽东)与浙江南部(简称浙南)为最多。畲民在这些地区的分布特点为小聚居、大杂居,也就是说,他们与汉族等杂居在同一个地域中,以村落为单位聚居。而且大多数都居住在山区中,住在低海拔的平原地带的很少。

这种集中在福建东部与浙江南部山区的现象,主要是因为明中后期至清代期间畲族从闽粤赣交界地区向闽东浙南地区的迁移形成的。除了有些当时的官方文献谈到畲族的迁徙外,也有一些著作则根据畲族的族谱进行记述,也就是根据畲民的自我表述来叙说。如蓝炯熹总纂的《福安畲族志》认为:畲族以钟姓迁居福安的时间为最早,唐五代时即有钟彦江公从汀州府上杭县迁入韩阳坂五十三都钟莆坑。[①] 其后裔于北宋大观四年(1110年)从钟莆坑迁往福安西郊大林村,坂中畲族乡大林村是福宁府许多村落钟姓的发祥地。

另一支钟姓畲族的先祖钟法广公祖籍广东,其于景泰年间(1450—1456年)由金溪玉林迁福安西门外五都眠山岗。明正德年间(1506—1521年),其曾孙钟熙公的5个儿子分徙各处。长子钟聪公于明正德十一年(1516年)迁大林,次子钟明公于正德十一年(1516年)迁山头庄,三子钟朝公于正德七年(1512年)迁白石,四子钟听公于正德十年(1515年)迁大留,五子钟乐公于正德九年(1514年)迁侯官汤岭。[②]

康厝畲族乡金斗洋村雷姓迁入福安的时间最早。坂中和安《钟氏宗谱》载,"大林钟"始祖雷飞公之女适金斗量(金斗洋)雷谓礼[③],时为北宋末年。《金斗量雷氏宗谱》载,雷氏一支移居闽省播迁无常,唯居福安二十一都黄墓者最久,因谱失莫纪其详,居黄墓者有八世,而及雷大一公于(明)崇祯年间

[①] 福建福安坂中和庵(和安):《钟氏宗谱》,初修于清道光二十七年(1847年),重修于清光绪十六年(1890年)。

[②] 蓝炯熹总纂:《福安畲族志》,福州:福建教育出版社,1995年,第6页。

[③] 福建福安上和安村藏:《钟氏宗谱》,清道光二十七年(1847年)初修。

(1628—1644年)后移居仙石一载,大林二载,岭门二十余载,至高祖雷十三公,曾祖雷百二十六公又于清朝康熙甲寅(1674年)移居坑兜九个月,冬移居十五斗(都)上金斗洋,四十三载再移居下金斗洋,迄今八十余载。① 较之北宋末之雷氏,这一支金斗洋的雷姓当与雷谓礼有别的另一支。

福安雷姓中人口最多者当为"后门坪雷",此雷姓先祖谱名为雷两公,字孔文,行千天三,祖籍广东潮州普宁,于明成化二年(1466年)自福州方向迁入福安十都官湖。以后又迁十一都陈家林,复迁十八都大丘田。其后裔旗公讳方雨、行千乐一者,迁五都赤垅,其子6人分徙各处,长子雷君文迁十八都牛石坂(吴石坂),次子雷君章迁三十六都金飘带(金腰带),三子雷君赐于明代正德二年(1507年)迁四都后楼,四子雷君爵迁五都南坪,五子雷君达迁二三都明岭(林岭),六子雷君生迁三十一都刘坑坪。福安的雷姓畲族多由此衍发而成。

蓝姓畲族迁入福安,较之雷、钟两姓为晚,故人口总数仅为雷、钟姓的一半左右。人口数最多的一支是"溪塔蓝",其开基始祖蓝学礼公祖籍广东潮州海阳县山头甲,其先祖先迁浙江泰顺龟头长坝头,后迁居寿宁。蓝学礼公生有7子,时号七雄。其次子蓝恒麟、七子蓝恒彪2支子孙在明代万历年以后多迁居福安各地,是福安蓝姓畲族的主要衍发派系。

福安下白石镇上王坑村的蓝姓畲族是于清乾隆年间从宁德六都白岩迁入,其后裔又分迁秦坎、南八斗坑等地。甘棠岭尾宫的蓝姓是于清康熙年间从连江坝头迁入的。而荷屿、半山的蓝姓,他们的老祖宗是在明万历十五年(1587年)从罗源坝头里先迁宁德六都白岩仙顶下,历二世后迁福安南阳,又历一世,迁居桂垄。而另一支历五世后,于乾隆元年(1736年)迁荷屿,其后裔等又迁青山鼻、半山、大石牛、下王坑、何厝岔门头、大车半岭、通湾洋等地。上白石镇聚仙岗村的蓝姓畲族是在清康熙年间从汀州庐丰迁来的,而南山头的蓝姓,是于清顺治三年(1646年)从连江狮子岩迁入的,其后裔又分徙大岭、路坑洋坪、南辟、前村、池头、宝林、后林、岭后、彭家洋、里坑大林、篱弄坑、马山、社口、南山等地。②

蓝炯熹在《猴墩茶人(畲族)》一书中谈到猴墩雷姓的迁移史时说:"据史书记载和畲民谱牒标识,畲民大量迁徙闽东是始于明代。畲民雷天辟也是

---

① 福建福安康厝畲族乡金斗量:《雷氏宗谱》,清嘉庆五年(1800年)修。
② 参见蓝炯熹总纂:《福安畲族志》,福州:福建教育出版社,1995年,第6~11页。

明隆庆四年(1570年)来到宁德(罗源)尖山大坪兴居立业的。过了三年,因遭兵燹之乱,他的七个孩子,遂散处离居,各奔东西。四子雷光清于明万历元年(1573年)旋游宁德九都闽坑堂的猴墩地界,他'见其山水秀丽,地土肥饶,遂卜筑焉'。雷光清成了猴墩畲族村的开基祖。"①

笔者曾入村调查过罗源县八井村的雷姓,为明代成化年间(1465—1487年)从广东潮州辗转福建兴化莆田等地迁来,先住罗源城西南的笔架山,后迁至八井村牛洋,最后又迁居八井定居。②

而根据蓝运全、缪品枚主编的《闽东畲族志》统计,自唐乾符三年(876年)起,先后迁入闽东(指宁德地区)的畲族蓝、雷、钟3姓,共有73支。其中蓝姓25支、雷姓25支、钟姓23支。按时间分:唐代迁入2支,明代迁入30支,清代迁入41支。按迁入方向,来自浙江省的26支、江西省1支,省内福州(侯官)6支、罗源25支、连江3支、龙溪1支、上杭6支、武平4支、建宁卫1支。其迁徙路线是沿海岸,即从闽西南至闽南至闽东,沿途经过泉州市、莆田市、福州市的闽侯、连江、罗源等县,而后进入区内的宁德、福安、霞浦、福鼎县,部分继续向浙南方向迁徙,散处温州和丽水地区各县,而后再扩散到其他地方,或回迁区内的福鼎、霞浦、福安和宁德县。其次是从福州闽侯方向迁往古田,再由古田县转迁屏南和宁德县。畲族迁徙主要出于逃避天灾人祸,寻求生存。闽东山高岭峻不易用兵,历史上受战争影响小,社会相对安定,且依山濒海,"鱼、米、油、盐不贾而足"。这些优越的自然地理条件,吸引了畲族先民。明晚期,浙南、闽东北一带种苎麻、种菁业异常发达,需要大批劳动力,由此形成畲族迁徙闽东的第一次高潮。清顺治十二年(1655年),清廷对占领台湾的郑成功采取封锁政策,实行海禁,沿海居民迁界30里,造成大量耕地荒芜。清康熙二十二年(1683年)八月清统一台湾,十月,闽浙沿海地区迁民归里,招垦荒地,"展界"再次吸引了大批畲族先民,由此形成第二次畲族迁入高潮。经过唐代以来无数次转迁、回迁和这两次迁徙高潮后,形成现在闽东畲族分布"大分散,小聚居"的基本格局。③

闽东畲族族谱中自己表述的具体迁徙情况请看下列表格:

---

① 蓝炯熹:《猴墩茶人(畲族)》,昆明:云南人民出版社、云南大学出版社,2003年,第1页。

② 参见石奕龙、张实主编:《畲族:福建罗源县八井村调查》,昆明:云南大学出版社,2005年,第13页。

③ 蓝运全、缪品枚主编:《闽东畲族志》,北京:民族出版社,2000年,第30页。

表 4-1　闽东畲族蓝姓主要支派迁徙情况表

姓氏	迁入前住地	迁入时间	迁入者	迁入地点	转迁地点
古田富达村蓝姓	侯官雪峰大坪（湖）	唐乾符三年（876年）	蓝应潮	富达	屏南巴地
福鼎桐城浮柳蓝厝蓝姓	侯官县四十都平址坑	明万历四十二年（1614年）	蓝意清	牛墘	浙江青田、瑞安，福鼎桥亭蔡洋等地
福安甘棠岭尾宫蓝姓	连江县坝头里	清康熙年间（1662—1722年）		岭尾宫	潭头前村、社口章岗、溪尾池头等地
福安上白石南山头蓝姓	连江县狮子岩	清顺治三年（1646年）		南山头	
宁德飞鸾新岩蓝姓	连江县外窑村	清乾隆十四至十八年（1749—1753年）	蓝一奉	新岩村	
宁德飞鸾葡萄坑村蓝姓	罗源八角井坝头里	明嘉靖十九年（1540年）	蓝恒麟	飞鸾马山葡萄坑	谢家林、白岩、下白石北山村等地
福安坂中洋坪蓝姓	罗源县鼓楼石桥仔	明万历八年（1580年）	蓝铭	洋坪村	坂中井口、城阳东岭、溪柄龙潭面等地
霞浦盐田青皎牛岭蓝姓	罗源县	明天启元年（1621年）	蓝传仁派下	牛岭	崇儒霞坪、新村（后地）、盐田瓦窑头等地
宁德七都三阳镇村蓝姓	罗源县梅树坑	清乾隆年间（1736—1795年）		三阳镇	
霞浦溪南牛胶岭蓝姓	上杭县	清康熙初（1662年）	蓝雷贵	牛胶岭	溪南白露坑、南门山、长春里
霞浦沙江罗浮蓝姓	上杭县	清康熙初（1662年）	蓝雷贵兄弟	罗浮前岐	
寿宁南阳帽底村蓝姓	上杭县太白乡丘辉	清康熙年间（1662—1722年）		帽底	
福鼎前岐梅溪蓝姓	上杭县庐丰乡田官	清雍正二年（1724年）	蓝玉六	梅溪	

续表

姓氏	迁入前住地	迁入时间	迁入者	迁入地点	转迁地点
福安上白石聚仙岗蓝姓	上杭县庐丰	清康熙年间（1662—1722年）		聚仙岗	
寿宁下溪洋后坑蓝姓	浙江泰顺龟头长坝头	明万历年间（1573—1619年）	蓝恒彪	福安穆阳溪塔	岭岗、冬瓜坪、塔仔、周坑里、下白石漳后、穆云铁场上沃等地
霞浦崇儒水漕垄上水蓝姓	浙江泰顺沙圻田	明崇祯九年（1636年）	齐满	上水	崇儒霞潭、牛路岭尾、古厝溪、游家岚、霞坪、州洋岭头等地
福鼎前岐双华蓝姓	浙江平阳蒲湖垄	清顺治八年（1651年）	国春	华洋桥仔头	福鼎九都长保岭、华洋小岭脚、敖家里
	蒲门甘溪	清康熙二年（1663年）	国林	华洋	
	小岭	清康熙五年（1666年）	国旺	华洋傅厝内	
	甘溪岚下	清康熙五年（1666年）	国荣	岭头山	
	五十四都大岭内	清康熙三十二（1693年）	胜佑	华洋西山下	
		清康熙三十五年（1696年）	胜旺	象洋大山	
		清康熙三十五年	胜照	西山下田头	
福鼎磻溪蒋家岭蓝姓	浙江泰顺一都鳌岭	清顺治十七年（1660年）	一增	法洋蒋家岭	福鼎法洋考洋
福鼎桐城浮柳下半山蓝姓	浙江泰顺董庄山头团	清康熙二十年（1681年）	一元	管阳天竺徐坑	桐城浮柳下半山、管阳野猫踏、店下岚亭等地

续表

姓氏	迁入前住地	迁入时间	迁入者	迁入地点	转迁地点
福鼎桐城麻坑底蓝姓	浙江平阳四十七都潦头	清乾隆三十一年（1766年）	帝孔	桐山麻坑底	
柘荣富溪草籽坪村蓝姓	浙江平邑莒溪洋尾	明末		草籽坪	
柘荣城郊山丘村蓝姓	浙江泰顺曹坑后楼	清乾隆三十九年（1774年）		山丘村	
福鼎桐山福全山蓝姓	浙江泰顺士洋坑源	清乾隆三十二年（1767年）	蓝永妹	岩坝上	
福鼎前岐水岐头蓝姓	浙江凤池	清乾隆十四年（1749年）	蓝一茗	水岐头	茶坪枫树岭
福鼎前岐镇余家坪蓝姓	浙江苍南云柘牛皮	清乾隆四十六年（1781年）	蓝有金	前岐余家坪	邦岭、福鼎才堡

表 4-2　闽东畲族雷姓主要支派迁徙情况表

姓氏	迁入前住地	迁入时间	迁入者	迁入地点	转迁地点
霞浦青皎山雷姓	罗源县大坝头	明万历年间（1573—1619年）	雷武	红山（青皎山）	盐田洋边、崇儒溪坪、州洋马洋、沙江大坪等

101

续表

姓氏	迁入前住地	迁入时间	迁入者	迁入地点	转迁地点
霞浦水门草岗雷姓	浙江平阳	清乾隆五年（1740年）	雷启华	霞浦牙城雉鸡大坪	三沙浮山
			雷启福	霞浦西门外	
			雷启率	草岗（茶岗）	
			雷启隆	三沙二坑	
			雷启彩	马祖坪	
			雷启进	水门高坪	
			雷振清	草岗	
福安坂中后门坪雷姓	福州府方向	明成化二年（1466年）	雷孔文	福安十都官湖	十一都陈家林、十八都大圻田等地
			雷君文	宁德猴盾	
			雷君章	福安金腰带	福安十都壶屏圻、东山、南坪等地
			雷君赐	福安后楼	
			雷君爵	福安南坪	
			雷君达	坂中林岭	车头、前洋等地坂中月斗等地
			雷君生	福安十三都刘坪坑	

续表

姓氏	迁入前住地	迁入时间	迁入者	迁入地点	转迁地点
福安下邳坑源里雷姓	侯官县石井乾村	清雍正元年（1723年）		坑源里	福安马山
福鼎白琳大旗坑牛埕下雷姓	罗源北岭	明洪武二十八年（1395年）	雷肇松	牛埕下	福鼎点头王㴋虙、山宅湖仔、管阳花亭等地
宁德猴盾村雷姓	罗源尖山大坪	明万历元年（1573年）	雷光清	猴盾	宁德九都九仙、六都白岩北山等地
福安穆云牛石坂雷姓	罗源大㴋头	明崇祯年间（1628—1644年）		牛石坂	西院、坑下楼、半屿半山等地
宁德漳湾下雷东雷姓	罗源护国	清顺治年间（1644—1661年）	雷世壁	雷东	宁德城南后山、八都半山、青岗、霞浦台溪等地
宁德金涵烟亭村雷姓	罗源飞竹庵潭村	明崇祯八年（1635年）	雷兼三	烟亭	七都马坂陈家山、福安清水壑等地
宁德七都溱头岔村雷姓	罗源小荻竹里村	清顺治年间（1644—1661年）	雷达贵	溱头岔	猴盾盾头、七都贝河邦垅、八都溪池里庵等地
宁德金涵麒麟寨村雷姓	罗源护国井洋村	明崇祯年间（1628—1644年）	雷天致	麒麟寨	宁德六都白岩盘山村、赤溪琴田等地
宁德城南蚶岐村雷姓	罗源㴋头	清顺治十一年（1654年）	雷月弟	蚶岐村	
宁德八都后岗山雷姓	罗源乌石㴋头	清康熙二年（1663年）	雷友法	后岗山	
宁德虎㴋三际坑雷姓	罗源王信	清康熙初年		三际坑	宁德院后

续表

姓氏	迁入前住地	迁入时间	迁入者	迁入地点	转迁地点
宁德虎浿三际坑院后	罗源文院	清乾隆年间（1736—1795年）	雷法某	三际坑院后	
宁德飞鸾南山向阳里雷姓	罗源松山半山村	清乾隆年间（1736—1795年）	雷师公	南山向阳里	
宁德飞鸾新岩村雷姓	罗源飞竹鹿坑村	清雍正年间（1723—1735年）	雷某	新岩村	
宁德飞鸾小东岗清水下	罗源护国井洋村	清代	雷某	小东岗清水下	
福鼎滨洋雷姓	浙江庆元龙宫	明隆庆元年（1567年）	雷小十九	滨洋	福鼎孔岚、梅溪、普照、老鸦湾等地
	浙江平阳三十一都昌禅峇底	明万历二十五年（1597年）	雷继远	梅溪	
		清顺治元年（1644年）	雷承春	小华洋	
		清康熙四十五年（1706年）	雷熙文	二都果公坪	
		清乾隆二十六年（1761年）	雷天麟	梅溪	
		清乾隆三十五年（1770年）	雷启蒙	十八都薛澳	
福鼎前岐牛食岚雷姓	浙江平阳三十一都昌禅峇底	清雍正九年（1731年）	雷启昌	牛食岚	
		清乾隆五十年（1785年）	雷春经	周家山	

续表

姓氏	迁入前住地	迁入时间	迁入者	迁入地点	转迁地点
福鼎前岐山兜雷姓（北山派）		清康熙五十九年（1720年）	雷应魁	山兜	
		清乾隆五年（1740年）	雷得章	大丘头	
		清乾隆七年（1742年）	雷得知	宝庙	
		清乾隆二十四年（1759年）	雷得隆 雷应陈	磻溪 周家山	
		清乾隆四十五年（1780年）	雷世凤	瓦窑下	
		清嘉庆元年（1796年）	雷世元	桐山麻坑底	
福鼎桐城浮柳雷姓（西山派）	浙江平阳西山下 平阳小施	清雍正四年（1726年） 清雍正六年 清嘉庆元年（1796年） 清光绪十一年（1885年）	雷应贤 雷应岩 雷应奇 雷元录 雷宗师	浮柳 福全山 秦屿虎头岚 点头天池贡 月屿南山	福鼎桐山西园 福鼎店下林西桥 岚乌石岗
古田平湖达才林雷姓	龙溪二十五都青草地	明代		达才林	古田凤都招坑、罗源、南平等地
古田县城雷家墩雷姓	江西省	明永乐间（1403—1424年）		雷家墩	古田、宁德、南平等地
古田塘后墘雷姓	罗源霍口	明末		塘后墘	

表 4-3　闽东畲族钟姓主要支派迁徙情况表：[1]

姓氏	入前住地	迁入时间	迁入者	迁入地点	转迁地点
福鼎店下西岐月梳洋钟姓	建宁右卫所	明永乐二年（1404年）	钟舍子	西岐夏家楼	
福鼎乌溪钟姓 福鼎桥亭钟姓 福鼎牛埕岗钟姓	浙江平阳三十五都状元内金岙村	明万历四十一年（1613年） 明万历四十七年（1619年） 明崇祯九年（1636年）	钟丑生 钟近善 钟德勤	乌皇 桥亭 牛埕内	福鼎王家洋丹桥枫树岭等地
福鼎桐城浮柳钟姓	平阳凤洋三丘田	清顺治十一年（1654年）	钟启善	往里（浮柳往底）	
福鼎佳阳丹桥钟姓	浙江平阳三十五都状元内金岙村	明崇祯十二年（1639年）	钟奇振 钟奇德 钟奇胜 钟朝量 钟朝可 钟朝侯 钟士桂 钟以时	格山庵 井头 吴家溪 坑兜 坑兜 坑兜 瑞云长园 瑞云长岗	
福鼎白琳沿州钟姓 福鼎高境大岭钟姓	浙江平阳王庄	清康熙二十年（1681年） 清康熙七年（1668年）	钟元美 钟应祥	白琳沿州 大岭内	福鼎牛食岚（牛车兰）、三都樟岚等地
福鼎东巷钟姓 福鼎樟岚钟姓		清康熙九年（1670年） 清康熙四十五年（1706年）	钟元满 钟世德	东巷 樟岚	汴洋岭门、梅溪海尾等地

[1]　蓝运全、缪品枚主编：《闽东畲族志》，北京：民族出版社，2000年，第32～44页。

续表

姓氏	入前住地	迁入时间	迁入者	迁入地点	转迁地点
福安社口南山钟姓	浙江泰顺鳌阳田边	清康熙六年（1667年）	钟三春	南山	社口山里、马尾兰等地
宁德九都柴坑村钟姓	福州方向	明天顺年间（1457—1464年）	钟通达	柴坑	宁德、福安等地
霞浦沙江芦坑青甲垄钟姓		明天顺年间（1457—1464年）	钟居赵	青甲垄	
霞浦州洋马洋钟姓	罗源县大坪里	明天顺年间	钟居元	过洋（州洋马洋）	霞浦、福鼎等地
福鼎桐城浮柳后溪钟姓		明末	钟百户	后溪（浮柳下半山）	
宁德金涵上金淇村钟姓	罗源县	明崇祯十年（1637年）	钟德兴 钟可成	上金淇 下境	宁德漳湾游家塘、鸟屿等地
宁德飞鸾黄土垒钟姓	罗源县	明崇祯十三年（1640年）	钟万成	黄土垒	飞鸾长园、下北山
福安坂中大林钟姓	汀州上杭	唐五代间	钟彦江	钟莆坑	坂中大林
福安坂中大林钟姓	金溪玉林	明景泰年间（1450—1456年）	钟法广	大林	福安上广、横溪林前、廉岭、过洋等地
宁德赤溪尖山村钟姓	武平县	明天启年间（1621—1627年）	钟法奇	尖山	宁德八都闽坑篙垄、合厝炉洋
宁德八都灵山大坪厝钟姓	武平上重高坑里	清顺治十年（1653年）	钟成历	大坪厝	
宁德八都丹斗村钟姓	武平县	清顺治年间（1644—1661年）	钟金箱	丹斗	漳湾上雷东、八都云淡、下汐
宁德斑竹钟姓	武平县	清雍正三年（1725年）	钟声亮	斑竹	福安双贵山

从表中反映的情况看，有163支迁入闽东，只有1支是在唐代，1支为五

代时期,其余161支都是明清时期,而明清时期迁徙的只有7支是在正德年间之前,其他154支都是在明代正德年间以后迁入闽东。因此,在正德年间迁入闽东的有9支,而正德以后迁入闽东的有154支。

下面我们再看浙江南部的情况,《浙江少数民族志》也利用族谱的记载来记录浙江省畲族迁入的情况。①

表4-4 畲民迁入浙江的情况表

支族名称	入迁时间	迁出地	迁入住地
景宁惠明寺雷进欲支族	唐永泰二年(766年)	福建罗源县十八都苏坑境南坑	青田鹤溪村大赤寺(今景宁畲族自治县大赤洋村)
景宁锦岱垟岭脚钟日章支族	明洪武八年(1375年)	福建连江县清河里	景宁县二都油田锦岱垟岭脚
景宁油田桥雷尚文支族	明嘉靖八年(1529年)	福建罗源县	景宁县二都油田桥
景宁殿源雷世隆支族	明万历七年(1579年)	福建罗源县黄重下牛栏坪	景宁县殿源
景宁彭坑蓝姓支族	明万历十二年(1584年)	福建罗源县十八都塔底	景宁县六都彭坑
景宁包凤雷进明支族	明万历三十四年(1606年)	福建罗源县十八都苏坑境高南坑	景宁县七都包凤
景宁山外钟智恩支族	明万历三十六年(1608年)	福建罗源县十七都晋安大坪村	景宁县六都山外

---

① 浙江省少数民族编纂委员会编:《浙江省少数民族志》,北京:方志出版社,1999年,第87~92页。

续表

支族名称	入迁时间	迁出地	迁入住地
景宁山外钟隆熙支族	明万历三十八年（1610年）	福建罗源县十七都晋安大坪村	景宁县包凤住三五年后,转迁山外村
景宁大垟冈蓝法乾支族	明万历四十年（1612年）	福建罗源县重上里官坑	景宁县六都大垟岗
景宁王畈雷虔山支族	明万历四十一年（1613年）	福建罗源县十八都应德铺庄梅溪里	景宁县二都王畈
景宁锦岱垟岭脚钟石洪支族	明万历四十二年（1614年）	福建宁德县十都安乐洋龙坑头	景宁县二都油田锦岱垟岭脚
景宁石圩蓝世全支族	明万历四十四年（1616年）	福建古田县南乡里秀山洞	景宁县二都油田石圩
景宁彭坑蓝敬方支族	明万历四十八年（1620年）	福建罗源县塔底	景宁县六都彭坑
景宁叶山头雷孔华支族	清康熙三年（1664年）	福建古田县九都黄泥田畈水缸丘	景宁县叶山头李树坪
云和小窟蓝敬泉支族	南宋淳祐年间（1241—1252年）	福建罗源县黄庄下	丽水小窟（今云和县小徐乡）
云和岩下蓝敬泉支族	明正德年间（1506—1521年）	福建福安县	云和县岩下
云和青石岩蓝谨传支族	明嘉靖二十四年（1545年）	福建罗源县西南乡	云和县一都青石岩

续表

支族名称	入迁时间	迁出地	迁入住地
云和黄处雷姓支族	明万历十七年(1589年)	福建	云和县黄处
云和安溪蓝凤进支族	明万历三十六年(1608年)	福建古田县十八都小茶岭	云和县安溪
云和梅树下蓝念一郎支族	明万历四十四年(1616年)	福建福州麻寮	云和县一都梅树下
云和雾溪	明万历年间(1573—1619年)	福建连江县太平里石蟠垄	云和县一都雾溪
云和西山雷大十一郎支族	明万历年间(1573—1619年)	福建古田县	云和县西山
云和柘园蓝法令支族	明天启三年(1623年)	福建罗源县	云和县柘园
云和三都垟头蓝法东支族	明天启六年(1626年)	福建连江县安定里三都醮垟半山	云和县三都垟头
云和一都谷垟头蓝法增支族	明天启六年(1626年)	福建连江县安定里三都醮垟半山	云和县一都谷垟头
云和谷垟头蓝统成支族	明崇祯十二年(1639年)	福建罗源县南源	云和县一都谷垟头
云和八都南山蓝义存支族	明崇祯十三年(1640年)	福建罗源县罗平里川山大陂头	云和县八都石塘南山

续表

支族名称	入迁时间	迁出地	迁入住地
云和叶垄雷隆升支族	明崇祯年间(1628—1643年)	福建连江县安定里石佛岭头	云和县四都叶垄
云和垟背蓝国用支族	明崇祯八年(1635年)	福建连江县中鹄里凤山石蟠垄三石	云和县垟背
云和栗垃蓝二十三支族	清顺治年间(1644—1661年)	福建罗源杞坑	云和县三都栗垃
云和栗垃蓝林生支族	清康熙年间(1662—1722年)	福建罗源县南峰重上里马美	云和县三都栗垃
云和垟源蓝非应支族	不详	福建	云和县垟源
云和县蓝立言支族	不详	福建	云和县
龙泉新庄钟维盛支族	清康熙年间(1662—1722年)	福建上杭县互乡里	龙泉县新庄
龙泉锯树钟绍鼎支族	清乾隆四十七年(1782年)	江西瑞金县凌溪村	龙泉县北乡锯树
龙泉山下畈钟象美支族	清乾隆五十年(1785年)	福建半溪奄背头	龙泉县山下畈
龙泉历阳钟耀明支族	清康熙年间(1662—1722年)	福建汀州武平县	龙泉县北乡历阳

111

续表

支族名称	入迁时间	迁出地	迁入住地
龙泉小垄坑钟绍翼支族	不详	江西员当下	龙泉县小垄坑
青田岭根雷景云、雷景通支族	明洪武十二年(1379年)	福建罗源县	青田县岭根
青田石林坑蓝百二十七郎支族	明天启年间(1621—1627年)	福建侯官平址坑	青田县八都石林坑(今属文成县)
青田瓦窑冈蓝万二十郎支族	不详	福建罗源县塔底	青田县瓦窑冈大坝头
遂昌培坞雷仁生支族	明正德年间(1506—1521年)	福建罗源县	遂昌县培坞
遂昌井头坞蓝法亨支族	明嘉靖年间(1522—1566年)	福建罗源县	遂昌县北乡十三都井头坞
平阳莒溪垟尾蓝昆冈支族	明弘治年间(1488—1505年)	福建罗源县大坝头	平阳县莒溪垟尾(今属苍南县)
平阳西山下雷明海支族	明嘉靖年间(1522—1566年)	福建罗源县	平阳县四十八都西山下
平阳蓝下蓝朝聘支族	明嘉靖年间(1522—1566年)	福建	平阳县蓝下(今属苍南县)
平阳王庄钟天锡支族	明嘉靖年间(1522—1566年)	福建罗源县	平阳县五十都王庄

续表

支族名称	入迁时间	迁出地	迁入住地
平阳黄坛口雷永祥支族	明万历八年（1580年）	福建罗源县大坝头	平阳县三十七都桥墩黄坛口（今属苍南县）
平阳肖山蓝敬凤支族	明万历四十八年（1620年）	福建罗源县塔底	平阳县五都肖山水口
平阳蒲门蓝意必支族	明万历年间（1573—1619年）	福建罗源县大坝头邱子山	平阳县蒲门（今属苍南）
平阳黄家坑雷法罡支族	明万历年间（1573—1619年）	福建福鼎县牛埕下	平阳县五十一都黄家坑
平阳牛角弯李景崇支族	明万历年间（1573—1619年）	福建福鼎县	平阳县华洋牛角弯（今属苍南县）
平阳垟头蓝定富支族	明崇祯五年（1632年）	福建漳州	平阳县六都垟头（今属苍南县）
平阳县雷吉恒支族	明崇祯年间（1628—1643年）	福建古田县	平阳县
平阳县雷大法支族	明崇祯年间（1628—1643年）	福建福鼎县	平阳县
平阳县雷宗飚支族	明崇祯年间（1628—1643年）	福建福安县	平阳县
平阳中垟钟凤麟支族	明朝	福建泉州永春	平阳县十七都中垟（今属苍南县）

续表

支族名称	入迁时间	迁出地	迁入住地
平阳陶岙门前钟奇元支族	清康熙二年（1663年）	福建罗源县彭里进山黄泥累	平阳县北港五十都陶岙门前
平阳黄山头雷法全支族	不详	福建罗源县	平阳县黄山头
平阳二都雷仁贵支族	不详	福建剑州龙（尤）溪县十二都	平阳县二都
平阳王庄蓝意清支族	不详	福建侯官县四十都牛乾东坑	平阳县旺庄
平阳郑家山雷念二郎支族	不详	福建罗源县	平阳县莒溪郑家山（今属苍南县）
平阳蕉坑钟百户支族	不详	福建福鼎县后溪	平阳县三十三都凤池溪边蕉坑
泰顺崩头钟明德支族	清顺治四年（1647年）	福建福安县陶岚	泰顺县崩头
泰顺矴步脚钟郡平支族	清顺治年间（1644—1661年）	福建福鼎县龙潭面	泰顺县八都彭溪矴步脚
泰顺后章钟汪国支族	清顺治年间（1644—1661年）	福建福安县敢岭	泰顺县仕阳后章
泰顺山头仔蓝陈帮支族	清康熙二十一年（1682年）	福建福安县九都赤岩	泰顺县董庄山山头仔

续表

支族名称	入迁时间	迁出地	迁入住地
泰顺坑源底雷振国支族	清康熙二十三年（1684年）	福建福鼎县沈青岩头庵	泰顺县仕阳坑底源
泰顺三樟岗钟如明支族	清康熙三十年（1691年）	福建福鼎县丹桥	泰顺县雅阳三樟冈
泰顺高场蓝可津支族	清康熙四十七年（1708年）	福建福鼎浮柳垟	泰顺县八都高场
泰顺高场雷鸣贵支族	清乾隆六年（1741年）	福建福安县	泰顺县高场墩头
泰顺大山蓝荣魁支族	清乾隆四十年（1775年）	福建福安县七都聚仙峰	泰顺县七都八堡洋溪大山村
文成旁边垟雷念支族	明嘉靖三十九年（1560年）	福建连江县安民里庵里坑	青田八都养源头井垟（今文成县西坑旁边垟）
衢县上门雷上先支族	清乾隆十四年（1749年）	福建上杭县茶排村	衢县七里乡上门村
衢县少伸蓝鼎玉支族	清嘉庆年间（1796—1820年）	福建上杭县	衢县七里乡少伸村
衢县大桥雷宽心支族	清光绪年间（1875—1908年）	江西玉山县雷村	衢县峡川乡大桥村
衢县北淤蓝敏支族	元末明初（约1325—1375年）	福建建安县	衢县航埠镇北淤村

续表

支族名称	入迁时间	迁出地	迁入住地
开化牛角垄雷尔先支族	明弘治年间(1488—1505年)	福建省古田县九都黄泥田畈水缸丘	开化县牛角垄长塘坞
开化叶坑钟戴龙钟钦公支族	清康熙年间(1662—1722年)	福建汀州府武平县万安镇	开化县叶坑村
江山阳坪钟兹适支族	清雍正年间(1723—1735年)	江西安源县员当村	江山县上余镇阳坪村
江山保安蓝筒渡支族	清乾隆二十一年(1756年)	江西会昌县	江山县保安乡
常山缸窑蓝雨旺支族	清雍正年间(1723—1735年)	福建汀州府上杭县下庄平	常山县缸窑村
龙游浦山雷等支族	清光绪十二年(1886年)	福建福安县	龙游县詹家镇浦山村
宣平陶七坞雷姓支族	清顺治年间(1644—1661年)	福建罗源县塔下	宣平县陶七坞(今属武义县)
杭州钱塘九龙雷景富支族	不详	福建罗源永远村	杭州钱塘九龙村
台州黄岩蓝朝振支族	明嘉靖五年(1526年)	福建罗源县	台州黄岩县
金华鸽坞塔钟运来支族	清雍正元年(1723年)	福建武平城南	金华县中戴乡鸽坞塔村

续表

支族名称	入迁时间	迁出地	迁入住地
金华蒙坑口蓝观文支族	清乾隆元年(1736年)	福建福清五福乡	金华县塔石乡蒙坑口村
金华芝肚坑钟新养支族	清乾隆元年(1736年)	福建武平恩禁口	金华县溪口乡芝肚坑村
淳安大矛岭雷清桢支族	清乾隆十九年(1754年)	江西赣州宁都石城县石上里	淳安县富文乡六联大矛岭

上述这些都是畲族族谱中自己表述的其始祖始迁浙江的情况,其共有 90 支,正德年间以前迁徙的 8 支,其他 82 支都是在明代正德年间以后迁到浙南的,有的人的子孙还辗转迁徙他地,如明万历三十四年(1606 年)入迁景宁包凤的雷进明支族,后裔就分迁浙江省丽水、松阳、云和、遂昌、青田、平阳、泰顺、文成、龙游、兰溪和福建霞浦等 11 个县 55 个村落。明正德年间(1506—1521 年)入迁云和岩下的蓝敬泉支族,后裔分迁浙江省景宁、遂昌、松阳、庆元、龙泉、龙游、兰溪、江山、泰顺、临安、余杭、建德、寿昌、福建寿宁、福安、浦城、安徽宁国等 17 个县 80 个村落。清康熙三年(1664 年)入迁浙江景宁叶山头的雷孔华支族,其后裔有 36 支分迁景宁县内外,还有 27 支分迁浙江省龙游、兰溪、青田、庆元、淳安、建德、分水、福建永安等县。[①] 此外,在浙江的畲民族谱资料中也有人表述说他们始祖是在唐代迁入浙南的。

其实,唐代是否有畲民迁入闽东浙南地区是很有疑问的,如浙江景宁那支所谓唐代迁入的畲族(雷进裕支)就很有问题。1982 年,蓝玉璋、施联朱、张崇根等在丽水地区调查时,就对这一说法进行质疑。他们在报告中说:从以上几部家谱的记载可以看出丽水地区畲族迁入浙江的时间多在万历年间,最早的是在明正德年间,距今已 400 年左右。这与民国二十二年(1933 年)修的《景宁县续志》卷九"武备"中说:"畲民移住本邑数百年,为一种纯粹

[①] 《浙江省少数民族志》,北京:方志出版社,1999 年,第 92 页。

农民",基本相吻合。但张村公社惠明寺大队社员雷周隆(63岁)所保存的一部家谱却记载祖上是在唐贞元十四年(798年)到南良山(即惠明寺)居住,太祖名雷进裕。雷周隆保存的这部《雷氏家谱》是他的祖父雷林贵于同治十年(1871年)抄的。雷周隆的父亲雷开富,如活到今应101岁。按照惠明寺大队社员雷石堂保存的《雷氏宗祠》所载的雷姓排行,从"进"字辈到"开"字辈共11代,如每代人按30年计算,那么雷周隆的祖辈迁到景宁至今已400年左右,也应是在万历年间,而不是在唐贞元十四年。① 由此看来,根据比较实际的惠明寺雷氏的世系加以推论,雷进裕这支畲族不可能在唐代迁入景宁惠明寺,而是明代万历年间迁到浙江景宁的。

据厦门大学人类学系博士生王逍在当地的调查,据说可能的社会事实是这样的,明代万历年间雷进裕等四兄弟从福建罗源起程迁徙浙南时,在路上邂逅从江西云游来福建的僧人昌森、清华师徒二人,因雷进裕等与僧人昌森等颇有"缘分",故相伴去浙江而熟悉。抵达景宁后,雷氏兄弟先在"景宁七都包凤开垦耕种,以后散落他乡"。而昌森师徒则前往景宁大赤寺修禅,直至顺治七年(1650年),僧人清华来南泉山修缮始建于唐代咸通二年(874年)的惠明寺,因孤单无人做伴,遂邀请雷明玉来惠明寺旁开基落业。恐空口无凭,僧人清华与雷氏之间签了一份"僧雷同是一家人"的协定:"顺治七年庚寅岁,僧清华对雷明玉说,我惠明寺单马独寺,无人做伴,和尚清华以雷明玉公出来坐(住)在上村铁炉奢居住,耕田落叶。吾惠明寺山场上下左右分你明玉公子孙以作柴火之山,山外有吉地安厝穴,不用山价之理。倘来到我地方犁钞,我寺院赐你作用也。僧雷二姓即是本家人一样,日后永不得言说异乎序,万无一失"。② 换言之,雷进裕等在迁徙浙江的路上认识了来浙江修行的昌森、清华师徒。后来在清代顺治七年(1650年),清华到惠明寺来修缮败坏的寺院,因孤单,所以请他认识的雷明玉等来惠明寺帮助修建寺庙。作为回报,雷明玉等可以在附近居住,耕种惠明寺的寺产,并可以在惠明寺的山场砍柴、安葬,"不用山价之理"。因此,"雷明玉后出钟大十娘赐生三男:日峰、日顺、日昌,二女,共人七个丁口到惠明寺,耕田于后"。后来在光

---

① 蓝玉璋、蓝惠洪、施联朱、张崇根、娜西卡:《浙江丽水地区畲族情况调查》,畲族社会历史调查,福州:福建人民出版社,1986年,第271页。
② 王逍:《走向市场:一个浙南畲族村落的经济变迁图像》,北京:中国社会科学出版社,2010年,第52页。

绪年间再次重修惠明寺时,雷氏同样也竭力帮忙修庙,"或为搬运木石,或为帮作泥水,不无微劳"。为报答雷姓畲族的辛劳,惠明寺的檀越施主张氏,"于本寺历管寺门右首横斜排路后山内小土名七枰油车抽地一块,横量四丈,直量三丈,送与雷边起造祠宇"。① 这以后,惠明寺的雷氏才建立起自己的祠堂。

从上述这一例子可以看到,所谓唐代畲族就迁到闽东一带的说法多不太可信。可信的是,明代中后期,畲民(自称"山客")大量地从闽粤赣交界地区迁入闽东与浙南地区。如蓝炯熹也认为"据史书记载和畲民家族谱牒标识,畲民大量迁徙闽东是始于明代"。② 这是因为这一时期,在闽粤赣交界地区有王阳明残酷镇压畲客瑶人等客民的反抗和严密控制当地新旧"土民"的推力存在。同时也有闽东浙南因过去的农民起义战乱与倭乱形成的有多余土地而没有劳动力的"拉力"。因此,导致这一时期的迁徙具有某种规模。当然,这种规模并非畲客举族迁徙,而是有很多个体行为,即有许多人迁到闽东与浙南地区,但他们多是个体或家庭的行动,而非整个族的行动。由于这样的迁徙,从明中叶以后,就开始形成这样一个局面,即畲民多数以个体或家庭为单位迁进闽东与浙南地区,"所居在丛箐邃谷,或三四里,或七八里始见一舍,无比屋而居者"。③ 他们在闽东浙南这个毗连的大地域中散布在各处,慢慢地建立起村落这样的小聚居,故形成聚居于村落与在闽东浙南这一大区域中的大分散局面,而且他们极少分布在县城与地区级的城市附近。即迁到闽东浙南后,畲民新形成的分布情况是,他们散处杂居在当地的汉人中间,比较集中的地区是闽东与浙南;就一个地方的情况看,他们多居住在山区的山间盆地中、半山上,极少住在平原上。他们没有一块完全属于畲民的大地域,在任何地方,畲客都是与汉人交错杂处在一起,并到各地汉人所设立的集市上交易。所以畲民有自己独立的村落,但没有一块自己可以独立生存的较大区域,因此也无法形成自己的独立民族经济,有的只是相对集中的民族区域经济。再者,对明代中叶后的迁徙活动的记忆,也成了建构他们迁徙前祖地的素材与基础。

---

① 蓝玉璋、蓝惠洪、施联朱、张崇根、娜西卡:《浙江丽水地区畲族情况调查》,畲族社会历史调查,福州:福建人民出版社,1986年,第272页。
② 蓝炯熹:《猴墩茶人(畲族)》,昆明:云南人民出版社、云南大学出版社,2003年,第1页。
③ (清)梁奥修,江远青、江远涵等纂:道光《建阳县志》卷二,《舆地志·附畲民风俗》。

第五章　明中后期至清代闽东浙南的畲族经济

第一节　畲民初迁闽东浙南获取土地资源的方式

根据文献等的记载,明清时期畲族的经济是以农业为主,兼营其他一些副业。

明中叶后,当畲族陆陆续续迁徙到闽东浙南等地区时,那时这里的土地、山林多有主人。换言之,当地汉人拥有该地区所有田地、山场的所有权。也可以说,在当时,由于不是朝代更替的时代,这个地区并没有什么无主之荒地。那么,迁入的畲族是如何获得土地进行耕作的,据各种材料看,下面几种方式也许是畲族刚进入这一地区可能获得土地进行耕作的方式。

一、租　地

当畲民在明代中后期刚迁入闽东浙南等地区时,当地并非到处都有荒地,而应该是土田均有主的状况,即当地的土地、山林均早已为有户籍之编户齐民的汉人所有,作为刚迁徙来的外来者畲民,只能向当地土地、山林的主人租赁,才可能有田地可耕,有山林可以经营。因此,向当地的汉人租赁土地或山林来耕种或经营,应该是刚迁入该地的畲民所使用的一种最为常见的方式。我们在福建省闽东福州市罗源县八井村发现一批雷姓畲民清代的土地契约文书,其中最早的一份为雍正八年(1730年)的租山契约文书,其云:

　　立批字　郑圣擢、圣中、圣和和任佑官等祖遗有税山一所,坐属拜井里,土名枫樸(树)墘,陈赤□(坑)半岭蜂桶岩。上至岗顶,下至坑底,山共七亩五分,北至雷家山,西至黄家山,南至大磹右,东至仓尾田止,四至明白。批于雷君育、君才、君玉、君峰、君容、君大、君淑、君恒、子起、子惠、子理、龙弟等前去栽插桐、樎(榛)、杉木、竹、菜蔬等物,递年约纳租银一两八钱纹平。向后不得增减,侯至八月送县交还,不得欠少。如是一人欠租,所栽插桐、樎(榛)、杉木,不许上山砍伐,听(圣)攉等召批他人看管,不得言说。如不欠租,任从雷家栽插桐、樎(榛)、杉木、竹等物,长大砍伐变卖。山内有吉地数穴,听从(圣)攉等造坟、砍伐树木等物,雷家不得阻当(挡)。今欲有凭,立批字为照者。

雍正八年十一月　日
立批字:郑圣攉(画押)
圣中(画押)
圣和(画押)
佑官(画押)
在见:郑伯友(画押)

此契约文书虽不是八井村(清代为拜井里)雷氏明代刚迁到八井村所为,但从这份历史上曾实际发生效用的契约文书可以看到一些当时租地的情况。

在这份租山契约文书中,其一,八井雷氏君字辈与子字辈共12人,向住在县城、拥有八井地方的山林地所有权的郑氏长期租用其祖上遗下的税山一块。"坐属拜井里,土名枫樸墘,陈赤坑半岭蜂桶岩,上至岗顶,下至坑底","北至雷家山,西至黄家山,南至大磹右,东至仓尾田止",约7亩5分。每年的租金为1两8钱"纹平银",平均每亩为3.2钱银子。[①] 每年的8月份到县城交纳于郑氏,"不得欠少"。如欠少,业主郑氏就可以收回山林(包括雷氏租地后种植的树木),转租他人。其二,该文书的记载表明,雷氏租用该山林后,就有长期的使用权,可以在山上植树,甚至开地种植庄稼等,即可以长期使用这片山地,但郑家在山上的"吉地"(墓地)及其周围的土地仍归郑家使用。其三,这份租山契约文书的文字还透露,这块郑氏祖业的山地紧靠"雷家山",也就是在雷氏自有的山场边上,雷氏将其租下,也便于连片开发

---

① 因为当时一两等于16钱,以24钱给7.5亩除,每亩为3.2钱银子。

或种植。

八井村的雷姓畲族,属罗源县松山镇牛洋支派。[①] 传说祖先来自广东潮州如东县,后迁入福建兴化的莆田一带。接着迁至罗源县境内,先住居罗源城西南的笔架山上,明代成化年间(1465—1487年)入迁现松山镇牛洋村,弘治年间(1488—1505年)分衍山脚下的八井村。[②] 清代顺治十八年(1661年)因为清政府与台湾郑成功集团的矛盾而实行沿海迁界的关系,雷氏分别被迁往吕洞、浿溪(今南洋)和尖山等地。康熙二十年(1681年)台湾归顺清王朝后复界时,雷氏回迁牛洋、八井村,其后裔再从那里分衍牛坪(现已废)、横埭、杨家里、经布岩等自然村。八井村畲族雷氏宗族分福、禄两房,福房分居八井村、横埭村,禄房主要住八井村。罗源县牛洋、八井村的雷氏肇基祖为雷安居、安和两兄弟,从他们往下算的字辈为:安—邦—民—飞—永—君—子—辅—朝—廷—乾—坤—志—信—可—知—贤。契约文书中提到的君字辈与子字辈为该宗族的第六代与第七代,生活在清朝康雍乾年间,雍正八年(1730年)雷氏诸人向郑氏租佃祖上遗留下来山林地,是在顺治、康熙年间海禁迁界复界后,八井雷氏重返其家园以后的一次行动。尽管这一行动并非最初迁入八井时的,但从这一租山契约文书所记载的情况来看,即便雷氏在此已生活了六七代,120—210年左右,在他们的聚落——罗源八井村附近,仍有许多田地与山林并非属于他们的,而是其他汉人的。这些田地与山林的汉族主人虽不住在八井村或附近,甚至远住在县城中,但他们却拥有八井村附近的田地与山林。在这个年代,雷氏还需要向汉人租佃其居住地附近的山林。那么,刚迁入此地时,为了生存、生活,则更需要通过租地、买地等形式,才可能有土地与山林进行耕种与经营,以维持生计。因此,当畲族刚迁入当地时,向当地山林、土地的主人租用田地、山林来耕种、经营,应该是刚迁入的畲族获得土地与山林的一种主要方式。

关于畲民向汉族租赁土地耕作与经营的情况,在一些清代的文献中也有所披露,乾隆十二年(1747年)修纂的福建《德化县志》云:"邑有畲民以钟、蓝、雷为姓。……今德化畲民无盘姓(其钟姓者,未详所自始),三姓交婚。女不筓饰,裹髻以布;男结髻,不巾帽。随山种插,去瘠就腴。于深山中编茅

---

① 1998年新修《罗源县志》载:据1990年的统计,罗源县畲族有28个支派,其中雷氏13个,蓝氏12个,钟氏3个。

② 罗源县地方志编纂委员会编:《罗源县志》,北京:方志出版社,1998年,第889页。

架木为居,惟了山主赁税耳。"①乾隆五十二年(1787年)编纂的福建《永春州志》记载:"畲民巢居崖处,射猎其业,耕山而食,去瘠就腴,率一二岁一徙。惟了山主租税,无他徭役"。② 道光十二年(1832年)编纂的福建《建阳县志》也云:闽北畲民"所耕田皆汉人业,岁纳租外,得盈余以自给"。③ 光绪二十二年((1896年)编纂的浙江《遂昌县志》曰:"负耒为氓自远来,相传旧姓有蓝、雷,茅居偏向陇头结,佃种无辞荒处开。"④同治三年(1864年)编修的浙江《云和县志》说:畲民"土著不与通婚姻,而耕耨佃田咸藉其力"。⑤ 同治十一年(1872年)编纂的浙江《景宁县志》也说:畲民"佃耕以活,邑之陇亩,其所治者半"。⑥ 光绪三年(1877年)编纂的浙江《处州府志》载:"所谓畲客者,十县皆有之,盖佃作之氓也。""顺治间,迁琼海之民于浙,名畲民。而处郡十县尤多,在青田者分钟、雷、蓝、盆(盘)、娄五姓,力耕作苦,或佃种田亩。"⑦"佃田多是盘瓠种,雨过夫妻尽把犁。"⑧同治十年(1871年)编纂的江西《贵溪县志》也讲,贵溪那里的畲民也是"赁田耕种,而纳其租于田之主"。⑨ 尽管这些官方文献记载的是清代畲民的经济情况,也就是说,畲民迁入闽东、闽北、浙南、江西等地以后的很长一段时间里仍需向汉人租赁土地等来耕种。那么,当他们刚迁到这些地方时,由于是外来者,更是得向当地的汉人租赁土地、山林等才能维持生存与生活,所以租赁土地的方式是刚迁入这些地方的畲民主要获得土地的方式之一,应是不容置疑的历史事实。

---

① (清)鲁鼎梅主修,王必昌纂:乾隆《德化县志》卷三,《疆域志·附风俗》,福建省德化县地方志编纂委员会,1987年,第82页。
② (清)郑一崧修,颜璘纂:乾隆《永春州志》卷七,《风土志》,台北:成文出版社,1974年,第663页。
③ (清)梁舆修,江远清、江远涵等纂:道光《建阳县志》卷二,《舆地志·附畲民风俗》。
④ (清)胡寿海等修,褚成允纂:光绪《遂昌县志》卷十一,《风俗·畲民附》,台北:成文出版社,1974年,第1197页。
⑤ (清)伍承告等修,王士鈖等纂:同治《云和县志》卷十五,《风俗门·畲民》。
⑥ (清)周杰修,严用光等纂:同治《景宁县志》卷十二,《风土·附畲民》。
⑦ (清)潘绍诒修,周荣椿纂:光绪《处州府志》卷二十九,《艺文志·文编三》,台北:成文出版社,1974年,第1061页。
⑧ (清)潘绍诒修,周荣椿纂:光绪《处州府志》卷三十,《艺文志·诗篇》,台北:成文出版社,1974年,第1088页。
⑨ (清)杨长杰修,黄联珏等纂:同治《贵溪县志》卷十四,《杂类·轶事》。

二、买 地

初迁到闽东浙南等地畲民的第二种获得田地与山林的方式可能就是买地或买山林了。虽然我们目前找不到畲民初迁到该地当时的文献资料,但我们却发现一些畲民在迁入当地以后购买土地、山林的契约文书。

其一,我们在罗源县八井村发现的清代乾隆十三年(1748年)与十六年(1751年)雷氏畲民买地的契约文书四份。

(一)

立卖契人罗元实,祖上置有□故军名□□□□屯田壹号,坐属拜井里小获地方,土名上南洋。积苗贰亩五分零,载出租额陆百斤,系与堂兄元灿值年轮耕,已应分壹亩贰分零,历年应出租额叁百斤,应粮玖分壹厘,内抽出壹百伍拾斤。今因乏用,托中引到雷君恒处。三面言议,得出田价银玖两正纹广。其银立契之日亲手收讫,其田即付银主召佃收租管业,实不敢言说。其田系己物业,与房内伯叔兄弟侄无干,并未曾张重典当他人财物。倘有不明,系(元)实出头抵当,不干银主之事。面约伍年,限外有银取赎,不得执留。如是无银取赎,照旧管业,面约不敢赎无尽贴。两家情愿,各无反悔。今欲(有)凭,立卖契壹纸为据。

外中用钱壹百文正,再照。

乾隆拾叁年闰柒月 日
立卖契人:罗元实(画押)
中见:兄元夏(画押)
代书:蓝应陞(画押)
(契约上盖有官印)

(二)

立卖契 郑乃辉同弟乃有、乃土,侄孙逊千、德千、重千等祖遗有民田数号,坐属拜井里小获地方,土名下南洋,积苗贰亩贰厘陆毫伍□(丝),又玖分壹厘壹毫。又吕洞土名塘尾,积苗玖分零。今因乏用,托中引到雷君恒处。三面言议,得出田价银柒拾两正,足纹广戥。其银立契之日亲手收讫,其田即付银主前去召佃管业收租,其粮差照例贴纳。其田系己兄弟侄物业,与族内伯叔兄弟侄无干,日前并未曾重张典当他人财物。倘有不明,系己兄弟侄出头抵当(挡),不干银主之事。其田限至叁年,外有银取赎,不得执留。如是无银取赎,照旧管业收租,不得言说。两家情愿,各无反悔。今欲有凭,立卖契为照。

外中用钱贰两壹钱正,再照。

乾隆拾叁年拾月　日
立卖契:郑乃辉仝侄德千、逊千
中见:康廷祥
秉笔:重千
在见:林大伦仝弟乃有、乃土
在见:荣千
(契约上盖有官印)

(三)

立卖断契　郑乃辉同弟侄乃有、乃土、巽千、重千、德千有祖遗公众民田贰号,坐属拜井里□□□吕洞地方,土名□□□。积苗壹亩贰分柒厘肆毫又叁分壹厘壹毫,册载□□名下,共租叁百伍拾斤。今因乏用,托中引暂到雷君恒处。三面议,得出断契价银贰拾捌两正纹广戥。其银立契之日亲手收讫,其田即付银主前去召佃管业收租,向后子孙不得生端枝节,言赎言赎之理。此田系(乃)辉等同胞兄弟叔侄公共祖业,与别房伯叔兄弟无干,先前并未曾重张典当他人财物。如有不明,系(乃)辉等出头抵当(挡),不干银主之事。其田价足心愿,已断葛藤,所载户下钱粮即听收割上户完纳,不得两悬负累。两家情愿,各无反悔。今欲有凭,立卖断契为照。

外中用银捌钱正,再照。

乾隆拾叁年闰柒月　日
立卖断契:郑乃辉同弟郑乃有、乃土(画押)
侄孙郑巽千、重千、德千(画押)
中见:林起贤(画押)
在见:杜良伍(画押)

(四)

立凑断契　郑重千同圣千、文千、熙千原父手有民田数号,坐属徐公里叶洋地方,其地每亩数租额俱载原契明白。今因乏用,托原中再向雷君恒交凑断,出田价银叁拾肆两正,足纹广戬。其银立断之日亲手收讫,其田价足心愿,任从银主立割上户,以了葛藤,永远为业。日后子孙不得生端,言炤言赎之理。其田系己兄弟物业,与房内伯叔兄弟侄无干。倘有不明,系(重)千出头抵当(挡),不干银主之事。其补差即拨雷君恒户内输纳。两家情愿,各人无反悔。今欲有凭,立凑断契壹纸为照。

外中用银壹两正,再照。同断□字是改,再照。

乾隆拾陆年叁月　日

立凑断契:郑重千同弟圣千、文千、熙千(画押)

在见:伯乃辉(画押)

中见:兄德千(画押)

(契约上盖有官印)

上述四纸契约分三类。一类为"卖契",其购买的是土地的"田面"使用权,同时,它们又是以"典卖"的形式来实施的。也就是说,汉族的田主先将田地"田面"使用权典当给畲族买主雷君恒。在双方约定的年限中,如还回银两,还可以收回该田地的"田面"使用权。但如果超过契约约定的年限仍无法赎回,那么,这田地的田面使用权就永久归买主。换言之,如果买断田面使用权,就将出现"一田两主"的现象,"田根"(田底权)的主人拥有土地,需向封建政府纳税,但却没有田地的经营权,不能以田地的收入来纳税。获得"田面"权的主人可以自耕或出租给别人,可以通过土地"田面"的经营来养家或盈利。

第二类为"卖断契",即将田根、田面一次性买断,也就是说,通过这纸契约文书,文书上所列的田地完全易主。买主获得田根的所有权与田面的使用权,既可以自由经营这块土地,又得作为土地的主人向封建政府纳税,即契约文书上所书:"所载户下钱粮即听收割上户完纳,不得两悬负累。"也就是说获得"田根权"的买主随着交易成功,即成为向封建政府纳税的民户。

第三类买卖契约为"凑断契"或"断契",其是将原典买来田面权的土地的"田根"卖断、买断的契约。正如契约文书中所说的,"田根"买断后,其土地税等"即拨雷君恒户内输纳",雷君恒也因获得这块地的"田根"而自动成为这块土地的纳税户。换言之,从"卖契"到"凑断契"的变化,是获得土地使用权到获得所有权的变化,同时也可能是化外之民到清政府编户齐民的变化。

此外,在罗源县八井村,我们也发现了几张乾隆年间畲族内部自己从事土地买卖的契约文书。例如:

(一)

　　立卖契　雷朝上原祖手置有民田叁号,坐属拜井里地方小获,土名黄金坂。积苗应肆分陆厘□壹丝贰忽及□面,积苗应玖分陆厘玖毫肆丝贰忽,并风(枫)楳(树)墩,积苗肆分柒厘陆毛叁丝贰忽叁□(微),载租贰百叁拾捌斤。今因乏用,自情愿托中引到本家卖于堂叔祖君恒处为业。三面言议,得出田价银壹拾伍两正纹广。其银立契之日同中亲手收讫,其田即付银主管业认佃收租,面约远近有银取赎,不得执留。如是无银取赎,任从照旧管业。其田系己物业,与房内伯叔兄弟侄无干,日前并未曾重张典当他人财物。倘有不明,系(朝)上出头抵当(挡),不干银主之事。两家情愿,各无反悔。今欲有凭,立卖契乙纸为照。

　　外中用银肆钱伍分正,再照。

乾隆贰拾肆年叁月　日立

卖契:雷朝上
中人:胞叔辅舜
在见:叔辅声

(二)

　　立凑断契　侄孙雷朝上愿(原)父手置有民田叁号,坐属拜井小获地方,土名黄金坂,□□面□枫□□段,载租贰百叁拾捌斤,积苗银两俱载,原契□内明。于乾隆贰拾肆年间卖于□,租为□。今因乏用,自情愿再□□中向到叔祖君恒处。三面言议,凑出断契价银壹拾贰两□□文□。其银凑断之日,同中亲手收讫。其田价足心愿以断葛藤,永远为业。日后子孙不得言买言赎之理,借端生枝节之理。若逢大□□年,任从银主拨入名下输纳粮差。致两愿者,系两家情愿,各无反悔。今欲有凭,立凑契壹纸并原契贰纸统付为照。

　　外中用叁钱陆分正,再照。

127

乾隆贰拾柒年贰月　　日
立凑断契：雷朝上
中人：叔辅舜
在见：叔辅吉
（契约上盖有官印）

这两张契约文书分别为乾隆二十四年与二十七年的，即在1759—1762年之间实施的，都是八井畲民雷朝上与其叔祖雷君恒之间的土地交易，而且是同一块土地的两次买卖，前者是土地使用权的典卖，后者是无力赎回后将"田根"卖断，亦即土地所有权的交易。这几块地是雷朝上父亲或祖父手中"置业"的，因此雷朝上家获得这块土地的所有权至少也应在雍正年间（1723—1735年），或甚至早在康熙年间（1662—1722年）。所以由此看来，畲民迁入闽东浙南后，如手头有钱，并遇上某些机会时，就可能用各种购买的方式来获取土地或山林而生存下去，这是不言而喻的。此外，由这两份契约文书所反映的情况也可以看到，当"田根"或"田底权"发生易主时，由土地承载的赋税也发生了易主现象，正如该凑断契所说的，当田根权转移到银主（即买主）的手上，银主也需将所有权"拨入名下"，并有义务向封建政府"输纳粮差"，成为这块土地的纳税人。由于有"输纳粮差"义务与责任的转移，所以需经过封建政府的认可，故这类契约上多盖有官府的印鉴，而成为所谓"红契"。

其二，我们也找到一份福建屏南县甘棠乡巴地村畲族康熙十八年（1679年）的"退契"。[①] 其云：

竹前田吴安老退契在内，康熙十八年退契

立退契人吴安老，今因上年父在日用价银买得二六都包地亲人蓝元潢田乙号，落坐本都一保，土名俗叫竹前。该田一亩正，是安因为父亡年幼，自甘情愿照凭时价领得田价银一两七钱正，是安亲手收领乙完，不欠分文。其田退还叔元，前去管业耕种，是安不敢阻挡。二家甘愿，各无异言。今恐有（无）凭，立字为照。

[①]《吴安老田产退契》，《福建省少数民族古籍丛书：畲族卷——文书契约（上）》，福州：海风出版社，2012年，第247页。

康熙十八年十月　　日

立退契人：吴安老（画押）

劝谕人：召庆（画押）

在见人：吴朝岱（画押）

同见人：吴朝朋（画押）

知见人：张德庸（画押）

代字人：张朝壬（画押）

从上述契约看，契约是康熙十八年（1679年）订立的，退契人是吴安老，田主是蓝元潢，承租人是吴安老的父亲。承租的地在"本都一保"，土名"竹前"，田地面积为"一亩"，承租此田面权的租金是"一两七钱正"。退租的事由为吴安老的父亲在康熙十七年（1678年）向蓝元潢租了此地后去世了，吴安老因年幼无法耕种，所以退佃，收回租赁的金钱。由此也可以看到，田主是巴地村的畲民蓝元潢，他在康熙十七年、十八年（1678—1679年）时有富余的田地可以出租。这表明蓝元潢家在明代晚期迁到闽东之后，就是运用购买的方式来获取土地的。到康熙十七、十八年（1678—1679年）时，除了维持自我生存所需要的土地外，已有了富余，可以用来出租了。

其三，我们也在浙江丽水老竹镇沙溪村的《宣邑蓝氏宗谱》里找到一份据说是明代万历年间的分家文书。[①] 其云：

> 立阄书。父蓝仲贤，字世澄。娶妻雷氏，生下长男国成。又娶雷氏，生下次男国华、国荣、国用、国正、国栋、国安、国裔等。其长男国成及国华、国荣各已娶妇生孙，有国用、国正定聘未娶，国栋、国安、国裔其年尚幼，未曾定聘。今见男子略已长成，己身年老，家务浩繁，遂同三继室中雷氏商议，请到亲朋雷五舅、陆罗峰等。将已续置田地并秾军田根，土名洋湾里等处，肥瘦相兼，公同品配，分作八照，依长命富贵、金玉满堂号数，随人拈阄，均平如一。其旗溪田计有四十二亩，每年四人合作共收，照次轮流。外有续置田，土名桥下洋唐家宅、瓦窑垄两边左右垄，共田五亩并鱼池、厝垦田五分，充为祠堂祭扫。向后子孙永为公众轮流，及答应甲月公众庶务，并今日各幼子弟读书资费。内又抽出田一号，土名坐落旗溪洋石母坵，受种一斗五升，拨与长男国成，准与长孙应

---

① 浙江丽水莲都区老竹畲族镇沙溪村：《宣邑蓝氏宗谱》，宣统己酉年（1909年）重修。

129

魁手泽。又有国栋、国安、国裔三男,俱未遗聘,乃拨出田,坐落蛟洋陈厝坪、畲寮大王垅、长定仔,共田二十亩,历年所收子粒,暂与诸子未曾聘娶者合宜资用,且已聘娶者不得互争。向后婚娶已毕,其田的(得)与旗溪对轮。且吾架居宅六扇五间,两厢完备,房舍每人各应一分(份),照长幼次第居住。向后中堂飞檐久年,公众出钱修理。其继母雷氏,诸子娶妇者,当致轮日赡养,不可推调,恐招外理。其前后左右山场、东山向坑仑,南至墓下岗,西北至沱陇三石,抚院洽帖可据。若子孙有力者,任许开拨种植得争竞。竹木果实之类,系父手植者,尔等兄弟可以均分采取,不得混争。又有楼屋一座,系父手构,向后子孙众多,永伪(为)公众客所。楼下畜牛,其有仓屋,附田者所收谷石,随地安顿。若是钱粮与秋租,只照本田均分认纳,不得负累他人。且此数子母(毋)得恃强执坳(拗),以致争竞。然吾自分之后,尚冀子孙增崇基业。倘有家道不周者,各以手足,尤当赈恤,何可目向陌路,庶几进念祖宗创业维艰,汝辈守成维最。

贵字号阄书一纸,付男国用执照。

时万历十五年(1587年)正月　　　日

　　　　　　　　　　　　　　立阄书:父仲贤
　　　　　　　　　　　　　　契伯陆罗峰
　　　　　　　　　　　　　　代书:张季孝
　　　　　　　　　　　　　　叔天生
　　　　　　　　　　　　　　舅雷三勇、五勇、六舅

根据该宗谱的序与世系图等反映的情况看,沙溪这支蓝氏的一世祖,即闽东浙南开基祖为蓝同相,"原籍广东潮州者,有迁福建福州府连江县中鹄里凤山石蟠龙三石境",立阄书者为蓝仲贤,其为蓝同相的儿子,也是沙溪村蓝氏三世祖蓝国用的父亲。而阄书中提到蓝仲贤的田产与房产,都是他在福建福州府连江县中鹄里凤山蟠垄三石境生活期间所"续置"的,土地(包括田、地、鱼池、厝地等)有六七十亩,房产有六扇五开间大厝一座和"楼屋"一座。从"阄书"的字里行间,我们可以看到,蓝仲贤请了一些中介人、见证人,将四十二亩田地分为"肥瘦相兼"的八份,分给其8个儿子。另外二十多亩地,则将大部分地的收入用于为未婚儿子娶媳妇,待全部完婚后再另分配。这表现了畲民的分家也坚持了家庭的分开应在儿子都成家立业后才进行和分家时需"诸子平分,幼子搭老婆本"的原则,因为已婚的儿子婚姻费用本就是父亲负责的,所以也得为未婚的儿子娶上媳妇后,才算是"诸子平分"。也有一块"受种一斗五分"的地分给长子长孙,即蓝国成的儿子蓝应魁,这体现了"长子搭长孙"的原则,这是因为长幼差别大,长子比幼子早就为以父亲为代表的这个家庭做了额外的贡献,所以在诸子平分的基础上,应该为长子的贡献做些补偿。还有一些地则祠堂中的祭祖费用、读书者的费用和春节聚会费用等。还有就是规定了赡养老人的义务,等等。总之,这份阄书的分配原则等都与汉人没什么两样,而且蓝仲贤请来的中人中也有汉人,这也表明这时畲民的社会生活与汉人没什么大的区别。这份阄书立于明万历十五年(1587年),立阄书者是始迁祖的第二代,也可能是同时与其父亲等一起迁来的。所以这份阄书中提到这些在当地"续置"的田地,也许可以用来说明来自闽粤赣交界地区的畲民迁移者,一到闽东或浙南地区,有的人就运用购置的方式在迁进地获得土地等生活资料以便生存和发展的现象。

三、获得赠地

有的畲民到闽东浙南后,偶尔也有因为帮助当地的土地主人(如地主、庙宇等)做事而获赠土地的现象出现。如浙江景宁惠明寺村的雷姓畲族,其来此地的开基祖,由于与惠明寺和尚认识并帮助他们做事而获得一些寺产的赠予与使用。

根据调查,明代万历年间,惠明寺村畲族的开基祖雷进裕等四兄弟从福建省罗源县起程迁徙浙江南部时,在途中邂逅从江西云游来福建的僧人昌森、清华师徒二人,因相伴一起去浙江而熟悉,并有了"缘分"。抵达浙江景宁后,雷氏兄弟先在"景宁七都包凤开垦耕种,以后散落他乡"。而僧昌森师徒则前往景宁县的大赤寺修禅,直至清代顺治七年(1650年),僧人清华独自一人来到南泉山主持修缮始建于唐代咸通二年(861年)的惠明寺,因无人做伴而孤单,遂邀请来浙途中认识的畲民雷进裕的后人雷明玉从七都包凤那里来惠明寺旁开基落业。恐空口无凭,僧清华与雷氏之间签了一份"僧雷同是一家人"的契约协定:

> 顺治七年庚寅岁(1650年),僧清华对明玉公知说,我惠明寺单马独寺,无人做伴。和尚清华以雷明玉公出来坐(住)在上村铁炉耆居住,耕田落叶。吾惠明寺山场上下左右分你明玉公子孙以作柴火之山,山外有吉地安厝穴,不用山价之理。倘来到我地方犁钞,我寺院赐你作用

也,僧雷二姓即是本家人一样,日后永不得言说异乎序,万无一失。①

换言之,雷进裕等在迁徙浙江的路上认识了来浙江修行的僧昌森、清华师徒,结下了友情与"缘分"。后来在清代顺治七年(1650年),僧清华独自一人到惠明寺来修缮败坏的寺院,因孤身一人,形只影单,所以请他在赴浙途中认识的雷进裕的后人雷明玉等来惠明寺帮助修建寺庙,作为回报,雷明玉等可以在寺庙附近的庙产土地上建房居住,耕种惠明寺的寺产,并可以在惠明寺拥有的山场里砍柴,甚至安葬先人,"不用山价之理"。

因此,"雷明玉后出钟大十娘赐生三男:日峰、日顺、日昌,二女,共人七个丁口到惠明寺,耕田于后"。换言之,雷明玉一家七口就在僧清华的邀请下,来到惠明寺,成为惠明寺的佃农,耕种寺产的土地,纳租于惠明寺(可能租金比较优惠),并可以在惠明寺拥有的山场砍柴,同时也获得惠明寺主持赠予的土地,如宅地与墓地,即契约中所说的"不用山价之理"。雷氏获得惠明寺寺产土地的永佃权,成了惠明寺的永佃户,条件就是需为惠明寺做些杂事、杂役等来换取这种优惠待遇。如僧清华在修缮惠明寺时,雷明玉一家需帮忙他干各种活计。这种交换条件似乎一直延续到后代,如光绪年间惠明寺再次重修时,雷明玉的后人也同样需要依据前约竭力为修庙效力,"或为(其)搬运木石,或为帮作泥水,不无微劳"。当然,这种辛劳也有一定的报偿,作为报答雷姓畲民帮衬修庙的辛劳,惠明寺的檀越施主张氏,"于本寺历管寺门右首横斜排路后山内小土名七枰油车抽地一块,横量四丈,直量三丈,送与雷边起造祠宇"。② 这以后惠明寺村的雷氏才由于获得惠明寺檀越施主的赠地而建立起自己的祠堂。

从上述例子我们可以看到,闽东浙南等地的畲族移民,在从移民到本地人转换的过程中,有少数人可能经历了获得赠地的形式来获得耕作土地、宅地、墓地等。当然,作为交换条件,应该是获得土地等的畲民为土地主人(编户齐民的地主或庙宇等)勤勉做事,而获得某种优惠。

四、被招来开垦

在每一个朝代的初年,由于王朝更替战争的关系,以及新的统治者对旧

---

① 王道:《走向市场:一个浙南畲族村落的经济变迁图像》,北京:中国社会科学出版社,2010年,第52页。

② 蓝玉璋、蓝惠洪、施联朱、张崇根、娜西卡:《浙江丽水地区畲族情况调查》,畲族社会历史调查,福州:福建人民出版社,1986年,第272页。

有秩序的剥夺,会有许多因战乱留下的荒地。故每个朝代更替时,往往都会"招集流民,劝农兴学"。如明初,明政府就规定:"凡开垦荒田……各处人民先因兵燹遗下田土,他人开垦成熟者,听为己业,有司于附近荒田拨补。"①"新垦田地,不论多寡,俱不起科。"②清初也是如此,为了恢复经济,休养生息,同样也有奖励垦荒的举措,如顺治六年(1649年)就规定了一些招民垦荒的措施:"凡各处逃亡民人,不论原籍别籍,必广加招徕,编入保甲,俾之安居乐业。察本地方无主荒田,州县官给以印信执照,开垦耕种,永准为业。"③

在闽东浙南地区,清顺治十八年(1661年)清政府为了封锁占据台湾的郑氏政权,实行海禁,强迫居民迁界30里外,以断绝郑氏集团与沿海人民的联系。如康熙"十八年(1679年),督抚苏尚书、李部院疏请移民,以绝接济之根,编篱立界,滨海人民悉迁界内,越界者斩"。在这种政策下,沿海30里界外之居民(包括畲民)被迫内迁,如上引的罗源县八井村的畲民,也曾在那时被迁到本县的吕洞、浿溪(今南洋)和尖山等地。这种迁界的行径造成沿海地区大面积耕地抛荒,"田庐荒废,鱼盐失利,百姓流离,惨不可言"。④ 单就福宁一府,内迁荒田竟达"三千六百八十八顷七十亩九分六厘有奇"⑤,大约有五万五千多亩。福宁府的福安县抛荒了484顷,约七千二百多亩,约占当时福安县耕地总面积的四分之一。

康熙二十二年(1683年),总督姚启圣、巡抚吴兴祥、将军施琅平定台湾,郑克塽归顺,"海氛始靖,下诏开界,民归故土"。⑥ 但回迁之民"较原迁之数,十五回三,断炊有七"。即返回原地的人只有十分之三,因此有大量的无主荒地,故清政府下令,招人到闽东"开垦田土,随垦随报,三年之外,升科输银"。⑦"乙巳(1689年)五月,福抚许题请,福宁州复土流民,给照开界,内港复业采捕"。霞浦沿海的"竹江、沙浯、洪江、砚江、青山、台澳等处先后报垦

---

① 《明会典》卷十七,《户部・田土》。
② 《明太祖实录》卷二四三。
③ 《清世祖实录》卷四四。
④ 民国《霞浦县志》卷三,《大事志》,霞浦县志编纂委员会整理,1986年,第35~36页。
⑤ (清)朱珪修,李拔纂:乾隆《福宁府志》卷十,《食货志・田赋》,台北:成文出版社,1967年,第150页。
⑥ (清)朱珪修,李拔纂:乾隆《福宁府志》卷四十三,《艺文志・祥异》,台北:成文出版社,1967年,第725页。
⑦ (清)陈一夔:《甘棠堡琐志》。

给照"。① 而在福安沿海地区,这种招垦的优惠政策则一直延续到乾隆时期,因此复界区中的大片荒田和清政府的优惠政策吸引了部分畲民前往开垦,从而也迁到了闽东的沿海地带,如福安南部沿海甘棠、湾坞、溪尾等乡镇的许多畲村就是在这样的招垦政策下形成的。这些被招来开垦的畲民也因此获得了土地,而成为清政府的编户齐民。此外,浙南地区也向其他地方的畲民进行招垦,如光绪《处州府志》载:"顺治间,迁琼海之民于浙,名畲民。而处郡十县尤多"。② 有的畲族族谱也载:"以国初兵燹后,由地荒芜至数万顷之口(多),田粮三分不征一,有周太守出示招募。于是蓝雷钟等新畲民入境,垦复田土。粮增收过半,各姓先人,辟草莱充府库,不少功力于括苍也。"③有的就由此而成为清政府的编户齐民。但这是清初才可能出现之事,而在明中后期,这一获取土地的方式是不存在的。

五、偷开土地

由于畲民大批迁往闽东浙南时多在明朝中后期及以后,那时,当地的绝大多数土地早已有主人了,为了生存,有的迁徙过来的畲民也在偏僻的地方偷偷地开垦他人的土地、山场,"以供家口"。正如有些闽东浙南畲民的族谱中所记载的那样,"随身到各省州县,但民田一丈三尺之外,即徭人开畲田插种自膳"。④ 或"不耕庶民田土,只望青山刀耕火种,自供口腹"。⑤ 即在民田之外的山场中开垦土地,种些旱作粮食果腹。但是在畲民比较大批量迁入闽东浙南地区的明代中后期及以后,那时并非朝代更替的时代,不仅所有的田地有主人,而且山场也一样都有主人,因为经过一个朝代的一两百年分配、兼并等,这时不论土地有否集中,不大可能有无主的荒山与荒田存在。所以这时畲民山歌唱的"赶落别处去作田,别处作田又作山",除非他们能即时购买到土地,或者获得赠地,或向土地主人租佃土地来耕种外,想"作田作山无粮纳"的话,就只能是偷偷地开垦他人所有的田地、山场。不过,这种行为一旦让土地、山场的所有者发现,必然是一场驱赶、纠纷,甚至可能发生械

---

① 民国《霞浦县志》卷三,《大事志》,霞浦县志编纂委员会整理,1986年,第36页。
② (清)潘绍诒修,周荣椿纂:光绪《处州府志》卷二十九,《畲民考》,台北:成文出版社,1974年,第1062页。
③ 浙江云和《汝南蓝氏宗谱》。
④ 清同治癸酉年(1873年)(福建霞浦)崇儒垟里纂修:《雷氏族谱》。
⑤ 浙江省丽水市景宁畲族自治县鹤溪镇暮洋湖:《蓝氏宗谱》,1921年手写本。

斗,或是一场官司。如有研究者胡先骕就认为:"每每彼所开垦之地,垦熟即被汉人地主所夺,不敢与较,乃他徙。"①这实际就是畲客偷偷在"土民"拥有的林地中偷开田地的一种结果,由于偷开理亏,所以畲客"不敢与较",只好再"他徙"。

简而言之,明代中后期当畲民刚大批量迁到闽东浙南时,获得土地以便生存的可能有以上五种。从这五种情况看,被招垦而获得土地,只有在清代顺治初的一段时间以及康熙二十二年(1683年)海禁结束后才有可能成为现实,而即时购买土地及获得赠地则不可能多见。因此,在大批量入迁闽东浙南地区时,畲民能获得土地进行经营的方式,应该最多的是"佃民田耕耨"②和偷开土田的"力耕作苦"耕种粮食果腹和种植苎麻与蓝靛、桐、杉、漆、番薯、山芋等经济作物挣钱了。

第二节　明中后期至清代的畲民种植经济

明中叶迁徙至闽东或浙南的畲客,除有些人偷偷地在当地土民所有的山林中开垦田地种植果腹、维持生存外,大多数畲民则"赁舂佃山,率为服役"③,"佃耕之以活","所耕田皆汉人业"④,所以同治十一年(1806年)周杰等编纂的《景宁县志》甚至说:畲民"佃耕以活,邑之垄亩,其(畲民)所治者半"。道光十五年(1835年)郑培椿等编纂的《遂昌县志》也云:"吾乡佃作黎,强半属畲客。"清代云和县令宋云会的《云和县杂咏》则咏道:"四面寒山两道溪,溪山深处几群黎(即畲民)。除荒蠲赋思常渥,破屋颓垣筑未齐。只有茅棚藏牝犊,更无篱落隔邻鸡。佃田多是盘瓠种,雨过夫妻尽把犁。"⑤从这些诗篇与记载中可以看到,大部分畲民租佃的是早已开垦好的熟田,同时以畲

---

① 胡先骕:《浙江温州、处州间土民、畲客述略》,《科学》第7卷第3期,1923年。
② 吴栻修,蔡建贤等纂:民国《南平县志》卷十一,《礼俗志·杂俗》,台北:成文出版社,1974年,第961页。
③ (清)余文仪修:乾隆《仙游县志》卷五十三,《摭遗志下·丛谈》(同治十二年刊本),台北:成文出版社,1975年,第1130页。
④ (清)江远青、江远涵等纂:道光《建阳县志》卷二,《舆地志·附畲民风俗》。
⑤ (清)潘绍诒修,周荣椿纂:光绪《处州府志》卷三十,《艺文志下·诗篇》,台北:成文出版社,1974年,第1088页。

民夫妇用犁来犁田的方式来看,这些田应该不会太小,因为小块的田地是不用犁来耕作的。换言之,由于闽东浙南地区在明中后期经历过一些动乱,所以造成人口锐减,从而形成有许多平洋田、梯田没有人耕种的缺口,亦即形成劳动力缺乏的拉力,故引来一些畲民向此移动,并能租佃到土地耕耘,生存下去。另外,大多数畲民都能在闽东浙南地区租赁到编户齐民现成的水田、旱地、园地耕种,那么他们又怎么会被文人或官方文献视为多使用刀耕火种的方式来维持生计。

实际上,这可能与有的畲民不一定是租种现成的田地或山地来种植,而是租下当地汉人的山林来开发的事实有些关系。因为在山林中新辟耕地时,的确需要用一些类似刀耕火种的"畲田"方式来开辟土地。如果你想将一片林地开辟成农地,你先得用刀斧等利器将山林地表的树木、灌木丛、野草等砍倒、割掉。当然,砍倒的树木也可以利用它,如去当建茅棚的木构,以构筑茅棚,或者贮存起来,当烧饭取暖的燃料。但把可以用作他途的东西除去后,还会剩余许多,如野草、树木的枝枝丫丫、树根、灌木枝等,而这些也必须处理,否则田地开不出来。所以处理这些东西最简单的方法就是将其晒干后放把火烧掉作为肥料,才能使地表干净地裸露出来,才可以在其上挖地、整畦,做田埂、田坎,开辟成园地或梯田。如果附近有水源而且充沛的话,还可以将水引入而辟为梯田式的水田。因此这种开垦山林地的初期,即砍伐树木等与烧晒干的树木等,与古人所说的"畲田"或人类学所说的刀耕火种并没有什么太大的差别。因此,当有的人在山中游览或路过时,看到畲客开垦烧树木的环节时,就马上会有"畲田"的联想,因此就会沿用过去对畲民的刻板影响,而把这种开垦山区农田与梯田的方式视为"刀耕火种"或"畲田"了。

此外,闽东一带过去有种"烧园坪"的耕作方法。当地所说的"园坪"即园地,其为种植旱作植物或种植蔬菜等的旱作地,如在明代中后期的福安县"有一种山稻,畲人布之山坞"[①]就是例子。不过在闽东的园地种植旱作植物与纯粹的刀耕火种也有些不同,即刀耕火种田纯靠开地时所烧的树木的草木灰,靠老天下雨来灌溉,故其多在热带、亚热带有干雨季的地方实行。而烧园坪开出来的园地,种植的虽也是旱作植物,如山稻、秔禾、甘薯等,但在

---

① (明)陆以载总修,陈晓梧等纂:万历《福安县志》卷一,《舆地志·土产·谷类》,厦门:厦门大学出版社,2009年,第38页。

种植后需人工施肥与浇水,以保证该园地能永久使用。以此看来,畲民的"烧园坪"与真正的刀耕火种的耕作方式还有一些区别,最多也只能说在烧园坪的开垦阶段是与刀耕火种类似。也就是说,在山场中开垦园坪时,也需要先砍伐山场中的林木,将园坪清理出来,并将砍下来的树木等晒干并加以焚烧而成为草木灰,作为最初的肥料来进行耕作。但以后就可能出现两种情况,如果用了几年后抛荒,到别处再开地,这就与刀耕火种的"畲田"完全一样。但闽东地区的"烧园坪"多数是将其改造为永久性的园地,即让其成为一直可以使用的田地,这主要是要解决水源与肥料的问题。也就是说,有水源与有充分的肥料就能使这种旱地持续或永久使用。而且如果在山坡上成片开垦,可能还可以形成梯田状的旱作耕地。如果有充分的水源,也可以将其改造为梯田式的水田。因此,这种"烧园坪"式对山场的开垦初期,仍需用一些类似刀耕火种的耕作程序,以致有些人到清代还认为畲民在闽东浙南还在大规模从事"崖处巢居,耕山而食,去瘠就腴,率数岁一徙"[①]的刀耕火种的耕作、取食方式。而实际上,这很有可能是畲民在某地偷开他人的山林耕种,被人发现后,被驱赶,又跑到另一处去偷开他人山林耕种的一种写照。

然而,无论是"租庸不及",偷开"土民"所有的山林地,"垦山为业"[②],还是向"百姓"租赁各类土地来种植,到闽东浙南的畲民的生计主要都是农业,即以耕田来获得最主要的物质生活资料。

一、种植日常生活必需的粮食与苎麻等

畲民在闽东浙南地区不论用什么方式获得土地,他们首先是"习农事",以满足自我生存下去的需要,在闽东浙南这片土地上,他们勤劳耕作,"邑土坟衍,绮脉交错,禾、黍、菽、麦之属,盈于原隰"。[③] 这里的"黍"应为玉米,据说是明代晚期从外面引入福建、浙江的。"菽"则指豆类,其包括了大豆、蚕豆、豌豆、绿豆等。而"麦"则指的是大麦与小麦、荞麦。换言之,他们在梯田中种植稻子、玉米、高粱、豆类与麦子等,有时这种田地的收获可能比平洋上的田还好。也就是说,在闽东浙南地区,畲民所种植的作物与当地汉人几乎

[①] (清)卞宝第:《闽峤輶轩录》卷一,第10页。

[②] 吴栻修,蔡建贤纂:民国《南平县志》卷十一,《礼俗志·杂俗》,台北:成文出版社,1974年,第961页。

[③] (清)张景祁等纂修:光绪《福安县志》卷七,《物产》,台北:成文出版社,1967年,第72页。

都是一样的,但他们所种的"禾"中,有部分是与汉人土民相同的水稻、糯稻等,也有部分则是其传统在旱地里种植的棱禾、粳禾,或称畲稻、輋禾、山禾、山稻等。因为畲稻是他们过去适应在烧垦的山田中旱作的传统作物,在新迁徙来的地区,如果只能获得旱地,那么,輋禾还是会继续栽种的。如在明代早期的闽粤赣交界地区,畲人所种的传统之"禾"曰"輋禾","其种山者曰輋禾",又曰"山禾""山旱""山米"等:

> 其生畲田者曰山禾,亦曰山旱,曰旱稌。藉火之养,雨露之滋,粒大而甘滑,所谓云子,亦曰山米也。当四五月时,天气晴霁,有白衣山子者,于斜崖陡壁之际,劉杀阳木,自上而下,悉燔烧,无遗根株。俟土脂熟透,徐转积灰,以种禾及吉贝绵。不加灌溉,自然秀实,连岁三四收,地瘠乃弃,更择新者,所谓畲田也。①

屈大均在这里描绘了广东称之为白衣山子的畲人在刀耕火种的畲田中种植山禾的情景,同时也指出,在种山禾或山旱的同时,也种"吉贝绵",即今天的棉花。此外,他也强调,畲田即烧垦田中种的旱稻称"山禾"或"山旱"。

后来,在明代中后期,在福建汀州一带,畲客所种的旱稻称"棱稻"、"棱禾"或"菱禾"。明代崇祯年间修纂的《宁化县志》记载:"棱稻耐旱,山畲间可种。"②看来这种旱稻并不一定非种在刀耕火种的畲田中,山田亦可种植,关键是要在南方山区的酸性土壤中加上草木灰等碱性肥料就可以种植旱稻,此应该就是古人所表述的需"土暖"。故在有的地方,"畲客开山种树",而非砍树开地,亦在树林间"掘烧乱草,乘土暖种之。分粘与不粘两种,四月种九月收,六月、八月雨泽和则熟"。③这种"掘烧乱草"在此的一层意思是烧草暖土,实际上烧草后,草木灰就留在了田里,故"土暖"的意思就是加上草木灰。另一层意思应该是制作"火烧土",亦即有的古代文献中所记载的"火土"④,如在长汀一带,"瑶民所树艺曰棱禾,实大且长,味甘香。粪田以火土,草木

---

① (清)屈大均:《广东新语》卷十四,《食语·谷》,北京:中华书局,1997年,第373页。
② (明)张士俊、阴维标纂修:崇祯《宁化县志》卷二,《土产·谷之属·稻》,第27页,清顺治修补本。
③ (清)杨澜:光绪《临汀汇考》卷四,《物产考》,第15页。
④ 火土即后来人们说的火烧土,制作过程大体为:先铲草皮,即连根带土地将草皮铲下。草皮晒干后,将其堆成堆焚烧,干草燃烧成为灰烬,又烟熏火烧了泥土。故此土为夹有草木灰火烧土,其带碱性,是改良山区酸性田地的一种肥料或中和剂。

黄落,烈山泽雨,瀑灰浏田,遂肥饶,播种布谷,不耘籽而获"。① 由此看来,在长汀种棱禾时,会为田地施些用草焚熏的"火土"肥料或"草木灰"等碱性肥料,所以其田地已不完全是山田烧垦的畲田,而可能有部分是长期使用的旱田。

在闽南地区,峷禾称"畲稻"、畲粟,而且在明代嘉靖以后,许多汉人也种植此种稻子的品种。如漳州府龙溪县"又有畲稻,畲人种之山。然山有肥瘦,率二三年一易其处,非农家所宜"。② 其讲畲稻是畲人习惯种植的,其种于刚烧垦出来的田地中最好,如果新开的地二三年后,地力丧失,就得换个地方再开地种。这大概也是因为草木灰的效力丧失才使得种植者不得不换地,所以《龙溪县志》的编纂者认为以固定田地种粮为生的"农家"所不宜。在晋江也有人种畲稻,如"畲稻,种出獠蛮,晋江四十七都多种之"。③ 但在那里可能是汉人种植了。明代嘉靖九年(1530年)的《惠安县志》也说惠安地区的"畲稻,种出獠蛮,必深山肥润处伐木焚之,以益其肥。不二三年,地力耗薄,又易他处。近漳州人有业是者,常来赁山种之"。④ 看来即便是汉人想种"畲稻",也必须用烧垦的方式才行,漳州人跑到惠安地方种畲稻,他们也必须像畲民那样采取一些与刀耕火种类似的方式来种植。也许是因为畲稻"实大且长,味甘美"以及能在旱地种植之缘故,所以有些地方也引进这种品种来种植,而且还是官方组织的,如安溪在清代就有如此的做法,"福建安溪有旱稻名畲粟,不须灌溉,前总督郝玉麟得其种,教民试艺有获。因令有司多购,分给各州县,俾民因地种植"。由于郝玉麟康熙十年(1671年)先任福建总督,后于康熙十二年(1673年)改任闽浙总督,所以在其推广下,可能福建、浙江许多山区缺水地方的汉人,在康熙十年(1671年)后也都会种植这种称之为"峷禾""畲稻"的旱稻。如康熙十一年(1672年)知县刘佑督修、邑人

---

① (清)刘国光、谢昌霖等纂修:光绪《长汀县志》卷三十,《风俗·农事》,台北:成文出版社,1967年,第482页。
② (清)吴宜燮修,黄惠、李畴纂:乾隆《龙溪县志》卷十九,《物产·稻》,台北:成文出版社,1967年,第285页。
③ (清)唐赞衮辑:《台阳见闻录》卷下,《谷米·粳稻》,台北:台湾银行经济研究室,1958年,第153页。
④ (明)莫尚简修,张岳纂:嘉靖《惠安县志》卷五,《物产·谷属》,上海:上海古籍出版社,1981年,第88页。

叶献论等编纂的《南安县志》①这时也从嘉靖九年(1530年)的《惠安县志》那里将"畲稻"条的前半段一字不漏地抄录下来,表明南安也有畲稻。这表明在康熙十一年(1672年)时,南安也有汉人响应总督郝玉麟的号召,开始种植畲稻,而邑人叶献论等又对畲稻并不熟悉,也没有去调查、采访,所以就从其他地方的县志中将其全抄了下来。

在闽东明中叶后的官方记载中,也开始有畲稻的记载,如在福安县,畲稻称之"山稻",万历二十五年(1597年)陆以载总修、陈晓梧等纂的《福安县志》卷一《舆地志·土产·谷类》云:福安县境内"有一种山稻,畲人布之山坞"。看来,万历年间,福安地方还是有畲民在种植畲稻,不过,他们并不一定非得用新开的烧垦地种,而是在山田里种,也许这是有了如"火土"这类的肥料使用而形成的土地使用的技术进步,从而也可能使畲民的经济生产方式发生转型。

在明代万历以后,中国从国外引进了两种作物,其一为番薯,另一为烟草。"番薯有红白二色。《闽书》:'皮紫味甘'。郡本无此种,明万历甲午岁荒,巡抚金学曾以外番丐种,归教民种之。今人切以为米,荒不为灾。"番薯因其为旱地作物,而且又高产,烟草除了供应市场外,也是当时一种似药非药的作物,也是一种奢侈品。所以这两种作物很快也被畲民所接纳,并大量种植起来。畲民的"山田跷确,不任菽,畲者悉种薯蓣,以佐粒食,贫民尤利赖焉"。② 当然,这一记载所说的"薯蓣"是包括番薯在内的薯类,除番薯外,可能还有芋头、山药、蕉芋、木薯等,所以有的文献说闽东畲民居住区"田土瘠薄,籼谷不敷民食,多储山芋为粮"。③ 由于畲民所耕地多为山地,所以明万历以后,畲民多种番薯,根据齐召南编修的《温州府志》卷十五《物产》记载,浙南温州等地的番薯是从福建传来的。番薯"俗呼地瓜",在当地既属谷类,也可属"蔬"类,收获后,"或磨为粉,或切为米,或酿为酒,或煮为糖,无不

---

① (清)刘佑督修,叶献论等纂:康熙《南安县志》卷十九《杂志之一·物产》云:畲稻种出獠蛮,必深山肥润处伐木焚之,以益其肥。不二三年,地力耗薄,又易他处。台北市南安同乡会,1973年,第1153页。

② (清)张景祁等纂修:光绪《福安县志》卷七,《物产》,台北:成文出版社,1967年,第72页。

③ (清)卞宝第:《闽峤輶轩录》卷一,《霞浦县》。

俱宜"。① 换言之，就是或将番薯磨成浆，洗粉而成地瓜粉，或将番薯切或刨成丝晒干贮存与食用。因此，此"米"称"番薯米"，或用番薯酿成"地瓜烧"酒等自用或贩卖，或用番薯来熬糖。正因为番薯可以做很多的用途，以及高产，故番薯慢慢在闽东浙南地区成为畲民的主要粮食作物之一，该地区"沿海民食半资此"。

除了种植稻子（早稻、晚稻、秋稻等）、麦子（大麦、小麦、荞麦）、豆类（乌豆、白豆、赤豆、绿豆、蚕豆、班豆、御豆、刀豆、麦豆、罗汉豆、虎爪豆、羊角豆、白扁豆、红扁豆等）、玉米（亦称"番麦"）、高粱、小米（鹅掌粟、狗尾粟、牛尾粟等）、薯蓣等主要粮食作物外，闽东浙南的畲民也种植和采摘其他作物，养殖鸡、鸭、鹅等家禽和牛、羊、猪、马、犬等家畜，有的还养蜂等，以及从事一些手工业等。如其"所产姜、薯、蓣、豆、菇、笋品不一，所制竹器有筐、筐，所收酿有蜂蜜，所畜有豕、鸡、鹜"等。实际上，如果我们看闽东浙南等地方志上的物产时，我们就可以知道，在这些地方的畲民也同样会种植地方志上说的谷类、蔬类等植物。而这些地方志上所记载的谷类、蔬类范围，远比一些与畲民联系在一起的记载要丰富许多。如万历四十四年（1616 年）州知事殷之辂主修、邑人朱梅等编纂的《福宁州志》卷七《食货志》就记载，在万历年间闽东福宁州一带的人们（包括汉人、畲民）种植的谷类有："稻，名品甚多，志其大者，大都有早稻、晚稻、秋稻。又有分迟早，一年两获。宋州人谢邦彦诗：嘉谷传来喜两获，薄田不负四时耕。麦，有大麦、小麦、荞麦。粟，有牛尾粟、鹅掌粟、狗尾粟。芝麻，有黑白二种。豆，有青豆、赤豆、黄豆、白豆、乌豆、绿豆、虎斑豆、罗汉豆、蚕豆、羊须豆、虎爪豆、米豆、白扁豆、黑扁豆、刀豆、江豆、沿篱豆。一种至十月熟，名曰寒江豆。"蔬类有："芥菜，一种味甘脆，一种叶紫，味辛辣。芥蓝、白菜、苋（菜）、油菜、苦荬（今之莴苣笋）、波棱、瓮菜（现称空心菜）。莙荙（俗呼甜菜）。蕨，根可作粉。萝卜，又有黄色者，名胡萝卜。葱、韭、蒜。薤（今之藠头），叶似蒜而长厚。苦荠、仙人菜。浮藤，子紫，俗呼蟳菜。冬瓜，一名白瓜，老则皮白如粉。青瓜、王瓜。丝瓜，一名天萝。甜瓜、苦瓜、瓠、葫芦。薯，红白二种，又有山薯，即山药也。芋，品多，惟椰芋佳。茄，紫白圆长数种。姜，生良二种。芫荽、芹，三月不宜食。菇，即菌也，有荇菇、苏菇、红菇、岩菇、木耳、鼠耳、鸡肉松菇、蓝靛柱菇。瓠菇，即香蕈，

---

① （清）朱珪修，李拔纂：乾隆《福宁府志》卷十二，《食货志·物产》，台北：成文出版社，1967 年，第 184 页。

又有雷菇,以雷鸣出。笋,种类甚多,四时不乏。苔,海产,干作脯,可疗痢,又有苔鬃。石菜,生海滩石上。鹿角、鹅掌、紫菜、乌菜、海菜、牛唇、崎菜、同(茼)蒿。"①总之,闽东浙南的畲民所种植的谷类、蔬类应与当地的编户齐民基本一样。

有人曾描述过,明清时代畲民生活拮据,"无寒暑,皆衣麻",在冬天里连棉衣、毛衣等都没有,有的"编氓苦作谋生计,腊月风寒尚短衫",甚至在冬天干活时仍穿着"短衫"干活。条件好些的人,身上也仅是"麻布单衣着两层"。一旦"朔风吹,壁寒欲冰"天寒地冻时,畲民只好在屋里烧木材或茅草等烤火来御寒,"爇来茅草蓬蓬火,促膝团坐温如春"。② 这里所说的"皆衣麻"和"麻布单衣",都是用苎麻线编织成的苎麻布做的。

这些苎麻布的原料苎麻都是畲民自己种植的,而且每家都必须种,因为这是他们衣服、裤子,甚至被盖、蚊帐等的主要原料。这些自称为"山客"的畲民"家家种苎,户户织布"。有的地方也种植一些"吉贝绵"(棉花),如光绪二十二年(1896年)楮成允修纂的《遂昌县志》卷十一《物产》就曾记载:"棉,畲民有种之者。"不过他们"仅以自制衣絮,不谙纺织"。也就是说,畲民种棉花主要是用来做衣服和当棉絮,做棉衣的里子和被子中的棉胎,而没有将棉花捻纱织布去市场交易。所以畲民较普遍的还是种苎麻,织苎麻布为主要营生,因为这有传统与延续性。

清代郭柏苍的《闽产录异》中记载:苎麻,"二月下种,五月割者为头苎,七月割者为二苎,九月割者为三苎。淘其皮,汇以灰水,扎丝织夏布,山里畲民尤其是抽枝剥其皮,以刀割之",然后成麻丝织布。在清代畲民闾山派道士或师公的科仪书《请奶通关门科文》中,也谈到制作丧礼用的苎麻丧服的情况,其这样说:"斩麻畲,烧麻畲,锄麻畲,种麻苎,披麻苎,织麻绩(麻线),牵麻绩,经麻布,做衣裳。"③这与日常生活中的种麻、制麻、织苎麻布的程序一样,只是丧礼使用的丧服有其特别的规定而已。所以畲民种麻时多采用"烧园坪"的方式,用刀清理园地的地面灌木或杂草,将草木等晒干烧了当肥料,再用锄头挖地,起畦。在清明时节下种,中耕、施肥,立秋左右收获。将

---

① (明)殷之辂修,朱梅等纂:万历《福宁州志》卷七,《食货志·物产》,日本藏罕见中国地方志丛刊,北京:书目文献出版社,1990年,第118~119页。
② (清)潘绍诒修,周荣椿纂:光绪《处州府志》卷三十,《艺文志下·徐望璋〈畲妇〉》,台北:成文出版社,1974年,第1095页。
③ (清)《请奶通关门科文》,罗源县八井村法师雷法连藏用。

苎麻杆的皮剥下,将其浸在溪水中,用刮苎刀刮去皮肉,留下纤维。漂洗干净后,剖成麻绩(麻丝),用纺轮或纺车捻成各种粗细规格的麻线,绕成捆,就可上机织布。

在明清时代,畲民家家多备有木制的纺轮、纺车、缠线车与织布机等,有的织布机配有350~400个齿的竹制经帘,用以张经线。畲民的这种木制的脚踏织布机俗称"楠机",与当地汉人所使用者相同,可能是从汉人土民那里引进的。其高约150厘米,宽约100厘米,总常约200厘米。梭子木制,长约33厘米,宽、厚各约5厘米。经帘,竹制,上有350~400个齿,其用于张经线。织布时,手脚并用,脚踩踏板(竹制或木制),使吊经板不断上下运动,轮换形成不同织口。畲妇一手拿梭子,一左一右轮换投纬,一手拨经帘,以扣紧纬线。可织宽幅达60厘米的苎麻布,也可以织围裙布、面巾布、丝带、筓帕等。一个能干的畲妇一日从早做到晚可织5米宽幅60厘米的苎麻布。人口多的畲家,一年要织几十米苎麻布,而人口少的一年也需要织十多米,才能满足家人制衣的需要。她们织好布后,或用自产的蓝靛漂染,或拿到汉人开设的染坊漂染,而后再用这染好的布做夏衫、围身裙、蚊帐、被套、布袋等。当然,有的畲家靠近城镇,有的也会织苎麻布去卖,换取一些金钱,以购买日常必需品。

二、种植其他经济作物

除了种那些满足畲民日常生活需要的必需品外,闽东浙南的畲民也种植一些经济作物,如香菇、蓝靛、茶叶等。

(一)种植菇类

上面的文字中提到的"菇"包括许多品种,但多数都是野生的,能种植的即现在所说的香菇,在明代亦称"香蕈"或"香菌"。明代早中期,畲客瑶人在闽粤赣交界地区生活时就已有人在山区砍树种菇,屈大均就曾记载广东"从化多香菌,冬采者良。其木曰羊矢。畲人伐置山间,至冬雨雪滋冻,腐而生菌"。范绍质的《瑶民纪略》也说过,在清代的汀州,那里的畲民也有种香菇的现象存在,其"所产姜、薯、蒇、豆、菇、笋品不一"。乾隆《龙岩州志》曰:"香蕈,畲人斩楠、梓于深山,雨雪滋冻则生蕈,俗呼香菇。"这表明清代龙岩的畲民有种香菇的传统。① 乾隆《永春州志》记载,清代永春州的畲民也种菇,"香蕈,本草木生为蕈,地生为菌。香蕈是畲人砍倒楠树在地而生"。② 畲民迁到闽东浙南后,这种生产惯习应该会继续坚持下来。因为闽东浙南地区的自然环境与闽粤赣交界地区的差别并不是太大。因此,他们同样也会在闽东浙南这个地区找到适于种植香菇的树木来生产香菇等,以延续他们的传统种菇技术,弥补他们"耕不疗饥,歉岁仍赈灾,休问官仓陈"③的物质生活资料生产的不足。

实际上,到了清代,在浙南的温州、处州等地甚至出现了许多专业性的菇农。如齐召南编纂的《温州府志》卷十五《志物产菇类》引《山蔬谱》曰:"永嘉人以霉月断树,置深山中,密斫之,蒸成菌,俗名香菇,有冬春二种,冬菇尤佳。"潘绍诒的《处州府志》卷四《风土志》也云:处州的许多人"以种蕈为业"。他们不仅在温州、处州地区砍树种菇,有的也走出去,在秋末农田里收获后,就外出去砍树种菇。如有的到福建的建瓯县、沙县等地砍树种菇。以致民国时期的《建瓯县志》云:建瓯的"香菇,向系浙江庆元、龙泉、景宁三县人营业。(农历)十月方来,次年三月回来。……大年产额万余斤,小年七八千斤"。民国时期的《沙县志》卷八《实业》也说:"每年秋末,浙人鱼贯而来,散处各乡,设厂制焙,干后发商贩卖。"可见在闽东浙南地区,明代中后期到清代都有畲民和汉人一样从事种菇业。到后来,有的地方种菇甚至成为地方的某种特殊产业。

(二)种蓝草,制土靛

蓝靛又称蓝淀、青靛、青淀、蓝草、大菁、菁等。《齐民要术》记载:"刈蓝倒竖于坑中,下水,以木石镇压令没。热时一宿,冷时一宿,漉去荄,内汁于瓮,着石灰一斗五升。急手挍之,一食顷止。澄清,泻去水,别作小坑,贮蓝淀着坑中。候如糗粥,还出瓮中,蓝淀成矣。"李时珍的《本草纲目》曰:"淀,石殿也,其滓澄殿在下也。亦作淀,俗作靛。南人掘地作坑,以蓝浸水一宿,

---

① (清)张廷球修纂:乾隆《龙岩州志》卷九,《风土志·土产》,福州:福建省地图出版社,1987年,第229页。

② (清)郑一崧修,颜璹纂:乾隆《永春州志》卷七,《风土志·物产》,台北:成文出版社,1974年,第699页。

③ (清)潘绍诒修,周荣椿纂:光绪《处州府志》卷三十,《艺文志下·诗篇·徐望璋〈畲妇〉》,台北:成文出版社,1974年,第1095页。

入石灰搅至千下,澄去水,则青黑色。亦可干收,用染青碧。其搅刘浮沫,掠出阴干,渭之靛花,即青黛。"《黎平府志》记有蓝靛的制作方法:"蓝靛名蓝草,黎郡有两种,大叶者如芥,细叶者如槐。九月、十月间割叶入靛地,水浸三日,蓝色尽出。投入生石灰,则满地颜色皆收入灰内,以带紫色者为上。"蓝草是一年生草本植物,茎高不及1米,叶互生,7月开花,9月间收割。从蓝草中提制的靛,由木蓝属植物蓼蓝、菘蓝、马蓝、吴蓝等的茎、叶发酵制成。收割靛叶后将其搓碎或弄碎放入缸内或木桶及土坑均可,加冷水约60公斤,每隔两天翻动一下,浸泡6~7天,然后将靛叶捞出,将生石灰置于瓷盆内,再注以缸内蓝靛水,待石灰溶化后倒入缸内,用竹竿搅动1~2小时,隔夜后靛凝结沉淀,舀去上面的水即成。大约5公斤靛叶用石灰1公斤,可出干靛1公斤"。蓝草的种植,畲民俗称"种菁"。种菁的畲民或汉民也被汉人称之为"菁民""菁客",由于种菁需在山里搭寮或棚居住,故也被称之为"寮民""棚民"等。

在明代,福建种菁业特别发达,福建的蓝靛品质优良,因此明代的王世懋《闽部疏》说:福建"蓝甲天下"。① 由于种菁利润丰厚,使得种菁业在福建特别发达,明代王应山《闽大记》卷十一曰:"靛出山谷中,种马蓝草为之","所作利布四方,谓之'福建青'"。② 在福建,善于种菁者多为汀州府人,"种菁之业,善其事者汀民也"。③ 他们只种蓝草,很少经营其他作物,如熊人霖(1586—1650年)就说:"惟汀之菁民,刀耕火耨,艺蓝为生。编至各邑,结寮为居。"换言之,汀州各县都有人作为菁客在那里种植蓝靛。种菁时,通常都会有专人来组织,此人称"寮主"。根据熊人霖说:"俾山主约束寮主,而寮主约束菁民,可不烦而定也。山主者,土著有山之人,以其山,俾寮主艺之,而征其租者也。寮主者,汀之以居各邑山中,颇有资本,披寮蓬以待菁民之至,给所艺之种,俾为锄植而征其租者也。菁民者,一曰畲民,汀、上杭之贫民也。每年数百为群,赤手至各邑,依寮主为活,而受其庸值。或春来冬去,或留过冬为长雇者也。"④换言之,寮主多是一些有一定经济资本的人,他们到山里向"山主"(土著有山之人)租赁土地,并在那里搭棚或寮,备农耕工具及

---

① (明)王世懋:《闽部疏》,台北:成文出版社,1975年,第48页。
② (明)王应山:《闽大记》,北京:中国社会科学出版社,2005年,第193页。
③ (清)卢建其修,张君宾纂:乾隆《宁德县志》卷一,《舆地志·物产》。
④ (明)熊人霖:崇祯《南荣集》卷十二,《防菁议》上。

菁种，招募畲民与汉人贫民到山中开地耕种蓝靛，"每年数百为群，赤手至各邑，依寮主为活"，有的"春来冬去"，有的则"留过冬为长雇者"。他们为寮主砍树晒干烧掉，开出山林地来种菁，领取的应是工薪。由于他们受雇于寮主，寮主付工薪，提供给他们简陋的住处和伙食，故他们有一定的组织。所以也容易抱团活动，当收成不好，或与地方、官府有税收等的矛盾时，也容易形成团体与他者或官府抗衡。熊人霖就曾于崇祯十四年（1641年）在汀州等地镇压菁客的反抗，他在《平菁寇凯歌叙》中说："春正月，菁民弗恭。公躬率郡邑兵震荡之。先以文告，渠奸胁允，稇人成功。秋大有年，菁民复取民家之禾，蹯及村落。公严兵疏捕之，寇乃遁，民其维口（安）。"①

此外，漳泉、延平等处也有不少菁民，其中应该也包括有畲客。如明代万历四十年（1612年）永福（今永泰县）知县唐学仁主修，长乐人谢肇淛、侯官人陈鸣鹤、徐兴公编纂刊行的《永福县志》卷一《地纪·风俗》云：

（永福）邑居万山之中，地之平旷者不得什一。通志称其"火鬻、水耕、崖锄、陇莳"，不虚矣。顾一泓之泉可溉数里，旱无抱瓮之劳，潦无害稼之患。至于引水不及之处，则漳、泉、延、汀之民种菁种蔗，伐山采木，其利乃倍于田。久之，穷冈邃谷，无非客民。客民黠而为党，辚轹土民，岁禝揭竿为变者，皆客民也。②

根据此，我们知道在嘉靖、万历年之前，闽粤赣地区，特别是闽西、闽南地区的漳、泉、兴、延、汀山区中就有一些人从事蓝靛的生产。因为在明代福建生产的蓝靛质量最好，其蓝靛染出的布色泽光润，因此销路好，就促成许多人去种植。如崇祯年间周华修纂的《兴化县志》载：

明永乐、正统间，经灾瘴，疆苗蘼芜……仅存庶草，整顿荒畦，百不及一。莆大姓遂跨有四方，并其附田土地，影射侵凌。然产去粮浮，宰广业里者，率荡破流，移计穷窝，辟谷菁黍，纤微亦足赡饷，莆大姓利之。遂招结畲丁异客，茶布以为利谋。盖利兴则庸不负，庸不负则免敲，朴荡移时，盖甚称焉。③

也就是说，在明代永乐、正统后，由于莆仙等地有较多荒地，莆之大姓则

---

① （明）熊人霖：崇祯《南荣集》卷一〇，《文选·平菁寇凯歌叙》。
② （明）唐学仁修，谢肇淛等纂：万历《永福县志》，万历福州府属县志，北京：方志出版社，2007年，第24页。
③ （明）周华纂：崇祯《兴化县志》卷八，《郑岳：纪变漫言》。

在山中设寮招"畲丁、异客"等来种菁、玉米等,获利无数。然而由于种菁的菁客由寮主等组织,故也容易形成集团反抗力量,所以官方也很担心。实际上,在莆仙,万历十七年(1589年)就发生过菁客的反抗。万历"皇帝十有七年己丑春正月,岁稍歉,斗米几四十钱,原广业里黠盗柯守岳、曾廷邦、畲夷雷五,与异郡菁紫诸邑客人何南山、陈元泉、许一溪、丘汝夫、何西泉、颜玉湖等百余人,谋叛伏诛"。所以莆仙大洋地方的《大洋巡检司碑记》就说:"明正统省入广业里,并隶于莆,则地旷人稀,荡然虎豹之窟也。彼汀、漳流徙,插菁为活,畲人异种,寮居火耕,与诸廛氓杂处,稍不相协,啸呼挺击,莫之谁何?"①但不管怎么说,我们大体知道明代初年的莆仙地区有从汀漳流徙过来的畲丁在种菁。后也延续下来,促使闽中兴化有许多地方"擅蓝靛之利"。②

在明代正统十三年(1448年)到景泰元年(1450年)爆发邓茂七起义以后,闽东浙南地区人口锐减,有些土地被荒废了,所以部分"漳、泉、延、汀之民"开始跑到闽东等地,如永福(今永泰县)的山里来"种菁种蔗,伐山采木,其利乃倍于田"。继之,也向闽东浙南其他地区蔓延,特别是到了清代,闽东浙南甚至江西许多山区地方都有人在种菁,"江西、浙江、福建三省,各山县内,向有民人搭棚居住,艺麻种菁"。③《八闽通志》卷二十五载:菁,福州府"诸县皆有",闽侯、长乐、永福尤多。明代王世懋的《闽部疏》曰:"福州西南,蓝甲天下。"明代宋应星的《天工开物·彰施》称:"闽人种山,皆茶、蓝。"由此也可知福州、闽东各邑种菁之盛了。这些蓝草的种植和蓝靛染料的加工者有许多都是汀民或畲民。闽东有的地方如宁德县,"邑以靛青为业者,大抵汀人也"。畲区"居山者不事锄畚,听从菁客佃作,如西乡几都,菁客盈千。……凡菁客佃作之山,皆深岩穷谷,非平原旷野可树桑者比"。④《古田县志》载:"畲民相传为盘瓠之后,深居幽谷。其素艺则开垦荒山,自耕自食,并有栽靛者。"⑤浙江的《云和县志》载:"赤石(四都)、桑岭(九都)之间,纯乎闽音,多福建汀州人侨居者。"龙泉县"溪岭深邃,棚民聚处,种麻种靛,烧炭采菇,

---

① (明)周华纂:崇祯《兴化县志》卷八,《大洋巡检司碑记》,蔡金耀点校重印,第128页。
② (明)周瑛、黄仲昭修:弘治《重刊兴化府志》卷十二,《户纪六·货值志》,同治十年重刊,福州:福建人民出版社,2007年,第337页。
③ 赵尔巽等撰:《清史稿》卷一二〇,《食货一·户口·田制》。
④ (清)卢建其修,张君宾纂:乾隆《宁德县志》卷一,《舆地志五·物产》。
⑤ 余钟英修纂:民国《古田县志》卷二十一,《礼俗志·畲民附》,1940年。

所在多有"。① 宣平县"地少蚕桑,惟事农圃,人事不齐,耕耨后时,上田仅及下田所获。山多田少,颇宜麻靛。麻始于江右人,靛始于闽人。江、闽人居宣者十之七利尽归焉"。② 景宁县"北沿大溪,田瘠畏旱,多种麻靛,闽人杂处"。③ 江西《广信府志》卷一记曰:该府下令禁山后,仍有许多"附近居民棚民,或窃入樵采……搭棚居住者,多系闽人"。有的地方"菁寮"甚至成为畲族村落的代名词。

由于菁客流动性较大,正如熊人霖所说:菁客"或春来冬去,或留过冬为长雇者也",难以管理,所以清政府在"雍正四年(1726年),定例照保甲法一体编查"。乾隆二十二年(1757年),令"各省山居棚民,按户编册,地主并保甲结报"。"乾隆二十八年(1763年),定各省棚民单身赁垦者,令于原籍州县领给印票,并有亲族保领,方准租种安插。倘有来历不明,责重保人纠察报究"。④ 总之,对流动性的菁客进行强化管理,这实际也使得一部分畲民从此就在闽东浙南,甚至江西定居下来,专门从事蓝靛的生产。在乾嘉年间,蓝靛的种植业发展最为强盛。到同治以后,由于台湾的蓝靛输入,闽东浙南的菁业受到很大的冲击,畲民种菁业逐渐衰微。到引进西洋靛后,由于西洋靛比土靛强20倍且价廉,故土靛的市场完全被其所取代,闽东浙南畲民的土靛业也就逐渐消亡了。如卓剑舟等编著的《太姥山全志》就说:"蓝淀,俗呼青淀。民国初年,太姥洋村农尚有种者。自洋靛输入后,种者遂寥寥。"⑤

(三)种茶、制茶

闽东浙南的地理特征是临海的丘陵地带,平地少,高山多。西北部群峰耸峙竞秀,东南部接受海洋性季风影响,构成四季分明、气候温和、光照充足、夏长冬短、无霜期长的特点。因近海与临海地势高峰耸翠的缘故,这一

---

① (清)潘绍诒修,周荣椿纂:光绪《处州府志》卷二十四,《风土志·风俗》,台北:成文出版社,1974年,第904页。
② (清)潘绍诒修,周荣椿纂:光绪《处州府志》卷二十四,《风土志·风俗》,台北:成文出版社,1974年,第906页。
③ (清)潘绍诒修,周荣椿纂:光绪《处州府志》卷二十四,《风土志·风俗》,台北:成文出版社,1974年,第907页。
④ 赵尔巽等撰:《清史稿》卷一二〇,《食货·户口·田制》。
⑤ 卓剑舟等编著:《太姥山全志》卷八,《方物·货之属》,福州:福建人民出版社,2008年,第101页。

地区常深谷锁云,高岗锁雾,常出现雨天满山云,晴天遍地雾的状态。该地区云雾多,湿度大,正是适合茶叶生长的地方。因此,在闽东浙南的山区,茶叶的种植与制作有着悠久的历史。该地区盛产俗称"白茶"的绿茶,现著名的品牌有福建福鼎等地的银针白毫、白牡丹、寿眉,浙南景宁的惠明茶等。

闽东浙南的白茶生产相传始于唐代。有人认为唐代陆羽在《茶经》中所说的"永嘉县东三百里有白茶山"的"白茶山"即为闽东的太姥山区,其范围包括今天的福鼎、霞浦、宁德、福安、周宁、寿宁等县,因此《福建省乡土志》云早在唐代,闽东、闽北已开辟了许多茶园。根据宋代宋子安的《东溪试茶录》记载,宋代福建有"白茶叶、柑茶叶、早茶、红叶茶、稽茶、晚茶、丛茶"等七类茶品种,除了武夷山等地出产外,应该有一些就出自闽东。明代宋应星的《天工开物·彰施》也称:"闽人种山,皆茶、蓝。"所有这些无非是说,从唐代以来闽东就与闽北一样是一个茶叶产区。

浙南景宁畲族自治县著名的白茶——惠明茶,据说也是始于唐代的。相传当年"行脚寻常到寺稀,一支藜杖一禅衣"的唐代蜀僧惠明长老,停住云游四方的脚步,于景宁南泉山结庐修禅时,也将从四川峨眉山带来的茶树种子,散播在禅房附近的山峦上。惠明长老所种植的茶树,因南泉山优良的山高雾多的生态环境而品质上乘。乐善好施的惠明长老常用优质的南泉水沏好茶,以飨寺院香客及周边的百姓,"南泉水沏惠明茶"也因此享誉景宁十里八乡之外。惠明长老圆寂后,景宁乡民于唐咸通二年(861年)筑惠明寺以资纪念。尔后,种植、管理、制作惠明茶成了历代惠明寺僧人禅余之后的又一重要功课,惠明寺从此茶禅一体,香火绵延[1],惠明茶的名声也逐渐远播。景宁人也赋予惠明茶种种神奇的传说。如"惠明茶"的故事,讲述了惠明长老如何用惠明茶解救百姓遭受瘟疫之困的神奇。而"三张惠明茶"的故事,说宋代乐清状元王十朋出生时,其母亲难产,请医生看病、吃药都无济于事,折腾了几天后服了其父亲(乐清商人)归途中因赠送大量金银给惠明寺长老,惠明寺长老还礼赠送给他两片、惠明茶泡的茶水及茶叶才得以顺利诞生。[2]惠明茶因此名扬温州、丽水地区,到明朝成化年间惠明茶还成了进贡给皇帝

---

[1] 王逍:《走向市场:一个浙南畲族村落的经济变迁图景》,北京:中国社会科学出版社,2010年,第64~65页。

[2] 《中国民间文学集成·浙江省·丽水地区:景宁畲族自治县卷》,景宁畲族自治县文化局民间文学集成办公室,1989年,第216~220页。

的贡品。

换言之,在畲民迁徙闽东浙南地区之前,这一地区的汉人早就有种茶与制茶的传统。万历三十六年(1608年)闽中才子谢肇淛游历闽东太姥山后,在其《长溪琐语》中谈到了闽东太姥山区的茶叶,他说:"环长溪(今霞浦、福鼎等地)百里,诸山皆产茗,山丁僧俗半衣食焉。支提、太姥无论,即圣水、瑞岩、洪山、白鹤,处处有之。但生时气候稍晚,而采者必于清明前后,不能稍俟其长。故多作草气而揉炒之法,又复不如。卤莽收贮,一经梅伏后,霉变而味尽失矣。"他还说:"长溪(今霞浦、福鼎等地)距晋安(今福州)仅五百里,而气序相后不啻两月余。以二月末,游太姥山中,梅花方盛开,时距清明数日耳,石鼓茶已出市,而金峰白箬荈芽未发者。"①换言之,他看到了闽东太姥山区到处都有茶山,有俗民的,也有寺院的,其收益约占乡民和僧人年收入的一半。他也看到太姥山区的气候比福州稍凉,因此其农历二月去游历时,有的品种茶叶已上市,如"石鼓茶";有的则叶芽还未长成,如"金峰白茗(茶)"。还有太姥山区由于气候稍凉,在清明时,茶叶多还太嫩。但茶农又不得不在清明时节采茶,制作"明前茶",所以嫩了些,而且较湿润,不易保藏,所以这种"明前茶"不宜多买。从谢肇淛的这一番议论,我们也不难看到,明代万历年间闽东茶叶生产的一斑了。

明代正德年间以后畲民大量迁到闽东,后又逐渐迁到浙南,有的人也受当地民户的影响开始种起茶来,如惠明寺村的雷氏,清代顺治间迁到惠明寺旁居住,由于他们帮助僧人清华修缮惠明寺,故僧清华和他们签订了一份"僧雷同是一家人"君子协定,其中写道:"顺治七年庚寅岁(1650年),僧清华对(雷)明玉公说:我惠明寺单马独寺,无人做伴,和尚清华以雷明玉公出来坐(住)在上村铁炉砻居住,耕田落叶。吾惠明寺山场上下左右分你明玉公子孙以作柴火之山,山外有吉地安厝穴,不用山价之理。倘来到我地方犁钞,我寺院赐尔作用也,僧雷二姓即是本家人一样,日后永不得言说异乎序,万无一失。"②换言之,由于雷氏帮助惠明寺修缮等工作,故僧清华赠地给雷氏,让他们在惠明寺旁建住宅,耕种寺院的土地,从而在此生根开花,散枝开叶而形成雷氏为主的惠明寺村,也因有这层关系,惠明寺也让他们将自己的

---

① (明)谢肇淛:《长溪琐语》,卓剑舟等编:民国《太姥山全志》,福州:福建人民出版社,2008年,第13页。
② 《雷太祖迁徙原因》,《雷氏族谱》,景宁惠明寺村雷岳松藏。

佛茶——惠明茶引种出去,成了雷氏的"菜园茶"。后也慢慢地流布开来,成了附近各畲村的一种产业,形成了畲民"无园不整茶"的局面。当然,其中的佳品自然还是惠明寺村所产了。因此,同治年间的《景宁县志》云:"茶随处有之,以产惠明寺、大漈者为佳。"[1]景宁县贡生严用光也写《惠明寺茶歌》来赞美惠明茶,其曰:"敕木峰高插苍旻,南泉列岫排嶙峋。古柏老松何足数,山中茶树殊超伦。神僧种子忘年代,灵根妙蕴先天春。……滋云蓄雾灌泉液,嫩芽初茁含清真。寒食清明都过了,采焙谷雨趁芳辰。……浙江自昔产佳茗,天台天目若比邻。龙井雁湖俱清绝,往往茶事谈纷纭。"即他认为惠明茶是与杭州西湖龙井一样的佳茗。

所以到了清代,许多定居在闽东的畲民多"物产茶",有开辟茶山的,有在菜园里栽种的,故有的县志如《福安县志》就讲"茶,山、园皆有"。[2] 茶叶在闽东的种植很普遍,如宁德"其地山陂,洎附近民居,旷地遍植茶树……计茶所收,有春夏二季,年获息不让桑麻"。[3] 茶叶在清代也成了闽东浙南商品出口的大宗。在清嘉庆年间,闽东茶的出口,应先运到武夷山,在从那里或走江西水陆路转运广州,由"粤之十三行逐春收贮,次第出洋"。[4] 或由晋商转手往北,运往俄罗斯等地。因此,闽东茶亦被人称之为"北路茶"。

闽东传统的茶叶品种是绿茶(包括"白茶"),其制作较简单,唯杀青、揉或搓捻和干焙三道工序,家家户户都可以生产。

绿茶品质在很大程度上取决于原料质量,高寒山区云雾缭绕之处所产之茶叶尤为优质。清咸丰元年(1851年)有位建宁茶客到福安坦洋采购茶叶,并向坦洋茶人传授武夷红茶制作方法。这一年,坦洋胡氏万兴隆茶庄以坦洋菜茶为原料,率先自制红茶成功。接着坦洋其他茶庄也争相仿效,使红茶生产技术在坦洋得以推广,终于创出了生产工序繁细、工艺精良的"坦洋工夫"红茶。坦洋工夫红茶外形细长匀整,带白毫,色泽乌黑有光,故也俗称"乌茶"。冲泡出来的茶汤鲜艳,呈金黄色,入口香醇甜和,余味盈颊。这种无论口感、风味还是外观都是全新的闽东红茶在国际市场上一亮相,就深深打动酷爱红茶的老外的心,受到热烈欢迎,争相进口。因此后来有些文献

---

[1] (清)周杰修,严用光等纂:同治《景宁县志》卷一二,《物产》。
[2] (清)张景祁等修纂:光绪《福安县志》卷七,《物产·货类》,台北:成文出版社,1967年,第78页。此记载延自乾隆四十八年(1783年)的《福安县志》。
[3] (清)卢建其修,张君宾纂:乾隆《宁德县志》卷一,《舆地志·物产》。
[4] (清)郭柏苍:《闽产录异》卷一,《货属·茶》,长沙:岳麓书社,1986年,第19页。

说:"英商购买华茶,以坦洋出产为最。"在坦洋工夫茶的带动下,北路茶(即闽东茶)中的"闽红"(福建红茶)得以迅速发展。不久,"白琳工夫"和"政和工夫"先后也创制成功,以"坦洋工夫"领衔的名震中国茶史的"闽红三大工夫"形成。①

清咸丰三年(1853年)太平军占领江西,断了陆上北上的茶路,福州变成当时中国茶叶出口的码头,这为"闽红"的发展带来了好时机。闽红就近运往福州,再从那里转销国外,闽红逐渐成为出口的大宗。光绪初年为闽东茶叶出口最多的时期,光绪四年(1878年)固件茶叶出口达80多万担(4万吨),约占当时全国出口量的三分之一。清末周祖颐在《福安乡土志》也记载,清末时仅福安一年就有"绿茶、白茶、茅茶、白尾茶、乌龙茶、二五箱茶销行苏州、温州、福州等处,统计十万挑"。《太姥山全志》也说:"太姥岩茶,邑中随处皆有。茶产山中者为上,曰太姥岩茶。运往欧美,年可三万余箱,每箱约八十市斤。"②当然,这里面自然有许多是畲民的贡献。

不仅如此,有些畲民在晚清时也全身心投入茶叶行业,有的甚至成为茶商,如宁德县猴墩村的《雷氏宗谱》说:"清咸丰、同治时,闽省大开茶局,猴墩遂为商旅辐辏之场,而五都之市集焉。"这时的猴墩村成了福建省唯一的畲民茶叶市场,同时也诞生了福建第一代畲族茶商。

雷志波,号冰镜,生于道光二十七年(1847年)。自幼聪敏,喜读书,并精研五行地理,在30岁时由太学生升为例贡生、修职郎。20多岁就认定家乡的山地利于种茶,而茶叶也是能促使畲家人致富的一种途径,所以他在家乡鼓励与带领亲友种茶、制茶。同治十三年(1874年)在家乡创办了"震昌"号茶行,收购邻近县乡如福安甘棠,宁德赤溪、七都、八都等几十个村落的茶叶,从宁德三都澳装船销往福州及出口海外,如东南亚等地,成为第一位畲族茶商。在其事业鼎盛时,震昌茶行下属有"泰盛"等五家茶庄,分布在宁德、福州等地,年经销茶叶四千多担,也促使猴墩的许多畲民成了茶商,并把该村建成一个区域的茶叶集散中心,每年都要从附近36个畲村中收购茶叶,通过水陆两路,运到福州等地并出口。雷志波因茶致富后,也不忘做公益,光绪十五年(1889年),他见村道泥泞,独立捐资修通石头道路二华里,直

---

① 参见林光华、陈成基等主编:《坦洋工夫》,福州:福建美术出版社,2009年。
② 卓剑舟等编著:《太姥山全志》卷八,《货之属》,福州:福建人民出版社,2008年,第101页。

接与闽坑的官道相连。同时还捐资在闽坑堡的塔头岭上的官道旁修建了路亭一座,以便利过往商旅停歇。闽东名茶坦洋工夫茶与浙南名茶惠明茶,1915年在旧金山举办的"巴拿马太平洋万国博览会"上都获得了金牌奖章,都成了享誉世界的名茶。

第三节 其他生计行业

来到闽东浙南的畲民,通过"赁田耕种,而纳其租于田之主"的方式,通过农业种植的手段来满足食、衣这类必需的生存基本需要,也种植其他经济作物如茶、菁、菇等来谋取更多的物质生活资料,以使自我的生活更好一些。有些人"人生重本务,耕作有余积"①,有的由于所租之田瘠土瘦,或者遇到奸猾的田主,或者地租过高等原因,如有的地方田租过高,以致有地的"田主知其无"法交清时,还在畲民"每纳租故纵之,不以时收,收或不足。(畲民)则恐惧,吁祈来年出息偿,至期偿悉如数"。② 也就是说,田主知道高额地租畲民佃户一下还不清,于是在收租时,也故意强调不用一次收清,故意留一些,加到下一次的地租中,并要求付利息,也就是把地租当作放高利贷的形式来处理,从而使租种其地的畲民牢牢地捆绑在其土地上,长久地成为其剥削的对象,以解决劳力缺乏、有地无人种之困境。而畲民质朴,对这种行径"则恐惧",他们祈祷神灵可以保佑他们在来年有好收成,足以还清租金及驴打滚的高利贷,并使自己的生活有基本的保障和些许改善。

因此,在这样的盘剥下,畲民虽租地努力耕作,但有的也是入不敷出,以致租地耕作的这种生计似乎是"耕不疗饥,歉岁仍赈灾,休问官仓陈。麻布单衣着两层,朔风吹,壁寒欲冰。爇来茅草蓬蓬火,促膝团坐温如春"。③ 所以这些初来乍到闽东浙南的畲民,因开荒种田或佃田耕作入不敷出,也只好从事其他行业的工作,以便用力所能及的各种方式挣钱来补贴家用与维持自己的生存与种族的延续。

---

① (清)郑培椿等纂:道光《遂昌县志》外编卷二,《艺文辑存·邑人吴世涵撰里中吟畲客篇》。
② (清)杨长杰修,黄联珏等纂:同治《贵溪县志》卷十四,《杂类·轶事》。
③ (清)徐望璋:《畲妇》,(清)潘绍诒修,周荣椿纂:光绪《处州府志》卷三十,《艺文志下·诗篇》,台北:成文出版社,1974年,第1095页。

一、为富户做工

在租地务农作,"力耕苦作"后仍入不敷出,或甚至租不到土地的情况下,有的畲民男子就只好或"为农家佣工",或"给于富户雇工",为人做长工、打短工;或给蓝靛业、种麻业、造纸等的寮主打工,"依寮主为活",有的"春来冬去",有的则"留过冬为长雇者",成为菁客或菁民、棚民。女子则在家的附近"往往供驱役"①,为富户做佣人或杂工。有的畲民"妇女向不裹足,勤耕作,杂佣保"。② 有的"妇人为人家执爨灶薪水独任"③,为民家、富户人家的厨娘等。

二、伐薪烧炭

为了解决农耕入不敷出的生计困难,畲民妇女多需兼营樵薪之作等。有的"衣斑斓履苴芦,薪担压肩走风雨"④,穿着草鞋在山中砍柴、割"细芒"等,或为自家烧火用,或送到集市上,或城镇里叫卖,换点小钱,以维持生计;有的畲民"妇女帕蒙头,高冠缀小石",自己一个人"鬻薪入市廛"⑤;有的则"三五女负薪,鬻市两脚赤"。⑥ 她们赤着脚上山砍柴就是为了到市集上卖出,以挣钱补贴自家的生活。而侯官一带的畲妇"高髻垂缨,执业甚微,多缚麻稿为扫帚,挑往城郭各处贩卖"⑦,当然还有可能是畲民的男子做些竹编的器具去卖。此外,有的畲民男子也以"樵苏为生",这时他们多夫妻一起上山去砍柴交易,"其出而作,男女必偕,皆负耒负薪于青嶂绿野间,倚歌相和"。⑧

---

① (清)郑培椿等纂:道光《遂昌县志》外编卷二,《艺文辑存·邑人吴世涵撰里中吟畲客篇》。
② 王理孚修,符璋、刘绍宽等纂:民国《平阳县志》卷十九,《风土志·民族》,台北:成文出版社,1970年,第189页。
③ (清)郑培椿等纂:道光《遂昌县志》卷一,《风俗》。
④ (清)潘绍诒修,周荣椿纂:光绪《处州府志》卷三十,《艺文志下·诗篇·徐望璋:畲妇》,台北:成文出版社,1974年,第1095页。
⑤ (清)郑培椿等纂:道光《遂昌县志》外编卷二,《艺文辑存·邑人吴世涵撰里中吟畲客篇》。
⑥ (清)潘绍诒修,周荣椿纂:光绪《处州府志》卷三〇,《艺文志下·诗篇·屠本仁:畲客三十韵》,台北:成文出版社,1974年,第1087页。
⑦ (清)吕渭英修,郑祖庚纂:光绪《侯官县乡土志》卷五,《版籍略·人类》,台北:成文出版社,1974年,第327页。
⑧ (清)周杰修,严用光等纂:同治《景宁县志》卷十二,《风土·附畲民》

为了在树林里联络与壮胆,有时也唱唱畲民自己的山歌来联系并解乏。有的则"入山搭寮,取香木舂粉、析薪烧炭为业"①,来补贴家用。

有的也可能专门利用砍柴烧炭来挣钱,如笔者曾在福建省罗源县松山镇八井村调查,该村明清时称拜井里、陈八井,那里原是一座当地陶瓷生产的窑场。因烧窑的关系,需要大量的草与木柴,于是八井的雷氏有的人就承租了山林,在自己承租的山林里种树、砍柴、割草,以供应陶瓷窑场之需。有的人也因此有了积蓄而成为富户,购置不少田地、山场,甚或在清代乾隆年间在村子里建起两座"八扇房"(即面阔七间)的四合院大厝。

三、扛抬山舆和做挑夫

畲民男女在闽东浙南"并力田"后,"尚被饥寒迫",为使生活有些着落,有的也会在农闲时到城镇地方打工,出卖劳动力,他们做得最多的可能是"扛抬山舆",即为人扛轿子或肩舆,"余夫事肩舆服力"。因为闽东浙南当时只有一些官道可以交通,也有一些河流可以通航,因此在交通要道上的各乡镇、县城等都设有"轿房",其就像今天的汽车站、火车站,而在"轿房"中充当轿夫的多为能吃苦耐劳的畲民。他们在闽东浙南山区的官道上,抬着轿子或山舆,运送客人,挣点脚力的辛苦钱,为了自家的生存或生活更好些而努力。此外,在闽东浙南山区,"舆丁及担夫,余力耐劳剧"②,他们都是靠卖力气挣钱的苦力活计。"畲民或为人肩舆,土著者贱之。③"甚至以此来阻挡富有的畲民参加县试、乡试。此外,除了在县城、乡镇地方当轿夫与舆夫之外,畲民男子也同样在县城、乡镇等地作为"扁担党"揽活,为过往的商家做挑夫,或将商品在各乡镇中流通,或为商家运送货物至航运码头,再转运到大城市甚至国外,如茶叶的运送。或甚至直接挑到附近的大城市,如福州、温州等。如浙南云和县盛产铁沙,其挑夫就多为畲民。所以《景宁县志》卷十二《风土·附畲民》云:"耕作而外,凡羊肠萦逶之中,或舁扛,或负担汗流,相属者率皆是民也"。④

---

① 赵尔巽等撰:《清史稿》卷一二〇,《食货一·户口·田制》。
② (清)潘绍诒修,周荣椿纂:光绪《处州府志》卷三十,《艺文志下·诗篇·屠本仁:畲客三十韵》,台北:成文出版社,1974年,第1088页。
③ 何横等修,邹家箴纂:民国《宣平县志》,台北:成文出版社,1975年,第535页。
④ (清)周杰修,严用光等纂:同治《景宁县志》卷十二,《风土·附畲民》。

四、狩猎辅助

狩猎原是畲民的传统经济生活之一,在明代早中期,当畲客还在闽粤赣地区生活时,还有很多人以"采实猎毛"为生。有的也被明政府归到"捕户"中,但当明中后期迁徙闽东浙南后,虽然可能还有一些人仍以狩猎为生而成为当地的猎户,如在罗源县,"(明万历)三十九年(1611年)群虎伤人,知县陈良谏祷于神,督畲民用毒矢射杀四虎,患方息"。① 也就是说,明代万历年间,有的畲民还在以狩猎维生。但后来迁到闽东浙南后,畲民多改为购置或租赁土地来从事农业种植,经济生活发生了转型。但由于畲民过去在深山老林里生活养成的狩猎习惯,因此畲民"虽幼小,能关弓药矢,不惧猛兽,盖其性也"。② 所以当在农耕生计入不敷出和农闲的情况下,有些人就会拿起弓矢或后来的土铳等武器,去山中打猎,以改善自己的生活。或将野兽的皮张等鬻于市场,换钱买粮来维持自家人的生存,以作为种植取食方式的辅助。下面是畲民族谱中的一段记载正好可以作为这种生活方式的注脚。

在惠安丰山乾隆二十八年(1763年)修的《雷氏族谱》中,有篇"赠宽都序"行状,记录了该族康熙年间一位曾练过武、善用"乌铳之器"打虎的猎手的情况。其云:

> 修谱之例,有过者莫掩,有功者亟宜表扬。即如宽都居新寮,其有功于人,所当记录也。何则?虎狼,恶兽也,当是之时,草木畅茂,禽兽繁殖。虎伤人,狼害畜,居处难安,出入不宁。至后而虎狼渐消者,皆宽都之善搏虎以除之也,且其名亦闻于上宪矣。

> 大清康熙年有提台张要用虎皮褥,令一领旗雷姓者(系是南安县溪仔尾乡)名助观游山田猎,数月不获一。遂至双峰来见宽都讲此武艺,宽都曰:"汝之田猎不效,非才之不美,特器之未善耳。予有乌铳正所以攻虎狼者,请尝试之。"爰是止领旗宿,执一乌铳自入深山击虎,遂中焉。领旗献于提台,称扬宽都之才,陈诉乌铳之器,屡命屡中。提台召见,赏赐艮牌一面,告语宽都:"收此乌铳以防虎狼之患。"是雷氏乌铳之器其

---

① (清)卢凤棽修,林春溥纂:道光《罗源县志》卷二十九,《祥异》,上海:上海书店出版社,2000年,第685页。
② (清)卢凤棽修,林春溥纂:道光《罗源县志》卷三十,《杂识》,上海:上海书店出版社,2000年,第694页。

所由来有自耶。①

换言之，就是说清康熙年间惠安丰山的畲民雷宽都"生于顺治庚子年（1660年）十二月二十二日申时，卒于康熙戊子年（1708年）八月初六日申时，享年四十九岁"，是当时惠安县，甚至泉州府有名的民间猎手之一。在他的尽力"除之"下，惠安丰山那一带的虎、狼之类的凶兽都所剩无几了。有一天从南安县那里来了一位有着"领旗"职务的专业雷姓猎户来找他，说南安县的张提台想要一张虎皮褥子，派他去打，但他忙了数月也没能打到，所以听说他在这方面很厉害，就到他家来找他交流打虎的经验与秘诀。雷宽都告诉他，你打虎不行，不是打猎的技术不行，而是"器之未善耳"。他在这里打了不少猛兽是因为他有专打猛兽的火药枪"乌铳"，你可以试试用之。所以南安的猎手也不休息了，提着乌铳连夜进入深山去打虎。果然有了利器之助，他很快就打了一头虎。他把虎献给张提台，也在张提台面前称赞雷宽都的狩猎才干和乌铳火药枪的好用，所以张提台也赏赐给雷宽都一面银牌，还交代雷宽都要好好保管好乌铳，因为它"以防虎狼之患"。这也是惠安丰山两家到乾隆年间还保留有乌铳的由来。所以这段记载刚好为畲民迁到闽东浙南后从事辅助性狩猎活动的绝好例证。

五、学当医生与其他技能

明中叶以后，畲民逐渐迁到闽东浙南等地，也逐渐成为当地的编户齐民，融入当地。耕种多年后，有的也开始走"学而优则仕"之路，但此非坦途，很少人挤进去，所以有读过书的畲民见进入仕途较为渺茫时，也会转向其他行业，如学习做风水先生，或学医为自我群体或他人服务。在一些有关畲民的调查与文献如族谱中披露的信息就可以看到明晚期以来，闽东浙南的畲民中一些人从事这些行业。

（一）学医以救人

首先是惠安丰山《雷氏族谱》，其修于清乾隆二十八年（1765年），记述了明末到清中期该地雷氏畲民的一些生活情况。其中补写于乾隆五十五年（1790年）的"雷信国墓志铭"记载："信国，字殿邦，号建斋。生于康熙辛卯年

---

① 福建惠安丰山：《雷氏族谱》（乾隆二十八年手写本），《福建省少数民族古籍丛书：畲族卷——家族谱牒（上）》，福州：海风出版社，2010年，第334页。

(1711年)正月初四日亥时,卒于乾隆乙巳年(1785年)五月十五日巳时,享年七十有五岁。皇朝宠赐。"他是雷宽震次子,即"荣春公仲子,少颖异,攻书不就习医,志在救人。更有儒者风,当六旬时,诸宾朋皆赞颂不置。友兄弟,睦乡邻,治家勤俭。有余积,偕诸祖伯叔构祖屋以祀先,延师傅以训后,修谱牒溯水源木本,联宗族于一气"。在这里,其表述就是雷信国因"攻书不就"才去学医的。而在"信国字殿邦自叙一生志行"的行状也说:"余学医也,少承祖父,娴习医书。按脉法究药性,小心谨慎,无生苟简,是予之医其世传有自矣。"就是说,雷信国"攻书不就"后就跟着他祖父雷恭娘学医,学成后就开始行医,"志在救人"。他行医的感言是"按脉法究药性,小心谨慎,无生苟简",即认为行医需要辩证诊断,小心谨慎才是行医济人的要旨。而且他的本性是"轻财重义","虽不敢言孝而事父母无逆无怠,虽不敢言友而处昆惟爱且和","尊敬斯文,以义方教儿孙,以勤俭示家人","厚于责己,薄于责人,乡邻有事者劝之,有难者解之"。由于他的品性与坚持,行医多年还是挣了些钱,但他都拿出来"建堂宇,筑书斋,置物业"和赞助修雷氏族谱和助修祠堂。

根据该谱的"世系"看,雷信国的祖父为雷"恭娘,德约长子。生于崇祯辛巳年(1641年)八月初九日子时,卒于康熙甲午年(1714年)正月十九日戌时,享年七十四岁。葬在本乡厝尾,穴坐卯向西。配妈本县四十六都坑尾蔡氏,生于崇祯辛巳年(1641年)十月十四日卯时,卒于康熙乙未年(1715年)六月初一日辰时,享年七十五龄,后公一年。附葬在梨仔树。生二男,长名宽震,次名宽昇"。① 由于雷信国的医术是跟他祖父雷恭娘学的,而雷恭娘应是在清初学医的,而且如果他从20岁就开始行医,如果一直行医到逝世,那么他至少也行医50多年。雷信国也一样,他至少大半辈子都在以行医的方式"志在救人"。根据这样的传承情况,我们可以揣测雷信国的子孙中应该也会有人继承祖业,继续从事治病救人的行医工作。

其次,2003年笔者在福建省罗源县松山镇八井村调查时,也了解到该村有人在清代学医,从事医生的行业,并在福州地区都有些名气。

当时笔者住在村主任雷桃俤家中,他也是一位受家传医术熏陶的畲族民间医生。他告诉我们,他的医术是他祖母雷赛香教的,而他祖母的医术则

---

① 福建惠安丰山:《雷氏族谱》(乾隆二十八年手写本),《福建省少数民族古籍丛书:畲族卷——家族谱牒(上)》,福州:海风出版社,2010年,第320~339页。

传自他的高祖雷乾祯,所以他们是一个畲医世家。根据雷桃俤说,他高祖雷乾祯少时读过私塾并习武,并专心研究跌打损伤疾病的诊断与治疗技艺,在光绪末年就以其医术高超、医德高尚的事迹闻名于罗源县以及附近的连江县、宁德县、霞浦县和福州市。他在治疗跌打损伤疾病方面和治疗所谓"六时病"方面颇有名气,尤其是后者,有独到之处。他用药时会根据发病的不同时辰(即十二时辰、二十四节气)、不同部位、症状的轻重程度、患者的体质差异等情况,根据他自己研究的"六辰药"验方配药,辩证施药,效果显著。而在治疗跌打损伤的疾病时则采取内外结合方法实施,对病灶(伤痛处)采用"刺"(针灸)、"拔"(拔火罐)、"洗"(草药熬汁擦洗患处)等手段相结合的治疗方法,来治疗病患的外伤和风湿病,有着特殊的疗效。他也曾把他的医疗经验、验方等写成《六辰书》留给后人。这本《六辰书》有治疗疑难杂症的药方40副,也配有讲明病理和治疗方法的穴位图、八卦图和五行图等,是一本极有价值的畲族民间医书,现由雷乾祯的五代孙雷桃俤收藏与使用,至今还在发挥救人的功能。[①]

再次,我们从罗源县松山镇上土港村清咸丰八年(1858年)修的《汝南蓝氏支谱》(手写本)中也找到一条信息,表明该族中也有人学医。该谱的"上泥港蓝氏支谱记"云:"第一世,(蓝)祥永,字廷在,行三。原传授祖训,素学岐黄之术,心切活人。后游本邑到外窑地方,视其形势山环水绕,有克昌厥后之基,遂卜居于此。肇迁外窑所由始也。"[②]根据该谱的其他资料,蓝祥永是上土港蓝氏的第一世祖,他是从漳州府漳浦县德归村迁到连江县保安里的第一世,到他的第九代裔孙时才迁到罗源松山上土港。不过他是一位医生的情况也是比较清楚的。

复次,从丽水学院调查收集到的一些畲民撰写的医书等资料中,也可以看到清代晚期浙南有不少有名的畲医。

第一,浙江衢州的雷丰(1837——1888年),字少逸,道光二十七年(1847年)生于福建浦城,后迁居浙江衢州,清末著名医家。他在光绪八年(1882年)刊印了他的医著《校正时病论》。该书分八卷,专论四时之病。内容包

---

① 石奕龙、张实主编:《畲族:福建罗源县八井村调查》,昆明:云南大学出版社,2005年,第416页。

② 罗源松山上土港:《汝南蓝氏支谱》(清咸丰八年手写本),《福建省少数民族古籍丛书·畲族卷——家族谱牒(上)》,福州:海风出版社,2010年,第183页。

括:诸病大意、拟用诸法、备用成方、临症治案等。书末有附论13篇,分别为:治时病常变须会通论、五运六气论、温瘟不同论、伤寒书统治六气论、辟俗医混称伤寒论、辟时俗齷蹉斑症论、夹症兼见论、成方须损益论、胎前产后慎药论、治轻症宜细心、重病宜大胆论、古今医书宜参考论等,对研究畲医或中医有着重要的参考价值。

第二,遂昌县雷祖华于清光绪十四年(1888年)撰写的《雷祖华脉诀课》(抄本),记载了其行医时诊断病情用的脉诊法心得,有左寸、左关、左尺、右寸、右关、右尺和五脏六腑、四季平脉、四季病症、七表脉象等内容,对研究畲族中医脉诊法有参考价值。

第三,清光绪三十一年(1905年)遂昌雷振德撰写的《雷振德药性课》,该抄本记录了治疗棉花疮、痢疾、漏(败)血等的草药方108副,治疗眼科的单方72副,治疗各种疑难杂症的汤剂处方53副,对研究畲民传统的青草药医术有重要的参考价值。

第四,清光绪三十二年(1906年)景宁雷马迁撰抄的《药性辨》(抄本),该书记载了65种草药的名称与药性,并写明用于何病和用量。例如《治痢奇方》,按便色的全红、半红半白、黄、黑及兼坠肛等不同症状,配有不同的药方,并指出便红生血、面色如涂朱、发热不休者无救,而其他症状则可医救。故该书对研究畲药有很好的参考价值。[①]

总之,在明晚期到清代,迁徙到闽东浙南地区各地的畲民成为编户齐民后,因具备了耕读的条件,这就有了学而优则仕的可能。但由于学而优则仕不容易和有些人"攻书不就",有些畲民就转向学医济人的道路,学成后就成为可以行医救人的医生了。

(二)学当风水师为人解困

有些"攻书不就"的畲民则去学当风水师(地理师),以此济人和养家糊口,如福建省宁德地区霞浦县溪南镇白露坑村半月里自然村雷姓畲民的第三代人中就出现一位这样的人。据半月里《冯翊郡雷氏宗谱》载,该村的雷氏始祖雷文寿于清康熙二十二年(1683年)从霞浦盐田长岗山迁至半月里。他生一子,名雷凤捷。雷凤捷嫡出的儿子有四人,依次为雷志祥、雷志清、雷志祯、雷志茂。父母送幼子雷志茂去竹江读书三年,回来后也经常练武,却

---

① 吕立汉主编:《丽水畲族古籍总目提要》,北京:民族出版社,2011年,第43~44页。

不爱干家中农活,常在村口的路边坐着和路人聊天。后结识福州一位风水师黄龙学,并拜其为师学习地理与奇门遁甲等数术,学师三年,回来后帮人看风水出名。雍正二年(1724年)被当时任福宁州知州的张良弼(长安人,贡生)聘请为幕僚。雍正八年(1730年),雷志茂回村建宅第,修建了雷氏宗祠和龙溪宫,还同兄弟一起建了四座大厝,四个兄弟一人一座。① 后来他还为半月里村修雷氏宗祠和村落的建设提供风水指导,如该村由于处于古道溪南至水潮段的中点,原名叫"半路里",雷志茂则根据村落地形犹如半月形而改为"半月里",使之更具文化含义。所以在半月里雷氏宗祠中供奉着他的神主牌位,其云:"敕封雍正二年地理名师本先生雷志茂香位。"

笔者2004年在浙江省丽水市莲都区老竹镇沙溪村调查时也发现该村的蓝姓畲民中,在清代乾嘉道年间也有人因"累试赴场不期"而去当风水先生。如该村的《宣邑蓝氏宗谱》记载:"进公次子,行月十九,讳公麟,字李振。乾隆乙巳年(1785年)二月初十日辰时生,卒缺,葬新殿下,丑山未向。娶钟氏,乾隆癸丑年(1793年)十月十三日戌时生,卒缺。生二子,仁泰(出祀)、仁恺。二女,长适黄家弄雷高余,次适蔡弄源雷金水。"由于"月"字辈为沙溪蓝氏的第十世,说明蓝李振是沙溪蓝氏的第十世成员,同辈中排第十九。他有二子,但长子仁泰出祀,实际上是给他二哥蓝李京(9岁夭折)当祀子,所以他应该是进公的三子。此外,对这蓝李振,可能是对该宗族修谱、修祠有大贡献,故在该谱中,有松阳县的庠生叶启封为他撰写的赞,其云:

李振公赞

雄才大略,世务分明。尤精地理,探本论根。广交久敬,满座高朋。建祠尊祖,督理最清。

又

自少诵读书,冠来仁精义熟。奈何命乖运促弗克,游庠归学。虽然,累试赴场不期,太水涸霾意怀,有志竟成。忽遇泰山,坠落众道,秀文爵屈。自谦才华浅薄,续修家乘两翻,忠孝之名尤确。

松邑庠生叶启封撰

根据这赞,蓝李振"自少诵读书,冠来仁精义熟,奈何命乖运促弗克","累试赴场不期",所以才去学"地理"为人解困,成为该地的风水先生,且"尤

---

① 江金秀:《闽东畲族村落文化遗产的保护》,厦门大学硕士学位论文,2008年5月,第18~19页。

精地理"而著名。

实际上,我们如果再发掘,肯定还可以找到不少事例。而且我们也经常看到,某些族谱在介绍某地的畲民开基祖之所以选择某处定居,就是因为他懂风水,觉得在那里定居对其后裔有好处。如上面提到的罗源松山上土港的闽东开基祖蓝祥永,不仅是位医生,而且也懂风水,所以他走到连江的"外窑地方,视其形势山环水绕,有克昌厥后之基,遂卜居于此"。[①] 又如福安坂中井口《汝南郡蓝氏宗谱》里说:"惟日照公旋卜筑于井湖,见其山水秀丽,地土肥饶,遂筑室于兹,乃为井湖开辟之始祖。诗书之泽虽逊于邹鲁,勤俭之俗不亚于唐魏,迄今又相传百余载矣。"[②]由此看来,在畲民中,学当风水师者比比皆是。

此外,还有些畲民也会去学当木匠、竹匠等,做靠自己手工技艺挣钱糊口的手艺人,有的甚至当裁缝,不仅为畲民服务,也为当地的汉人服务。如罗源县松山镇八井村的雷世美,就是一个当地有名的裁缝。他生于1882年,12岁学裁缝,16岁艺就出师,17岁即1899年就开始上门为畲、汉雇主从事男女服装、被、帐等裁缝,足迹踏遍八井、竹里、吾洋、前房、上土港、安井、杨家里、贝溪、小获等地畲汉乡村。[③] 为了给畲民妇女缝制配套,他还特意学会剪花样和绣花。所以在他当裁缝师傅的时代,八井一带畲族妇女的衣服多出自他手。

六、学当师公、道士以谋生

在闽粤赣交界地区,有的畲民就开始学习闾山派或茅山派的法术来谋生了。到了闽东浙南后,因生活所迫,有更多的畲民向汉人闾山派或茅山派的法师或道士学习做道士或法师的技能,以便能多一些谋生之道。如浙江丽水市景宁鹤溪镇暮洋湖《蓝氏宗谱》就说:"蓝雷二氏共十一人起马,入浙江处州府丽水县石塘住居。分别约定,说订两姓,如若学法传度,一同赴会道场。如若某位不到者,分数取之,不得称也。"[④]也就是说,暮洋湖村蓝氏的

[①] 罗源松山上土港:《汝南蓝氏支谱》(清咸丰八年手写本),《福建省少数民族古籍丛书:畲族卷——家族谱牒(上)》,福州:海风出版社,2010年,第183页。

[②] 福安坂中井口:《汝南郡蓝氏宗谱》(民国二十六年手写本),《福建省少数民族古籍丛书:畲族卷——家族谱牒(上)》,福州:海风出版社,2010年,第165页。

[③] 雷恒春主编:《福州市畲族志》,福州:海潮摄影艺术出版社,2004年,第442页。

[④] 浙江省丽水市景宁县鹤溪镇暮洋湖:《蓝氏宗谱》,1921年手写本。

先祖是进入浙南后才去学习闾山派法术的。

我们再看一个例子,浙江省武义县柳城镇车门村(过去属宣平县)的一份向武义县民族宗教局递交的申请报告中说:

> 柳城畲族镇车门广生殿是武义南部地区广大群众畲族道教文化信仰活动场地。据车门畲族蓝氏宗谱记载:太公蓝黄祖,法名法寅,生于明嘉靖四十年(1561年),是(车门村)第一代(畲族)道教文化传师。他于明万历三十四年(1606年)从福建省古田县请领道教师父陈法清祖师的灵像香火,迁到西联乡柿树坪村居住,并立法清祖师香案供奉。不久转迁到柳城车门龙福寺垄居住。黄祖公的畲族道教文化活动受到当地群众极大信仰和崇拜,以后几年,黄祖公就在香火山上建造了道教师父陈法清灵像殿,时称法清殿(现为广生殿)。法清殿建造好后,宣平一带道教信徒及善男信女都前来烧香参拜陈法清灵像,香火旺盛,影响甚广,邻县松阳、丽水、遂昌等县信徒也都前来朝拜。此后,第二代传师蓝士亮,法名法进,生于万历三十九年(1611年);第三代传师蓝水生,法名法旺,生于清康熙二年(1663年);第四代传师蓝雷元,法名法开,生于清康熙五十二年(1713年);第五代传师蓝土生,法名法吕,生于清乾隆三十年(1765年);第六代传师蓝天明,法名法广,生于清嘉庆二十年(1815年);第七代传师蓝金旺,法名法坤,生于清同治四年(1865年);第八代传师蓝樟树金,法名法照,生于民国元年(1912年);第九代传师蓝林和,法号法林,生于民国七年(1918年);第十代传师蓝陈余,法名法圣,生于1952年3月,都是法清殿住持,并为法清殿扩大规模、配套建设做出了贡献。①

该文后面还说:第十代传师"蓝陈余16岁拜师学法,35岁定法号"。由此看来,车门蓝氏始祖蓝黄祖也应该是在大约16岁以后才在福建省古田县那里学习闾山派法术的,那应该在明代万历五年(1577年)以后,然后在万历三十四年(1606年)他35岁时,"从福建省古田县请领道教师父陈法清祖师的灵像香火,迁到西联乡柿树坪村居住,并立法清祖师香案供奉"而成为车门蓝氏中的第一代闾山派道教的传师,至今传了十代人。这个例子也清楚地表明闽东浙南的畲族法师多是到闽东浙南后才开始学习闾山派道教法术的。

---

① 《关于设立柳城畲族镇车门广生殿为畲族道教文化管理场所的申请报告》,2010年。

但在过去,根据明代晚期畲民传统再发明的"盘瓠传说"而制作的长卷"组图"第三十六图为"盘瓠王上间山学法"[①],畲民的叙事神话歌《高皇歌》也唱道:"龙期田土自不管,一心间山学法来。学得真法来传祖,头上头角花冠带。当初天下精怪多,茅山学法转来做。救得王民个个好,行兵动法斩邪魔。"[②]或者:"龙麒自愿官(不)爱,一心间山学法来。学得真法来传主,头上又何花冠戴。当初天下妖怪多,间山学法转来做。救得良民个个好,行罡作法斩妖魔。"[③]在有些明晚期闽东浙南地区畲民自我创制的族谱中,亦有盘瓠为间山派法师的形象描述,如"会稽山……山有一妖,俗呼柳氏生,九首人面蛇身,素行瘟害人。盘瓟王初登此山,能知化身,头缚红帕,手执银铃,同宫娥、美女赶上一百二十四步。此妖逃避海外,地方宁靖"。[④] 因为这些畲民主位的再发明与表述的故事和唱本的影响,故有的人认为畲民的祖先盘瓠就是一位间山派的师巫,因而畲民的师巫技能是其祖先传下来的,似乎他们先天就是当师巫的料,或者畲民个个都是师巫。然而这种说法是不符合历史实际的。实际上,虽然在闽粤赣交界地区聚居生活时畲客瑶人中也有人向当地的间山派法师学道而成为间山派的法师或道士,但我们从后来在闽东浙南地区生活的畲民中有更多的人成为间山派的师公,以做道士或师公为人解困挣钱而生存的现象来看,这些畲民之所以能成为间山派法师或道士,主要还是畲民迁徙到闽东浙南后,向当地汉人的间山派道士或法师学习的结果。因为闽东一带毕竟是间山派的发源地。

我们知道,间山派也称间山道、间山教,它是没有真正实在祖庭的一个所谓华南道教的流派。实际上,所谓间山是由该派师公或法师想象出来的地方。其有几种说法,其一,间山在水底,或直接些,称其在福州的闽江底。如《闽都别记》就说:"间山,门在水底。"或台江的"江畔一岩洞,额有字,勒'间山大法院'五大字"[⑤],其三十年一开,有缘人才能进去学法。其二,是庐山,如《陈十四奇传》讲,陈靖姑去间山大法院学法是到庐山。换言之,间山

---

① 雷恒春主编:《福州市畲族志》,福州:海潮摄影艺术出版社,2004年,第17页。
② 《中国少数民族社会历史调查资料丛刊》福建省编辑组:《畲族社会历史调查》,福州:福建人民出版社,1986年,第367页。
③ 浙江省民族事务委员会编:《畲族高皇歌》,北京:中国广播电视出版社,1992年,第9页。
④ 《会稽山七贤洞记》,《雷氏宗谱》,光绪八年(1881年)修,福安市坂中乡林岭村藏。
⑤ (清)里人何求纂:《闽都别记》上,福州:福建人民出版社,1987年,第136~137页。

派的祖庭是虚构的,在闾山派中,真正与邪魔斗争并制服他们的是许真君的最得意弟子陈靖姑。因此,许多闾山派的师公多将陈靖姑当作该派的祖师爷或"法神"。所以陈靖姑的神像有两类,其一作为"临水夫人"顺天圣母的形象为身着妃、后服饰的坐姿神像。其二作为闾山派的祖师爷或"法神"的形象则是穿着师公服装的站姿神像,其头蒙红帕,戴神额,手持七星剑或银铃、牛角等神器。

民间认为闾山派的师祖或教主为许逊(许真君,许九郎),其为东晋人,在传说中,其最得意之门徒、闾山派实际的"法神"陈靖姑则为唐代中期或唐代末年之人。实际上,有人认为闾山派法术形成大约是在唐末到宋代,其主要根据陈靖姑的事迹编纂完成的,发源地即在闽东的福州一带。而盘瓠,根据畲民的神话传说,他为高辛帝立了大功,因此他如果真有其人的话,应是三皇五帝时代的人,以生存于如此之早的人向晚于他的人学习闾山道法术,本身就是一件不符合逻辑的事,因此也是不可能的事,那自然不是历史事实,而是畲民主位编造出来的神话传说。因此,讲盘瓠学习闾山法术,成为闾山派师公的叙述,应该是明中叶以后,畲民迁徙到闽东浙南,向这里汉人的闾山派师公学习了闾山派法术,成为闾山派法师后的一种传统再发明。由此我们也可以看到,闽东畲民族谱中关于其祖先盘瓠传说的传统再发明,大体在明代中叶以后。

其实,畲民向闽东汉人学习闾山派或茅山派的法术之历史事实,我们从其他一些方面也可以得到一些证实。如广东的"招兵节挂三奶娘娘像的由来"传说故事云:"相传畲族盘、蓝、雷三姓的最先师公是三位奶娘娘,三位奶娘娘的祖籍是福建古田临水宫人。按序辈被人称陈四姐、李三娘和林九娘。"后来姐妹三人到水底的闾山法院学了法术,运用闾山法师的法力除掉许多邪魔,如蛇精白沙爷等,"化成三个美丽的仙女上天去了。临水宫的乡民,为了纪念陈四姐、李三娘和林九娘的功劳,便尊称三姐妹为三奶娘娘,还建起了三奶娘娘庙,祭祀三奶娘娘。畲家人知道了三奶娘娘为百姓做好事,就在自己一年一度的'招兵节'挂起了陈四姐、李三娘和林九娘的画像,请三奶娘娘也为畲家人驱除妖邪,保佑平安"。[①] 的确,畲民的法师多借助陈靖姑的法力来驱邪收妖、押煞纳福,所以他们科仪本多有"请奶(娘)科文""请奶

[①] 《招兵节挂三奶娘娘像的由来》,雷楠、陈焕钧:《凤凰山畲族文化》,深圳:海天出版社,2006年,第237~239页。

(娘)通关门科文""送奶(娘)科文"等,如《请奶科文》中唱道:"奉请福州府古田县临水正宫陈元君,奉请奶娘祖在江南渡……天下神通奶第一,慈悲救苦不思仪(疑)。……"①因此,从科仪本的内容看,其基本就是"陈十四平妖传"加上一些咒语、手诀等。笔者在罗源县八井畲村调查时,在雷法连(雷铨尧)家里看到这本他曾使用过的《请奶科文》科仪本,并征得其同意,拍了照片留作资料。

笔者也向当时(2003年)已76岁的雷法连等做了一些调查。他的师傅是八井畲村对面山坡上的一个现在的废村——树楼畲村的蓝得兴,其法名为蓝法吉。根据树楼村蓝氏在光绪十八年(1892年)修的《蓝氏族谱》(草本,手抄本)载,蓝法吉的谱名为蓝得兴,十二世"得兴,字心书,乳名康金,行铨三,娶陈八井雷氏名显莲。自生光绪二年(1876年)丙子十月初二日子时,氏生光绪六年(1880年)庚辰八月二十九日丑时"。由于该谱修于光绪十八年(1892年),当年蓝得兴十六岁,当时他应该还没有出师而获得法名,所以族谱上他的名下没有法名记载。据他的徒孙,雷法连(雷铨尧)的孙子雷可良说,蓝法吉的法术最初是跟其父亲蓝益礼(蓝法如)学的,后来也去外面跟其他人学。雷可良的祖父雷铨尧是蓝法吉(蓝得兴)的徒弟,其科仪本多是蓝法吉传给他的,或从他那里抄录下来的。根据树楼村的《蓝氏族谱》,蓝法吉的父亲为蓝益礼,十一世"益礼,光绪丙子岁(1876年)演学茅山科仪传度,奏名法如。字忠奎,乳桂成,行均一。娶陈八井雷氏名金弟,生六子二女。第四男细嫩□(夭)卒。自生道光二十八年戊申(1848年)三月十九日申时,氏生道光二十九年(1849年)己酉三月二十五日卯时。寿域附父坟"。由此看来,蓝益礼在"光绪丙子岁(1876年)演学茅山科仪传度",并在光绪十八年(1892年)前有了奏名(即法名)蓝法如。看来他是在28岁时学茅山法术的,或在28~44岁之间获得奏名(法名)的,当然也可能在28岁时因"传度"的关系而获得奏名。另外,在光绪十八年(1892年)的《蓝氏族谱》中,蓝益礼的大儿子蓝得旺亦有奏名,"十二世,得旺,奏名法馨,字心翰,乳康佑,行铨一。妻可湖雷氏名东莲。自生同治六年丁卯(1867年)七月二十二日巳时,氏生同治五年(1866年)丙寅八月十五日戌时"。在光绪十八年(1892年),他25岁时,就已经有了奏名。而他弟弟蓝得兴当时十六岁,但没有奏名。这清楚地表明通过"传度"或"度身"或"奏名传法"、"传师学师"等获得"法名"或"奏

---

① 《请奶科文》(福建罗源县八井村法师雷法连藏用)。

名"、"职名"的仪式,并非畲民的十六岁应做的成丁礼,而是有些畲民学习当法师的技能后,要成为能独立实施法术的法师的一种旨在"出师"意味的通过仪式。所以有些人如蓝炯熹认为"畲族还有一种重要的成丁礼仪式,即畲家子女年届十六,必将通过一种特殊的宗教祭祖仪式,由家庭成员'入录''度身'转为宗教成员,仪式称为'奏名传法',俗称'做序头''传师学师'"。[①]即把这类仪式说成是畲民的"一种重要的成丁礼"的说法是错误的判定。

然而,族谱中没有记载蓝益礼是向谁学习法术技能的,其父亲也不是师公或道士,因为其没有闾山派或茅山派等法师或道士"传度"后才有的奏名或法名、职名等,看来蓝益礼(蓝法如)的"演学茅山科仪"是向族外人学的。幸好雷法连使用的《请奶科文》是蓝法吉传给他的,蓝法吉的法术有部分来自他的父亲,有部分向连江那里的法师或道士学的,这本《请奶科文》是从其父亲手中传下的。而这本科仪本又是蓝益礼(蓝法如)的师傅传给他的。因为在这本科仪书的末页,有那么几句文字:"光绪丙子科,连邑(连江县)岚岭境法佑付与罗邑(罗源县)小获(铺)上牛涸境(树楼村)蓝法如,流传后裔,宝惜可也。"其后有蓝法如的签名及其画的一平安符令。页边还有一行小字,写"蓝法吉祖传科册"。这表明蓝益礼是到连江县岚岭境向法佑师傅学的法术,很可能是跟汉人的法师学习,以后再传给其儿子。

下面一例就很明确的表述有的地方畲民法师是向当地汉人法师学习的,如福安县灵宝坛的雷姓法师用的一本《旱魃法术》的落款云:"明天启元年(1621年)六月吉旦,林法通原籍抄写,取《仙旱魃细法》。清嘉庆二十年(1815年)六月吉旦,依师传抄——林法真。光绪七年辛巳岁(1881年)七月吉旦传抄——吴法飞。飞传男法留同婿钟声远,敬识再抄"。[②] 这清楚地表明畲民钟声远的闾山道法术是向其岳父吴法飞学习的。

由此看来,畲民迁徙到闽东浙南后,有部分人向汉人的闾山派、茅山派法师学习,而成为师公,并以此技能来挣钱,养活家人。大约在明代万历年前后,谢肇淛在其万历年间写的《五杂俎》曾说过:

> 吾闽山中有一种畲人皆能之,其治祟亦小有验。畲人相传盘瓠种也,有苟、雷、蓝等五姓,不巾不履,自相匹配,福州、闽清、永福山中最多。云闻有咒术,能拘山神,取大木箍其中,云:"为吾致兽。"仍设阱其

---

① 蓝焰:《畲族巫术文化中的陈靖姑信仰》,《世界宗教研究》2007年第4期,第91页。
② 蓝焰:《畲族巫术文化中的陈靖姑信仰》,《世界宗教研究》2007年第4期,第90页。

傍,自是每夜必有一物入阱,餍其欲而后已。①

  在这里,畲民是靠"咒术"来"治祟",而非用附体的方式来驱邪,所以他们使用的是闾山派的符咒法术,而非乩童。这也才有清代文献说有的畲民可以"借师巫驱鬼祟",已有一些人以此为生了,既为畲民服务,也为当地的汉人服务。区别在于为畲民服务时,用畲语唱经、念咒,而为当地汉人服务时则用当地的土语来行事。因此,他们也成了畲民中的民间知识分子。

---

① (明)谢肇淛:《五杂俎》卷六,《人部二》,上海:上海书店出版社,2001年,第123页。

第六章　盘蓝雷钟四姓山客(畲族)的形成
——畲民族群认同标志的再发明

过去有种说法,认为畲民自古以来就是以盘、蓝、雷、钟为姓的一群人。然而从上面的一些分析来看,这恐怕不是历史事实。实际上,在明代早中期的聚居区——闽粤赣交界地区,畲民、瑶人、客民分不清,而且他们有许多姓氏,除了盘、蓝、雷、钟、苟、侯、胡这些后来常被文献提及的姓氏外,还有应、廖、李、蒙、林、黄、陆、张、刘、谢、池、高、龚、詹、卢、郑、赖、江、徐、王、吴、杨、袁、宋、余、苏、范、伍、温、叶、马、曾、卓、诸、陈、金、彭、邱、唐、洪、汤、朱、邱、萧、谭、杜、黎、康、薛、简、蔡、练等50多姓。他们都是"盘瓠之遗种"[①],并没有只限制在盘、蓝、雷、钟四个姓,然而自从畲民在明中叶迁徙闽东浙南后,情况发生了变化。这一变化的最大表象就是:从此以后,畲民就只剩下盘、蓝、雷、钟四个姓氏了,而且也是在闽东浙南这一地区,畲民自我建构其这一族群认同的标志,即他们再发明了自我的盘瓠传说,并用这一在闽东浙南再发明出来的传统来划分族群的边界。

第一节　闽东浙南的盘蓝雷钟与其他地区的不同自我表述

20世纪80年代后,闽南、闽西、江西和其他某些地方的蓝、雷、钟姓居民兴起一股"恢复"其畲族身份的热潮,但是在大多数的申请报告中,他们所根据的民族识别资料,主要是畲族的蓝、雷、钟姓氏的来源等,大多都没有提供"盘瓠传说"等显性的畲族文化认同的主要因素作为民族识别的依据。如

---

① (明)顾炎武:《天下郡国利病书》第二十八册,《广东》下,上海:上海古籍出版社,1995年,第436页。

1985年福建安溪县善坛村的钟姓为了恢复其所谓畲族身份所撰写的报告《关于申请恢复吾善坛村钟氏"畲族"族名的报告》就是如此表述的。

在报告中,其一提到祖先的来源以及与闽东钟姓畲族的关系,如:"吾族钟氏源于河南许州颍川郡宗昌县安邑乡。传至三十世,时值东晋末朝。恭帝禅位于宋,草寇猖獗,钟氏一门荡析离居。元熙二年(420年)渡江避难于赣州,三十二世会公奉命入闽剿寇,见汀州府白虎村山川秀丽,遂同母黄氏及妻三人定居是地。北宋王安石推行新法,遭反对派抗逆,殃及士庶,吾九十四世公兄弟十四人,各移他方,其兄弟毅公(即本县盛富村钟氏之祖)移上杭,齐公移武平。吾祖温公(讳道器)移漳州海澄,传三世后,三房公泮儒移居同安钟宅。迨一四二三年,吾善坛始祖颜德公由钟宅来安溪盐坛,后易名善坛,迄今五百六十二年。""汀州根裔分后于广东惠阳、潮州和本省宁德的福鼎、福安、寿宁及德化县的瑞坂村等等。""我善坛祖始建于五百年前,横匾'颍川世泽',灯号'颍川',祖宗联文有'脉发托龙溯钟宅飞腾知自颍川跃出',至今保留。"

上述这些内容,讲到的是钟姓的历史,并通过远祖以及迁徙历史的陈述以及查阅"吾海澄始祖谱牒",认为他们跟广东惠阳、潮州,本省的武平、上杭、福鼎、福安、寿宁等地的钟姓是兄弟宗支。善坛钟姓是移居海澄的这支钟姓的直接后裔,其迁徙路程为:龙海海澄——同安(厦门)钟宅——安溪善坛。这样的表述,其言下之意是,由于和福鼎、福安那里的钟姓畲族是"兄弟宗支",与他们同血缘,所以他们也是畲族。

其二,该报告还提到,钟姓有自己相认的方式:"汝字是钟氏后裔子孙相认时必须问津的秘密暗号。吾邑钟铭两1956年往云霄修筑公路,丢失钱包,被寨仔村钟氏一小孩拾到,见内有证件,知失主是钟氏,返家告其母,主动送还。后邀至乡中设宴款待,因对不上暗号,而被冷落、罢宴。钟铭两莫名其妙,百思不解。回乡后请教乡老钟志觅(是年93岁,现已病故),方知吾族子孙彼此相认需对暗号,即见面时出示三个半指头,或道出'一根竹劈成三条半篾'隐语,或写出一个'汝'字(意指盘、蓝、雷、钟三男一女)。翌年,钟铭两与钟铭匣、钟江华等再度至云霄寨仔村对上暗号,村人甚悦,置酒菜尽其亲谊。"

其三,谈到畲族文化特征时,只说善坛钟姓"男性婚娶时,须穿一套贴身'白短衫裤'交拜天地、祖宗,三天后方能脱下,长期保存。终老时,仍要以这套衣服裹体入殓(据传此一风俗与祖公貌相有关),不少七十岁以上老人至今沿用此俗,保存是物"。① 而没有其他,如盘瓠传说、服饰等至今被视为是显性的畲族文化特征的因素。

从这种申请恢复畲族身份的报告中,首先反映了这样一个问题,即闽西、闽南的钟姓与闽东的钟姓本是同一个远祖派下的不同宗族,他们有着某种直接的亲缘关系。其次,也显现出隐藏在背后的另一个相关的问题,即闽西、闽南畲族自我编撰的明清族谱与闽东浙南畲族自我编撰的明清族谱有明显的不同,即两者的构成不一样,两者自我建构的族系历史不一样,也即在明清时期,两者主位的建构不一样。闽东浙南畲族的明清族谱中多有盘瓠传说,或与盘瓠传说有关的记述,而闽西、闽南或其他地方的蓝、雷、钟姓明清族谱中都明显缺乏富有现代畲族文化象征标识或认同标志的盘瓠传说或相关记述,否则不会,也不应该如此曲折地找其他方面的相关资料来证明自己是属于畲族的。

如龙海市海澄钟姓清代嘉庆壬戌年(1802年)重修的族谱《纯嘏堂钟氏族谱》(抄本)的内容构成有:萃一公重修族谱序,圭芳公修谱原序,世系考,汀州府流传图书一轴,祖训一十二款,寨规,列祖坟址,杂录,官山旧谱牌原序,官山前楼钟氏重修族谱序,海澄冠山大宗总图,海澄屿上大祖墓石碑式,明松洲肇基祖墓碑式,居海澄大始祖道器公传代图等,虽谈到本支钟姓的历史与渊源,却没有涉及盘瓠传说。也就是谈到其远祖时,并没有像闽东、浙江的畲族族谱那样直接与高辛帝、盘瓠等联系在一起。如"萃一公重修族谱序"谈到钟姓的来源等,其云:

> 窃惟人生于天地,而本于祖宗,祖宗之德泽,与天地同一高厚也。后世之子孙,当有以溯其源,衍其委,禀仁孝之性,尽尊祖、睦族之诚,方能保族滋盛,而卜世久长也。虽然世愈远,而人愈繁,族愈分,而相亲日少,藉非赖于谱之存,何由考世系,知终始,敦睦族属哉!则族谱之阙,于人诚巨矣。予阅汀州府流传图书一轴,载吾先祖□(谱)系详哉言矣!上世盛自汤王之时,历商周秦汉唐宋元迄至明清,脉脉相承,若此其远也。上世住河南省开封府许州颍川郡,迁金陵钟离县,又迁江西处州府平传、信丰、宁都等县,又迁闽粤各州府县,居住星布棋置,若此其广衍也。皆是朝公一脉所传,先世屡受朝廷褒封,螽斯衍庆,猗欤盛矣!惜乎后之子孙不能□(绳)武,以扬先公之美。幸明末闽粤二省有登科发

---

① 福建安溪县善坛村:《关于申请恢复吾善坛村钟氏"畲族"族名的报告》。

甲,如闽之钟垣,粤之丁先,本邑之元运,皆是黄门侍郎朝公一脉之子孙也,家声稍振。……

在这样一篇自我建构的祖源述说中,参考了"汀州府流传图书一轴",却没有提及高辛皇帝与盘瓠等的故事,而是讲从"上世盛自汤王之时,历商周秦汉唐宋元迄至明清,脉脉相承",认为他们都是"朝公一脉所传"。

其次,我们再看其他地方明清时期的蓝雷钟族谱,如江西兴国贺堂源头山光绪丙午年(1906年,六修)的雷氏族谱,该谱的"雷氏六修族谱新序"自我主位地界定了其雷氏的来源,其云:

雷氏系出帝喾高辛之功臣名方雷者,封侯邦食采于冯翊之地,因之所以字为姓,以地名为郡,而雷之受姓命氏实肇于此矣。盖其始也,一人之身耳。再传子而孙而曾元,椒衍瓜绵,人丁由此隆盛。螽斯麟趾,户口从此蕃盛。贤哲辈出,硕彦叠生,故自秦晋汉周唐宋元明,其间之将相、公侯、义士、忠臣,春元秋解,良吏名宦,文韬武略,显爵隐德,指不胜屈,代不乏人矣。他如次宗应春、万春、万振、德逊、德让以及谭、逢、开、同、吼、义、焕、鋐诸公名人尤其昭垂史册,炳耀日星,班班可考,彰彰在人耳目也。①

从该谱的其他序如乾隆三十一年(1767年)写的《雷氏纂修谱序》中,可以知道,江西兴国贺堂源头山雷氏的开基祖是雷氏儒任公派下的第七世献字辈的人和他的儿子,该序说:

君之房祖乃儒公六世之裔孙,讳文明,字先春公。幼习儒业,教授生徒,文而有礼,持恭谨厚。生子有三,曰闲,曰住,曰剑。闲公之子世香居赣郡兴邑之枫溪,剑公之子世鉴、世宁居吉郡庐邑之黄沙南龙。迄今数世,丁衍数百。

从"儒任公位下世系"中的一些人的记载,可以看到他们从福建迁徙到江西的时间大约在明代万历年间或以后。如:

基祖:一世,儒任,字学文,原派千二十四郎,明永乐甲申年七月十五日寅时生,成化甲午年六月十八日寅时殁。葬福建省汀州府宁化县新村里,龙形,癸山丁向。配刘氏,子三,为床、为倦、为宵。女四。

……

六世,文相,圣遥长子,原派千十五郎。明正德戊寅年七月十八日

---

① 江西兴国贺堂源头山雷氏光绪三十二年丙午(1906年)新镌:《雷氏六修族谱》。

第六章 盘蓝雷钟四姓山客（畲族）的形成——畲民族群认同标志的再发明

亥时生,万历戊子年八月十五日丑时殁。葬汀州宁化归下里罗雪山。配蓝氏,子一,女二。

文谋,圣遥次子,原派千二十郎。配蓝氏,子三,女一。

文明,圣遥三子,原派千二十六郎。配蓝氏,子三,女二。

文奉,圣论长子,配张氏,子一。夫妇同茔,葬延平府将罗县金山坝。

文春,圣论次子,配江氏,子二。

文富,圣玉长子,原派千八郎。配蓝氏。夫妇同茔,葬延平将落(乐)县池湖都洋子江岭头。

文才,圣玉次子,原派千二十五郎。配马氏族,葬延平将落(乐)县南善都大山头。

文浓,圣玉三子,原派千二十七郎。葬汀州清流梦溪里龙沙。配李氏。

文新,圣泰长子,原派千二十八郎。徙居,未详。

文福,圣泰次子,原派千四十二郎。配罗氏。

文牌,圣在长子,原派千十八郎。配蓝氏,子二。继配钟氏,子二,女一。

文招,圣在次子,原派千三十一郎,明正德庚午年十一月十一日亥时生,万历丙申年二月初一酉时殁。葬延平府永安理三十六都肚无坑。配蓝氏,子二,女三。

文楚,圣看长子,原派千二十九郎。

文接,圣看次子,原派千四十一郎。葬汀州府连城县古田里。配蓝氏,子三。

文度,圣眠之子,原派千四十三郎。葬汀州府连城县古田里。配蓝氏。之四,女一。

文墙,圣赵长子,原派千三郎。明正德丁卯年正月十一日生,万历乙未年七月十四日午时殁。配蓝氏,子一。

文起,圣赵次子,原派千五郎。配蓝氏,子一。

文龙,圣赵三子,原派千七郎。配张氏。

文深,圣赵四子,原派墙十九郎。配蓝氏,子二,女二。

七世,献富,文相之子,明嘉靖癸亥年八月十四日卯时生,万历庚子年四月十一日午时殁。葬吉安府永丰县明德乡四十二都。配蓝氏,子五。

献情,文谋长子,原派万四十九郎。葬延平府将落县龙安都羊角山。配汝氏,子一。

献整,文谋次子,原派万五十二郎。葬延平县二十都。配汝氏,子一。

献绢,文谋三子,原派万五十八郎。葬汀州府清流县罗村里琴源山寨。配蓝氏,子徙居失考。

献闲,文明长子,配周氏,子二。

献住,文明次子,配蓝氏,葬漳州漳浦县管下里。生子一。

献剑,文明三子,原派万二十八郎。葬汀州府清流县梦溪里。配汝氏,子二。

献孙,文奉长子,配蓝氏,子一。

献陈,文春长子,徙居未详。

献齐,文春次子,徙居未详。

献承,文牌长子,原派万十六郎。配刘氏,子六,女二。

献甜,文牌次子,原派万二十七郎。葬汀州清流县。配蓝氏,子三,女二。

献庙,文牌三子,原派万三十五郎。葬宁化县会同里。配蓝氏,子二,女一。

献劝,文牌四子,明万历丙子年四月十三日巳时生,崇祯庚辰年八月十一日申时殁。葬江西赣州府兴国县宝城乡南云下堡黄泥排。配蓝氏,子一,女三。

献迁,文招次子,原派万四十七郎。配曾氏,子一。

献微,文接长子,葬汀州长汀县四堡井头大坑龙头背。配蓝氏,子二。

献钱,文接次子,原派万六十二郎。明万历己卯年七月十四日亥时生,天启丁卯年八月初一日申时殁。葬赣州府兴国县侬锦乡碬莫塘。配蓝氏,子二。

献仲,文接三子,原派万六十八郎。葬兴国县宝城乡方山新上里高坡排水尾。配蓝氏,子时,女二。

献勤,文度长子,原派万五十六郎,葬汀州府连城县古田里。配蓝氏,子三。

献银,文度次子,原派万六十一郎,明万历壬午年十一月十一日巳时生,崇祯辛巳年八月十三日巳时殁。葬江西省赣州府兴国县太平乡崇一里大龙坰坵。配蓝氏,子二。

献钟,文度三子,原派万六十四郎。葬赣州兴国太平乡崇一里大龙塘岭黄竹龙嵊上。配蓝氏,子四,女一。

献圆,文度四子,原派万六十六郎。葬吉安府永丰县永丰乡三十七都双岭。配蓝氏,子三,葬兴国县太平乡崇一里大龙堡塘含老屋背。

献佃,文起长子,原派万六郎。葬汀州连城古田里。配蓝氏。

献恋,文起次子,葬宁都州德怀乡二十五都南溪。配张氏,子三,女一。

献显,文深长子,原派十七郎,葬汀州清流。配蓝氏,子一。

献移,文深次子,原派万四十九郎。葬延平府永安县二十九都。配蓝氏,子一。

八世,世香,献闲长子,明天启甲子年三月初八日子时生,清康熙丁卯年十月十三日丑时殁。葬兴国太平乡崇二里大坑头水视坑。配蓝氏,子二,女一。

世烟,献闲次子,生殁失考。葬江西兴国县南云下堡坊江尾洞架上。配蓝氏,子徙居未详。

世魏,献住之子,葬兴国宝城乡南云上堡茅坪马料坑。配蓝氏,子四,女一。

世剑,献剑长子,公于崇正辛未年由闽而徙居豫章吉安府庐陵县淳化乡八十五都黄沙雪溪。配蓝氏。继配蓝氏,生子二,女一。三娶刘氏。

世宁,献剑次子,葬庐陵淳化乡八十五都雪溪竹坑杨坑嵊上。配蓝氏,子三。

由此可知,江西兴国贺堂源头山的雷氏是从福建迁徙过来的,时间在万历以后,他们在乾隆年间开始修谱,当时这支"雷氏为兴邑诗书望族"。而且他们所认同的祖先来历是高辛皇帝时代的功臣"方雷氏",而非闽东浙南的盘瓠传说中盘瓠的儿子"雷巨祐"。而且在该谱中,其内容为:新序、目录、源流序、旧序并记、家规十二则、凡例二十八条、寿序并传、行实并赞、诗并赋、墓志、遗嘱、屋图、坟图、字派、领谱字号、杰士传、执事鸿名、乐助、仕宦、源流世系、儒任公位下世系、补遗、后跋等。没有与闽东浙南族谱那样有什么与

175

盘瓠传说相关的东西。

再次,福建宁化茜坑的《冯翊郡雷氏家谱》所反映的情况也是如此。如该谱的内容为:卷首,新序、凡例、恩纶纪、原序、源流存征、目录、规则、源流备考、领谱字号;卷一,祠祖仁寿公位下;卷二,二房神保公位下;卷三,二房,宗政公房;卷四,二房,宗敬公房、宗元公房;卷五,二房宗元公房,三房锁郎公房,四房禄郎公;卷六,下沙祠图、龙门祠图、茜坑祠图、兴国屋图、茜坑屋图、里地屋图、乡贤录、翠庭公乡贤理学名臣传、文行录、乡饮录、逸行录、贞节录、各房传、序;卷七,甫公、详公、祠祖仁寿公暨各房祀产;卷八,坟图、并记、墓志铭、墓表、墓碣铭、诔文、后跋。

其《族谱源流存征》云:

> 锡姓命氏,周礼大宗伯掌之。降及春秋,卿大夫亦各自为氏,或以邑,或以官,或以名以字,因而氏族繁矣。雷之得姓,史传黄帝时方雷氏之后,以氏为姓。嗣是代有闻人,汉则有雷义,晋则有雷焕、雷次宗,唐则有雷万春、雷宣徽,宋则有雷德骧、雷德逊、雷孝友等。①

在这一有关源流的存征中,这支雷氏认为他们雷姓的得姓也是追溯到方雷氏,而非盘瓠传说中的盘瓠儿子雷巨祐。但他与江西兴国贺堂源头山之雷氏有点不同,他们认为"方雷氏"是黄帝时代的人,而非高辛皇帝时代的人。此外,族谱中也没有盘瓠传说的踪迹。

复次,永安曹远蔡地蓝氏自己编撰的清嘉庆十六年(1811年)刻本《汝南郡蓝氏族谱》所反映的情况也与上述情况一致。

该谱的内容为:卷一,新序二篇,共十六页,旧序二页、目录三页、告祖文二页、修谱题名一页、族规四页、凡例三页、字派一页、源流四页、服制图九页、系图引一页、远祖系图二页、世系图共二十八页、世传引一页、远祖世传七页、始祖世传四页;卷二,次四公世传五十六页;卷三,次四公世传五十七页,内多八十一号一张;卷四,次四公世传四十六页;卷五,次四公世四十九页,内重一百六十九号一张,补遗共四页;卷六,四六公世传三十三页,补遗一页;卷七,芹口龙归祖祠图四页、圣君遗记二页、张边奇源殿图二页、蔡地源飞云殿图一页、五七公土堡祠图三页、四六公屋图三页、赞郎公屋图二页、添员公屋图二页、传旺公屋图一页、远祖坟图一页、众祖坟图五页、次四公房

---

① 福建宁化茜坑:《冯翊郡雷氏家谱》,1914年芳饮堂藏板,《福建少数民族古籍丛书:畲族卷——家族谱牒(上)》,福州:海风出版社,2010年,第220页。

坟图二十五页，附坟记二页；卷八，次四公房行实共五页、四六公房行实共四页、尝产引一页、祖祠田产八页、二房众祖祭田一页、次四公房神田二页、田产共八页、里长合约二页、四六公房神田四页、祭田六页、山场六页、谢神文一页、领谱字号一页、后跋三页。通共四百六十三页。①

其《老序》说：

余祖起自太昊，从来甚远，但其先后亦有可考而不详者，古人阙疑之意。自迁祖以及而不略者，今人报本之心也。

其《修谱开局祝文》曰：

吾祖世系肇自上古太昊。②

其《源流考》记：

余族肇自太昊，系出汝南，居之巴州兰田。厥后子孙因其地为氏，以国为郡也。迄今各州之蓝，莫不本此国而分锡，然历传甚远，世次稽核难详。传至五代后梁太祖年间，有名奎、字秉文者，籍贯程乡，以文及第，赐进士出身，时人称蓝夫子云，肇基于汀州府牛栏峰。娶梅氏，诰赠夫人。厥生四子，长曰锦，次曰光，三曰焕，四曰耀。……耀公号仲圃，任吉州通直，生子二，曰正，曰礼。……礼公号辅成，善属文，任泉州教授，生子四。第三子昌隆，由泉徙上杭蓝屋驲奠居，为本里杰士。厥生九子，后遂建祠于牛栏峰，塑象（像）崇祀祖祠，至今犹胜称牛栏祖云。隆公之子……八曰有善，是余之祖也。……③

在这里，该族谱中没有与盘瓠传说有关的内容，其祖先追溯到太昊时代，蓝姓的起源为地名，即其祖先分封到蓝田，以"蓝田"这一地名的"蓝"为姓氏，而非盘瓠系的蓝氏，即没有追溯到传说中的盘瓠儿子蓝光辉。

又次，我们再看一看崇安发现的、三徵堂鉴修的《汝南郡蓝氏宗谱》（清光绪甲申年重镌）的情况。其中据说写于洪武三年（1370年）的《蓝氏世谱原序》云：

吾宗蓝氏，则由春秋楚大夫亹者仕为蓝田尹，而蓝姓之所自出。至

---

① 福建永安曹远蔡地：《汝南郡蓝氏族谱》，清嘉庆十六年（1811年）刻本，《福建少数民族古籍丛书：畲族卷——家族谱牒（上）》，福州：海风出版社，2010年，第196~198页。

② 福建永安曹远蔡地：《汝南郡蓝氏族谱》，清嘉庆十六年刻本，《福建少数民族古籍丛书：畲族卷——家族谱牒（上）》，福州：海风出版社，2010年，第198页。

③ 福建永安曹远蔡地：《汝南郡蓝氏族谱》，清嘉庆十六年（1811年）刻本，《福建少数民族古籍丛书：畲族卷——家族谱牒（上）》，福州：海风出版社，2010年，第204页。

战国时,亹之后曰诸者,仕为中山大夫,生五子,曰雍、曰奋、曰宏、曰交、曰简。汉改古蔡之地为汝南郡,蓝迁汝南,遂以汝南迁焉。其子孙繁衍,各以显宦散居江淮、闽、浙、两广,自是族派不可统一矣。①

这里,其祖先的来源追溯到楚之大夫亹,和其他蓝氏又有些不同。

最后,福建省漳浦县赤岭畲族乡长坑里石椅种玉堂的《蓝氏族谱》虽重修于1991年,但追溯其得姓祖先时则追溯到上古时代的"昌奇",而昌奇之上的一世祖则是炎帝。该谱云:

一世炎帝,即神农氏,以火德王,都于陈。……十一世昌奇,榆冈之后,因人无定姓,官无定爵,昔帝空桑之中有熊国君贡绣蓝一株,值帝后宫生一子,帝甚欢,遂以贡蓝赐子为姓,取名昌奇。及长,分封蓝昌奇于汝南郡,古者天子因生赐姓分爵封者,实自此而始也。②

根据该谱,赤岭的蓝氏是从北方迁入漳浦的,其后裔有的也迁到了闽东,甚至浙南地区,但其并非从闽东浙南地区迁过来的。由此看来,在闽东浙南之外的蓝、雷、钟姓的族谱中,其得姓祖先几乎都与在闽东浙南发现的蓝雷钟族谱不一样,几乎都没有提到盘瓠。

然而在闽东浙南一带,所发现的明清时期畲民自我纂修与重修的畲族族谱(主要指宗谱),无论是草谱或是刻本,则几乎都记述了盘瓠传说或相关的内容,如连江辋川的蓝氏,根据其同治十三年(1874年)修的连江辋川《蓝氏族谱》云:其开基祖为蓝耀治,"公别号耀治,序四,原籍福建漳州府漳浦县长坑里(今赤岭畲族乡)人也。祖屋在尚书庙后,而公偕伯仲四人,共迁安德里财岭,聚处一堂,并耕而食。公曰:地少人稀,山林辟寂,而无车马喧,只是尔我一身计,不足为儿孙百代图。伯仲皆曰:兄之言善。遂析箸而分,一迁丹阳,一迁后湾,一则流寓他所。公乃考□舆图,寻山问水,择里辋川。枕山面海,苍松翠□,中有腴田数十顷。学于圃者,可耕于田;樵于山者,可钓于水。优游恬适,日用所需,可无虑焉。于是阴阳,观流泉,度隰原,先于埠头,拮据数椽,以蔽风雨;开拓荒山,以种桑麻。"③换言之,连江辋川的蓝氏是从漳浦赤岭迁来的,是赤岭蓝氏石椅种玉堂的一支,按说,他们的得姓祖源应

---

① 福建崇安三徽堂鉴修:《汝南郡蓝氏宗谱》,清光绪甲申年重镌,《福建少数民族古籍丛书·畲族卷——家族谱牒(上)》,福州:海风出版社,2010年,第92页。
② 福建漳浦石椅种玉堂:《蓝氏族谱》,1991年修,第98页。
③ 《宗传》,福建连江辋川:《蓝氏族谱》,清同治十年抄本。

一致,然而连江辋川的蓝氏却认为:

> 辋川蓝氏,吾宗也。系本帝喾高辛氏封于蓝,其后支孙以蓝为姓,何代不有,核省不迁,岂仅辋川而已哉?吾家祖于广东七贤洞,随(王)潮入闽,婚娶于斯,枝叶繁衍,科甲蝉联,在闽中颇为著姓,支分派别,而其始祖则一也。……晓祖讳耀治公,肇自漳州府漳浦县长坑里,始迁连江安德里财岭,继迁里之辋川,计今九世矣。①

由此看来,蓝氏从闽南迁徙到闽东的连江后,得姓祖先也发生了变化。这种变化要称之为"畲民化",还是在某一社会环境中的自我建构或传统再发明,有待我们仔细去研究和推敲。不过从闽东浙南地区的蓝、雷、钟姓的族谱来看,这种变化似乎是普遍的,如福建霞浦县崇儒镇霞坪村雷姓在清代同治癸酉年(1873年)修的《雷氏族谱》(刻本)也是如此,该谱里的内容构成有:盘瓠王敕书,雷氏宗谱序,重修族谱序,请修族谱序,明清纪年,宗规条款(四条),谱例列款(十五条),先儒谱谕(六条),条训规则(六条),颁排行叙,新增行第,世系支图,世纪总图,疏派衬谱,忠勇王祠图,忠勇王墓图,七贤洞胜境等内容。

其中的"雷氏宗谱序"云:"雷氏之兴,始于高辛之世。"其"受宠锡姓,由来旧矣。但历朝有改革之殊,而分支有荡析之异,其寓居于粤东三楚之间者,皆以田园桑麻之业,亦习诗书礼让之风。今自粤东入闽,散处于福鼎大旗坑、福安茶洋及宁邑东陆、西陆之地。雷氏最为盛族,问其先世谱牒,皆谓兵燹。……溯其由来,必以盘瓠王之第三子巨佑公为始祖。……"②这种陈述把雷姓直接与高辛帝、盘瓠等联系起来,明确地说,雷姓是盘瓠的直系派下,高辛帝的外孙。除此之外,该谱中的"盘瓠王敕书""忠勇王祠图""忠勇王墓图""七贤洞胜境"等记录的也都是由盘瓠传说派生出来的相关一些内容。

浙江省丽水市老竹镇沙溪口村蓝姓畲民收藏的宣统己酉年(1909年)重修的《宣邑蓝姓宗谱》(刻本)也是一样,从《宣邑蓝姓宗谱》的目录来看,其内容有:尝问为序,蓝氏源流序,蓝氏历朝敕赐目录,祖图谱,序,重修宗谱序,蓝氏续修宗谱序,敕赐忠勇王谥护国王盘龙期神像,敕赐护国侯蓝光辉神像,敕赐南郡刺史蓝惠章神像,凡例,排行字母,家规,阄书,周琳伯赞,架琳

---

① 《重修辋川蓝谱跋》,福建连江辋川:《蓝氏族谱》,清同治十年抄本。
② 福建霞浦县崇儒镇霞坪村(垮里)藏:《雷氏族谱》,清同治癸酉年重修刻本。

公赞,李振公赞,李攻公赞,李乾公赞,李照仁兄赞,仕邦兄赞,蓝氏宗谱世系图,蓝氏宗谱行第图等。

其中"蓝氏源流序"记载了盘瓠传说,并明确表述蓝姓为盘瓠的儿子,高辛皇帝的外孙,其蓝姓是高辛皇帝赐的,其云:

粤稽太古遗风,盘古开混沌者,三才分也。人禀天地之气,乃为万物之灵者。连山、归藏、周易也,连山首艮,取始终之义,烈山氏所作,夏人用之也。归藏首坤,取包含之义,轩辕氏所作,商人用之也。周易首乾坤,取有天地,而后有万物之义,周文王所作。设官分职,以为民极,明其道而不易,正其序而不紊也。杨雄著《太元》《法言》,老聃作《道德经》,训伏羲,开六书文字,自是风气盛,文明开,将古之名人而笔之于书。稽古,帝尧生于高辛皇帝即位之元年,为甲辰四十有一载五月初五日。

高辛正宫皇后刘君秀夜梦娄金狗降凡除妖,娘娘惊醒,忽然耳痛,令太诏召医调治,耳中取出一物,其形如蚕,秀美非常。以盘贮之,养至数日,变为龙狗,毫光显电,金鳞珠点,遍身锦绣,牙利如剑,时即能言。献上高辛帝,见之大喜,取名龙期,号为盘瓠。

高辛曰:朕自登位以来,国泰民安,突有西方吴寇行妖作孽,无人敢敌,诚想倾乱国家。朕心忧之,其奈之何。当天祷告,圣旨出令,若左右人有能除吴寇定天下者,朕即将第三宫主赐之为婚。满朝听命,至三日,文武百官无一敢承。特有龙期进前给榜,胆敢退敌。高辛曰:尔果能一战成功,朕即加封敕赐。而龙(期)领旨殿前,喝声天动地应,翻身即去。呼风唤雨,漂洋过海,八夜九日直至吴寇殿前。吴寇见此兽大有锦色奇形,遂问曰:尔从何处而来。乃谎对曰:我是助国龙期,腾云驾雾而来。见高辛无道,我来护助尔朝。吴寇听其言,心中大喜,纳在帐内,共追随从出入。一日高筵大宴,流连荒(慌)亡(忙),满朝告退。至夜半后,吴寇之首被龙期咬断。吴朝惊觉,官将统兵,各执器械,夜火追捉,而龙期遂入海中,缈无踪迹可寻。此时黑露连天,昼夜不分,因领旨回朝,呈上高辛殿前,头放在地,龙期奏曰:"此是吴寇头首也。"辛帝验了,遂大喜曰:"今天下定矣,皆尔之功也。"

龙(期)奏壬,请君加封敕赐。当时辛帝恐三宫主不允合配,乃假装三宫主赐龙期成亲。龙期已先知之,遂入宫中认定三宫主,书绅为记,将身隐在望恩楼上,伏处金钟底内,期定七日七夜变成人身。奈至六日夜间，皇后心思龙期本我耳中所出，系我身之血肉，此数日未曾饮食，不知生否？乃私自窥探，只见遍身全美，头未成形。本是中天禄存星君，主照脱化凡尘为护国佑民之人也。

高辛曰：朕想曩时原以三宫主许配，今当敕赐加封。由是御旨宣左右令君臣置酒笙歌，赐三宫主招龙期为驸马，爵封忠勇王。赐敕勇猛二大将军邓从成、邹支施带领众部听其差令。恩准会稽山七贤洞，遨游，快乐之地赐造驸马府，御林军千万护卫。嗣后满朝文武官员俱备九曲、名伞、弓矢、干戈听从使用，永执刊颁为照。

诏下驸马忠勇王，功与日月争光，恩同天地不朽，敕封历代。相传其后裔振起，经过天下各府州县地方，俱该奏部知悉，尊重忠勇王收服吴寇大有勋劳，敕赐世代免征差费，逢山过田，任从开种。

御旨亲赐忠勇王金枝玉叶，世代相承，永存敕据并治天下，准授执照。

通朝主事张令宗押给

端殿袁押给

判学士押给

彭光照押给

户部侍郎兼都御史章名寰押给

主部监察天官鲁平原押给

吏部奏事范日智押给

天丁簿士参委林竟青押给

敕赐忠勇王，加封谥为护国王，把守朝纲，忠君爱国。生长子请帝赐名，帝曰："以盘为姓，名自能。"生次子无姓，以蓝（篮）器盛至殿前，帝曰："以蓝为姓，名光辉。"生三子抱至金銮殿上，请帝赐姓，帝将启齿，适遇雷鸣，即赐以雷为姓，名巨祐。后生一女，名龙郎宫主，问曰："女孙长大当何相攸。"帝曰："此系天作之合，尔可自择配偶，继世相承。"

高辛曰：朕思驸马王三男一女，乃我朝皇子皇孙，俱有封赐。我陛下有东夷王贡献女子奇珍、奇珪、奇珠三人，美貌丰姿。将此长女奇珍赐配长子盘自能，封为开混武骑侯；次女奇珪赐配次子蓝光辉，封为护国侯。三女奇珠赐配雷巨祐，封为柱国侯。孙女龙郎宫主，配与钟志清为婚，封为敌国勇侯。皇子皇孙俱封侯王，螽斯衍庆，麟趾呈祥。将见

181

克昌厥后,永保无疆之体矣。①

此外,该谱所记录的"敕赐忠勇王谥护国王盘龙期神像""敕赐护国侯蓝光辉神像"等,都是与盘瓠传说衍生出来相关内容。

福建省罗源县松山镇树楼村蓝姓的《蓝姓族谱》修于光绪十八年(1892年),其虽是手抄的草谱,但其谱牒中的内容也与上述霞浦和丽水的畲族族谱同样,从目录表露的情况来看,其有敕书姓氏封,得赐三姓源流纪,龙首师杖志,上世系谱,高辛驸马龙公墓图,护国侯光辉公像,赞曰,字行,雁行串字,世系图等内容。

其中"敕书姓氏封"记述了盘瓠传说,如:

自昔盘古分天地,伏羲画八卦、造书契,神农艺五谷、尝百草,黄帝设井分州,调音律,备器用。爰乃高辛氏正宫德成刘帝后,此娄金星所由降生也。于是高辛在位四十五年五月初五日,正宫皇后夜梦娄金星降凡,因是惊醒,陟然耳痛,宣令太医院调治,取出一物如蚕,形样稀奇,以盘贮养,变为龙狗。金鳞珠点,眼光四射,颇会人言。帝见喜之,取名龙期,号曰盘瓠。时方平静,国家安宁。突有西番率党倡叛,行妖使术,无敢与敌。帝心忧虑,宣令有人退敌,许以第三公主为婚。举朝默然,莫敢承命。龙期一见,进前折榜,衔奉帝前。帝命尔能成功,加封敕赐。龙期承旨,漂洋过海,历尽寒冰,直至西番。番王一见此兽,锦色奇形,因命纳在帐内,随从出入。一日番王集群臣欢乐畅饮,各已告退,王醉睡沉迷,夜半首级被龙期咬断,星夜攀城滚浪回朝。及番朝审觉,军前虎将万吉等统兵追赶,已无踪迹。龙期将番王首级跪献帝前,验其首无异,大喜曰:"彼苍有灵,生此靖邦,天下定矣。"龙期谢恩,即请敕赐。帝悔前言,因以宫女谬称公主,赐盘瓠为亲。龙期不悦,进入内宫,暗认公主,身隐望恩楼金钟下,期以七日夜成人完亲。已至六日,皇后私心窃视,身体已备,但头未成形。本是中幽北斗禄存刘隆星君脱化生凡,助国安民,帝恩囊命既出,宜敕赐加封,即命群臣置酒笙歌,招龙期为驸马,敕封忠勇王。赐忠勇二大将军:左将军邓从成、右将军邹定施带领部众,听其差令,恩准会稽山七贤洞,优游林泉,并建王府。时御林军千余人护卫,举朝官员备酒饯送,给牒刊颁,永存为照者。

诏下:驸马忠勇王除寇有功,给赐敕书,继世相传,长垂不朽,并赐

---

① 浙江丽水市莲都区老竹镇沙溪村:《宣邑蓝姓宗谱》,清宣统己酉年重修刻本。

第六章　盘蓝雷钟四姓山客(畲族)的形成——畲民族群认同标志的再发明

世代免征差费,逢山逢田,任其耕种。凡经过各省府州县,供奉夫役,支给俸薪,仰该部知悉,御旨敕书,统付刊颁存照。

　　通朝主事丞相张令尹押给

　　端元点表判学士彭光照押给

　　主部监察天官章寰押给

　　兵部奏事范日知押给

　　天下博士参委林竟青押给

　　按,驸马王生三男,长名自能,仍本姓盘;次男以蓝(篮)盛至殿前,因蓝为姓,赐名光辉;三男裏至殿前问姓,适雷鸣应声,因以雷为姓,赐名巨祐。帝以东夷贡三女,长奇珍配盘自能,封为开混柱国侯。次奇珠配蓝光辉,封为护国侯。三奇珪配雷巨祐,封为武骑侯。盘瓠王生一女,名龙郎,匹配钟志清,亦与敌勇侯之封。于斯时也,三株竞秀,百世流芳,蠡斯衍庆,瓜瓞绵长矣。①

浙江省丽水市景宁四格的《蓝氏宗谱》也是如此,其内容大体有:序、蓝氏谱序于后、重建盘瓠祠序、盘瓠氏重建祠序、景邑四格蓝氏宗谱序、附录上推始祖所自出之图、四格蓝氏字目、世系、后记等。该谱的序云:

　　尝谓天壤年间万物取之而不穷,凡天物之有宗祖,则犹水有泉有源,若树大则枝分,而源盛则流派。然人物本乎太祖,则尊之。念贵重,修家谱,以传于后世;连修族谱,以裔于儿孙所辩。传承之,远近察统,绪之异同,兴叙戚,历定尊卑,收扩散,敦亲睦者也。余阅昔有王章修家谱,为祖宗奉丁兰像护亲尔,弟不修重,众祠同族谱者,不能不识祖之也。如有能,若识内顺修重祠族谱为供奉之文,是难乎物有功之祖而不修,则谓之弃;无功之祖书之,则谓诬祖矣。耻先人之恶而私附名之,族者皆之,又为之智,余特哂其不省也。

　　太祖宗可、宗择,岂其贤哉! 不天下有贵人无贤族之许,多有贱之族者,若不少矣。要之,贵贱之所以分,实在乎子孙有能,众酌议重修本宅宗谱,兴有无,能修族谱者乎,且而富人由人道而生者,常之功。曰:稽右姜姑炎帝者,牛首人身。此非常之无功也,尝魅(苏)生灵树,艺五谷,以教人力食之艺。世人蒙择,号为之神农。生有非常之人,建非常之人功也。余之画祖图,修重祠,刊敕书,重修族谱者,见知始祖盘瓠出

---

① 福建罗源县松山镇树楼村:《蓝姓族谱》,清光绪十八年抄本。

于五帝朝帝营高辛氏正宫刘氏皇后之耳。

高辛氏者,前天文曲帝君也

刘君秀者,后天禄存星君也

盘瓠王者,隆刘娄金龙宿也

乌成者,土雉也。

旨封盘、蓝、雷、钟四姓者,元天三胎分胎也。

楚平王奉天承运,出敕:

大隋五年五月十五日,给会稽山七贤洞抚摇券牒,付盘瓠子孙七祖,随代传流,毋令违失。如有损坏,任将所属州县官司仰治;如无券牒,只设畲人。

大唐王帝治国为霸,燕王结集英勇吴将军流党作乱,侵害国界。旨敕招烈士,收伏者,分国共治,及赐第三宫女为妻。众臣不敢奉令,惟有一龙宿,游来殿前,欲作人语形状,七日不食。帝问:"此龙何意不食?"群臣奏明,奉敕出朝。其龙摇头摆尾,口称我去必然收番王。群臣口呼万岁!有云汝能取(助)国安邦,便(敕)将胜,(朕)敕第三宫女为妻。盘瓠游至殿前,跳踢两次,长吠三声,即辞而去。飞过洋海,七日七夜,随波逐浪,直至燕王殿前,会集百僚,欢喜饮宴,迄王沉醉,被盘瓠口咬断燕王头腹,奔回本国呈上。帝皇龙颜大悦。

帝自思曰:今日万民安乐,此龙之功也不小,愿假饰妆成一女,称为宫女与龙宿。(龙宿)为此啾唧不愿,直上宫殿前识认,将口咬定第三宫女裙脚,就为婚姻。龙宿忽然大呵大笑,皇帝问曰:今胜(朕)音沈女与龙宿相配何如?群臣槩(慨)然奏曰:蛮兵侵界,他七日夜之功,遂致万民皆安,百(姓)尽乐,宜乎结亲。众乡(卿)又奏曰:王宫女与龙宿配合,当归何处共享安乐?皇上准奏,谕曰:三公九卿会议合送诸会稽山七贤洞,幽岩自边(适)之所,巢居鸟宿之方,(自)供身口。招集军马三千,并锣鼓,差点左右、文武官员邓从成等,即便送入广东会稽山七贤洞,支备(配)国家钱粮,收买铜瓦遮盖,创立都殿。一同助王治国安民,亲兑三千七百户口,不使纳粮税应上。盘瓠一十八载,以宫女配亲,共生三男一女,尽皆美貌端正,长大生(身)死,同葬会稽山七贤洞幽岩石壁之处,永免杂役,抚乐自安。代代不纳粮税,不与庶民交婚,不耕庶民田土,只望青山之中力(刀)耕火种,自供口腹,及木弩捕猎为生。

又:仍有异籍,名盘瓠。原是帝营高辛王帝刘氏一老妇耳患有疾,请医师调治，（取出）一虫，如异尔。虫以瓠盛载，将盘护之，须臾化一龙，身有一百二十点班（斑点）花色，故名盘瓠。忧虑抛弃，殿前将军外面见得，遂奏皇旨，敕出令人收回养育，长大一丈二尺零寸，似剑鳞火珠，百般花色青黄。左右见之，曰是贤龙。其后燕王作乱，敕令有人能收服者，便将第三宫女为妻。盘瓠槩（概）收服者便是。燕王要伏后，与宫女结亲，生三男一女。至乾元二年（759年）十二月一日，户部侍郎张令崇、端殿学士彭光照、大学士范荣等请皇旨敕出赐姓。第一男，姓盘名自能，封立国侯。第二男，姓蓝名光辉，封武骑国侯。第三男，姓雷名巨佑，封武骑国侯。有一女，招赘婿，贤婿姓钟名志深，封敌勇国侯。皆封宫品，仍赐紫袍、玉带、青黄各色帽领、凉伞、旌旗、带珍珠、金髻、凤冠霞帔。

陛下敕赐御铁书券与盘瓠子孙。都记三姓是畲民，居会稽（山七）贤洞，永免差役，不纳粮税，永为乐也。王慈俯垂，谨具于后。①

福安春雷云光绪元年（1875年）手写本《冯翊雷氏宗谱》也一样，在这本族谱中，其内容有谱序、凤凰山祖祠序、凤凰山祖祠图、帝喾高辛氏敕封盘护王铭志、广东盘护王祠志、福宁府石碑文、圣谕十六条、先儒重谱论、族规、家范十则、谱例、贞节传、历朝簪缨蝉联辑略、讳字排行、冯翊雷氏世系图、山场园坪产业等，该族谱的"谱序"曰：

从来有非常之生者，有非常之遇；有非常之遇，乃有非常之功。吾于雷氏先世见之矣！雷氏先世，非即高辛氏所封之盘瓠王乎！本星精以降世，非常之生也；得帝女以为婚，非常之遇也；因灭燕以策勋，非常之功也。当其时命居广东会稽山七贤洞，生三子一女，长赐姓盘，次赐姓蓝，三赐姓雷，女赘婿钟，而敕封立国侯之巨祐公即雷氏开基之鼻祖。

雷自得姓以来迄今四千余年，起于高皇，传于陶虞、夏禹、商周、汉唐而盛于南北宋，至李唐大发，枝叶大茂。山东巢作乱，士民咸归，惟王审知不从，率河南之众入闽。雷氏祖正礼公同审知入闽，为闽王乡导官，乃迁福州府罗源县大泪头，遂为通闽之祠祖。闽中雷氏由祖而兴，越传至赐公，迁西院，继由西院迁下楼，乃讳起凤、行香五公是也。②

---

① 浙江省丽水市景宁畲族自治县澄照乡四格村：《汝南郡蓝氏宗谱》，1919年手抄本。
② 福建福安春雷云：《冯翊雷氏宗谱》，清光绪元年（1875年）手写本，《福建少数民族古籍丛书：畲族卷——家族谱牒（上）》，福州：海风出版社，2010年，第377页。

185

以上述所引的几个例子,我们可以看到,这些族谱都反映了这样一种现象,即生活在隋唐时期,甚至明代早中期畲瑶聚居的地区如闽粤赣交界地区或闽西、闽南的畲族①,其族谱中多不见盘瓠传说以及相关的记述,而生活在明中后期和清代迁徙到的地区,如闽东浙南,以及由这里再迁往的江西、广东等地的畲族,他们的族谱中多有盘瓠传说以及相关的记述。因此,这就出现一个问题,为什么会形成这样的不同呢?为什么从宗族的角度来看,闽粤赣交界地区的蓝雷钟与闽东浙南的蓝雷钟似有源与流的关系。换言之,如果将闽东浙南的蓝雷钟的实际世系往上追溯,有的可以同闽粤赣交界地区的蓝雷钟联系起来。但是他们各自在明代中后期以来建构出的族谱中的"祖源"却大相径庭,即与他们主位地自我建构的祖源有着很大的差异。由此看来,在明代以来民间兴起建构族谱的热潮中,闽粤赣交界地区的蓝雷钟与闽东浙南的蓝雷钟各有各的自我主位表述。闽东浙南的蓝雷钟建构了新的盘瓠传说,再发明或重新建构了他们族群认同的核心价值体系,从而把畲民的范围限定在盘蓝雷钟四个姓氏中,排斥了其他姓氏。

第二节　闽东浙南畲民的传统再发明

在闽东浙南蓝雷钟的族谱中多数都有与盘瓠传说相关的内容。虽然闽东浙南等地畲民各姓氏的族谱中所记载的盘瓠传说及相关记述并非完全千篇一律,如有些故事情节、故事中涉及的一些人名等,并非完全一模一样,而是有着许多变数。不过,闽东浙南等地畲民族谱中所记载的盘瓠传说故事的基本结构或者叙述框架却是大体相差无几,而且都与历史上的盘瓠传说有明显的不同,显然这是一种传统的再发明。

盘瓠传说最早的记载者,应该是东汉应劭的《风俗通义》。我们熟知的《后汉书·南蛮西南夷列传》中记载的盘瓠传说也是来自应劭的《风俗通义》,其云:

　　昔高辛氏有犬戎之寇,帝患其侵暴,而征伐不克。乃访募天下,有

---

① 唐代陈元光率部将开漳,主要就是与蓝奉高等当时所谓的"蛮獠"争夺生存空间。其主要的活动地域为现在的闽南与闽西地区,这说明唐代以前,闽南、闽西还是畲族先民"蛮獠"的主要聚居地。

第六章 盘蓝雷钟四姓山客(畲族)的形成——畲民族群认同标志的再发明

能得犬戎之将吴将军头者,购黄金千镒,邑万家,又妻以少女。时帝有畜狗,其毛五采,名曰槃瓠。下令之后,槃瓠遂衔人头造阙下,群臣怪而诊之,乃吴将军首也。帝大喜,而计槃瓠不可妻之以女,又无封爵之道,议欲有报而未知所宜。女闻之,以为帝皇下令,不可违信,因请行。帝不得已,乃以女配槃瓠。槃瓠得女,负而走入南山,止石室中。所处险绝,人迹不至。于是女解去衣裳,为仆鉴之结,着独力之衣。帝悲思之,遣使寻求,辄遇风雨震晦,使者不得进。经三年,生子一十二人,六男六女。槃瓠死后,因自相夫妻。织绩木皮,染以草实,好五色衣服,制裁皆有尾形。其母后归,以状白帝,于是使迎致诸子。衣裳斑兰,语言侏离。好入山壑,不乐平旷。帝顺其意,赐以名山广泽。其后滋蔓,号曰蛮夷。外痴内黠,安土重旧。以先父有功,母帝之女,田作贾贩,无关梁符传,租税之赋。有邑君长,皆赐印绶,冠用獭皮。名渠帅曰精夫,相呼为姎徒。今长沙武陵蛮是也。①

这一记载表明,盘瓠传说最迟在东汉时期就已形成,而在西汉、东汉时,这一传说主要是属于当时的长沙武陵蛮。虽然"今长沙武陵蛮是也"这句是南北朝刘宋时范晔写的,但范晔记述的是东汉时的事,所以至迟在东汉时,这传说是流行在那一带的。

此外,东晋干宝的《搜神记》卷十四也记载了这一传说,如:

高辛氏有老妇人,居于王宫。得耳疾历时,医为挑治,出顶虫,大如茧。妇人去后,置以瓠篱,覆之以盘。俄尔顶虫乃化为犬,其文五色,因名"盘瓠",遂畜之。时戎吴强盛,数侵边境,遣将征讨,不能擒胜。乃募天下有能得戎吴将军首者,购金千斤,封邑万户,又赐以少女。后盘瓠衔得一头,将造王阙。王诊视之,即是戎吴。为之奈何?群臣皆曰:"盘瓠是畜,不可官秩,又不可妻。虽有功,无施也。"少女闻之,启王曰:"大王既以我许天下矣。盘瓠衔首而来,为国除害,此天命使然,岂狗之智力哉!王者重言,伯者重信,不可以女子微躯,而负明约于天下,国之祸也。"王惧而从之,令少女从盘瓠。盘瓠将女上南山,草木茂盛,无人行迹。于是女解去衣裳,为仆竖之结,着独力之衣,随盘瓠升山入谷,止于石室之中。王悲思之,遣往视觅,天辄风雨,岭震云晦,往者莫至。盖经

---

① (南朝宋)赵晔:《后汉书》卷八十六,《南蛮西南夷列传》,北京:中华书局,1982年,第2829~2830页。

187

三年,产六男六女。盘瓠死后,自相配偶,因为夫妇。织绩木皮,染以草实。好五色衣服,裁制皆有尾形。后母归,以语王。王遣使迎诸男女,天不复雨。衣服褊褳,言语侏离。饮食蹲踞,好山恶都。王顺其意,赐以名山广泽,号曰"蛮夷"。蛮夷者,外痴内黠,安土重旧,以其受异气于天命,故待以不常之律。田作贾贩,无关繻符传租税之赋。有邑君长,皆赐印绶。冠用獭皮,取其游食于水。今即梁、汉、巴、蜀、武陵、长沙、庐江郡夷是也。用糁杂鱼肉,叩槽而号,以祭盘瓠。其俗至今,故世称"赤髀横裙,盘瓠子孙"。

由此观之,东晋干宝《搜神记》里的记载与《风俗通义》和《后汉书》的记载都有些变化,其增加了盘瓠的来历情节,认为盘瓠是从一位居住在高辛帝宫中的"老妇人"耳中挑出来的"顶虫"变化来的。这一"大如茧"的"顶虫"放于"瓠篱",覆以盘,才变成犬,并命名"盘瓠"。这是受到三国时期《魏略》的影响,因为鱼豢的《魏略》就已说了:"高辛氏有老妇,居正王室,得耳疾,挑之乃得物,大如茧。妇人盛瓠中,覆之以盘。俄顷化为犬,其文五色,因名盘瓠。"而与之相比,明清甚至民国时期闽东与浙南等地畲民族谱中的盘瓠传说则更加复杂一些,做了许多改造,因此故事情节也发生了一些变化,但却一直沿用这一盘瓠来源于高辛氏宫中妇人之耳的建构,并加以重新阐释。

而在明代早中期畲客瑶人聚居的闽粤赣交界地区,那时他们信奉的"盘瓠传说"也有些变化。如那时他们已有了单幅的祖图:"犬首人服"的盘瓠神像,"岁时祭祀"。① 这说明当时的传说中有了征番斩吴将军首级回来后的敕赐王爵与金钟七日七夜变身被高辛帝的宫主或宫中老妇心急中断而没有完全变身成人,而成为人身犬首形象的表述。明中叶以后,到了闽东浙南地区后,由于有了当时的需要,畲民的"盘瓠传说"②又有了再次的传统再发明。

在本文的上面,笔者已引述了二个比较完整的例子和一个不完整地点例子,下面再看一个闽东宁德福安市坂中畲族乡林岭村《雷氏宗谱》中的"敕赐姓氏书",其曰:

　　　敕赐姓氏书(依旧抄录)

---

① (明)李玘修,刘梧纂集:嘉靖《惠州府志》卷十二,《外传·瑶》,北京:书目文献出版社,1991年,第145页。

② 尽管畲民宗谱中叙述盘瓠传说的篇章名称不一,如有的称《敕赐姓氏书》,有的称《某氏源流序》,有的称《广东盘瓠氏铭志》,有的称《敕书姓氏封》等名称不一,但内容都是"盘瓠传说",故用"盘瓠传说"来简称和替代,下同。

第六章 盘蓝雷钟四姓山客（畲族）的形成——畲民族群认同标志的再发明

盘古分天地人禀正气，万物之灵乃为三才。有连山氏、归藏、周易三易，连山首艮，取善始成终之义。列山氏所作，夏人用之。归藏首坤，取包含藏聚之义。轩辕氏所作，商人用之。周易首乾坤，取有天地而后有万物之义。文王所作，周人用之。设官分职，以为民极。乃立其道而不可易，其序有条而不紊也。荀况著新书，杨雄著《太玄》《法言》，老聃著《道德经》。伏羲氏画八卦，造书契；神农艺五谷，尝百草，制医药；黄帝经土设井，画野分州，调音律，备器用。帝尧生于高辛即位之元年，为甲辰四十一载五月初五。

正宫皇后刘君秀夜梦娄龙星君降凡，梦觉惊醒，忽然耳痛，即宣令太医院调治。取出一虫如蚕，形样稀奇美秀。廷臣上奏，以盘匏叶盖上金盆。不数日，毫光灿烂，变成一龙，金鳞珠点，时会能言。献上，高辛见之大喜，取名龙期，号曰盘匏，即封为驾前大将军。

突有西番吴猛将军党流篡叛，行妖使术，无人敢敌。宣谕众卿会议，悬挂榜文，有人退敌，吴将降服，朕将第三公主瑞娥招为驸马。众臣俯伏金阶之下，不敢声言。唯龙期进前拆榜，殿前承旨，喝声天动地震。辞叩龙颜，翻身即去。

呼风唤雨，漂洋过海，八夜九日，直至吴将番营。吴王见龙期，锦色奇形，即问尔从何来？答曰：我是天朝助位龙期，现今高辛无道，特来助汝护朝。吴王听奏大喜，纳在帐内，供给数日，随从出入，听其奏事。吴王此时命值凶星，孽叛难逃。是夜，忽然番营失火，龙期遂变身行雨，火被雨落，其火自灭。吴王更甚大喜，即命将士设宴，集群臣欢乐畅饮。夜半时候，举朝告退，吴王酒饮过量，醉睡迷沉，昏寐不醒。首级被龙期咬断，口衔其首，星夜速走。霎时吴朝审觉，即差军前虎将万吉等统兵，各执器械火夜追赶，至海隅，觅无踪迹，黑雾遮天，不知何处。

龙期奉旨回朝，跪奏，将吴王首级跪献上辛帝殿前。帝观其首，龙颜大喜：有此浩荡功勋，黎庶安靖。宣龙期上朝，敕赐密室沐浴洁身，变化成人。上朝受封，招为驸马。龙期承旨，登于望恩楼上，伏在金钟底内七日七夜，果化成人，威烈雄壮。上朝受封，龙颜喜悦，封卿盘护王爵，赏忠勇王，赐龙袍、玉带、金花一对、御酒三杯。将三公主配卿成亲，笙歌鼓舞，同享山河。

皇恩廿八载，养生三男一女。男子未取姓名，未曾婚配，女子又未招赘。于人随带三子上朝，历陈文表，朝奏谢恩。帝观三子颜容端正、才貌过人,赐卿长子姓盘自能,吏部尚书张敬春翁女奇珍配之,封开混武骑侯。次子姓蓝,名光辉,户部尚书廖尚惠翁女奇珪配之,封护国侯。三子姓雷,名巨祐,刑部左侍郎葛尚辉翁女奇珠配之,封立国侯。敕赐女子名龙娘,头戴金冠珠髻,身穿山河地理裙,招赘钟给事之子钟志清为婚,封敌国侯。赐御书卷牒一道、金印四颗、金牌四面,在朝袭职。

盘瓠王一见刑政惨切,上朝回奏,愿带子孙归山自耕自种,另创徭户,婚配枝叶,与民不结婚姻,后代子孙无限之乐,功垂不朽。户部侍郎张会、崇文殿大学士彭光照等文武会议,广东会稽山七贤洞可以建立都府,臣等冒奏。辛帝纳其表章,敕差礼部尚书薛余、刑部尚书崔梦龙、兵部尚书冯起应、左殿丞侍郎张世德、正殿护国将军韦钦玉、右殿朝奉郎王守道等阜老、人民,共计三百余人,赍送盘护王金印、御书、卷牒,往广东会稽山七贤洞,自为一国。仍给广东三县钱粮,架立宫殿都府,子孙兴居立业。

赐长刀、木弩、铁袍随身,各省府州县,逢山开山,遇水耕田,永无国税。但民田一丈三尺,坟墓一丈二尺外,即猺户耕种自膳妻儿,如坟茔与民人同山毗连者,毋得恃强欺占,以及水陆把隘、关津、城郭经过者,不许刁难阻挡,勒索财帛,任许祖图公据赴官历陈,依律施行。须至卷牒者,付与盘护王三姓子孙,世代流传,毋令遗失。如有损坏,所嘱省府州县重修勒碑,不得失其卷牒,庶免后虑,永存执照。

大隋开皇五年(585年)五月十五日给①

在这篇闽东的"盘瓠传说"《敕赐姓氏书》中,鱼豢、干宝所说的高辛氏宫中的老妇成了高辛帝的"正宫皇后刘君秀",盘瓠是"娄龙星君",实为二十八宿中的娄金狗下凡,他"变成一龙"。高辛帝赐名龙期,号盘瓠,还封为驾前大将军。征西番获"吴王"头得胜回来,被封为"盘护王",许以三公主,并要他在金钟中变身,完全成人后成婚,最后封为"忠勇王",封地在广东潮州府会稽山七贤洞一带,"给广东三县钱粮","自为一国",建构了盘、蓝、雷、钟四姓畲客的祖地。高辛帝三公主也有了名字,她叫"瑞娥",和盘瓠生了三男一女,长赐姓盘,叫盘自能,封"开混武骑侯",赐吏部尚书张敬春之女奇珍(在有的传说中,奇珍、奇珪、奇珠均为东夷王之女)为妻。次赐姓蓝,叫光辉,封

---

① 钟雷兴主编:《闽东畲族文化全书·谱牒祠堂卷》,北京:民族出版社,2009年,第41~43页。

护国侯,赐户部尚书廖尚惠之女奇珪为妻。三赐雷姓,叫雷巨祐,封立国侯,赐刑部左侍郎葛尚辉之女奇珠为妻。盘瓠王的女儿叫龙郎,招钟志清为婿,封钟志清为敌国侯。

然后,我们再看一篇收于福鼎佳阳华洋(双华)光绪三十一年(1905年)修的《汝南蓝氏宗谱》中的一份据说署名清乾隆五十二年(1787年)礼部左侍郎、浙江督学部院雷鋐撰写的《广东盘瓠氏铭志》,其云:

> 帝誉高辛刘皇后,夜在凤阁中饮宴,移席望月对饮,忽觉瑶光贯娄。其宿即光芒灿身,耳感疾痛,宣医挑取,物大如蚕,以瓠盛之,以盘覆之。须臾,象如龙身,长一丈二尺,凡一百二十四点花文。牙齿似剑,龙鳞火珠。因盘贮覆,遂名盘瓠。刘皇后以为不祥,抛弃于外。适殿内保驾将军王守道觉见之,考其原因,乃刘皇后感受。入朝一一面奏,帝闻奏惊曰:感瑶光,星辰投降,或祸或福。上帝陟降,置之唯恐致歉,无二尔心,勿违天命,收留宫中抚养。越七日,化一男子,容貌俊伟,声音响亮。
>
> 未几,戎狄燕寇作乱,结集勇猛流党。吴将军说奏:中国高辛为帝,国富兵强,吾主心腹之患。燕王闻说,起兵侵界。文武群臣忙奏:燕寇侵国,人民遭害。帝览奏大惊,勒榜张挂,访募天下英雄烈士,有人能收服燕寇者,不惜封爵,招为驸马。盘瓠闻知,直出午门揭榜,随守军进殿启奏:臣能收除燕寇。帝见奏,喜曰:卿何人氏?群臣奏曰:刘后感星辰降化之子,号曰盘瓠也。帝曰:汝年尚幼,能为朕分忧乎?对曰:能。帝喜曰:汝往收燕,领带军将多寡?对曰:不用军马,独身往敌。时遂封龙麒大将军。有功回朝,重封爵职,赐三公主为婚,朕不食言。
>
> 盘瓠谢恩退朝,奉旨出征,踏罡步斗,驾起云雾,飞腾过海,真至燕王殿前。燕王一见此人面貌非常,动问:汝何国奸细?盗敢潜进,喝令推斩。盘瓠容色不变,对曰:吾乃瑶山真人徒也,奉师父严命,知吾主有霸国强兵之福,特来相助一臂之力。燕王闻说大悦,收留安所。会集群臣设宴庆贺,喜曰:孤得此异人,殆天赐寡人,中国定归吾邦。
>
> 盘瓠随驾三载,恩宠无比,日与盘瓠饮酒同乐,燕王大醉,被盘瓠拔剑弑毙,并斩吴将军首级,飞奔出城,渡江过海。蒙诸水神护送,顷刻波浪频兴,云雾掩罩,番兵追赶不及,奔回本国。群臣启奏:龙麒将军斩燕寇首级得功回朝。帝大喜,宣龙麒将军上殿。慰劳毕,爵封盘瓠忠勇王,遂与公主缔亲,盘瓠谢恩。自此四海乂安,万民乐业,文武公卿无不欢悦。在朝袭职五载,公主请奏:蒙父皇赐配与驸马忠勇王,食采何州?

荣封何地？望父皇命赐。帝见奏，召文武公卿会议王侯都，左殿张敬春、护国将军薛余庆奏道：广东潮州府土地美广，驸马有大功勋，望乞封赐。帝准奏，差点军马三千，并差文武官员邓从成等解运国家钱粮，往广东潮州督造王府。经邓从成回朝复命，帝问众卿：谁保护驸马往广东？崇都御史范智、刑部尚书冯启应、正殿朝奉郎韦钦玉等议奏：礼部尚书夏英懋、刑部尚书熊普瑞、左殿承信郎萧国扬、右殿修撰魏庆等愿保护送。帝允潮州三千七百户口免纳粮税，免派差猺，并敕御书、卷牒、宝印。御书云：俾尔子孙世代相承，切莫为非，刑及身家。愿尔后裔俱一体相关，毋得视为途人。准依皇敕，子子孙孙永谨保守卷牒，汝往钦哉！

驸马与公主至潮州一十八载，生三男一女，容貌端庄，未锡姓氏，择取婚配。崇端殿学士彭光照、大学士范荣奏请皇旨锡姓名，帝命赐忠勇王长子姓盘，名自能，封南阳郡武骑侯。吏部尚书张敬春之女为婚，封一品夫人。次子姓蓝，名光辉，封汝南郡护国侯。户部尚书廖尚惠之女为婚，封一品夫人。三子姓雷，名巨祐，封雷州冯翊郡立国侯。刑部左侍郎葛尚辉之女为婚，封一品夫人。一女赐名淑玉，赘钟志深为婿，封颍川郡敌国勇侯，官赐三品。赐各位夫人头戴洁白珍珠，身穿百绸罗裙，紫袍玉带，凤冠霞帕（帔）。荣身爵封忠勇王、公主金精银青夫人，赐姓萧氏，食邑千户，侯封一品夫人。

天定十二年六月二十七日，因为游田猎，不料命值凶星，追逐猛兽，跳过大崖，被树尖伤毙。家人寻访不见，幸闻鸦乌齐集喧闹，遂往寻之，尸骸坠在高岩，求之不得。公主悲哀，具奏闻圣上，帝闻奏，长嗟叹曰：奈何天其终丧！命户部尚书梁志晖主理丧事，禁止歌唱，金鼓乐器不许喧哗，及三年以后方可。令其骸骨送葬潮州会稽山七贤洞石孔中西南隅，子孙世代享祀。加封萧氏公主食邑三千户，蓦葬祈州府石羊县，赠以石人、石马、石狮、石虎。

乾元二年（759年）开造广东石室，地名与南京一脉相连，至沉香浦水为界。东至珊瑚州船艄，南至南田洞，西至会稽山埔源，北至埔窨蜜三洞。原是玄班师七贤洞界址，奉旨勒禁。但有军民人等不得侵僭，如有违旨令者，许其子孙捉拿到官，依条究办等词。

开宝三年（970年）七月二十日敕修忠勇王祠。

隋开皇五年（585年），敕封历代世祖。

御念尔祖宗德泽深,名垂万古受封荣

偈愿为前朝除匪寇,莫将卷牒视非真

云享镇名山多乐趣,何烦鸟语动幽情

自从敕赐恩膏厚,世代相承及古今

御赐功建前朝帝喾高辛亲敕赐对联,名垂后裔,皇孙王子免差徭

大隋开皇五年五月十五日给

唐光启二年,盘蓝雷钟李有三百六十余丁口,从闽王王审知为向导官。由海来闽,至连江马鼻道登岸,时徙罗源大浿头居焉。盘王碧一船被风漂流,不知去向,故盘姓于今无传。

后晋出帝开运元年(944年),朱文进弑王延曦而自立,雷震兴等杀朱文进。开运二年,劝延曦弟延政降唐有功,钦赐匾额:保国安邦。

明洪武十三年(1380年),移居福宁并浙江温州等处。凡我蓝雷钟者均一脉相传,恐世远年湮,不知祖宗之来历,谨将御书、卷牒志纪镌刊部本,令侄德清传递部本,赴各处分存,俾我族人,按籍观览,以示不忘其祖耳。

大清乾隆五十二年丁未桂月榖旦

钦命礼部左侍郎、浙江督学部院雷鋐顿首谨志。[①]

在这篇所谓有功名的畲民雷鋐自己编撰铭志中,有一些地方与其他地方畲民编的有所不同,如其明确讲盘瓠是"刘后感星辰降化之子",并将盘瓠直接变成一位"容貌俊伟"的男子,最初是龙形,只命名盘瓠,而且也不提犬字,只是在盘瓠要出征时,帝喾封他为"龙麒大将军"。征番获得燕王吴将军头回来后就被封为忠勇王,并与三公主完婚。三公主没有名字,后被赐姓为"萧氏"。盘瓠的女儿赐名为"淑玉",赘婿为"钟志深",而非"钟志清"。被封的不是"敌国侯",而是"敌国勇侯"。盘自能封的不是"开混武骑侯",而是"武骑侯",娶的是张敬春之女,但不知名字。蓝光辉、雷巨祐所娶的夫人也一样,都没有名字了。文中也说忠勇王的封地是广东潮州府,但不是"三县的钱粮",而是"食邑三千七百户"。还说盘瓠死于潮州府,葬潮州府会稽山七贤洞石孔中西南隅,对畲民祖地的建构做了一些铺垫,并说在那里还"敕修忠勇王祠"。还有强调盘、蓝、雷、钟跟王审知一起来到闽东,等等。

[①] 钟雷兴主编:《闽东畲族文化全书:谱牒祠堂卷》,北京:民族出版社,2009年,第33~36页。

下面可以再看一个浙江南部畲民雷氏族谱中的盘瓠传说例子。其云：

黄帝诏曰：助国龙期咬断燕寇有功，敕封驸马，钦赐三宫主成婚。

粤稽太古遗风，盘古开混沌者三才分也。人禀天地之气，乃为万物之灵者。连山、归藏、周易也，连山首艮，取终始之义，烈山氏所作，夏人用之也。归藏首坤，取包含之义，轩辕氏所作，商人用之也。周易首乾坤，取有天地而后有万物之义，周文王所作，设官分职，以为民极明其道而不易，正其序而不紊也。杨雄著《太元》《法言》，老聃作《道德经》，训伏羲，开六书文字，自是风气盛，文明开，将古之名人而笔之于书籍。古帝尧生于高辛皇帝即位之元年，为甲辰四十有一载五月初五日。

高辛正宫皇后刘君秀，夜梦娄宿降凡除夜妖。娘娘惊醒，忽然而（耳）痛，当令太诏召医调治，耳中取出一物，其形如蚕，美秀非常。以盘贮之，养至数日，变为龙犬，毫光显电，金鳞珠点，遍身锦绣，牙利如剑，时即能言。献上，高辛帝见之大喜，取名龙期，号为盘瓠。

高辛曰：朕自登位以来，国泰民安，突有西方燕寇结集吴将行妖作孽，呼风唤雨，飞沙走石，武艺高强，无人敢敌。诚恐倾国乱家，朕心忧之，其奈之何？当天祷告，圣旨出令，若左右人有能除服燕寇吴贼，以定天下者，朕即将第三宫主赐之为婚。满朝听命，至三日，文武百官无一敢承，特有龙期进前给榜，胆敢退敌。高辛曰：尔果能一战成功，朕即加封赐。而龙期领旨殿前，喝声天动地应，翻身即去。呼风唤雨，漂洋过海，八夜九日，直至燕寇吴贼殿前。燕寇见此兽大有锦色奇形，遂问曰：尔从何处而来？乃对曰：我是助国龙期，腾云驾雾而来，见高辛无道，我来护助尔朝。燕寇听其言，心中大喜，纳在帐内，共追随从出入。一日高筵大宴，流连荒亡，满朝告退。至半夜后，斩首吴贼，燕寇之首被龙期咬断。燕朝惊觉，官将统兵，各执器械，披火追捉。而龙期遂入海中，渺无踪迹可寻，此时黑雾连天，昼夜不分，因领回朝，呈上高辛殿前。头放在地下，龙期奏曰："此是燕寇头首也。"高辛验了，遂大喜曰："今天下定矣，尔之功也。"而龙期奏曰：请君加封敕赐。当时辛帝恐三宫主不允合配，乃假装三宫主赐龙期成婚。龙期已先知之，遂入宫中认定三宫主，书绅为记，将身隐在望恩楼上，伏处金钟底内，期七日七夜变成人身。奈至六日六夜间，皇后心思，龙期本我耳中所出，系我身之血肉，此数日未曾饮食，不知生否？乃私自窥探，只见遍身全美，头尚未成形。本是中天禄存星，君王照脱化凡尘，为护国佑民之人也。高辛曰：朕想曩时

第六章 盘蓝雷钟四姓山客（畲族）的形成——畲民族群认同标志的再发明

原以三宫主许配,今当敕赐加封。由是御旨宣左右,令群臣置酒笙歌,赐三宫主招龙期为驸马,爵封忠勇王。赐敕勇猛二大将军邓从成、邹支施,带领众部听其差令,恩准会稽山七贤洞遂游,快乐地赐造驸马王府,御林军千万护卫。嗣后,满朝文武官员俱备九曲名伞、弓矢干戈,听从使用,永执刊颁为照。诏下:忠勇王收服燕寇,大有勋劳,敕赐世代免征差费,逢山离坟三丈,离田三尺,任从开种。御旨亲赐忠勇王金枝玉叶,世代相承,永存敕据,并治天下,准授执照。

通朝主事张令押给

端殿表押给

判学士押给

彭光照押给

户部侍郎兼都御史章名寰押给

主部监察天官鲁平原押给

吏部奏事范日智押给

天丁簿士参委林竟青押给

敕赐忠勇王,加封谥为护国王,把守朝纲,忠君爱国。生长子,请帝赐名,帝曰:以盘为姓,名自能。生次子无姓,以蓝器盛至殿前,帝曰:以蓝为姓,(名)光辉。生三子抱至金銮殿上,请帝赐曰姓,帝将启齿,适雷鸣,即赐以雷姓,名巨祐。后生一女,名(龙)郎宫主。问曰:女孙长大需何相侬。帝曰:此天之作合尔,可自择配偶,继世相承。帝辛曰:朕思驸马三男一女,乃我朝皇子皇孙,俱有封赐。我陛下有东夷王贡献奇珍、奇珪、奇珠三人,美貌丰姿。长女奇珍赐配长子盘自能,封为开混武骑侯。次女奇(珪)赐配次子蓝光辉,封为护国侯。三女奇珠赐配三子雷巨祐,封为柱国侯。孙女龙郎宫主,配与钟志深为婚,封为敌国勇侯。皇子皇孙俱封侯王,螽斯衍庆,麟趾呈祥,将见克昌厥后,永保无疆之休矣。[①]

相比较原乡与迁出地两者,迁徙出闽粤赣交界地区原住地的畲民族谱中的盘瓠传说都有大幅修改或重新创造,即传统的再发明。

其一,闽东浙南明代中后期再发明的盘瓠传说,与早期的和明代早中期的盘瓠传说不同的地方,在于它增加了盘瓠诞生的正统性与高贵性。把三

---

① 浙江省丽水市莲都区丽新镇立新村:《冯翊雷氏宗谱》,1931年重修。

195

国鱼豢、东晋干宝所说的从高辛帝宫中老妇人耳朵里诞生的,改造为盘瓠是从高辛皇帝的刘皇后耳朵中诞生的。由此也为高辛帝多增加了一个妃子或皇后和为帝喾创立了一位"非人胎"的儿子。根据《史记·五帝本纪第一》的记载:"帝喾高辛者,黄帝之曾孙也。父曰蟜极,蟜极父曰玄嚣,玄嚣父曰黄帝。"在《史记》中,高辛帝有两位妻子:"帝喾娶陈锋氏女,生放勋;娶娵訾氏女,生挚。帝喾崩,而挚代立。帝挚立,不善(崩),而弟放勋立,是为帝尧。"而该文注释中的《帝王纪》云:"帝俈(喾)有四妃,卜其子皆有天下。元妃有邰氏女,曰姜嫄,生后稷。次妃有娀氏女,曰简狄,生高。次妃陈丰氏女,曰庆都,生放勋。次妃娵訾氏女,曰常仪,生帝挚也。"①尽管如此,历代的文献中也没有帝喾的妃子中有刘皇后君秀或正宫刘皇后德成之说,所以这完全是畲民在明代晚期以后的自我主位建构。

在这样的自我改造中,畲民还尽量地消解早期异类"犬"的元素,最终摒弃了单纯犬的形象与象征意义。盘瓠生于刘皇后之耳,虽是"未怀于人胎"的神兽,但此时的表述,凡提到"犬"时,都要加上定语"龙"而成为"龙狗"、"龙犬"这类虚拟的"龙族"神兽,或变成"龙期""龙麒"这种类似麒麟的龙族神兽,或甚至变成与星宿相结合而成的"龙宿",或直接就"变成一龙"。其变迁的历程大约为东汉应劭的"畜狗",三国鱼豢、东晋干宝的"犬",到明代早中期闽粤赣交界地区的畲客瑶人的"狗王""狗头王",再到明代晚期或以后闽东浙南地区再发明的"盘瓠传说"中的"龙狗"、"龙犬"、"龙期"、"龙麒"、"龙宿"和"龙"的演变。在明代晚期或以后的这段时间内,畲民为了自己的需要,最终完成了盘瓠由"犬"到"龙族"的华丽转变。虽然在某些地方还留有"犬"神兽的暗喻,如有的畲民族谱中说盘瓠是二十八宿的"娄金狗降凡",而没有用隐晦的笔法加以掩饰。

由于龙自古以来就是华夏族或汉族的象征,而且"龙生九子",故盘瓠为"龙族"中的一种。这种传统再发明的象征意义,即其暗喻着畲民已不是在明代早中期闽粤赣交界地区与政府对抗的那样异类,而是与华夏族或汉族同类,至少是华夏族或汉族帝王的一个旁支,或者是暗喻着畲民这时已是以汉族为中心的中华民族共同体中的一员。

除此之外,这一时期的畲民传统再发明还用其他表述来强化上述的暗喻。如在有些畲民的族谱中,畲民的始祖盘瓠就成了刘皇后"未怀于人胎"

---

① 司马迁:《史记》卷一,《五帝本纪第一》,北京:中华书局,1982年,第13~14页。

第六章 盘蓝雷钟四姓山客(畲族)的形成——畲民族群认同标志的再发明

的儿子,如浙江省景宁四格的《蓝氏宗谱》就云:

帝喾高辛氏:在位七十年,正宫刘氏,子挚及尧,刘后生盘瓠。

——帝挚、帝护、帝尧。

……

刘后:生子盘护。

盘护皇生子,长自能,次光辉,三巨佑,四婿钟志深。盘瓠皇德辛功勋,原配高辛第三公主为驸马,生女名淑玉,坟坐广东潮州府凤凰山,坐坤。萧氏,葬祈州石洋县。

盘自能、蓝光辉、雷巨佑、钟志深。

蓝光辉:妣夏氏,岳丈名英懋,生一男,名惠章。生三女,长女名其全,许盘氏;次女名其珠,在家招赘;三其怀,许盘氏。坟茔安广东潮州府会稽山,坐丙向壬。

蓝惠章:妣盘氏,岳丈名自能,生四男,长东海,次东芳,三东惠,四东高;生二女,长秀月,次秀翠。[1]

畲民如此传统再发明的建构,无非是要明面上表示盘瓠就是帝喾的非人胎"皇子",也就是华夏族或汉族帝王的"皇子",而与"帝尧"为兄弟,不仅是华夏族或汉族的一员,而且身份高贵无比。此外,还有盘瓠的夫人从应劭、鱼豢、干宝等叙述的"少女"也改造为明确的高辛帝"三公主"或"三宫主",也进一步提高了畲民的高贵性。换言之,通过这一系列的自我主位的传统再发明,从而暗喻畲民也具备了中华民族共同体的"正统"地位,而且身份比庶民要高贵。所以在谱牒中,他们经常要强调他们是"皇子皇孙"、畲民四姓始祖皆"封侯王"的"尊贵",故在"门当户对"的时代中,他们是"不与庶民交婚",而只在盘、蓝、雷、钟这几姓的"皇子皇孙"中通婚。所以这也暗示畲民就是这四姓人,其他人都不是畲民,为畲民的我族与他族之间划出了区隔的边界。

其二,在闽东浙南的畲民再发明的族谱中的"盘瓠传说",不仅强化盘瓠源于华夏族或汉族的帝王家,而且还利用汉人的神话传说来改造盘瓠的形象,将盘瓠描述为是天上某星宿下凡,虽然表述时用了一些隐晦手法,如福建省福安市坂中乡林岭村的《雷氏族谱》写的是"娄龙星君",福建福安春雷云的《雷氏宗谱》用的是"星精降世",浙江丽水市莲都区丽新镇立新村的《冯

---

[1] 浙江省丽水市景宁畲族自治县澄照乡四格村:《汝南郡蓝氏宗谱》,1919年抄本。

197

翊雷氏宗谱》用的是"娄宿降凡",浙江丽水市景宁县澄照乡四格村1919年修的《汝南郡蓝氏宗谱》用"隆刘娄金龙宿",福建福鼎佳阳乡华洋(双华)光绪三十一年(1905年)重修的《汝南蓝氏宗谱》中雷鋐撰写的《广东盘瓠氏铭志》用"瑶光贯娄",福建省罗源县松山镇树楼村《蓝氏族谱》用的是"娄金星所由降也"。实际上,这些所谓"娄宿""娄金星""娄龙星君""隆刘娄金龙宿"等都是汉族天文、天象与神话二十八星宿中的"娄金狗"。所以有的畲民族谱,如浙江丽水市老竹镇沙溪村宣统己酉年(1909年)重修的《宣邑蓝氏宗谱》就明确说"夜梦娄金狗降凡"。因娄金狗的天象表现就是狗,所以尽管畲民在再发明的"盘瓠传说"中尽量消解"犬"表达的异类象征,但有的畲民族谱中为了强化盘瓠的神异性,用此星宿来强化盘瓠的神异性时,虽用隐晦手法表述,但还是无法完全消解这种意识,而是留下了一点无法抹掉的"犬"的暗喻。虽然如此,但在这时的畲民传统再发明中强调盘瓠的来源是星宿下凡,他以一种非同寻常的神异方式降临凡间,并变成一种五彩斑斓金光闪闪的灵异形象——龙族的盘瓠。其主要目的是用此来强调盘瓠本身所具有的神异性以及再次强化其出身于帝王家的高贵性。同时,也为此时再发明的盘瓠传说中后来展开的,在征服吴将军、番王或燕寇时,盘瓠有种种超乎寻常的"文化英雄"行为和表现做一些前期的铺垫。

其三,闽东浙南明代晚期再发明的一些"盘瓠传说",和明代早中期闽粤赣交界地区畲民的"盘瓠传说"一样,都有盘瓠主动或被动在金钟里变身的情节,并表述为由于刘皇后的心急,而功亏一篑,使其成为"犬首人服"的形象。因此,其暗含盘瓠原本就与高辛皇帝等并非一族类,但他们希望加以改变,不过这种改变并没有完全成功的意义。不过,在少数一些闽东浙南明代晚期以后再发明的"盘瓠传说"中也发生了较彻底的变化,如福安坂中畲族乡林岭村的《雷氏宗谱》中的"盘瓠传说"讲,刘皇后耳中的一虫放于盘中"变成一龙",取名"龙期",号"盘瓠"。后来在征番斩吴将军头回来后,高辛帝"敕赐密室沐浴洁身,变化成人",龙期就听命,"伏在金钟底内七日七夜,果化成人",变成完全没有异类痕迹者了。而那篇传为雷鋐撰写的"盘瓠传说"则更甚,其讲盘瓠是由茧化成"象如龙身"的神兽,直接命名"盘瓠"。然后交由高辛帝抚养,七日后就直接"化一男子,容貌俊伟,声音响亮",连金钟也省略了,直接就进入与高辛帝一样的族群了。所以这些表述无非是想暗喻畲民在向中华民族共同体的主体华夏族或汉族的逐渐转化或直接转化,或想表达畲民与汉族并非相异的族群或民族。

第六章　盘蓝雷钟四姓山客（畲族）的形成——畲民族群认同标志的再发明

其四，将《后汉书》《搜神记》的盘瓠传说中盘瓠与高辛帝"少女"生有六男六女，并因居住在"人迹不至"的极其闭塞之处而无法与外族交往，不得已将"自相夫妻"的表述改变为实行外婚制的盘瓠王、三公主夫妻生了三男一女，他们都是"皇子皇孙"。由于高辛帝的赐姓、赐婚、封侯，盘瓠王的三男盘自能、蓝光辉、雷巨祐与东夷王的三女奇珍、奇珪、奇珠通婚，或者与吏部尚书张、户部尚书廖、刑部左侍郎葛等高官的女儿（也称奇珍、奇珪、奇珠）通婚。[①] 忠勇王盘瓠的女儿为龙娘、龙郎或淑玉，她则招赘了钟志深或钟志清为赘婿。从而将原先的婚姻制度为外婚制，因为特殊原因，转变成为血缘婚（兄妹通婚的"自相夫妻"）的陈述，改变成了畲族自盘瓠以来，就一贯实行外婚制的叙述，而且这是姓氏之外的外婚制。同时，也形成了畲民中的四个"姓族"。由于盘蓝雷钟这四姓是"皇子皇孙，俱封侯王"，所以他们一方面由于这种婚姻制度的改变和贵族身份的强化，他们终于摆脱了"蛮夷"的帽子而成为"正统"华夏族或汉族了；另一方面，由于他们"不与庶民交婚"，自然就形成四姓间族内通婚的内婚制，由此现象又排斥、区隔了其他姓氏。也就是说，通过这样的一系列传统再发明，畲民的边界就开始划在盘蓝雷钟四个姓氏的范围，其他也属于"盘瓠遗种"的姓氏就被划在畲民这个族群之外了。

总之，增加高辛帝敕赐姓氏、赐婚、封侯等的故事情节，使得畲族的主要几个姓氏有一个姓氏来源的解释，同时强化畲族这几个姓氏的贵族身份，和盘蓝雷钟几个姓氏的畲族身份，并以这几个相互通婚的外婚姓族为核心，划了一条边界，这几个姓氏都是自称"山客"的畲民，而其他姓氏不是。这样，他们就把在闽粤赣地区的一些其他姓氏的原同类人划到边界之外，从明代晚期以后，只有盘蓝雷钟才是畲民，其他姓氏就不再是了，从而建构了现代的畲族。

其五，由于闽东浙南的畲民是在明代正德年以后才逐步从闽粤赣地区迁徙到闽东，而后又迁徙浙南的。所以他们也把闽粤赣交界地区当成他们的起源地，因此也建构出广东会稽山或后来干脆就是凤凰山为祖籍地的神话来。如在再发明过的盘瓠传说中，把过去的"南山"改变为高辛皇帝敕赐给盘瓠广东会稽山七贤洞或广东潮州府为封地，"食邑三千户"或"三县钱粮"，其府第"驸马府"或"王府"，或"宫殿都府"建在会稽山或凤凰山等，甚至

[①] 福建省霞浦县水门乡茶岗村：《冯翊雷氏宗谱》，1978年重修。

说"自为一国"。① 盘瓠逝世后,"送葬潮州会稽山七贤洞石孔中西南隅",在原驸马府基础上修建"忠勇王祠"等,建构了"想象"的盘瓠封地,畲民的祖地。并在以后的日子里,不断地去按照这一建构出来的想象去把它实体化,即在那里修建所谓祖坟、祖祠等,以便使这一原本建构出来的想象故乡变成不仅是一个符号,而且还要有实体,真的就好像有那么回事的样子。(在下面的章节中还会具体陈述)从此之后,广东潮州府凤凰山就成了闽东浙南畲民想象出来,并做出来的祖籍地,自己切断了原闽粤赣交界地区的畲客、瑶民与早期山越、南蛮或甚至是长沙武陵蛮的关系。同时,再发明的盘瓠传说也为畲民的长卷"祖图"和畲族"史诗"《高皇歌》的创立建立了一个想象的基础。

其六,再发明出来的盘瓠传说,特别强调盘瓠忠勇王助高辛皇帝除掉燕寇或番王或吴将军而有大功,不仅娶了高辛皇帝的三宫主,而且其子孙也可以世世代代免除差役,并可以到处开垦山地,以此为生与繁衍,而不是像《后汉书》和《搜神记》中的盘瓠传说所说的那样,是盘瓠本身"好入山壑,不乐平旷",躲在"所处险绝,人迹不至"的偏僻山里生活,不与外人交往、交流、交融,而是强调"功建前朝帝誉高辛亲敕赐,名垂后裔皇孙王子免差猺"。如浙江省丽水市莲都区老竹镇立新村的《冯翊雷氏族谱》说:

诏下:忠勇王收服燕寇,大有勋劳,敕赐世代免征差费,逢山离坟三丈,离田三尺,任从开种。御旨亲赐忠勇王金枝玉叶,世代相承,永存敕据。

而福建省罗源县松山镇树楼村的《蓝氏族谱》曰:

诏下:驸马忠勇王除寇有功,给赐敕书,继世相传,长垂不朽,并赐世代免征差费,逢山逢田,任其耕种。凡经过各省府州县,供奉夫役,支给俸薪,仰该部知悉,御旨敕书统付刊颁存照。

又如浙江省景宁畲族自治县四格村的《汝南郡蓝氏宗谱》中也说:

盘瓠一十八载,以宫女配亲,共生三男一女,尽皆美貌端正。长大生(身)死,同葬会稽山七贤洞幽岩石壁之处。永免杂役,抚乐自安,代代不纳粮税,不与庶民交婚,不耕庶民田土,只望青山之中力(刀)耕火种,自供口腹,及木弩捕猎为生。

换言之,由于在闽东浙南地区有这样的偷开他人土地的纠纷,所以才有

---

① 福建省福安市坂中畲族乡林岭村:《雷氏宗谱》,清光绪八年(1882年)修。

这样的盘瓠传说的再发明。换言之,有了这样传统再发明后,也就有自己给自己的行动提供了一种"合理的解释",或"法律"依据。也即如果是盘瓠的子孙后代,就是盘、蓝、雷、钟这四姓人,就因为祖上的丰功伟绩,所以不仅上古的高辛皇帝赐予他们特权,历代的皇帝也延续高辛皇帝的做法,给他们特权,他们就可以"世代免征差费,逢山离坟三丈,离田三尺,任从开种",或"世代免征差费,逢山逢田,任其耕种"。也就是说,他们自己以为畲民有权到处开垦山地,这是盘蓝雷钟四姓畲民的祖先盘瓠为汉族上古皇帝做了巨大的贡献而换来的。

总之,与闽南、闽西以及闽粤赣地区的畲民族谱相比,在闽东与浙南等地的畲民宗谱中,不仅对盘瓠传说增加了一些相关的表述,而且对历史上的盘瓠传说进行了改造或再创造。而这种传统的再创造与再发明出来的盘瓠传说,重点都在于强调盘蓝雷钟等既是忠勇王盘瓠的后裔,也是高辛皇帝驸马的后裔,甚至就是高辛帝"未怀于人胎"的后裔,是王朝的贵胄,甚或是"皇子皇孙",从而与所谓"蛮夷"说拜拜了。同时,也想表达因盘护王或忠勇王盘瓠的旷世功劳,高辛皇帝敕赐他的后裔世代免除差役,所以畲民有权利可以"逢山逢田,任其耕种",或者"逢山离坟三丈,离田三尺,任从开种"。

为什么会产生如此强的反差呢?为什么会出现如此的传统再发明?当我们把这种现象与畲民在明中后期乃至清以后的迁徙事实联系起来看时,这种现象的功能意义和实践意义就可以比较明显地显露出来了。

第三节　为何产生如此再发明的解释

上面已说过,畲民在明中叶后有一个大迁徙的阶段。在这个阶段,许多畲民从原乡闽粤赣交界地区向闽东,乃至浙南等地迁移。在这个过程中,他们实际上都是到一个土地都已完全私有化的地区寻找生存之路。可以想象,在这种地方要想生存下去,这需向迁入地的土地业主租地、买地,或者别人赠地才能从事开垦和定居下来。例如浙江景宁惠明寺的雷姓畲族,就是因为当地惠明寺和尚将庙产赠一部分地给他们才定居下来。据说明代万历年间雷进裕公等四兄弟从福建罗源起程迁徙浙南时,在路上邂逅从江西云游来闽的僧人昌森、清华师徒二人,因雷进裕与僧人昌森颇有"缘分",故相伴去浙江。抵达景宁后,雷氏兄弟在"景宁七都包凤开垦耕种,以后散落他乡"。而昌森师徒则前往景宁大赤寺修禅,直至顺治七年(1650年),僧人清华来南泉山修缮惠明寺,因孤单无人做伴,遂邀请雷明玉来惠明寺旁开基创业。恐空口无凭,僧人清华与雷氏之间签了一个"僧、雷同是一家人"的协定:顺治七年庚寅岁,僧清华对(雷)明玉公说,我惠明寺单马独寺,无人做伴,和尚清华以雷明玉公出来坐(住)在上村铁炉砻居住,耕田落叶。吾惠明寺山场上下左右分你(雷)明玉公子孙以作柴火之山,山外有吉地安厝穴,不用山价之理。倘来到我地方犁钞,我寺院赐你作用也,僧、雷二姓即是本家人一样,日后永不得言说异乎序,万无一失。① 由于这样的赠地,所以雷明玉这支雷姓的派下人就在惠明寺旁定居并繁衍下来。

但是这种获赠土地的好事并不常有,常见的应是向当地的田地、山场业主租地或买地进行垦殖。当然,有时躲在当时人迹罕到的深山里,在他人私有的山场中偷开一块地种植庄稼来维持生活,也应该是可能的。不过,在这种情况下,一旦被山主发现,一定会引起纠纷,被当地田地、山场业主告官,被驱逐,或被罚等。或者当畲民在有主的山林里偷开土地耕种,等把田耕成熟田后,土地的主人再去收回,"每每彼所开垦之地,垦熟即被汉人地主所夺,不敢与较,乃他徙"②,或只好向山主缴纳租税,变成租赁关系。如清康熙三年(1664年),畲民雷光久从平阳县章山迁居泰顺县筱条村(现司前畲族镇),烧山垦地开出一片良田,汉族地主以山归其属为名而霸占,要畲民雷光久交租36担。后因地越种越好,地租也越加越多,一直加到60担。③ 这实际就是偷偷在"土民"拥有的林地或山林中偷偷开垦出田地的一种写照与结果。由于偷开理亏,所以畲客"不敢与较",只好再"他徙"或转成租赁田地的方式向山主纳租。在畲民自己创作的山歌中,也有对这种状况多有抱怨,如"搬到福建来做田,福建有田又有山。开着地差作没食,开着田好官来争"。④ 这种行为往往导致在一处地方耕山,开出了田地,耕了几年,被山林主人发现,就只好迁徙他处,找一人迹罕至之处的山林再开垦田地而生存。因此,

---

① 王逍:《走向市场:一个畲族村落的农作物种植与经济变迁》,厦门大学博士学位论文,2007年,第40页。

② 胡先骕:《浙江温州、处州间土民、畲客述略》,《科学》第7卷第3期,1923年。

③ 浙江省少数民族志编纂委员会编:《浙江省少数民族志》,北京:方志出版社,1999年,第169页。

④ 福建少数民族调查组、浙江少数民族初级师范学校等:《畲族翻身唱新歌》,上海:上海文艺出版社,1961年。

第六章 盘蓝雷钟四姓山客(畲族)的形成——畲民族群认同标志的再发明

为了在这样尴尬中获取主动,或占据有利、有节的地位,所以畲民才对他们的盘瓠传说加以再发明与再创造。这一传统再发明主要是增加一些内容,特别是强调他们有皇亲贵胄的身份,远古的祖先对汉族来说有大大的功劳,所以不仅是盘瓠有功的那个三皇五帝时代,而且历代的汉人皇帝都记着这一功劳,都下旨让他们有免差徭,有"逢山逢田,任其耕种"的特权。从而使他们如果再遇到这类占田、占山的偷开他人山林的纠纷时,有一些可以据理力争的"法律"依据,从而使他们实际的"非法"实践行为成为一种想象、一厢情愿的"合法",使他们能在当时已没有什么公地或无主的土地的情况下,能够得以在狭缝中生存下去。所以闽东浙南等地再发明的盘瓠传说应该是在这样的社会经济生活实践中,为了满足畲民迁徙到闽东浙南后的生存需要,而再发明或再创造出来的。

综上,笔者认为闽东浙南地区与历史上有所不同的盘瓠传说,是在明代晚期以后再发明出来的。这是畲族面对明清时期从闽粤赣交界地区向闽东浙南大迁徙这样的社会环境变化中而进行的一种传统再发明或文化再生产。其目的是:为了满足其被迫到处迁徙,并在该地区的土地与山林均已私有化都有主人的情况下,占他者的山林开垦出田地以维持其自身生计的需要。为他们在"侵占"他人私有的山林、山地或田地并可能引起纠纷,甚至是官司时,建构一定的"法律"根据,使他们的私自占地行为成为"合法",从而使他们在万一被人发现他们占地,发生纠纷的争斗中,处于有利、有节和不败的地位,并且使他们在迁徙地闽东与浙南的生存与定居过程中增加一份保险而再创造与再发明出来的。同时,这样的盘瓠传说的传统再发明,也重新建构了闽东浙南畲民的族群认同核心价值观念。换言之,它改变了原先盘瓠的子女有六男六女的结构,只保存了三男一女,盘、蓝、雷、钟四个姓氏。也就是说,实际上,再发明的人就是这四个姓氏的人。从这一盘瓠传说的再发明以后,那些虽也是"盘瓠之遗种"的他姓瑶人、畲客,就与盘、蓝、雷、钟这四个姓的畲民划清了边界,而成为一种他者、他族,如瑶族或客家等。

第四节　产生这种再发明的时间及其影响

一、从清政府认可的盘瓠传说时间看畲民传统再发明的时间

这一传统再发明的盘瓠传说一旦形成,一方面成了这四个姓氏自称"山客"的族群与同是"盘瓠之遗种"的其他姓氏划出边界。另一方面也就成了畲民在闽东浙南与当地土地业主斗争的工具,在有的地方也被用来与土地业主抗争,并闹到官府。在浙江,这一再发明出来的盘瓠传说故事,被政府认可大约都在清代,如《浙江少数民族志》的大事记说:康熙年间(1662—1722年),温州平阳县、瑞安县的畲民为争得"不编丁甲,不派差徭",经反复斗争,迫使温州、处州兵备道刘廷玑于康熙三十七年(1698年)颁发告示,并令平阳知县在县衙前勒石示禁。①

此碑文在福鼎岭兜村同治五年(1866年)编撰的《冯翊郡雷氏族谱》中有录入,其曰:

平阳县告示

奉大宪勒石永禁示谕,建立平阳县衙门首。

特受浙江温州府平阳县徐:为垦天一视同仁,恩准照例示禁事抄,蒙分巡温、处兵备道加三级刘,于康熙三十六年(1697年)一月二十七日奉闽浙总督部院部郭批。据平阳县、瑞安县畲民雷起定、蓝文贵、雷阿七、钟宗法等呈称,定等畲民系出高辛之后,赐姓敕居各处,开山为田以供赋税,不编丁甲,不派差徭,例朝成例,各省皆然。前蒙示禁,一切差徭、夫甲以及采买等项,畲民概行永免。但法久弊生,瑞、平各都里堡地棍阳奉阴违,每多借端勒索,稍拂其意即行捏词告害,以致穷畲迁徙流离,山田荒废,国赋无归。现在闽省连江、罗源、侯官等县俱蒙示禁,勒石永革,畲黎得安耕凿。叩乞大老爷准照例禁,勒石永革,以苏畲困。奉批温州府查报,遂蒙檄行二县,瑞、平会同确查看详,蒙道宪批仰候核

---

① 浙江省少数民族志编纂委员会编:《浙江省少数民族志》,北京:方志出版社,1999年,第13页。

转徼。十二月十九日,蒙道宪牌唤定等赴辕询明,以便转详覆院定夺。随即禀明始末情由,悉蒙转详督宪。三十七年(1698年)二月十八日,蒙批如常严禁,仍饬勒石永革。二月二十四日,蒙道宪颁发告示一道,仰平阳县官吏准照发下告示一道,张挂县前,仍将示内禁饬事理勒石永遵,即刷牌模二纸,呈送毋违等因。蒙批遵备前情勒石县前,嗣后如有各都里堡地棍仍前借端科派畲民丁甲差徭以及采买杂项者,许即指名呈控重究,以凭正法施行,断不宽贷。各宜凛遵毋违,特示。

康熙三十七年(1698年)五月十六日给。

此外,在嘉庆年间,畲民怕再与土地业主纠纷和里堡地棍的无端勒索,在平阳县衙修整,原碑取下时,再次向县衙呈请,强调此碑之重要。县衙也怕地方闹事,故再次立碑示禁,所以该谱也收了这嘉庆七年(1802年)的告示:

平阳县告示

奉平阳县周重勒石碑永禁示谕,亦建立衙门首。

署浙江温州府平阳县正堂,加五级、纪录十次周为循例晓谕示禁事。据畲民雷向春、钟子评、雷文锦、蓝士嘉、李子远等呈称,身等蒙前代高辛氏赐姓蓝、雷、钟、李四姓,迁居各处,开山为田以供赋税,各省皆然。现在连江、罗源、宁德、福安、霞浦、福鼎、景宁等县均各勒石示禁,不许里堡地棍借端索扰。身祖雷起定于康熙三十七年(1698年)因地棍叠次扰害,是以会同瑞邑蓝文贵等呈鸣督宪郭暨道府二宪。蒙仰前宪徐将道宪颁发告示张挂,并将示内事理勒石永禁,庶地棍敛迹,身等俱各安居。因上年杨宪重建头门,将碑移开,未蒙重立。身等恐地棍乘碑未立,仍然藉端滋扰,呈请修建示禁等情投县。据此除查案准其建修外,合行出示严禁。为此示仰合邑居民人等知悉,自示之后,尔等务宜各安本分,毋许扰害畲民。倘有不法地棍仍然借端索扰,许被扰之畲民协保指名禀县,以凭按律究治,断不宽贷。各宜凛遵毋违,特示。[①]

除了浙江平阳县有这样的告示外,在福建省福安市春雷云村光绪元年(1875年)手写的《冯翊雷氏宗谱》中,也抄录了两方官府的示禁碑文,其中一

---

① 福鼎岭兜:《冯翊郡雷氏族谱》,清同治五年刻本,《福建省少数民族古籍丛书:畲族卷——家族谱牒(上)》,福州:海风出版社,2010年,第361~362页。

是福宁府霞浦县的石碑文,另一是福宁府福鼎县的示禁碑文,它们如下:

福宁府示禁碑

福宁府霞浦县正堂,加五级、记录五次曹为呈请立碑等事

乾隆三十九年(1774年)六月二十一日,据畲民钟允成等具呈前事,词称成等始祖乃高辛皇帝敕居山巅,自食其力,不派差徭。历代相沿由来已久,叠蒙历朝各宪布化宣仁,案炳日月。迨康熙四十一年(1702年),又蒙董州主赐立石碑,永禁各都、乡、保滥派畲民差徭,各县石碑现存可考。惟州前即今府石碑被毁,各都保遂有滥派索贴之弊。成等呈恳府宪徐,蒙批候檄饬严禁,毋许各都保滥派尔等差徭并索贴差务,俾其各安生业可也。合请佥恩伏恩准立碑,永彰鸿案,衔结不朽等情。据此,为查畲民钟允成等前蒙本府宪徐檄行出示严禁在案。兹据前情,除核案批示外,合再示禁。为此示仰各都乡保人等知悉,嗣后务遵照宪,毋得仍前滥派畲民差徭,借端索贴扰累,并索砍竹木等项,俾得各安生业。倘敢故违,许准受累畲民指名直禀,以凭拿究。各宜凛遵毋违,特示。

乾隆三十九年(1774年)八月十二日给。

福宁府示禁碑

福宁府福鼎县正堂,加三级、记录三次王为遵批声明恩准勒石碑事抄,蒙福宁府正堂,加五级、记录八次徐宪票,该畲民钟允成等呈称,成为照旧复碑等事,蒙批据呈康熙年间钤印州示,内有畲民居住山野,专责畲民保长保固地方,烟差照例豁免等语。现今有无畲保长及有无烟差,据实另呈,再呈内有乡保不得勒贴之句,亦指据详细陈明,不得含糊混禀等因。成畲民散居穷谷,人迹罕到,实属深山五谷,素沐皇仁,得沾雨化,历免差徭,由来已久。现各县俱有石碑仍存,惟霞邑石碑被毁,近因村、都、乡、保勿论奉公滥派差务,即属无事不时索贴乡民,扰累乡愚,确有实情,所以具禀另请畲保长宁固地方。现今各县山谷该有畲保饬造烟册,声明籍贯,实属有之。除烟差外,所因额外乡保滥派差徭,索贴差务,致成等仰恳天台一体同仁,皇准照旧勒石复碑,以杜滥派,豁免差徭,百年千秋等因到县。蒙此业经出示行禁革在案,兹据畲民钟允成等呈恳勒石前来,除呈批准勒石合行刊示,仰合邑人等知悉,嗣后畲民应

归畲保长编查约束,豁免差徭,毋许地方滥派及索贴差务,俾其各安生业。倘敢不遵,许受累畲民指名具禀赴县,以凭详究。各宜凛遵毋违,特示。

右仰遵照

乾隆三十九年(1774年)四月二十二日给。

由这几块碑文所署年代看,其最早的为康熙三十七年(1698年),但根据蓝炯熹所著的书看,似乎还有一块现存的康熙六年(1667年)的示禁石碑。蓝炯熹在其《畲民家族文化》中说:藏在仙游县博物馆(原文庙正殿回廊左侧)的石碑群中有一方清代文物,由木兰街畲民会馆迁入,该馆已废圮。石碑上方一篆书"清"字,碑文以正楷阴刻。

福宁府示禁碑

圣王御极,皇仁浩荡,亢民间一切差徭,蒙谕查实豁免,况雷、蓝、盘三姓畲民原无一定住籍散□,自食其力。沐历代洪恩,载入流烟册内,概免一切差徭。如福州各属畲民现有勒石优免,独兴属(兴化)□例动欺孤丁单姓,诸色杂差丛集,畲民是以疾于本命。

本年五月内,畲民蓝圣时□□等永保畲民生聚等事,具呈总督部院大老爷高,蒙批府行县查例。幸蒙本县主正堂加一级萧,照例具详并饬示禁在案。但恐年久月深,风雨损坏,谨勒□(石)□圣朝浩荡之恩,督宪矜恤之仁也。

谨志!

时龙飞岁次丁未年(康熙六年,即1667年)戊申之秋

畲民蓝圣时、朝容、雷永雪、蓝元长、振□、元贤、秀□、祐□、圣□、□妹、□□、雷□□、钟□□等同立①

由此看来,清政府认同畲民自己建构的"免差徭"政治神话或盘瓠传说可能还要早些,因为在这篇碑文中说"福州各属畲民现有勒石优免",所以这是循福州之例做的一种举动。因此,福州府属各地承认此,时间可能更早些。另外,在这碑文中,把畲民归于"流烟"的说法也值得注意。因为"流烟"本就是无土地,无土地就没有赋税和所谓差徭,只有人头税而已。所以康熙年间把畲民归于"流烟",即其为无籍之人。是否就认同畲民自己建构的免

---

① 蓝炯熹:《畲民家族文化》,福州:福建人民出版社,2002年,第344页。

差徭和可以随意占有田地神话也就难说了。实际上,在上述碑文中,有许多畲民已定居,也有了田地,至少在清初清政府有招垦的举动。招垦之后,势必让某些"流烟"固定在土地上,而需要缴纳赋税。所以有的碑文不提畲民自己建构的盘瓠传说中的免赋税之事,而是强调"免差徭"和里堡地棍的"索贴"和"滋扰"。也就是说,他们在清代强调的是免除地方上任意的差徭与索贴,而非完全免赋税和免差徭。实际上,有的也说畲民"开山为田,以供赋税,各省皆然",还是需要按清王朝的制度缴纳国家的"赋税",强调的只是"永禁各都、乡、保滥派畲民差徭","乡保不得勒贴"。不过,从这些示禁碑出现的时间来看,我们可以看到,畲民自己再发明的盘瓠传说的出现应早于清代康熙初年。

二、从再发明的盘瓠传说的影响来看畲民传统再发明的时间

自此再发明了盘瓠传说后,他也对畲民的其他生活与文化发生影响,这也许表现在《高皇歌》或《盘瓠王歌》、《盘古歌》的出现与祖图的出现。

《盘瓠王歌》是以唱山歌的形式将再发明的盘瓠传说传唱,并加上迁徙福建与浙南的情况,因此它有两种。一种是福建传唱的,它只唱了盘瓠传说与迁徙福建的事。另一种则是流行在浙南的,其除了前述的内容外,还加上了在浙南迁徙的事。

为何说其是在再发明的盘瓠传说后形成的,主要是因为这些长篇叙事歌里使用的人名与事件等,与明代晚期以后再发明的盘瓠传说完全一致。如福州的《高皇歌》:

> 当初出朝高辛皇,出来游戏看田场。
> 皇后耳痛三年在,挖出金虫三寸长。
> 挖出金虫三寸长,便置金盘拿来养。
> 一日三时望长大,变作龙期丈二长。
> ……
> 收服番王是呆人,爱讨皇帝女结亲。
> 第三宫女心不愿,金钟内里去变身。
> 金钟内里去变身,断定七日变成人。
> 皇后六日开来看,只是头上未变成。
> 头是龙来身是人,要你皇帝女结亲。
> 皇帝圣旨话难改,开基蓝雷人子孙。

第六章 盘蓝雷钟四姓山客（畲族）的形成——畲民族群认同标志的再发明

亲生三子相端正，皇帝殿里去讨姓。
长子盘装姓盘宇，二子篮装便姓蓝。
第三小子正一岁，皇帝殿里讨名来。
雷公云头响得好，笔头落纸便姓雷。
当初出朝在广东，亲生三子女一宫。
招得军丁为夫妇，女婿名字钟志深。
三男一女甚端正，同共皇帝管百姓。
住落潮州名声大，流传后代去标名。
……
文武官员都来送，送落凤凰大山宫。
皇帝圣旨吩咐过，山场田地由你种。
皇帝圣旨吩咐过，蓝雷三姓好结亲。
千万人女由你拣，莫来嫁给百姓人。
高辛皇帝话原真，吩咐蓝雷三姓人。
女大莫去嫁阜老，阜老翻脸便无情。
……
福建田土实是高，田土有肥又有瘦。
几人命好作有食，几人命歹作亦无。
兴花满园皆生长，蓝雷三姓在成行。
后来年老都有利，赶落原先家连江。
福建大利家连江，古田罗源田土壮。
蓝雷三姓同始祖，个个坐得好田场。
……
连江连江是连江，连江女人好个香。
罗源人子过来定，明年担酒扛猪羊。
罗源人女好个相，身着衫子花成行。
连江人子过来定，年冬十月担猪羊。
古田人女似花扞，蓝雷人子过来定。
年冬十月是清闲，蓝雷三姓好结亲。
蓝雷三姓好结亲，都是南京一路人。

209

今日三姓各八县,好事照顾莫退身。①

又如浙南的《盘古歌》曰:

1. 回忆

说山便说山乾坤,说水便说水根源。
说人便讲世上事,唱出祖史世上传。
当初出朝在广东,搬出外乡念祖宗。
算来没本转原籍,编出歌言传子孙。

2. 出征

相公名字叫龙麒,原是当初一朝臣。
龙麒年青本领好,行云过海会化身。
当朝坐位高辛王,天下太平谷满仓。
感谢高辛管得好,百姓耕田笑朗朗。
番边贼子起恶心,带兵前来打高辛。
高辛王上心慌慌,文武百官不安宁。
龙麒胆大是当年,不怕贼子打过山。
上朝奏本告王上,自愿带兵打番边。
龙麒带兵打过洋,一直打到番王乡。
番王不知兵马到,高楼吃酒笑朗朗。
割落王头过海洋,云雾弥来暗茫茫。
一时雾散渡过海,王头捧上高辛王。
王头捧上高辛王,高辛斟酒笑朗朗。
高辛看见心喜欢,愿招龙麒做婿郎。

3. 成亲

高辛王上养三娘,三个公主一样相。
第三公主巧伶俐,嫁给龙麒做妻房。
圣旨发落是真情,送出公主来结亲。
第三公主实伶俐,结成一对好夫妻。
龙麒三子女一名,带上王朝去求姓。
大子盘装便姓盘,二子清秀就姓蓝。
第三细子正一岁,王朝殿里讨姓来。

---

① 雷恒春主编:《福州市畲族志》,福州:海潮摄影艺术出版社,2004年,第24～29页。

第六章 盘蓝雷钟四姓山客(畲族)的形成——畲民族群认同标志的再发明

凑着雷公响得好,朱笔落纸便姓雷。
龙麒做官在朝中,亲养三子女一宫。
细女招亲钟姓子,女婿养子是姓钟。
……

4.隐居
龙麒出朝起身行,请拜王上去潮州。
文武百官都来看,一直送到凤凰山。
文武百官都来送,送落潮州大山中。
居家又在山林内,山场田地尽我种。
……

祖住潮州大山场,旺出子孙成大行。
四姓子孙无千万,作田作地谷满仓。

5.打猎殉身
龙麒年老是清闲,日日拿弓去上山。
奈因岩头捉羊子,不该斗死在岩边。
龙麒斗死在岩边,求神问佛寻不见。
身死挂在树尾上,老鸦一叫正寻见。
凤凰山上去葬埋,男女子孙成大群。
男男女女送上山,大大小小泪纷纷。

6.迁居
住落潮州凤凰山,世世代代住多年。
旺出子孙满山住,人马多来好作田。
凤凰山上安祖坟,旺出下代多子孙。
人多田少难做食,蓝雷钟姓搬出村。
三姓搬出凤凰山,单讲作田多清闲。
开田开山做有食,做得丰收似神仙。
今下难比潮州村,住出外乡气难闻。
凤凰山上多姓住,蓝雷钟姓四处分。

7.搬福建
搬到福建来作田,福建有田又有山。
开着地差作没食,开着田好官来争。
兴化古田住久长,三姓开基在西乡。

211

西乡难住三姓子,又搬罗源过连江。
福建大省管连江,古田罗源好田庄。
蓝雷钟姓四散住,个个住着好田场。
住在福建好开基,蓝雷钟姓多和气。
你女带大郎来定,我女带大嫁给你。
搬到福建住连江,连江实在好田场。
奈因官差难作食,思量再搬住浙江。

8.搬住浙江

三姓搬来住浙江,浙江是个好田场。
浙江田土好作食,开田作山多得粮。
三姓子孙人来多,分住景宁同云和。
又住泰顺平阳县,散住丽水各县有。
云和景宁住多人,外边官府欺负人。
三姓思量散去住,搬落宣平去安身。

9.尾声

万样世事难上难,祖公历代住半山。
一路搬来都一样,官府欺负住人难。
……
蓝雷钟姓一宗亲,都是广东一路人。
今下各人住各县,有事照顾莫退身。
蓝雷钟姓出广东,广东原来住祖宗。
今下各人各府住,歌源唱来都相同。
蓝雷钟姓一路人,莫来相争欺祖人。
出源祖歌唱过了,万古流传子孙记。
蓝雷钟姓一路郎,亲热和气有商量。
歌是畲民传家宝,万古流传子孙唱。①

由此看来,这些神话传说叙事歌就是一通俗版的传统再发明的盘瓠传说。另外,其基本内容一致,所用的人名、事件都与明代晚期以后再发明的盘瓠传说一致,如浙江版的《盘古歌》所唱的内容与乾隆年间雷鋐所撰写的

---

① 福建少数民族调查组,浙江少数民族初级师范学校等:《畲族翻身唱新歌》,上海:上海文艺出版社,1961年。

《广东盘瓠氏铭志》完全一致。另外,从两地的《盘瓠王歌》的比较看,虽然它们都有所本,也即他们有用汉字手抄的歌本。因此其所唱的内容基本一致,但也有一些不同表述,这可能是不同地方的畲民歌者在演唱时的即兴表演或即兴建构所导致。

再则,传统再发明的盘瓠传说也影响了畲民的其他方面,如根据这一传统再发明的盘瓠传说的内容画的长卷祖图就是其中一例。祖图见诸文献都较晚,如1943年刊印的广东《丰顺县志》载:"东鄙之凤吹礤山村(今丰顺县潭江镇凤坪畲族村),有蓝姓数十户,称为狗头王子孙,即輋民也。村南有钟姓十余户,传其为蓝姓外甥。世为婚姻,惟晚近已与四邻族姓通婚,现已同化。"该村蓝姓畲民"有祖遗匹凌(绫)画像一幅,长三尺许,图其祖人身狗头像。自出生时及狩猎为山羊触死,各情事甚详,盖千百年古画也。止于岁之元日,横挂老屋厅堂中,翌早辄收藏,不欲为外人所见"。[①] 浙江省龙游县的畲民,在祭祖时需挂上汉人文献中讲的"画像",实为"祖图"。其"画像为手卷,以白为之,阔约一尺五寸,长约五丈。所图事实,凡数十段,与《后汉书·南蛮传》所述略同"。[②] 其实是畲民以明代晚期传统再发明的盘瓠传说编绘的。福建省建阳县的畲民在一些重要的祭祀活动时也需挂出祖图为"神像","所奉神像乃古画一帧……疑即其始祖也。事毕,卷而藏之,秘不示人。虽素称莫逆之交者终不得见,然合百十家亦只二三轴而已"。[③] 从这些官方文献的年代来看,最早的是道光十二年,即1832年,所以创制出这一被汉人文献称之为"画像"或"神像"的祖图后,多是"秘不示人",所以到道光年间才为官方所知晓,但也存在着神秘感。

畲民的长卷《祖图》就如同一幅连环画,彩色绘制,布质或纸质,其通常的内容有:包括三清、十王、射猎师爷、打猎师爷、本姓始祖、左门神、右门神、金鸡、玉兔、高辛帝等画像,还有帝喾高辛氏当朝、畲族始祖龙麒出世、番兵犯境、高辛帝张榜招贤、龙麒收榜征番、入番、斩番王头、归朝奉献、金钟变身、招驸马、与三公主成婚、封府广东、生三男一女、讨姓受封、闾山学法、游

[①] 刘禹轮修,李唐纂:民国《丰顺县志》卷十六,《风俗》,汕头铸字局梅县分局,1943年,第196页。

[②] 余绍宋修纂:民国《龙游县志》卷二,《地理志·风俗》,台北:成文出版社,1970年,第51页。

[③] (清)梁舆等修,江远青等纂:道光《建阳县志》卷二,《舆地志·附畲民风俗》,福州:海峡书局,2020年,第75页。

山狩猎、打猎殉身、治丧送葬、龙头山安墓等情景。畲民自称为《长联》。① 有的地方祖图更长，如清同治九年(1870年)，由菇岭、高楼、官田、牛脚洋等村蓝氏裔孙公立祖图，系用整幅白绢布彩色精绘，共四十三幅，其内容依次是：一、伏羲画八卦；二、女娲氏补天；三、开山盘古氏；四、神农食百草；五、钻燧取火；六、燧人氏取木造屋；七、制作衣冠；八、高辛氏登龙位；九、皇后耳痛三年；十、耳医取出茧来；十一、茧盛盘内奏皇后；十二、茧放盘内养；十三、茧变成龙麒；十四、燕王演武；十五、燕王兴兵；十六、本奏番王造反；十七、龙麒拆榜收番；十八、啣榜见驾；十九、龙麒令旨漂洋过海；二十、番王见龙麒甚喜；二十一、番王领酒大醉；二十二、醉卧榻上咬断首级而去；二十三、番兵追赶被仙官所遮；二十四、征番得胜文武官员迎接；二十五、龙麒将军将番王首级献功；二十六、假装公主被龙麒识破；二十七、龙麒咬定三公主衣襟不放；二十八、龙麒奏帝金钟内变化成人；二十九、望恩楼期定七日金钟内变化成人；三十、盘瓠被招为驸马洞房花烛；三十一、高辛帝赐封盘瓠为忠勇王，奉旨荣迁；三十二、忠勇王迁居会稽山七玄洞驸马府；三十三、三公主生三男一女；三十四、高辛帝赐给盘、蓝、雷三姓；三十五、赐三男一女免差徭；三十六、盘瓠王上间山学法；三十七、出驾游山打猎；三十八、跌死岩头，公主奏帝驸马身亡；三十九、奉旨敕赐灵位；四十、建作功课，奉旨御苑；四十一、敕赐驸马公子御苑；四十二、盘瓠公墓；四十三、回灵归府。②

由此内容看，不管它长还是短，都完全是将畲民族谱中明代晚期以后传统再发明的盘瓠传说图像化，其也是有一个基本的构架，然后每幅长卷都有可能有一些差异。

近年来，人们收集或了解到一些畲民的祖图，如：

浙江省有20帧：

(1)明代崇祯七年(1634年)钟法贵、钟法旺董事、佚名绘制的丽水市遂昌县妙高镇井头坞村钟氏开山祖图。

(2)清佚名绘制的丽水市龙泉县八都镇竹垟村雷氏祖图。

(3)清末佚名绘制的丽水市松阳县象溪镇南坑源村西坑口自然村雷氏祖图(布质:细布,彩绘)。

---

① 浙江省少数民族志编委会编:《浙江省少数民族志》,北京:方志出版社,1999年,第70页。

② 雷恒春主编:《福州市畲族志》,福州:海潮摄影艺术出版社,2004年,第17页。

(4)清光绪十六年(1890年)佚名绘制的金华市武义县宣平镇畲族祖图。

(5)清佚名绘制的丽水市青田县章村乡黄山头村畲族祖图。

(6)清光绪四年(1878年)蓝千二郎主持制作、程俊绘制的丽水市莲都区联城镇胡椒坑村蓝氏祖图(布质,彩绘)。

(7)清佚名绘制的丽水市莲都区碧湖镇联济村畲族祖图。

(8)清光绪元年(1875年)云和县大坑底蓝朝祖等主持制作、郑傅龄绘制的丽水市莲都区水阁工业区山根村沙旺自然村的蓝氏祖图(布质:细布,长卷,彩绘)。

(9)清光绪二十六年(1900年)暮洋湖、香炉丘等村雷承森主持制作、景宁演峰任凤翔绘制的丽水市景宁畲族自治县鹤溪镇周湖(暮洋湖)畲族村的雷氏祖图(布质:棉布,长卷,彩绘)。

(10)1951年佚名绘制的丽水市景宁畲族自治县郑坑畲族乡桃山村蓝氏祖图。

(11)清佚名绘制的丽水市景宁畲族自治县沙湾镇对面岗村雷氏祖图。

(12)清佚名绘制的丽水市景宁畲族自治县鹤溪镇敕木山村蓝氏祖图。

(13)丽水市博物馆收藏的2帧清佚名绘制的畲族祖图。

(14)丽水市景宁畲族自治县博物馆收藏的畲族祖图。

(15)武汉中南民族大学民族学博物馆收藏两幅清代佚名绘制的浙江丽水畲族祖图,其中一幅绘制于清代道光元年(1821年)(布质:棉布,彩绘),一幅为清末(纸质,长卷,彩绘)。

(16)国家文物局收藏的浙江丽水畲族祖图。

(17)民族文化馆博物馆馆藏的清代同治十二年(1873年)癸酉菊月景宁南阳汉人叶秉兴绘制的景宁蓝氏祖图(布面,长卷,彩绘)。

(18)中央民族大学民族学博物馆馆藏的一幅浙江畲族祖图,横幅,纸质卷轴,其分两部分,一是52幅连环画式的盘瓠传说,另一部分为"附王出生图记"的文字记述。

福建省有27帧:

(1)清佚名绘制的宁德市蕉城区九都镇柴坑钟氏祖图(布质:麻布,彩绘)。

(2)清佚名绘制的宁德市蕉城区漳湾镇雷东村雷氏祖图(布质:麻布,长卷,彩绘)。

(3)清道光二年(1822年)宁德雷国仁、雷国义主持制作、佚名绘制的宁

215

德市蕉城区八都镇猴盾雷氏祖图(布质:麻布,长卷,彩绘)。

(4)清乾隆五十七年(1792年)五月佚名绘制、雷国祯等撰文的宁德市蕉城区飞鸾镇南山葡萄坑村南山雷氏祖图(布质:麻布,长卷,彩绘)。

(5)清光绪二十三年(1897年)佚名绘制的宁德市蕉城区飞鸾镇蒲岭黄土袋村钟氏祖图(布质:麻布,彩绘)。

(6)清康熙三十六年(1697年)八月古田雷宗绍捐资置写、佚名绘制的古田县凤都镇新建村大栋自然村雷氏祖图(横幅,布质,彩绘)。

(7)清佚名撰书、绘图的古田县城东办事处双山村龙光自然村雷氏祖图(布质:麻布,长卷,彩绘)。

(8)清康熙二十六年(1687年)八月永安佚名制作、绘图的三明永安市洪田大科村蓝氏祖图(横幅,纸质,彩绘)。

(9)清康熙六十一年(1722年)八月永安佚名制作、绘图的三明永安市青水畲族乡畲族联谊会收藏的青水蓝氏祖图(横幅,纸质:草纸)。

(10)宁化县博物馆收藏的清代嘉庆十九年(1814年)秋宁化雷法贵置、佚名绘制的宁化雷氏祖图(横幅,纸质:竹纸、彩绘)。

(11)清道光七年(1827年)五月永泰蓝明康等主持制作,佚名绘图的永泰县大洋镇青峰村蓝氏祖图(布质:麻布,彩绘)。

(12)清代乾隆九年(1744年)永泰雷自盛、雷可成主持制作,佚名绘制的永泰县赤锡乡荷溪村盘雷蓝谱图(纸质:草纸,彩绘)。

(13)清光绪二十六年(1900年)佚名撰书、绘制的霞浦县松城梨坪塆村钟氏祖图(绢本,长卷,彩绘)。

(14)清乾隆五十六年(1791年)十二月罗源县蓝长吉等主持制作、陈添筹绘制的罗源县起步镇廷洋坂村蓝氏祖图(布质:麻布,长卷,彩绘)。

(15)清道光二十一年(1841年)八月罗源蓝君佑等主持制作,连江马鼻画师郑如扬绘图、蓝学伊撰序并书的罗源县松山镇上土港村蓝氏祖图(布质:麻布,长卷,彩绘)。

(16)清光绪年间罗源蓝氏畲民制作,佚名撰书、绘图的罗源县霍口畲族乡福湖村蓝氏祖图(布质:棉布,长卷,彩绘)。

(17)清咸丰十年(1859年)十二月罗源县蓝姓族人主持制作、佚名撰书,蓝连珠、蓝连云绘图的罗源县西兰乡石别下村暗流坑蓝氏祖图(布质:麻布,长卷,彩绘)。

(18)清咸丰年间(1851—1861年)罗源蓝姓族人主持制作,佚名撰书绘图的罗源县洪洋乡车溪村蓝氏祖图(布质:麻布,长卷,彩绘)。

(19)清乾隆二十四年(1759年)九月罗源县雷法明等主持绘制,双茅峰画师陈尔銮绘图,华轩汤蓝泰峦誊写的罗源县白塔乡钟下村白塔蓝氏祖图(布质:麻布,长卷,彩绘)。

(20)清咸丰二年(1852年)正月罗源县霍口溪前、价洋、岭尾三村蓝姓畲民共同置立,辛永徽撰书、绘图的罗源县霍口畲族乡价洋村蓝氏祖图(布质,长卷,彩绘)。

(21)清代嘉庆二十一年(1816年)二月连江雷姓族人主持制作,雷华鸣书、画的罗源县霍口畲族乡山垄湾村梨坑雷氏祖图(丝绸质,长卷,彩绘)。

(22)清咸丰七年(1857年)二月罗源蓝法金等主持制作,蓝义玉、钟宗口撰书、绘图的罗源县起步镇曹垄村新岩头蓝氏祖图(布质:棉布,长卷,彩绘)。

(23)清佚名撰书、绘制的漳州市华安县新圩镇官畲村畲族祖图残卷(布质:麻布,彩绘)。

(24)清康熙四十四年(1705年)上杭才溪余某撰书、绘图的龙岩市漳平县赤水镇岭兜村雷氏祖图(纸质:绵纸,长卷,彩绘)。

(25)清代道光二年(1822年)佚名编纂、绘图的泉州市永春县山城镇金东村蓝氏祖图。

(26)佚名绘制的泉州市德化县龙门滩镇大溪畲族村畲族祖图(纸质,长卷,彩绘)。

(27)清代佚名绘制的光泽县寨里镇官桥村泽山头雷氏祖图(布质:麻布,彩绘),等等。[①]

广东省有6帧:

(1)清代道光二十一年(1841年)佚名绘制的广东潮安县凤南镇山梨村畲族祖图(纸质:绵纸,彩绘)。

(2)清光绪二十年(1894年)佚名绘制的潮安县李工坑畲族村祖图(纸质:绵纸,彩绘)。

(3)1940年重新裱褙的潮安县湘桥区雷厝山畲族祖图(纸质:绵纸,彩绘)。

[①] 蓝岚:《畲族祖图长卷艺术价值初探》,《2009年全国畲族文化学术研讨会论文汇编》,宁德2009年,第133~134页。

(4)广东省增城市档案馆收藏的正果镇下水村、通坑村、榕树窿村的畲族祖图(绢本,长卷,彩绘)。

(5)1957年农历九月二十二日佚名绘制的梅州市丰顺县潭山乡凤坪村蓝氏祖图。

(6)1990年孟冬广东省民族研究所监制、缪爱莉绘、陆瑞祥书的丰顺县潭山乡凤坪村蓝氏祖图(纸本,长卷,彩绘)。

江西省有3帧:

(1)贵溪市樟坪畲族乡姜山村雷满国藏的清代姜山村盘瓠图复制件(清代佚名绘)。

(2)贵溪市樟坪畲族乡化坪村藏的清代道光十年(1830年)佚名编撰、绘制的重建盘瓠祠铁书,1册,25页。纸质:桑皮纸,墨书。

(3)铅山县太源畲族乡政府档案室藏的清代汪为公绘制的太源盘瓠图,1部,4幅。

从这些祖图制作的年代来看,最早的是明崇祯七年(1634年)钟法贵、钟法旺为首董事、佚名绘制的丽水市遂昌县妙高镇井头坞村钟氏祖图。该祖图原为井头坞村村民钟水寿收藏,名"盘瓠王开山祖图",画高0.263米,长10.67米,纸质长卷。……卷首语云:

楚皇帝上奉天命恩承运□□□□大隋伍年伍月伍日给会稽山七贤洞抚徭卷□(牒),□□□□盘瓠王子孙祖宗世代流传,毋令违失,如有破□(损),□□□皇帝□□卷牒所属州县官司陈告,印押付□□□□□。[①]

卷尾落款云:

大明崇祯□年甲戌岁(1634年),住景宁县二都油田王畎境锦岱洋,居住□月吉旦妙昼,祖图流传与世代,见永远千秋。

高祖公钟佰三十三郎、祖钟千二十郎、千二十一郎

为首:钟法贵、钟法旺　谨题为记。

根据这些文字,这帧畲民祖图长卷应是目前发现的年代最早的一幅,其年代为明代崇祯七年(1634年),是由景宁县二都油田王畎境锦岱洋居住的钟法贵、钟法旺主持制作的。其画面内容有:高辛帝画像,请医出卵变龙麒、

[①] 吕立汉、蓝岚:《一帧弥足珍贵的畲族祖图长卷》,《畲族文化新探》,福州:福建人民出版社,2012年,第152页。

第六章　盘蓝雷钟四姓山客(畲族)的形成——畲民族群认同标志的再发明

吴将带兵、辛帝出榜招贤、收榜见帝、走过唐朝、过番、口倒龙床、帝送庞变身、帝王招龙庞为驸马敕封盘瓠侯王之职、太尉阜老军兵文武送出赴高付会、宫娥武戏接迎、赴高堂、仙师二郎兴五鬼法、养三男二女、辛帝捉日月三子取名、闾山学法、游山打猎、盘瓠王终身、墓葬南京西门虎头山、迎香案回家、子孙世代昌盛。完全是依据传统再发明的盘瓠传说的表述而绘制的。

图 6-1　盘瓠王开山祖图

图 6-2　钟氏祖图题款

由此可以看到，在闽东浙南地区传统再发明的盘瓠传说应早于此年代。

219

再者，从祖图长卷的落款看，在崇祯七年（1634年），景宁二都油田王畋境锦岱洋已有畲民居住，而且他们都是闾山派的法师，所以他们有"法名"。不过，由此看来，畲民弄出这些祖图，可能是有其他宗教意图，如纯粹为了怀念祖先，干嘛不由族长、房长等出面来制作这种祖图。因此，对祖图出现的原因还有可以仔细揣摩的地方。不过，根据此，我们可以看到畲民传统再发明盘瓠传说的再发明年代大体应在明代正德十二年（1517年）到崇祯七年（1634年）之间。

当然这个年代也不一定是发明这一盘瓠传说的最早年代，因为我们看到明代万历四年（1576年）的《永春县志》的一段记载，其中的表述似乎表示这一传统的再发明似乎在万历四年（1576年）前就已形成。《永春县志》是这样表述的："畲民巢居崖处，射猎其业，耕山为食，率二三岁一徙，嗜好食饮，与人殊别。男子椎髻，女子无裤，通无鞋履。嫁女以刀斧资送。人死剉木纳尸，少年群集而歌，擘木相击为节，主者一人，盘旋四舞。乃焚木拾骨浮葬之，将徙，取以去云。其先世曰狗头王，尝有功，无徭役。赐姓三：曰盘，曰蓝，曰雷。考之其史，其盘瓠莫徭之裔欤。"①这里关键的字眼是盘瓠"尝有功，无徭役。赐姓三：曰盘，曰蓝，曰雷"。显然这是在看过畲民在明代的传统再发明后，根据其情况而写到官方的文献中的。所以畲民传统再发明的盘瓠传说的形成应早于万历四年（1576年），因此这个畲民新的传统再发明应该在正德十二年（1517年）到万历四年之间就已再发明出来了。

而这一时期正是中国民间建构自己宗族与族谱的时期。所以畲民也与当时的汉族一样，有一个建构其宗族的过程。因为如果我们大量浏览畲民蓝雷钟的族谱时，就可以发现，他们的族谱有的确实是在这一时期开始的。因此在这一自己建构自己历史记忆的过程中，畲民为了在闽东浙南开垦中有一定的"法律"和"合法"地位，所以就再次传统再发明了盘瓠传说，并"尽将盘瓠事实弁于谱端，复绘图立说张为屏障，以自别于平民"。②而当他们有些人再次从闽粤赣地区迁到其他地区如广东、江西等地时，如"凤凰山的畲民相传多是由福建迁来。潮安山梨村由福建迁来，碗窑村由福建龙岩县金羌坑石壁下迁来，李公坑由昌州（漳州）府龙岩县迁来。丰顺风吹礤（即凤坪

---

① （明）许兼善修，朱安期纂：万历《永春县志》卷三，《风俗》。
② （侯官）钟大焜纂修：《颍川钟氏支谱》（清光绪二十七年，即1901年刻本），《福建省少数民族古籍丛书：畲族卷——家族谱牒（上）》，福州：海风出版社，2010年，第416页。

村)由江西宁化县(今属福建)安乐村迁来,饶平的石古坪畲民由南京迁来,潮安黄竹洋村由广东大埔迁来。迁来的时间各地不一,但多在 11 代(潮安山梨)至 16 代(潮安碗窑即丰顺凤坪)之间,约在明末清初之际。"[①]有的又把这种明代晚期以后在闽东浙南再发明出来的盘瓠传说带走与传入,因此,在广东、江西有些明代晚期、清代再从福建等地迁过去的畲民的族谱中,也就有了这种与闽东浙南相类的传统再发明出来的盘瓠传说了。

第五节 凤凰山祖地的想象与建构

畲民在传统再发明盘瓠传说的同时也重新建构了畲民的祖地——盘瓠的"封地",其过程似有一种从应劭、干宝、范晔等记述的走入无人行迹或人迹不至的"南山",到"浙江会稽山",再到"广东会稽山""广东潮州府""广东潮州府会稽山""广东潮州凤凰山"的转化。

目前找到的、含有明晚期以后产生传统再发明的盘瓠传说最早的畲民族谱是惠安县丰山《雷氏族谱》,其为清代乾隆二十八年(1763 年)手抄本。该谱中的《序录在下》(此序又称"始祖序、追叙")说,盘瓠来自"刘氏之耳",但没有娄金狗下凡之说,而直接称盘瓠,赞其为"祥瑞之物""神兽之号"。当他揭榜征番或戎燕国咬下番王首级回来后,帝"龙颜大悦","遂封以剪戎将军之号,赐黄金千斤,表缎万匹,内供奉百余人,命三公主与('身变而头不变')的将军成婚","岂料将军自愧貌丑,欲入山居住。帝劝之,后谕之,公主留之,心坚意决,不与同僚为伍,视都城非吾家,宫院非吾室,爵禄不以为意,冠带不以为荣"。所以帝召手下问何处为好,"太史绘图敬献曰:吴今浙江省有会稽山七贤洞,厥山广大,厥洞幽僻,厥石岩岩,厥水潺潺,其间珍奇百物莫不出于其中,诚可为聚居隐逸之处"。盘瓠见之不错就答应了。于是在"会稽山七贤洞起盖都殿",盘瓠与三公主就"至会稽山七贤洞居住。帝遂放免三千七百户口不纳钱粮,厚赐将军以供口食",使其"潇潇而洒洒""悠悠而怡怡"。盘瓠与三公主生了三子一女,赐姓、赐侯(三子皆"武骑侯",女婿称"钟志梁"为"敲勇侯")后,"欲学术法,适茅山求法主,娴习法术,凡干戈弓矢

[①] 杨成志等:《广东畲民识别调查》,《中国少数民族社会历史调查丛刊》福建省编辑组编:《畲族社会历史调查》,福州:福建人民出版社,1986 年,第 25 页。

兵刃技艺莫不贯通"。后来去"五溪山"游猎,不幸遇难。帝派人"追封剪虏大将军、武陵忠勇侯,钦赐葬在七贤洞石孔中西南向"。该文还说,盘瓠过世后,"帝遂迎公主并带其男女回京,仍敕封公主食邑三千户,流传子孙甚是昌盛。后公主薨,葬在祈州石洋县①。由此观之,在这部族谱中,是受晋代郭璞《山海经·海内北经》注"昔盘瓠杀戎王,高辛以美女妻之,不可以训。乃浮之会稽东南海中,得三百里地,封之"的启发或影响,将盘瓠的封地建构在"吴之浙江省会稽山七贤洞",但该文没提建造盘瓠王祠堂的事。

福建省罗源县松山镇树楼村的《蓝姓族谱》,修于光绪十八年(1892年),其《敕书姓氏封》云:盘瓠为"娄金星降凡","以盘贮养,变为龙狗","帝见喜之,取名龙期,号曰盘瓠"。在揭榜征番带回番王首级回来后,高辛帝赐婚三公主,与变身未完全成功的盘瓠成亲,并"敕封忠勇王","恩准会稽山七贤洞优游林泉,并建王府"。盘瓠夫妇在会稽山生"三男一女",赐姓盘蓝雷,赐婚东夷王之女奇珍、奇珪、奇珠。女名龙郎,招钟志清为婿。盘自能封开混柱国侯,蓝光辉封为护国侯,雷巨祐封为武骑侯,女婿钟志清封敌勇侯。这里的表述只提"会稽山七贤洞",省略了省份的名称。而在该族谱的《龙首师杖志》却提到盘瓠王"游山伏猎,二十二年正月十四日,登树岔而卒。十七日得尸而归,同朝奉上。帝思功臣,生既非怀于人胎,死复不归乎中土,命将士将树砍回,召青州范氏,刻盘瓠王颜像,名曰师杖,谥为忠勇王,每朔望焚香致祭。四月初八日丑时,葬于'凤凰山',坐卯向酉。立有石人、石马、石(麒)麟,为记"。②并有标识"凤凰山"的"忠勇王龙公佳城"的墓图,从而把"会稽山"与"凤凰山"画上等号,但不知它们在哪个省份。

浙江省丽水市莲都区老竹畲族镇沙溪村《宣邑蓝氏宗谱》的《蓝氏源流序》中也是"恩准会稽山七贤洞遨游快乐之地,赐造驸马府"③,也是没提省份。而且该谱有"敕赐忠勇王谥护国王盘龙期遗像"和"敕赐护国侯蓝光辉遗像",但因序中没提及盘瓠逝世与葬处,故该谱中没有盘瓠墓地、祠堂、"龙首师杖志"等的表述。

福建省福安市坂中畲族乡林岭村《雷氏宗谱》的《敕赐姓氏书》中曰:盘

---

① 福建惠安丰山:《雷氏族谱》(清乾隆二十八年,即1763年手写本),《福建省少数民族古籍丛书:畲族卷——家族谱牒(上)》,福州:海风出版社,2010年,第311~315页。
② 福建省罗源县松山镇树楼村:《蓝姓族谱》(清光绪十八年,即1891年修,手写本)。
③ 浙江省丽水市莲都区老竹镇沙溪村:《宣邑蓝氏宗谱》(宣统己酉年,即1909年修,刻本)。

瓠立功赐婚,生子女赐姓、赐婚、赐爵后,高辛帝派人"送盘瓠王金印、御书券牒往广东会稽山七贤洞,自成一国。仍给广东三县钱粮,架立宫殿都府"。在此文中,会稽山与广东发生联系。该谱还有篇《会稽山七贤洞记》(依旧抄录),其云:"按:会稽山七贤洞,即今长沙武陵。东至舡洋,西至涌泉湾,南至后埔口,北至三江口。山有一妖,俗呼柳氏生,九首人面蛇身,素行瘟害人。盘瓠王初登此山,能知化身,头缚红帕,手执银铃,同宫娥美女赶上一百二十四步。此妖逃避海外,地方宁靖。厥后三男一女各自散处而居,长男盘自能,分居雁门之地;次男蓝光辉,分居汝南之地;三男雷巨祐,分居冯翊之地;女婿钟志清,分居颍川之地。后之子孙以地为郡,此受郡之由来也。"[①]此文又把会稽山与"长沙武陵"联系在一起。而在该谱的《龙首师杖记》(依旧抄录)中又云:"按:盘瓠王生于帝喾高辛氏时也,至帝尧陶唐氏二十一年六月二十七日,游山畋猎,不料皇天降祸,二十二年正月十四日,被山羊角伤其左胁,登树岔(杈)而卒。十七日得尸而归,彼时文武官员奏上帝尧(喾),帝思功臣不怀于人胎,死不归乎中土,即命将士将树砍回,召青州范氏雕匠刻盘瓠王颜像,名曰师杖,每朔望焚香致祭。四月初八丑时,赐葬广东潮州凤凰山,龙虎双会,坐卯向酉。立有石人、石马、石麒麟为记。帝舜有虞氏加封赠句云:'荣显后世,彰著前功。'"在这文中,又指明了会稽山即为"广东潮州凤凰山",是畲民确切的祖地。总之,有些混乱、杂糅。

在福建省福鼎县佳阳乡华洋(双华)的《汝南蓝氏宗谱》中,有篇据说是畲族文人、钦命礼部侍郎、浙江督学部院雷鋐在乾隆五十二年(1787年)撰写的《广东盘瓠氏铭志》,其曰:盘瓠最初"象如龙身",命名盘瓠。高辛帝抚养七日后就变成一俊朗的男子,其揭榜杀番王立功回来后,高辛帝赐婚三公主,并封王,还封"广东潮州府"为封地,建王府,食邑"三千七百户口"。盘瓠夫妇在潮州生了三男一女,俱赐姓、赐婚、赐爵,都为"皇子皇孙"。后盘瓠遇难,葬于"潮州会稽山七贤洞石孔中西南隅",还"加封萧氏公主食邑三千户,薨葬祈州府石羊县,赠以石人、石马、石狮、石虎",并在潮州"敕修忠勇王祠"。这是在盘瓠传说中把会稽山与广东潮州府联系起来的一个例子。

而在福建省霞浦县崇儒乡霞坪村的《雷氏族谱》中的"盘瓠王敕书"说,盘瓠是被封到"广东会稽山七贤洞""住居,安昌乐业,子孙相继"的。而同谱

[①] 钟雷兴主编:《闽东畲族文化全书:谱牒祠堂卷》,北京:民族出版社,2009年,第43、45页。

中的清同治十二年癸酉（1873年）撰写的"重修宗谱序"则认为，盘瓠的子孙是被"敕赐广东潮州府会稽山七贤洞，聚族于斯"。这里为会稽山加上了"潮州府"的地名。所以有些畲民的族谱中都把所谓会稽山逐步转变为潮州府或潮州府凤凰山。

如福建省福安市春雷云村光绪元年（1875年）修的《冯翊雷氏宗谱》的"帝喾高辛氏敕封盘护王铭志"中就有如此的转换。如该"铭志"中提到盘瓠王封地时，写的是"广东潮州府会稽山七贤洞可以立都府"，而写到盘瓠遇难后"其骸骨送葬广东潮州府凤凰山七贤洞石孔中南西隅，子孙世代四时祀祭"，并提到在该处"敕修忠勇王祠"。同时，在该谱中还列有"凤凰山祖祠记""凤凰山祖祠图""广东盘护王祠志"等文，对其始祖在凤凰山的一些足迹做了一些建构与再建构。如该谱"凤凰山祖祠记"云：

  凤凰山原有祠址，与南京一脉相连，因世远年湮，祠宇倾圮，祖灵未妥。今族众捐资，将凤凰山旧址重建，祖祠坐丑未向。计直贰拾四丈，横壹拾捌丈，前至雷家坊，后至观星顶，左至会稽山，右至七贤洞。四至具开明白，以为盘蓝雷钟四族永远同据。

该谱的"广东盘护王祠志"曰：

  《礼》曰：君子将营宫室，宗庙为先。夫祠堂之设，所以尽报本追远之深心，尊祖敬宗收族之遗意也。顾我盘、蓝、雷、钟四姓大宗祠肇基于广东凤凰山，与南京一脉相连，建祠之地即吾旧居址也。正栋之中，仍奉盘护王为始祖，龙杖昭然，公主并列焉。左奉武骑侯自能公，为盘公始祖；右奉护国侯光辉公，为蓝公始祖。又左奉立国侯巨祐公，为雷公始祖；又右奉敌国勇侯志深公，为钟公始祖。并列敕封牌位，世世享祀不忒，继此左昭（右）穆，秩然不紊，尊尊而亲亲也。祭祀之期定以上元、中秋二节，陈器具，馔行三献礼。此虽有异朱微公四仲及立春冬至之祭，然虑世远属疏，酌人情宜土俗而出之，洵仁人孝子之用心也。

  是祠也，原高皇之敕封。建门庭，竖以石柱，四围绕以塘垣，磐基巩固，结构绵深。丑山未向，计直二十四丈，横一十八丈，殆奕奕乎伟观也，余世世其享祀也。赖高曾之锡庇，名固登乎天府，身复列于官籍。同治甲子岁（1864年），朝廷以民牧见任，仕游浙省严州建德县正堂。庚午（1879年）春，卞洋雷君得财赴署，询予盘护祖之大祠，并嘱予作文以序。余世居于斯，知之审矣，爰笔以书。

  夫我祖之祠宇，镇会稽山之阴，凤凰山之下，面前诸峰林壑，尤美石岩之胜境。雷公之神望之,蔚然而深秀者,我雷家坊也。祠后连山绝壑,长林古木,南田洞幽远深邃,人迹罕至,奇花异果多不知名。振之以清风,照之以明月,此非观星顶之胜境乎!右望会稽山,岗陵起伏,草木行列,载酒堂之文士、云宾谷之学人皆可指数,文昌阁远远在目也。右至七贤洞,幽岩石壁之处,猿啼鸟宿之方,我宗族散居处焉。将见报本于斯,收族亦于斯,《诗》云子子孙孙勿替,引之,吾可为雷氏咏焉。是为序。

载酒堂,儋州黎子云兄弟好学所居;苏老泉载酒访之,太守张中为建堂。

云宾谷,澄迈,山幽地腴,树茂泉甘。

锦岩,石错五色,号梦觉关。

雷公庙,陈时州民陈氏获一卵,尺余。雷震而开,生子有文在手,曰雷州拜刺史。后立庙一祀。

清道光丙午科(1846年)举人、特授浙江严州建德县正堂雷嘉树拜撰[①]

除此之外,在其他的畲民族谱中,还有一些所谓道光年间以后由畲民当官者书写的"广东重建祠记",道光十二年(1832年)孟秋月穀旦,乾隆丙午岁(1786年)乡进士、候选县正堂钟李期顿首拜撰的"广东重建祠记",嘉庆戊午(1798年)恩进士候选学左堂蓝玉种顿首拜撰的"广东重建祠记"以及道光乙酉科(1825年)举人、候选知县雷声华顿首拜撰的"广东重建祠记"。这些《祠记》中记述了清代后似乎有人去广东潮州凤凰山重建盘瓠宗祠的事,或鼓动畲民去重建盘瓠祠堂的内容。其实,它们也都是一些畲民对祖地的传统再发明或再建构而已,实际上并不曾发生过文中所讲的事情。

在这些对畲民祖地和祖地中盘瓠遗迹的建构中,除了上述畲民想象广东潮州府凤凰山那里有"盘瓠氏总祠"或忠勇王祠,而且还说祠堂面阔"二十四丈",进深有"十八丈"深,正栋中供奉"盘护王"和"公主",左边供奉武骑侯盘自能和立国侯雷巨祐,最右边供奉护国侯蓝光辉和敌国勇侯钟志深,好像真有其事似的。另外畲民还想象凤凰山有盘瓠祖墓、盘自能墓、蓝光辉墓、雷巨祐墓,甚至有盘自能妣廖氏坟、蓝光辉妣夏氏坟等,而且还画了祠图与

[①] 福建福安春雷云:《冯翊雷氏宗谱》(清光绪元年,即1875年手写本),《福建省少数民族古籍丛书:畲族卷——家族谱牒(上)》,北京:民族出版社,2010年,第378、382~383页。

各种墓图。总之,在畲民创制的谱牒中,越是晚期,其内有关广东潮州府凤凰山、畲民始祖与盘蓝雷等得姓祖先的遗迹比比皆是,而且在清代中期还有人去,或想去重建或重修。然而如果我们仔细地去推敲的话,这些表述多有矛盾,如上述所引福安春雷云的《冯翊雷氏宗谱》中雷嘉树的"广东盘护王祠志"提到"庚午(1870年,同治九年)春,下洋雷君得财赴署,询予盘护祖之大祠,并嘱予作文以序"。而在浙江省苍南县青街章山支清同治丙寅(1866年)修的《冯翊郡雷氏族谱》中收录的同一人所作的"广东盘护王祠志"中,却变成"丙寅(1866年,同治五年)秋,东瓯宗兄云纂修家乘,赴署询予粤东盘瓠祖大宗祠也,并属余作文以示之"。① 显然这些畲民的主位表述都没有实质的物化基础。因此,我们可以说这些畲民族谱中对畲民祖地的叙述,其实都是畲民对祖地的想象与主位建构,并没有实质性的物化体现。

图 6-3　罗源树楼村蓝姓族谱中想象的"高辛驸马龙公墓图"

尽管如此,这些畲民主位想象出来的广东凤凰山祖地的建构,对明清时期畲民的其他文化现象,如祖图、歌谣等都影响很大,甚至凤凰山祖地的建构也成了现代畲民在创造当下的凤凰后裔、凤凰头饰、凤凰装等文化现象、有如马克思所说的"直接碰到的、既定的、从过去承继下来的条件"。

---

① 雷必贵:《苍南畲族的源流与分布》,北京:中国文史出版社,2006年,第34页。

第七章　清代畲民的转型与社会文化图景

第一节　清代畲民的经济转型

前面谈到，畲民在明中叶后迁徙到闽东浙南地区，由于这一时期的迁徙并非集体行动，而是个体的行动。也就是说，一个一个的畲民个体迁徙到闽东浙南地区，散布在这一地区的各地。由于没有形成区域的集团，这种迁徙形成的村落性的族群状况没有什么抗争力量。所以实际上在明中叶后迁徙到闽东浙南地区的畲民只能采用向当地民户或"土著"租赁土地以及在僻静的地方偷开有主山林的方式来获取土地，进行耕种，以满足自己的生存需要。当然，有的则是来此地为菁业等的棚主干活，以获得工资的方式来挣钱养家糊口。

由于偷开土地，如被发现，就将被驱离，或者转换成租赁的形式，也就是必须向业主交租。因此，纠纷就多，也因此导致畲民的传统再发明，将原先的盘瓠传说改造，强化他们是功臣之后，皇亲贵胄，有权逢山开山，逢田开田，为他们的偷开人家的土地建构一种"合法性"的依据。但是这种现象毕竟不多，更多的是租赁土地来耕种。因此，从某种意义上讲，在明代中叶以后，畲民的经济生产方式就发生过转型，即从明代早中期，在闽粤赣交界地区时，由于有自己聚居的地域，有名义上属于其首领的土地，并拥有所有权，还有较多刀耕火种的生产方式遗留。然而明代中期后，来到闽东浙南地区，他们成了没有土地所有权之人，所以多转型成为佃农。除了偷开地，还可能在刚开始时用刀耕火种的方式来开辟山田，或者在为菁业等棚主开垦土地时,使用刀耕火种的方式开田地。但实际上,刀耕火种的生产方式已经少见,而且畲民为菁业棚主干活,其身份已转型成雇工了。所以有些清代甚至更后期的文献记载畲客还在进行"随山种插,去瘠就腴"的生产,有的是依样画葫芦地抄录明代的记载,有的是以对过去畲民状况的追溯,有的则应该是对畲民偷开土地时的一种记述。而实际上,在清代,畲民获得土地耕种,大部分是向当地汉人土著租赁田地来耕种,小部分是因朝代的更替,土地需重新分配,政府招徕开垦荒地,并承认开垦者可以成为所有者而来的。

进入清代后,清初是一个改朝换代的时期,由于连年战争,也出现了大量的荒地,为了恢复经济,休养生息,清政府面对战乱留下的大量荒地,同样也有奖励垦荒的举措,如顺治六年(1649年)就规定了一些招民垦荒的措施:"凡各处逃亡民人,不论原籍别籍,必广加招徕,编入保甲,俾之安居乐业。察本地方无主荒田,州县官给以印信执照,开垦耕种,永准为业。"①因此,在这期间被招来开荒之人,往往可以获得一定的土地,当然他们也必须被"编入保甲",成为清朝的编户齐民,也即在当地入籍,而为清王朝提供赋税。

在闽东浙南地区,清"顺治十八年(1661年),浙江巡抚朱昌祚因闽海交讧,迁海滨之民于内地,给田给牛,俾安本业。是由交趾迁琼州,由琼州迁处州,其曰盘瓠遗种者。……畲民……久迁内地,奉令徙浙,务本力农"②,有的畲民也因这次政府组织的移民垦殖行动而获得土地,成为编户齐民。

在福建与浙江地区,这种获得土地的方式在康熙年间还有一次机会。康熙年间,为了断绝台湾郑氏与大陆人民的往来与联系,康熙"十八年(1679年),督抚苏尚书、李部院疏请移民,以绝接济之根,编篱立界,滨海人民悉迁界内,越界者斩"。也就是说,这一时期清政府在东南沿海施行迁界政策,在这种迁界的政策下,沿海30里界外包括畲民在内的居民被迫内迁,如笔者调查过的罗源县松山镇八井村的畲民,曾在迁界令的执行下,被迁到本县的吕洞、淇溪(今南洋)和尖山等地。这种迁界的行径造成沿海地区大面积耕地抛荒,"田庐荒废,鱼盐失利,百姓流离,惨不可言"。③ 单就福宁一府,内迁

---

① 《清实录》(三),《世祖章皇帝实录》卷四四,北京:中华书局,1985年,第348页。
② 何横等修,邹家箴纂:民国《宣平县志》卷四,《礼俗志·风俗》,台北:成文出版社,1975年,第536页。
③ 罗汝泽等修,徐友梧纂:民国《霞浦县志》卷三,《大事志》,台北:成文出版社,1967年,第24页。

形成的荒田竟达"三千六百八十八顷七十亩九分六厘有奇"①,大约有五万五千多亩。福宁府的福安县抛荒了484顷,约七千二百多亩,约占当时福安县耕地总面积的四分之一。

到了康熙二十二年(1683年),施琅率水军平定台湾,郑克塽归顺,"海氛始靖,下诏开界,民归故土"②但回迁之民"较原迁之数,十五回三,断炊有七"。即返回原地的人只有十分之三,因此出现大量的无主荒地,故清政府下令,招人到闽东"开垦田土,随垦随报,三年之外,升科输银"③,"乙巳五月,福抚许题请,福宁州复土流民,给照开界,内港复业采捕"。霞浦县沿海的"竹江、沙洽、洪江、砚江、青山、台澳等处先后报垦给照"。④ 而在福安沿海地区,这种招垦给地的优惠政策则一直延续到乾隆时期,因此复界区中的大片荒田和清政府的优惠政策吸引了部分畲民前往开垦,从而有的畲民在这个时期迁到了闽东的沿海地带,如福安南部沿海甘棠、湾坞、溪尾等乡镇的许多畲村就是在这样的招垦给地的政策下形成的。这些被招来开垦的畲民也因此在当地获得了土地,并在稍后的"编图隶籍"的过程中被编入当地的户籍中,而成为清政府的编户齐民。

清代畲民靠租赁土地,作为当地土地业主的佃户而在福建、浙江甚至江西(由闽东浙南再迁的地区)定居下来的记载比比皆是。如乾隆三十六年(1771年)余文仪编修的《仙游县志》说:"畲民……赁舂佃山,率为服役。……邑之兴泰诸山多有之。"⑤光绪十年(1884年)张景祁编修的《福安县志》记载,畲民在"福郡古田、连江、罗源、福宁、宁德、福安多有是种,不知始自何时。布散山泽间,亦受民田以耕,谓平民曰百姓。男女杂作,以远近为伍"。⑥由此看来,闽东地区的畲民在清代多以租赁土著的田地耕种来维持其生计。

---

① (清)朱珪修,李拔纂:乾隆《福宁府志》卷十,《食货志·田赋》,台北:成文出版社,1967年,第150页。

② (清)朱珪修,李拔纂:乾隆《福宁府志》四十三,《艺文志·祥异》(光绪六年重刊本),台北:成文出版社,1967年,第725页。

③ (清)陈一夔:《甘棠堡琐志》。

④ 罗汝泽等修,徐友梧纂:民国《霞浦县志》卷三,《大事志》,台北:成文出版社,1967年,第24页。

⑤ (清)余文仪修:乾隆《仙游县志》卷五三,《摭遗志·丛谈》(同治十二年版),台北:成文出版社,1975年,第1130页。

⑥ (清)张景祁修纂:光绪《福安县志》卷三八,《杂记》,台北:成文出版社,1967年,第411页。

道光十二年(1832年)编纂的福建《建阳县志》也云：闽北畲民"所耕田皆汉人业，岁纳租外，得盈余以自给。然未获之先或屡贷于人，则余谷仅足偿逋负，终岁多煨榾柮食地瓜，惟取给于种山已"。有的在道光年间"亦购华人田产"来耕种或获利。①南平的畲民"男女力作，垦山为业……亦佃民田耕耨"。②

同治十二年(1873年)修的浙江《景宁县志》也说：畲民"处之松、遂、云、龙诸邑皆有其人，习畋猎……佃耕以活，邑之陇亩，所治者半厥"。③同治三年(1864年)编修的浙江《云和县志》说：畲民"依山结庐，务耕作"，"土著不与通婚姻，而耕耨佃田咸借其力"。④光绪二十二年(1896年)编纂的浙江《遂昌县志》曰："负耒为氓自远来，相传旧姓有蓝雷。茅居偏向陇头结，佃种无辞荒处开。"⑤光绪三年(1877年)重修的浙江《处州府志》载："佃田多是盘瓠种，雨过夫妻尽把犁"，"畲民系盘瓠遗种，夫妇并耕云邑，荒田多赖开垦"。⑥

同治十年(1871年)刊印的江西《贵溪县志》也讲，贵溪那里的畲民虽"不入版图，无丁赋差役"，但也是"赁田耕种，而纳其租于田之主。暇则植杉桐等树，或携缯缴网罾猎捕禽兽。其妇人足跣，耒耨悉任之。惟甚愿，田主知其无他，每纳租故纵之，不以时收。收或不足，则恐惧，吁祈来年出息偿，至期偿悉如数"。⑦

再者，在文化人类学田野调查期间，调查者搜罗到的清代土地文书中，也有不少畲民向土著租赁土地的契约。如藏于福建师范大学历史系的清代《福安租佃契约》内有清代畲民租赁汉族地主土地的契约。如乾隆十二年

---

① （清）梁奭修，江远清、江远涵等纂：道光《建阳县志》卷二，《舆地志·附畲民风俗》，福州：海峡书局，2020年，第75~76页。

② 吴栻修，蔡建贤纂：民国《南平县志》卷十一，《礼俗志·杂俗》，台北：成文出版社，1974年，第961页。

③ （清）周杰修，严用光等纂：同治《景宁县志》卷十二，《风土·附畲民》，第7页。

④ （清）伍承告等修，王士鈖纂：同治《云和县志》卷十五，《风俗门·畲民》，台北：成文出版社，1970年，第850页。

⑤ （清）胡寿海等修，褚成允纂：光绪《遂昌县志》，卷十一，《风俗·畲民附》，台北：成文出版社，1974年，第1196页。

⑥ （清）潘绍诒修，周荣椿纂：光绪《处州府志》卷三十，《艺文志·诗篇》，台北：成文出版社，1974年，第1088页。

⑦ （清）杨长杰修，黄联玉纂：同治《贵溪县志》卷十四，《杂类·轶事》，台北：成文出版社，1989年，第2223~2224页。

(1747年),畲民雷士开向汉族地主林彦公承租牙兜山坪一片荒地,开掘成田,五年内,收获的粮食主佃均分。乾隆四十二年(1777年),畲民蓝有盛向汉族地主林玉方租种三斗水田,面约收成时主佃当场均分。道光十四年(1834年),畲民蓝奶头向汉族地主刘孔秀租山园一坪,面约年租谷66斤,冬季送到刘家交收。道光十六年(1836年),畲民钟云生向汉族地主林世泰承租溪坪带山一片荒地,栽种杉木和农作物,其收获量主佃均分。①

笔者在田野调查时,也曾收集到这类文书。下面的契约就是笔者在福建闽东福州市罗源县八井村发现一批畲族清代的土地契约文书中年代最早的一份,其为雍正八年(1730年)的租山契约文书,其云:

　　立批字　郑圣擢、圣中、圣和和侄佑官等祖遗有税山一所,坐属拜井里,土名枫楧(树)垱陈赤□(坑)半岭蜂桶岩,上至岗顶,下至坑底,山共柒亩伍分。北至雷家山,西至黄家山,南至大碑右,东至畲尾田止。四至明白,批于雷君育、君才、君玉、君峰、君容、君大、君淑、君恒、子起、子惠、子理、龙弟等前去栽插桐、槢(榛)、杉木、竹、菜蔬等物,递年约纳租银壹两捌钱纹平。向后不得增减,俟至八月送县交还,不得欠少。如是一人欠租,所栽插桐、槢(榛)、杉木,不许上山砍伐,听(圣)擢等召批他人看管,不得言说。如不欠租,任从雷家栽插桐、槢(榛)、杉木、竹等物,长大砍伐变卖。山内有吉地数穴,听从(圣)擢等造坟、砍伐树木等物,雷家不得阻当(挡)。今欲有凭,立批字为照者。

　　　　　　　　　　　　　　　雍正捌年拾壹月　　日
　　　　　　　　　　　　　立批字:郑圣擢、圣中、圣和、佑官
　　　　　　　　　　　　　在见:郑伯友

在这份契约文书中,其一,是八井村雷氏君字辈与子字辈共12人,向住在县城、拥有八井地方的山林地所有权的郑氏长期租用其祖上遗下的税山一块,"坐属拜井里,土名枫楧垱陈赤坑半岭蜂桶岩,上至岗顶,下至坑底","北至雷家山,西至黄家山,南至大碑右,东至仑尾田止",约7亩5分,每年的租金为1两8钱"纹平银",长期不变,平均每亩大约为3.2钱银子。② 在文中,他们约定每年的8月份雷氏必须到县城交纳租金给郑氏,"不得欠少",如欠少,业主郑氏就可以立刻收回山林(包括雷氏租佃山地后种植的树木),

---

① 蓝炯熹总纂:《福安畲族志》,福州:福建教育出版社,1995年,第133页。
② 因为当时一两等于16钱,以24钱给7.5亩除,每亩为3.2钱银子。

转租他人。其二,该文书的记载表明,雷氏租用该山林后,有长期的使用权,可以在山上植树,甚至种植庄稼等,即可以长期使用这片山地,但郑家在山上的"吉地"(墓地)及其周围的土地仍归郑家使用。其三,该契约文书的文字还透露,这块郑氏祖业的山地紧靠"雷家山",也就是在雷氏自有的山场边上,雷氏将其租下,也便于连片开发或种植。

此外,清代初年也因改朝换代关系重新在各地"编图隶籍",在各地整顿户籍等,"编甲完粮"。因此,有许多畲民就此而成为闽东浙南的户籍民或编户齐民。如《古田县志》载:"清乾隆十七年(1752年),督抚绘畲民图册以进奉。朱批:'知道了。'"①这表明古田在乾隆十七年时完成了"编图隶籍""编甲完粮"的工作,古田的畲民这时就完成了从"客民"或"流烟"向清政府的编户齐民转化。福安县也在乾隆十七年实行"编图隶籍"的工作。②霞浦县在"雍正年间,曾奉谕旨,准其(畲民)一体编入民籍"。③到乾隆五年(1740年),其"编图隶籍""编甲完粮"工作基本完成。福鼎县的畲民到了嘉庆年间也都早已"曾经输粮纳税"了,有的畲民还因有了"农籍"而耕读,福鼎县"版图之内曾经输粮纳税,并有入学份确据"的"童生"钟良弼,因此参与了秀才的考试。④

在德化县,康熙《德化县志》云:清朝时,畲民"悉遵制编入家甲,从力役,与平民无别。但无土田,故不能升户籍"。又说:"今几悉化为民,乃知教化,行风俗美,覆载之内,泂无彼此之殊矣。"⑤也就是说,入清后,德化的畲民就成了清政府的编户齐民,但最初因畲民多没有田产,故暂没户籍。但到康熙二十六年(1687年)修《德化县志》时,就与平民"无彼此之殊"了。所以民国的《德化县志》就说:"畲民……入清遵制编保甲,从力役,视平民无别。"⑥

在永春州,乾隆《永春州志》云:"邑有畲民,以钟、蓝、雷为姓。三姓交

---

① 黄澄渊修,余钟英纂:民国《古田县志》卷二十一,《礼俗志·畲民附》,上海:上海书店出版社,2000年,第534页。
② 蓝炯熹总纂:《福安畲族志》,福州:福建教育出版社,1995年,第6页。
③ (清)光绪福建按察使司《告示》。
④ (清)陈寿祺修:道光《重纂福建通志》卷一四〇,《国朝宦绩·李殿图》,南京:凤凰出版社,2011年,第180页。
⑤ (清)范止辂修:康熙《德化县志》卷二,《风土志》,上海:上海书店出版社,2000年,第37页。
⑥ 朱朝亨修,王光张等纂:民国《德化县志》卷三,《疆域志·附风俗》,上海:上海书店出版社,2000年,第191页。

婚,无盘姓,其钟姓者未详所自始。今俱遵制编保甲,从力役,视平民无异。"①

在南平地区,畲民在"乾隆五年(1740年),编图隶笈"。其后变化很大,畲民有了户籍与土地,可以耕读进取,故"间有一二读书者","亦有入庠者,蒸蒸然染华风矣。"②

在汀州地区,畲民虽没有编入正式的户籍中,但在清代,"庚子,陈大丞檄县绘图以进,因纪其略"。当时畲民"男子衣帽、发辫如乡人,男女时为人佣工,婢妾未必,皆三族自相匹偶,不与乡人通。其有田产者,亦必输粮而给官差,此以觇圣朝治化之隆,虽峒猺亦无异于乡里中编氓也"。③ 在龙岩地区:"畲客即瑶人,岩属俱呼为畲客……在岩者惟蓝、雷二姓,在平宁者,有蓝、雷、钟三姓。……今山首峒丁,俱受约束,散处各山,无足虑尔。……畲客至今日微矣……今畲客固安分,而汉纲亦宽,许其编甲完粮,视土著之民一例。"④

在浙南地区,同治年间的《景宁县志》也说:畲民"处之松、遂、云、龙诸邑,皆有其人,习畋猎……佃耕以活,邑之陇亩,其所治者半厥。姓惟三:曰雷、曰蓝、曰钟……(他们)治于官,另编保甲,遇差徭,县尉票致之。贫不能存,则亡徙以去"。⑤ 这里所说的另编保甲,实际是将畲民的甲长改名为"寮长"。如"今法十甲为一保,立一保正。十家为一牌,立一甲长,其畲民则编为寮长。每家给一门牌登记户口,申明条约,悬诸门首,倘有迁移事故通知甲长……其经画较昔尤详密焉。"⑥这是延续明代的做法。《遂昌县志》也引邑人周应枚的《畲民诗》云:"盆陀之后亦编氓,百亩夫妻事并耕。"⑦表明清时

---

① (清)郑一崧修,颜璘纂:乾隆《永春州志》卷七,《风土志》,台北:成文出版社,1974年,第663页。
② 吴栻修,蔡建贤纂:民国《南平县志》卷十一,《礼俗志·杂俗》,台北:成文出版社,1974年,第961页。
③ (清)刘国光、谢昌霖等纂修:光绪《长汀县志》卷三十三,《杂识·畲客》,台北:成文出版社,1967年,第528~529页。
④ (清)彭衍堂修,陈文衡等纂:道光《龙岩州志》卷二十,《杂记·畲客》,台北:成文出版社,1967年,第511页。
⑤ (清)周杰修,严用光等纂:同治《景宁县志》卷十二,《风土·附畲民》。
⑥ (清)周杰修,严用光等纂:同治《景宁县志》卷六,《武备·兵制和保长》。
⑦ (清)胡寿海等重修,褚成允等纂:光绪《遂昌县志》卷十一,《风俗·畲民附》,台北:成文出版社,1974年,第1196页。

遂昌的畲民已是清政府的编户齐民了。

鉴于在福建、浙江、江西三省中的菁业、麻业、造纸业、"制菇"业等的"棚民"的流动性太大，所以清政府也予以"编查"，按清代的保甲法来编册整顿。该保甲法延续明代的做法，清代实行大约起于清世祖顺治时，"其法：州县城乡十户立一牌长，十牌立一甲长，十甲立一保长。户给印牌，书其姓名丁口。出则注所往，入则稽所来"、"雍正四年（1726年），定例照保甲法一体编查"、"乾隆二十二年，更定十五条：……各省山居棚民，按户编册，地主并保甲结报。广东寮民，每寮给牌，互相保结"。"乾隆二十八年（1763年），定各省棚民单身赁垦者，令于原籍州县领给印票，并有亲族保领，方准租种安插。倘有来历不明，责重保人纠察报究。"①

总之，到了清代乾嘉年间，闽东浙南等地的畲民绝大多数都已成了清朝的编户齐民，而需承担赋税了，成了农籍。因此，这时的畲民其耕种方式已与当地早期的土著之民没有什么区别了，只有少数被政府称之为"流民"或"流烟"的畲民还可能用刀耕火种的手段，在开山造田处理地表自然生长物时使用一下。而其他人应该都从事锄耕或犁耕的农业，如"佃田都是盘瓠种，雨过夫妻尽把犁"。又如"畲妇最勤操作，与男子同，惟男子不肩水，不种菜，妇不扶犁、不乘耙"。换言之，这些记述表明清代畲民从事农耕时用的是犁、耙这类工具，而不是刀耕火种使用的工具如刀、木棍等。当然这些犁、耙也不适于在刀耕火种开出来的火耕地上使用。所以清代畲民佃种的田地不是梯田、园地、旱地就是水田，当然也包括山林，但这时在山林中并非山田烧垦，而是种树，如杉、桐等，以获取经济效益。当然在田地缺乏时，也会在山林中开垦出田地来耕种。

第二节 清代畲民的阶级分化

一、读书取士

清代散居在闽东浙南等地的畲民被清政府纳入编户齐民后，绝大部分

---

① 赵尔巽等撰：《清史稿》卷一二〇，《食货一·户口·田制》，北京：中华书局，1976年，第3481～3483页。

人都有了本地户籍,也都成了农籍,因此也就有了耕读人家的资格。所以有的畲民较富裕的人家子弟也入学读书,如江西贵溪江浒山一带的畲民,在清代时"初时不识字,今略能书"。① 平阳县的畲民"男子亦有读书入学者"。② 建阳一带的畲民"亦读书识字,习举子业。嘉庆间有出应童子试者"。③ 又如《处州府志》云,进入清代后,"我国家休养生息,人文蔚起,畲民有读书者,入衙门充书吏,未敢考试"。《处州府志》中有一首屠本仁写的《畲客三十韵》也谈到清代处州畲民读书的不少的情况,"即此十县间,畲客且千百。子弟秀而良,亦足备选择;字或识九千,弓可挽五石。以之充学童,汉法不相借;大吏请于朝,准敕恩光赫。令下郡县庠,五姓咸欢怿(雷、蓝、钟、盆、娄五姓)"。④ 也就是说,处州畲民要求入县学、郡学,有地方官吏上奏皇帝,朝廷批准郡县的学庠可以收录,故畲民听到这一好消息后欢欣鼓舞,所以有的地方畲民"亦有入庠者,蒸蒸然染华风矣"。⑤

有的畲民读书人也打算参与入县学、府学与科举,但即便到了清代中期,当畲民读书人"间有应试"时,还会遭当地"土人辄攻之,曰:'畲民系盘瓠遗种,兽类也'",⑥将他们视为与汉人不同的"异类",不让他们参加考试,引起许多"阻考"与"抗阻考"事件的产生。有的畲民就采取冒充土民的方式,改姓报名参加考试来"抗阻考"。如乾隆年间,浙江龙游县大街石桥村的雷振启(1739—1817年)半生苦读,为求功名,多次赴城报考,只因是盘瓠后裔的雷姓,故考官认为他"身家不清白",不予报名。后来他只好改姓为陈,才准应试,考取监生。但至今石桥村雷振启的后裔仍没有恢复原姓,而成了陈

---

① (清)杨长杰修,黄联珏等纂:同治《贵溪县志》卷十四,《杂类·轶事》,台北:成文出版社,1989年,第2225页。
② 王理孚修,符璋、刘绍宽等纂:民国《平阳县志》卷十九,《风土志·民族》,台北:成文出版社,1970年,第189页。
③ (清)梁舆修,江远清、江远涵等纂:道光《建阳县志》卷二,《舆地志·附畲民风俗》,福州:海峡书局,2020年,第76页。
④ (清)潘绍诒修,周荣椿纂:光绪《处州府志》卷三十,《艺文志下·诗篇》,台北:成文出版社,1974年,第1088页。
⑤ 吴栻修,蔡建贤纂:民国《南平县志》卷十一,《礼俗志·杂俗》,台北:成文出版社,1974年,第961页。
⑥ (清)吴楚椿等纂修:乾隆《续青田县志》卷六,《文部·畲民考》,台北:成文出版社,1983年,第330页。

姓的畲民。① 有的则上诉官府,如青田县就有畲民报考,土民阻拦的事件发生,"土民谬引荒诞不经之说,斥为异类,阻其上进之阶"。②"乾隆四十一年(1776年)秋,署府宪梁命余(青田县知县吴楚椿)查办,余已备详在案"。而根据他的了解,这些"畲民本属琼海淳良,奉官迁浙,力农务本,已逾百年",已经耕读几代人,"又据处属各县均查明,实系农民亦在案。因试期太迫,未暇详情,谨为著其大略如此"。因此,吴楚椿认为:"我国家中外遐迩,一视同仁,导民为善,惰民、乐户皆准改业;僮瑶荒徼,增设苗学。况畲民本属琼海淳良,奉官迁浙,力农务本,已逾百年。合处属计之奚啻千户,而一任土民谬引荒诞不经之说,斥为异类,阻其上进之阶,是草野之横议也。"③即认为清朝已准许苗、瑶、壮等少数民族参与考试,也同意过去的下九流如惰民、疍民、乐府等在不从事这些行业后的几代人也可以参与仕途考试的情况下,青田的土人诸生不应该阻止畲民参加考试。

然而青田县对土民读书人的禁令与告诫并没有让当时处州的土民读书人完全信服,因为畲民参与当地的考试,实际是占用了他们的名额。而在当时,每个县的录取名额都是有限的,如乾隆九年(1744年)直隶总督高斌在其奏文中说:"近日礼部因科举定额,并请定童试名数,固属慎始进、严冒滥之意。顾臣再四思维,据平日见闻,实有难行之处。盖儒童小试,与生监科举有别。今定以入学一名,州县取六十名,府取三十名。如大县入学二十五名,则州县应取一千五百名,府取半之。在北五省,尚恐不及此额,仍无可为去取。南省如福建、江西、江南、浙江,则一州县儒童常至盈万,少亦数千,照应取名额,则得应学政试者才十之一二,不能与试者,且十之八九"。④换言之,也就是每个县的名额是固定的,由于中国东部的江南、浙江、福建、江西汉人土民读书人多,竞争激烈,又没有像苗瑶壮地区那样给他们有专门的名额,如康熙五十四年(1715年)题准的:"湖南衡、永、宝、辰、郴、靖六府州属苗、瑶,另编字号,于正额外酌量取进。"雍正三年(1725年)又将湖南这些地

---

① 《浙江省少数民族志》,北京:方志出版社,1999年,第170～171页。
② (清)吴楚椿等纂修:乾隆《续青田县志》卷六,《文部·畲民考》,台北:成文出版社,1983年,第331页。
③ (清)潘绍诒修,周荣椿纂:光绪《处州府志》卷二十九,《艺文志中·文编三》,台北:成文出版社,1974年,第1062页。
④ 《清实录》(第11册),《高宗纯皇帝实录》(三)卷二三〇,北京:中华书局影印本,1987年,第972页。

方的名额加增，同时贵州的苗人子弟也"准予各府、州、县岁科两试加额取进"。①雍正六年（1728年），清世宗谕礼部："今滇、黔、楚、粤等省苗民向化，新增土司入学额数。"②再次增加少数民族入学的专门名额。雍正十年（1732年）甚至议准："嗣后，苗童应试，用汉廪生一名，苗生一名，不论廪、增、附生，公同联名保结。其应试苗童，亦照定例，用五童互结。"③西南地区这种对少数民族学童的优惠政策，在少数民族学童的文化水平较低下的状况下，甚至还让汉人的读书人去冒籍利用。当福建、浙江没有这种优惠政策时，闽东浙南的土民怎么可能让这些被视为异类的"客民"盘蓝雷钟染指，所以闽东浙南的土民读书人在名额有限的情况下非常排斥畲民读书人报考者。因为这些畲民一加入就占了汉人土民的名额，这些地方的土民读书人必然要想方设法去阻挠他们的报考。因此，在乾隆以后，闽东浙南仍有阻拦畲民参与这种能"学而优则仕"各级考试的事件发生。

如钟良弼，又名钟鸣云，福鼎县前岐镇佳阳丹桥村人。根据福鼎枇杷坑《颍川郡钟氏族谱》的记载，钟"鸣云（声大次子），庠生。名衍，字傅岩，号梦赉，试名良弼。生乾隆庚子年（1780年）八月十七日巳时，卒道光壬寅年（1842年）五月二十四日申时。"④他年轻时好学博闻，为村民所推重。嘉庆七年（1802年），钟良弼赴福宁府城参加府学考试，时有当地书生王万年歧视畲民，串通生监污蔑钟良弼，并动武将钟良弼赶出考场。钟良弼遭辱，悲愤填膺，遂变卖家产充当盘缠，并偕其姐向同族亲友求助，亲友相赠银两资助他上告。钟良弼遂赴县、府告状，几经周折，数月后，呈状"福鼎县童生钟良弼呈控县书魏国柱等索诈不遂，计串生员王万年等诬指畲民不准与考，捏词贴榜"⑤的呈文送到省衙。时任福建巡抚的李殿图受理此事。他阅状后从维护畲民的正当权益出发，"饬司道严讯"，并将处理结果"详复张示士林"。他

---

① （清）索尔讷等纂：《钦定学政全书校注》，霍有明、郭海文校注，武汉：武汉大学出版社，2009年，第268页。
② 《清实录》（第7册），《世宗宪皇帝实录》（一）卷六六，北京：中华书局影印本，1987年，第1013页。
③ （清）索尔讷等纂：《钦定学政全书校注》，霍有明、郭海文校注，武汉：武汉大学出版社，2009年，第268页。
④ 福鼎枇杷坑：《颍川郡钟氏族谱》（民国四年，即1915年刻本），《福建省少数民族古籍丛书：畲族卷——家族谱牒（上）》，福州：海风出版社，2010年，第500页。
⑤ 《李殿图对钟良弼祈求准予应试呈文的批文》，苍南县民宗局民族科藏原件，丽水学院图书馆藏复印件，档案号：丙5—0005。

认为畲民已是编户齐民,已非异类,早就"业经兴学设教,诞敷文德",已受过一些教化。他还说"读书所以明理,而必明理然后可以读书",那些索诈不遂而诬告者"将版图之内曾经输粮纳税,并有入学年分确据者,以为不入版图,阻其向往之路,则又不知是何肺腑也",这也相当于这些人读了圣贤书都白读了,"终归于无知"。他还强调说:大清早已有规定,"娼、优、隶、卒三世不习旧业,例尚准其应试,何独畲民有意排击之"①,严厉批评和惩处了诬告者,处以王万年责打三十大板、逐出县衙的惩罚,打击了这种阻止畲民参加科举考试的弊端,支持钟良弼参与考试。第二年(嘉庆八年),福鼎县岳廷元主科试,钟良弼再次应考,终于取得府学生员第二十名②,考上了秀才。也因他这一阻考事件的圆满解决,钟良弼同宗的堂弟钟鸣镇(钟良材)也参加了科试,虽没入闱,但由于成绩尚好,而被选去当孔庙祭礼时的祭礼乐舞成员——"佾生"。而钟良材的儿子钟起程后来也考上"贡生"。

嘉庆八年(1803年),浙江处州府青田县的畲民钟正芳参与县试受阻,阻考者也是搬出所谓"异类"的理由来阻止钟正芳参加县试。他们认为青田县的"畲妇头戴布冠,与本处妇女稍有不同,土著者指为异类。廪生等惑于俗说,不敢具保,致畲民不得与试。"③钟正芳也进行了抗争,呈文告到浙江巡抚阮元和学政文宁那里。巡抚和学政把处理意见等上报朝廷批准,在礼部的回文中,礼部官员以西南少数民族考生的例子,如"考《学政全书》所载,各省、州、府、县学额,各土司有瑶童,湖南、贵州俱有苗童。外此如云南威远之彝人,四川建昌、茂州之羌苗,广东之黎洞类,皆渐摩风教,登之黉序。至各省回民错处,久与汉民一例应试,隶仕籍者颇不乏人。未闻以其妇女冠饰有异,遂阻其读书上进之阶"。④ 说明青田县土民的诬告是不合理,也不合朝廷的法度。所以礼部回文讲:"今浙江畲民既据该巡抚、学臣查明,其顺治年间迁居内地,纳粮编户,务本力农,自非丐户、乐户、疍户身列污秽例应禁考者可比。现在生齿日繁,其能通晓文义者,应请准其与平民一体报名赴考。仍照苗瑶应试之例,取额不必加增,卷面不必分别,但凭文去取。有取进者,一体科举、补廪、出贡,勿令向隅。其廪保识认亦照苗童例,用五童互结,由土

---

① (清)陈寿祺等修:道光《重纂福建通志》卷一四〇,《国朝宦绩·李殿图》。
② 蓝运全、缪品枚主编:《闽东畲族志》,北京:民族出版社,2000年。
③ 《(嘉庆八年)钟正芳呈文》,档案号:丙5-0007。
④ 《(嘉庆八年)钟正芳呈文》,档案号:丙5-0007。

著廪生保送,该廪保毋得少为勒抑,土民毋得肆为攻讦。或有顶冒代倩传递等弊,一并照例治罪。至处州各属畬户有情愿应试者,即照此例办理。"①由于得到朝廷的认可与批准,浙江的官方首次确认处州畬民拥有"与汉民一例应试"或"一体科举"的权利。因此青田县的畬民参与了考试。云和县的畬民也"援例求考,近亦列名黉序者矣",②也有人成为庠生、秀才等。遂昌县的畬民读书人也如此,也在"嘉庆八年(1803年),(浙江)巡抚阮元会同学使文宁咨准一体考试"后,由于"有司民之责者,亦宜准其考试。先择俊秀者,准其入义学读书,使知彬彬向学,不得以异类屏之也",③从而也考上县学,甚至府学。

当浙江处州县各地如青田、遂昌、云和等地的畬民乘巡抚阮元和学使文宁要来的畬民可"与汉民一例应试"的官方保证的东风,纷纷考进县学、府学的同时,福建建阳的畬民考生可能因为距离远,并不知有此等好事发生。那些建阳的"读书识字,习举子业"的童生,并没有理直气壮地参与科试,而是"应童子试者,畏葸特甚,惧为汉人所攻",所以有的仍采取冒姓的方式去参与科试,"遽冒何姓"去科试。所以《建阳县志》的修纂者认为建阳的畬民考试者是"不知彼固闽中旧土著也,不许其与试则无籍可归矣",而这些"是亦邑绅士所宜留意者"。④

进入清道光年间,浙南这类阻考事件仍有发生。如畬民"散居温州者,于道光六年(1826年)援例求考"。但却遭到一些土民诸生的阻挠,如土人的"诸生禀于学使朱士彦云:照例身家不清白者,不准与考。泰邑畬民皆作舆台为人役,身家未为清白,奉批不准与考。宣邑畬民亦有似此者,固当分别观之。若概指为异类,不齿齐民则过矣"。⑤ 这次土民诬陷的理由不用"异类",而是用畬民有人从事下九流的行业,如"畬民皆作舆台为人役,身家未为清白"等来诬告畬民。如泰顺县的畬民蓝芳就被诬告,蓝芳进行了抗争,

---

① (清)童槐总纂:嘉庆《钦定学政全书》卷六十二,《土苗事例》,浙江图书馆古籍部藏。
② (清)伍承吉等修,王士鈖纂:同治《云和县志》卷十五,《风俗门·畬民》,台北:成文出版社,1970年,第850页。
③ (清)胡寿海等重修,褚成允纂:光绪《遂昌县志》卷十一,《风俗·畬民附》,台北:成文出版社,1974年,第1197页。
④ (清)梁舆等修,江远青等纂:道光《建阳县志》卷二,《舆地志·附余民风俗》,福州:海峡书局,2020年,第76页。
⑤ 何横等修,邹家箴纂:民国《宣平县志》卷四,《礼俗志·风俗》,台北:成文出版社,1975年,第536页。

向县府提交了申诉的呈文。其呈文中说:"祖居泰顺已经六世,家身清白,援照嘉庆八年(1803年)奏准畲民应试之例,县试时有廪生夏汝霖保认,府试不料有廪生林鹗阻扰,廪县并据廪生徐日章等联名具呈,不准考试各等情。"①强调他们早已是大清的编户齐民,"祖居泰顺已经六世",非"蛮夷",祖上也没有从事下九流的行业,所以要求与土民一视同仁。学使朱士彦调查并处理了这一事件,批准了蓝芳应试的请求,蓝芳这才得以考入府学。宣平的畲民也由此获得了考试的机会。

在道光二十四年(1844年),温州府平阳县畲民雷云、雷夏等参与府试时,"临场之际竟被妒诬抑阻",作保的廪生索诈,"廪生陈重光挟重诈不遂之恨,串通王藻金、庄兆辉等招贴污榜,阻其府考"。雷云、雷夏等府试遇阻,但不服,所以会同其父亲雷文和、堂叔雷文芳等多次"往府造省"上诉,"涉水陟山,日夜奔驰,风尘劳瘁","缠讼三载"。② 其间其堂叔雷文芳"为风尘劳瘁,抱病在途,回庐而辞尘世"。③ 最后,他们得到县学官员和温州府知府张球的支持。温州府在道光二十七年(1847年)十月五日颁发了《禁阻考告示》,对雷云考试案做了处理。其说:"前据平阳县畲民雷子清以伊侄雷云、雷夏赴郡与考等情赴府呈,经前府暨本府饬。据该县审明,雷云、雷夏之祖自顺治年间迁居平邑已历多代,力农置产,实系身家清白,并无各项违碍,应准与平民一律报考等情。详经本府查明例案,详奉各宪批准在案。今奉前因,除饬县移学遵照外,合行出示晓禁。为此示仰平阳县廪保生童等知悉,嗣后如有畲民赴考,应照定例,准其一体考试,毋许再行阻扰,致滋事端。自示之后,倘敢故违,定即照例究办,各宜凛遵毋违。"④准许雷云等畲民参与县试、府试,所以雷云等也就考进府学,成为府学生。而在雷云呈文的辩词中也一再强调他们已是从事耕读的编户齐民,也没有从事什么下九流的行业,也不是

---

① 《蓝芳呈文(道光六年泰顺县恣情应试部文)》,苍南县民宗局民族科藏原件,丽水学院图书馆藏复印件,档案号:丙5—0009。
② 雷云:《文和公传》,福鼎岭兜藏本:《冯翊郡雷氏族谱》(清同治五年,即1879年刻本),《福建省少数民族古籍丛书:畲族卷——家族谱牒(上)》,福州:海风出版社,2010年,第367页。
③ 雷云:《文芳公传》,福鼎岭兜藏本:《冯翊郡雷氏族谱》(清同治五年刻本),《福建省少数民族古籍丛书:畲族卷——家族谱牒(上)》,福州:海风出版社,2010年,第370页。
④ 《温州府谕禁阻考告示》,福鼎岭兜藏本:《冯翊郡雷氏族谱》(清同治五年刻本),《福建省少数民族古籍丛书:畲族卷——家族谱牒(上)》,福州:海风出版社,2010年,第364~365页。

蛮夷异类。

当然，所有这些反阻考的事件并非都是以这种上诉的和平方式进行的，有时也闹出了很大的动静。如咸丰十五年(1855年)蓝礼文参加县试时，蓝礼文和众畲民是采取大闹丽水县衙并与考官大打出手，因有理和占据上风才得以应试。① 光绪三年(1877年)，蓝邦光等赴处州府参加府试遭辱，丽水、青田、松阳等地的畲民聚众闹府衙，甚至与汉人土民聚众斗殴，官府这才准许畲民应试。② 光绪八年(1882年)，景宁张春乡东弄村畲民蓝培开、蓝延福和暮洋湖村的蓝炳水等到府城考武秀才，汉族童生以他们是"小姓人"为由，反对他们继续考试，进而发生争辩、斗殴，直接闹到府衙，最后因知府圣凯答应畲民可以继续考试，争端才得以平息。③

在福建，这类阻考与反阻考的事件同样有出现，但比较少，所以方志上就很少有这类事件的记载。因此，在福建这里的方志中，多少都有一点可能是畲民读书人的记载。如乾隆十六年(1751年)辛竞可修的《古田县志》中记载："蓝陈氏，蓝为高妻，守节二十六年；蓝李氏，儒士蓝绍熙妻，守节二十一年；蓝熊氏，蓝秉章妻，守节二十六年；雷张氏，雷大谌妻，守节四十八年；蓝赵氏，儒士蓝秉钧妻，守节二十八年；雷叶氏，雷则禄妻，守节四十三年。"这六位节妇，其夫均为蓝、雷姓，而且其中有两位是"儒士"。在该县志的卷七《孝义》中，也提到有两位"孝义"人物为蓝姓，其一是"蓝光宗，字显斯，性刚直，笑言不苟"。他事母极孝，"事母必勉致甘旨，遇母疾，虽家人环侍，辄躬亲药饵不少懈"。还有一位是"蓝倬勋，字翘公，廪生。素行孝友，兼有文名，生平见义必为。遇邑中公事，悉挺身率先"。曾在考场揭发外县冒籍者两次。他"生子五人，在庠者四"。④ 由此看来，蓝倬勋一家就有5人是庠生。此外在修纂者中也有几位蓝姓，如"分辑"中有"原任山西怀仁县知县蓝孙璿"，"分校"中有"贡生蓝枝丛"，"访辑遗闻"中有"九十四叟生员蓝浴"。⑤ 这

---

① 钟玮琦：《蓝礼文闹考场》，《丽水文史资料》(第七辑)，1990年，第220~221页。
② 赵世培、郑云山：《浙江通史》(第9卷)，杭州：浙江人民出版社，2005年，第202页。
③ 丽水地区地方志编纂委员会编：《丽水地区志》，杭州：浙江人民出版社，1993年，第79页。
④ (清)辛竞可修，林咸吉等纂：乾隆《古田县志》，台北：成文出版社，1967年，第166~169、174页。
⑤ (清)辛竞可修，林咸吉等纂：乾隆《古田县志》，台北：成文出版社，1967年，第14~15页。

些人在乾隆十六年前至少都应该是"生员",还有这位"原任山西怀仁县知县"的蓝孙璿至少应是"举人",否则不可能让他去当知县。

1927年曹刚等修的《连江县志》卷十四《选举》"岁贡"中有"宣统中","钟淑煊,(宣统)元年贡,字绀庭,县前人","毕业生"有"京师优级高等师范学校","钟毓英,字瓒卿,淑煊弟"。① 1929年罗汝泽等修的《霞浦县志》卷十五,《选举志》的"贡生"中有"乾隆嘉庆年""钟振煟"。② 也有一些没能在方志中表现出来,如罗源县飞竹乡塔里村是蓝姓畲民聚居的村落,村中蓝氏祠堂前的旗杆石上镌刻贡生蓝礼铨、蓝礼钊、蓝朝英的名字,其中蓝礼铨、蓝礼钊分别为清同治戊辰科(1868年)、己巳科(1869年)贡生,他们二人为堂兄弟。蓝朝英为光绪丁酉科(1898年)贡生,他是蓝礼钊的儿子。蓝氏祠堂中有块"父子选魁"匾,就是褒奖他们父子俩都考上贡生的事迹。匾是由"钦命内阁学士兼礼部侍郎衔、提督福建全省学部邵□□和钦命日讲起居注官、翰林院侍讲学士、提督福建全省学院戴鸿□"题赠。③ 所以一个小小的塔里村清末就出了三位贡生。

离塔里不远的梅坪村为雷氏的自然村,他们与墩兜丁姓高洋林姓共同祀奉南山将军庙。该庙的神龛前有一石制香炉,其正面右侧文字为"同治四年(1865年)桐月日",左侧文字为"雷姓喜捐石司严"。背面的文字有"郡庠生(雷)一鸣、董事(雷)国楷、信士(雷)加友、信庠(雷)嵩山、(雷)于祉、(于)松、(于)捷、(于)伯、(于)槐、(于)奏、(于)送、(于)忝、(于)雅、(于)琼、(雷)汝梁、(汝)杨、(汝)标、(汝)贯、(汝)柯、(雷)上禄勒石"。从这一名单看,在同治四年时,该村至少有两位庠生。可能雷一鸣是府庠生,而雷嵩山可能是县庠生。据说雷一鸣是同治年间梅坪畲村的武秀才,今其故居中堂上有木制匾额,匾额中题:"泮水重游"。匾两侧题款:"钦命工部左侍郎、福建全省学院乌为武生雷一鸣立,光绪十五年(1889年)六月日给。"据村民介绍,光绪年间,雷一鸣携其孙子同进武科场比武,作"泮水重游",遂成为佳话。④

所以到清晚期,畲民中的读书人应该比较多,考入县学、府学者应该也

---

① 曹刚等修,邱景雍等纂:民国《连江县志》卷十四,《选举》,台北:成文出版社,1967年,第144、154页。
② 罗汝泽等修,徐友梧纂:民国《霞浦县志》卷十五,《选举志》,台北:成文出版社,1967年,第151页。
③ 蓝焰:《畲族巫术文化中的陈靖姑信仰》,《世界宗教研究》2007年第4期,第94页。
④ 蓝焰:《畲族巫术文化中的陈靖姑信仰》,《世界宗教研究》2007年第4期,第93页。

相应算是比较多的。

二、成为地主

通过某些畲民个体的努力,有的也渐染华风,而成为富户,甚至是地主,明代早中期那种畲民自己的等级社会最终也被阶级社会所取代。如建阳"近惟嘉禾一带畲民,半染华风,欲与外人为婚,则先为其幼女缠足。稍长,令学针黹,坐闺中,不与习农事,奁资亦略如华人。居室仍在辟地,然规模亦稍轩敞矣。妻或无子亦娶妾,亦购华人田产"[①],成为富农,甚至是地主。

笔者在田野调查中,也曾发现过一批畲民的契约文书,其中清代的部分,很能直观地看到一位畲民及其后裔如何从乾隆十三年(1748年)开始一直从当地的汉人手中,用各种方式买进土地的情况。

(一)

立卖契人罗元实祖上置有□,故军名□□□□屯田壹号,坐属拜井里小获地方,土名上南洋。积苗贰亩五分零,载出租额陆百斤,系与堂兄元灿值年轮耕,已应分壹亩贰分零,历年应出租额叁百斤,应粮玖分壹厘,内抽出壹百伍拾斤。今因乏用,托中引到雷君恒处。三面言议,得出田价银玖两正纹广。其银立契之日亲手收讫,其田即付银主召佃收租管业,实不敢言说。其田系己物业,与房内伯叔兄弟侄无干,并未曾张重典当他人财物。倘有不明,系(元)实出头抵当,不干银主之事。面约伍年,限外有银取赎,不得执留。如是无银取赎,照旧管业,面约不敢赎无照贴。两家情愿,各无反悔。今欲(有)凭,立卖契壹纸为据。

外中用钱壹百文正,再照。

乾隆拾叁年闰柒月　日
立卖契人:罗元实
中见:兄元夏
代书:蓝应陞
(契约上盖有官印)

[①] (清)梁奥修,江远清、江远涵等纂:道光《建阳县志》卷二,《舆地志·附畲民风俗》,福州:海峡书局,2020年,第76页。

（二）

　　立卖断契　郑乃辉同弟任乃有、乃土、巽千、重千、德千有祖遗公众民田贰号，坐属拜井里□□□吕洞地方，土名□□□。积苗壹亩贰分柒厘肆毫又叁分壹厘壹毫，册载□□名下，共租叁百伍拾斤。今因乏用，托中引暂到雷君恒处。三面议得出断契价银贰拾捌两正纹广戥，其银立契之日亲手收讫，其田即付银主前去召佃管业收租，向后子孙不得生端枝节，言照言赎之理。此田系（乃）辉等同胞兄弟叔侄公共祖业，与别房伯叔兄弟无干。先前并未曾重张典当他人财物，如有不明，系（乃）辉等出头抵当（挡），不干银主之事。其田价足心愿，已断葛藤，所载户下钱粮即听收割上户完纳，不得两悬负累。两家情愿，各无反悔。今欲有凭，立卖断契为照。

　　外中用银捌钱正，再照。

　　　　　　　　　　　　乾隆拾叁年闰柒月　日
　　　　　　　　　　　　立卖断契：郑乃辉，同弟郑乃有、乃土
　　　　　　　　　　　　侄孙郑巽千、重千、德千
　　　　　　　　　　　　中见：林起贤
　　　　　　　　　　　　在见：杜良伍

（三）

　　立卖契　郑乃辉同弟乃有、乃土，侄孙逊千、德千、重千等祖遗有民田数号，坐属拜井里小获地方，土名下南洋。积苗贰亩贰厘陆毫伍□（丝），又玖分壹厘壹毫。又吕洞土名塘尾，积苗玖分零。今因乏用，托中引到雷君恒处。三面言议，得出田价银柒拾两正，足纹广戥。其银立契之日亲手收讫，其田即付银主前去召佃管业收租，其粮差照例贴纳。其田系己兄弟侄物业，与族内伯叔兄弟侄无干，日前并未曾重张典当他人财物。倘有不明，系己兄弟侄出头抵当（挡），不干银主之事。其田限至叁年，外有银取赎，不得执留。如是无银取赎，照旧管业收租，不得言说。两家情愿，各无反悔。今欲有凭，立卖契为照。

　　外中用钱贰两壹钱正，再照。

乾隆拾叁年拾月　日
立卖契:郑乃辉同侄德千、逊千
在见:林大伦同弟乃有、乃土

(四)

　　立推付　拜井里五甲郑重千,原父郑大兴名下有民田数号,坐属徐公里,土名桥尾肆亩肆厘叁毛叁丝叁忽,左岭壹亩捌厘,林边肆分柒厘叁毛六忽。今业断于雷君恒处,价足心愿,以了葛藤,永远为业。今转拜井五甲推于化一里六甲雷君恒名下收刈上户,输纳补差。得出纸笔资银壹两正,足纹广戥。两相情愿,各无反悔。今欲有凭,立推付为照。

乾隆拾陆年叁月　日
立推付:郑重千同弟圣千、文千、熙千
中见:兄佳千
(契约上盖有官印)

(五)

　　立凑断契　郑重千同圣千、文千、熙千原父手有民田数号,坐属徐公里叶洋地方,其地每亩数租额俱载原契明白。今因乏用,托原中再向雷君恒交凑断出田价银叁拾肆两正,足纹广戥。其银立断之日亲手收讫,其田价足心愿,任从银主立割上户,以了葛藤,永远为业。日后子孙不得生端言赎言赎之理。其田系己兄弟物业,与房内伯叔兄弟侄无干。倘有不明,系(重)千出头抵当(挡),不干银主之事。其补差即拨雷君恒户内输纳。两家情愿,各人无反悔。今欲有凭,立凑断契壹纸为照。

　　外中用银壹两正,再照。同断□字是改,再照。

乾隆拾陆年叁月　日
立凑断契:郑重千同弟圣千、文千、熙千
在见:伯乃辉
中见:兄德千
(契约上盖有官印)

(六)

　　立允契　林氏同男胡维乾、文官,夫在日,有魏建屯田壹石,故军魏立忠名下,坐属拜井里小荻地方,土名碗窑里。田载地塅(段)三斗塅及仓埕、潭尾、二斗四、后门垄、后门垅、门前洋等塅,积苗叁拾亩零,载租肆千壹佰伍拾斤。夫在日,于乾隆九年(1744年)间抽出租谷贰千柒百伍拾斤,载粮壹两伍钱壹分叁厘,租苗壹拾玖亩零,卖于雷君恒为业。今因乏用,又抽出后门塅壹号,载租壹千斤,积苗柒亩零,托中又向允于雷君恒为业。得出田价银柒拾两正纹广,其银立契之日亲手收讫,其田即付银主召佃管业收租,贴纳粮差。其田远近之年有银取赎,不得执留。如是无银取赎,任从银主照旧管业收租充粮。其田系自己夫阄分物业,与别房伯叔兄弟侄无干,日前并未曾重张典当他人财物。倘有不明,系(林)氏同男出头抵当(挡),不干银主之事。两家情愿,各无反悔。今欲有凭,立允契为照。

外中用(银)贰两壹钱正,再照。

乾隆拾玖年拾壹月　日
立允契:林氏同男胡维乾、胡武我、胡文官、胡才才
代字中:林云璋
在见:彭君英
在见:堂叔廷辉
(契约上盖有官印)

(七)

立推付　拜井里六甲黄荣明、达弟,原有祖遗税山壹所,坐属本里小荻地方,土名碗窑里师公潭,俗叫山格塅等塅,积苗壹亩零。前已断绝,永为葛藤,自情愿推于化一里六甲雷君恒名下。系大造之年,拨入户内载册输粮,永为己业。即日得出纸笔资银伍钱正,其山价足心愿,自推之后,不得生端枝节,亦不得悬累,立推付为照。

乾隆贰拾叁年正月　日
立推付:黄荣明、达弟
代字见:王竹千
(契约上盖有官印)

(八)

立赎契　黄建榤前卖有民田壹号,其地段、亩数、银两俱载原契内

明白。今因乏用,再托原中向到雷君恒、雷子著处,三面言议,赎出价银柒两纹广正。其银立契之日亲手收讫,其田银主照旧管业收租完粮。面约有赎无书,此系两愿,不得生端异言之理。今欲有凭,立赎契壹纸并原契贰纸统付为照。

外中用(银)贰钱壹分正。

乾隆贰拾叁年六月　日

立尽契:黄建樑

知契:父俊卿

中见:王盛仪

代字:□□□

(九)

立卖契　雷朝上原祖手置有民田叁号,坐属拜井里地方小荻,土名黄金坂,积苗应肆分陆厘□□壹丝贰忽及□面,积苗应玖分陆厘玖毛肆丝贰忽,并风(枫)槾墩,积苗应肆分柒厘陆毛叁丝贰忽叁□,载租贰百叁拾捌斤。今因乏用,自情愿托中引到本家,卖于堂叔祖君恒处为业。三面言议,得出田价银壹拾伍两正纹广。其银立契之日同中亲手收讫,其田即付银主管业认佃收租,面约远近有银取赎,不得执留。如是无银取赎,任从照旧管业。其田系己物业,与房内伯叔兄弟侄无干,日前并未曾重张典当他人财物。倘有不明,系(朝)上出头抵当,不干银主之事。两家情愿,各无反悔。今欲有凭,立卖契乙纸为照。

外中用银肆钱伍分正,再照。

乾隆贰拾肆年叁月　日

立卖契:雷朝上

中人:胞叔辅舜

在见:叔辅声

(十)

立凑断契　侄孙雷朝上愿(原)父手置有民田叁号,坐属拜井小荻地方,土名黄金坂□□面□枫□□段。载租贰百叁拾捌斤,积苗银两俱载,原契□内明。于乾隆贰拾肆年(1759年)间卖于□,租为□。今因乏用,自情愿再□□中向到叔祖君恒处。三面言议,凑出断契价银壹拾贰两□□文□。其银凑断之日,同中亲手收讫。其田价足心愿以断葛藤,永远为业。日后子孙不得言买言赎之理,借端生枝节之理。若逢大□□年,任从银主拨入名下输纳粮差。致两悬者,系两家情愿,各无反悔。今欲有凭,立凑契壹纸并原契贰纸统付为照。

外中用叁钱陆分正,再照。

乾隆贰拾柒年贰月　日
立凑断契:雷朝上
中人:叔辅舜
在见:叔辅吉
(契约上盖有官印)

（十一）

立当约　郑圣中祖遗下置有民田□(壹)号,坐属拜井里小获地方,土名枫㮺垅,左至蜂桶岩,右至坑,上至蜂顶,下至田,及厝□□□家各应壹片,又路头厝地壹座,共七么(亩)伍分,批与雷子达、子武等架屋,与胞□□胞侄若贤、衡贤等各应分之业,已历年应分租钱伍百三十四文。今因乏用,将自己应分之业当与此无关雷祖君恒处。三面言议,当出银拾两正纹广。其银立约之日亲手收讫,历年租钱抵还利息,任从雷家收租,(圣)中不得言说。其年限至三年,有银取赎,不得执留。无银取赎,任从收租。日前并未曾重张典当他人财物,倘有不明,系(圣)中出头抵当,不干雷家之事。今欲有凭,立当约为照。

乾隆二十九年十月　日
立当约:郑圣中
代字:郑秉贤

（十二）

立卖契　胞侄子得子禄、孙皇弟同父在日置有民田叁号,坐属拜井里大获地方,土名榕树垅及湖甲等段,共积苗应七分零,内出租谷壹佰伍拾斤。又南洋滩头应壹亩壹份肆厘玖毛二系柒忽,载租谷贰百伍拾斤。今因乏用,就在胞伯君恒处。三面言议,得出田价银叁拾贰两正纹广。其银立契之日亲手收讫,其田即付伯前去管业收租,期(其)年限远近之年有银取赎,不得执留。如是无银取赎,照旧管业收租,不得言说。

其银贴纳。两家情愿,各无反悔。今欲有凭,立卖契壹纸为照。

乾隆叁拾壹年十一月　日

立卖契:子得、子禄、孙皇弟

代字:侄辅长

(十三)

立陇契　郑圣中原祖有税山壹所,坐属拜井里小荻地方,土名牛洋枫模坜,及□与胞兄圣擢、堂弟圣广等中已上下,应三亩零。其山四至明白,前卖与雷□(君)□(恒)处为业,俱载原契二纸。今因乏用,托中引到雷君恒处,尽土银肆两正纹广。其银主亲手收讫。其山载限一年,外有银取赎,不得执留。无银取赎,任从照旧管业收租。□□□□□□两家情愿,各无反悔。今欲有凭,立陇契为照。

外中用银壹钱二分正,再照。

乾隆三十二年五月　日

立陇契:郑圣中

中见:林敬侯

在见:堂弟　圣广

代字:男秉贤

(十四)

立凑断契　郑圣昌同胞弟圣慧原有应分税山并厝地之业,坐属拜井里地方,土名牛洋双髻旱坑、丫门油坑、横截门、前岗王士龙、粗庐坑等段,(圣)昌兄弟应分山并厝地之业前卖于雷处为业,其银两亩数俱载原契明白。今因乏用,再托中引到雷君恒处。三面言议,得出凑断银叁两正纹广。其银立断之日同中亲手收讫。系郑家有祖坟壹坛,在牛洋地方,墓禁外上下左右方圆壹丈止,其墓左边有相诗模壹根,右边有黄兰木壹根,留还郑家变卖。其山内有吉地,任付雷家起造、承批他人从便,与(圣)昌兄弟无干,日后自己并子孙不得言赎言借之理。此山业、厝地系(圣)昌同弟应分之额,价足心愿,以了葛藤,向后不得另生枝节。其亩数照册均匀,任从雷家拨入化一里六甲户内名下载册输粮,不得两悬。两家情愿,各无反悔。今欲有凭,立凑断契壹纸为照者。

外中用银玖分正,再照。福(加圆圈)

原雷家□此有承佃壹纸,郑家日后取出不得堪用,再照。福(加圆圈)

内注前字壹纸,再照。福(加圆圈)

乾隆叁拾肆年捌月　日
立凑断契:郑圣昌、圣慧
中见:堂兄圣广
同见:山佃、雷子相
依□代字:阮树济
(契约上盖有官印)

(十五)

立凑断契　黄远及原有民田壹号,前已卖于雷家为业,地段亩数银两俱载原契明白。今因再托原中向到雷子英处,三面言议,断出价银贰拾柒两正纹广。其银立断之日同中亲手收讫,其田价足心愿,以了葛藤,日后不敢言赎言赎之理,亦不敢生端枝节。此田其粮任从雷家收割上户,永远为业。两家情愿,各无反悔。今欲有凭,立凑断契为照。

外中用银捌钱正。

乾隆叁拾柒年拾壹月　日
立凑断契:黄远及
知契:男帝祥
在见:郑启盛
中人:鲁伯大

上述15份土地买卖文书中,有14份是属于雷君恒的,有1份属于雷子英的。雷君恒为罗源县八井村雷氏的第六代人,雷子英为第七代,是雷君恒的儿子。这些契约卖主都是汉人,买主则是畲民。而这些土地买卖契约文书有的是卖契、当契、允契,有的是卖断契、凑断契与赎契,有的是推付契。在这里,卖契、当契、允契主要是购买土地(屯田、民田、税山、厝地等)的田面使用权。赎契主要是续卖田面使用权。卖断契是田面、田根权一起卖掉的契约。凑断契则是卖田根的契约,其为田面使用权已卖给买主,接着再把田根的所有权卖给买主的契约。而推付契则主要是在田根卖掉后,将土地的赋税缴纳权利转让时使用的契约。但不管怎么说,从上述的这些契约的文字中,我们可以看到,从乾隆十三年(1748年)到乾隆三十二年的19年间,八井村的雷君恒通过各种手段,如买、当田面,田面、田根一起买,或者将先前买了田面使用权的土地田根再买进来等手段,为自家购进了大约50亩左右的田地、园地、山地、厝地。这其中雷君恒也向同宗的畲民、其侄子、侄孙那里买了1亩多土地的田面使用权和近2亩土地。雷君恒买了这么多土地,并非自己耕种,而是将土地出租给汉族或雷氏本族人耕种,如在该家的契约中,有一张退佃的契约,其云:

立愿退还佃　王永茂原父手向雷君恒处承有屯田叁号,坐属小获地方,土名陈八井及磋□仓埕,共载租谷贰千斤大秤。今因积欠租谷叁千斤,又代(永)茂赔垫本钱伍拾贰千伍百文,无项理还,即将父手所承耕之田自愿退还于田主□允、文、铨众处管业耕作。自退还之后,其心情愿,不敢生端枝节之理。恐口无凭,立愿退还佃乙纸为照。

乾隆伍拾九年正月　日
立愿退还佃:王永茂
在见:雷朝瑞
在见:胞叔学举
代字:堂弟昌泰

这虽是一张退佃的契约文书,但从中我们可以清楚地看到,雷君恒曾将其买来的屯田租给汉人王永茂的父亲。王氏因经营不善,所以将租赁的屯田退还。由此看来,在乾隆年间,雷君恒应该是一位地主了。

在这些土地往来的契约文书中,值得注意的是,当买主把田根也买来后,原土地所承担的政府赋役也需随着田地所有权的割让而转移。换言之,当买主将田面、田根都买了下来,有了该土地的所有权时,该土地所负担的赋税就需要转到了买主的手中。而如果只买田面使用权的土地,还需由掌握田根权的人负担政府的赋税。所以当人们购买了土地的田根权,拥有某些土地的所有权,他也就成了田地的主人,而需要向政府缴纳赋税。因此,当买卖田根时,须有原田主的转让证明,因而有所谓"推付契"。同时,这也需要告知政府,所以这类契约上往往有政府的官印,成为所谓"红契"。这样政府也就登记在案,向土地的新买主收取赋税了。

从上述这些土地买卖文书来看,在乾隆年间,雷君恒是位有钱人,所以他能购买进土地,进行经营,而成为地主。根据我们在八井村的调查,雷君恒的财产还不止这些土地。据村民讲,该村有两座"八扇房"(即面阔七间)的四合院都是雷君恒在乾隆年间建的,而要建造这样的大厝则需要花费大量的金钱。雷君恒是如何变成如此有钱的呢？现在的村里人谁也讲不出个所以然来，所以村里就流行着一种传说，即雷君恒是在山上挖到了前朝遗留下来的银子好几大缸后才变成暴发户，才建得起这两座八扇房。

三、成为商人

在畲民中间，清代也出现过经营茶叶贸易的茶商。这就是宁德猴墩的畲民茶庄。猴墩出现茶庄，是一种机缘巧合。雷氏迁居到猴墩大约是在明代万历元年（1573年），据说是雷天辟的第四子雷光清到宁德九都闽坑堂猴墩时，"见其山水秀丽，地土肥饶，遂卜筑焉"。[①] 雷光清为猴墩的开基祖，他在此耕山种田，繁衍后代，逐渐形成村落。雷氏在这里生活着，经历了明清交替，进入清代。

清代乾隆三十七年（1772年），宁德贡生叶禹为了恢复清初迁界时被毁的官道，"倡捐力辟旧路，百余年废路复睹周行"。这官道"由六都左旋历七都至铜镜又分东西二道，一右旋为东路，历福口、洋头、闽坑至福岭头，离城五十里与福安福岭塘交界。一左旋属西路，历九都、霍童、坂头、石桥、青岩、渡头、家厚、外渺、何姑桥、迄咸村（今周宁）"。[②] 上述东路又称大岭，在猴墩村地步。闽坑还辟有一路，位于大岭以西，并伸入闽东北腹地更偏远的"十二洋"。这条路穿过猴墩村，加上猴墩离八都镇的霍童溪码头不到15华里，而霍童溪可通三都澳、官井洋，这条海路通福州、广州、上海，从而使猴墩村既得人工开凿的陆路之利，又得天然形成的水路之便。所以此路开通后，原本的村落就慢慢地形成一集市或交通枢纽。

再就是一个机缘，1851年后闽东的"闽红三品"兴起，成为出口国外的主要红茶品种之一。这三品为福安的坦洋工夫、福鼎的白琳工夫和政和县的政和工夫，它们与武夷的正山小种、安溪的铁观音都是出口茶叶的主要品种。但过去出口茶路是从武夷山出发，向北往俄罗斯，向南经江西到广州再出口。但是由于1853年的太平军运动，切断了"北路茶"的茶路。所以有些外国洋行如美国旗昌洋行只好派人进入武夷山茶区购红茶，循建溪、闽江运到福州，再从那里运往国外。此举的成功，引起了各商家的竞相效仿。到咸

[①] 猴墩：民国《雷氏宗谱》，《源流谱序》。
[②] （清）卢建其修，张君宾纂：乾隆《宁德县志》卷二，《建置志·道路》，福州：海峡书局，2020年，第210页。

丰五年(1855年)已有五家洋行"在福州抢购茶叶,竞争日剧","福州由是遂成驰名世界之茶叶集中地"。①

在这样的形势变换下,由于宁德县是闽东北的门户,而得交通之便利,为宁德所辖而又地处宁德、福安交界的猴墩村随成了闽东北茶叶的重要集散地之一。由此集散地的形成,猴墩人也开起了茶庄,收购附近36村的茶叶,并通过水陆两路,运往福州,同时也从福州运来布匹、洋油等杂货,并在八都镇上开京杂店,在本村开店铺,有许多人由此发财,成了茶商、杂货商等,如猴墩雷氏十一世雷志波在同治十三年(1874年)开了"雷震昌号"茶庄,其堂兄雷志满开了"雷泰盛号",其族亲雷成学开了"雷成学号"茶庄,并与福州的茶庄有联系。到光绪年间,"雷震昌号"茶庄扩展为"灿记"、"庆记"茶庄,"雷泰盛号"扩展为"满记""祥记"茶庄。雷志波也成了宁德五都(七、八、九、十、十一都)茶叶商会的会长,猴墩村首富。所以光绪年间,他在村里盖了许多大厝,也为该村的雷氏祠堂的建造出钱出力。②

总之,在清代,畲民已完全融入清统治下的封建制度中,有的畲民通过自己的努力,通过购买土地,通过经商等也进入了地主阶级的行列,畲民社会转型为阶级社会。

第三节　清代畲民的继嗣方式和通婚情况

根据文化人类学家的归纳,人类的继嗣(descent)方式主要有单系继嗣(父系或母系)、双系继嗣、双边继嗣、平行继嗣、两可系继嗣等几种。畲族与世界上绝大多数民族一样,所采取的继嗣方式是以父系单系继嗣为主。父系单系继嗣类型社会中的主要特征与原则为:世系即中国所谓香火的继嗣和财产的继承以父系计算,通常都用婚姻形式来生产能继承香火的成员——男丁,有的社会以一夫一妻的嫁娶婚姻形式来生产,有的社会则用一夫多妻的嫁、娶婚形式来达成。在单系继嗣的父系社会中,女子出嫁后从夫

---

① 班思德:《最近百年中国对外贸易史》(《最近十年各埠海关报告》),海关总税务司署统计科译印,1931年。
② 参见蓝炯熹:《猴墩茶人(畲族)》,昆明:云南人民出版社、云南大学出版社,2003年,第1~29页。

居,女子通常都没有继承权。如果有姓氏,子女从父姓。如果正常的嫁娶婚姻形式不能完成生产男丁的任务,如只生女儿,或没有子嗣,形成世系继嗣与财产继承的缺陷时,这种父系社会也有使用一些其他的变通办法来处理,如在中国汉族、畲族、土家族这样的父系社会中,就常用在本宗族中过继儿子、招赘、收养外姓的儿子等方式来作为解决继嗣缺陷的补充。

换言之,根据上述对这种单系继嗣的父系社会的理论归结看,畲族社会的属性是一个父系社会,其继嗣原则是以父系计算而忽略母系,以此相配合的一些制度就是实行一夫一妻制的嫁娶婚,实行父系系统的继嗣与继承。而其他婚姻形式,或收养、过继等,是在嫁娶婚无法完成其生产具有单系继嗣条件的成员——男丁的功能时才使用的变通办法。这种性质在许多有关畲族的实地调查中都有体现,例如在福建霞浦从儒乡的调查说:"畲族家庭是一种父系家庭,女子婚后从夫居,所以他们的子女从父姓。家长是男子,宗祀由男子承继。习惯上,男子有财产继承权,女子无继承权。如果女儿在父亲家里招赘婚,女儿就有一定的继承权。……无子嗣的人,可用侄儿或招养子做嗣子,或抱养一女,然后招赘生子来传宗接代。一般抱养女儿多于儿子。赘婿同样享有继承权,但入赘的女婿一般都得改从妻家姓,所生的孩子通常是从母姓,以保证独女这一家有父系继承人。但也有少数不改姓,或子女从父姓,或留一子从母姓,其他从父姓,有一定的灵活性。"①这些叙述清楚地表明畲族是一个父系社会,其相配合的婚姻形式是男娶女嫁的嫁娶婚,其可以满足父系继嗣需要。有些人家只有女儿,没有可以传承香火的男丁,则可以用招赘或过继、收养等变通形式来完成。

然而,最近出版的一些有关畲族研究的著作在表述与畲族继嗣方式相关的婚配形式时却说,畲族的婚配方式有"女嫁男方、男嫁女方、'做两头家'以及少数的子媳缘亲、'姑换嫂'等"。②

有的则有比较详细的描述,如《浙江省少数民族志》说:畲族的婚配形式除了"女嫁男"外,还有"男嫁女""两家亲""子媳缘亲"。该书说:女嫁男,畲民婚配形式,主体是女嫁男。女嫁男后保留女姓,对生父母不负供养义务,不继承生父母财产,只在年节按当地礼俗给父母送礼。对男方父母同称父母,不称公公、婆婆,所生子女从夫姓。寡妇有出嫁的自由,不嫁者允许招亲

---

① 陈国强、蓝孝文主编:《崇儒乡畲族》,福州:福建人民出版社,1993年,第38页。
② 《丽水地区畲族志》,北京:电子工业出版社,1992年,第149页。

上门继承男方财产,亦可带子女出嫁,族亲不得干涉。男嫁女,此俗畲语嫁方称卖崽,女方称喝崽(意为嫁儿子和娶儿子),嫁娶条件与女嫁男相同。男嫁女后,对生父母只在年节与出嫁女子同样送礼,不负供养义务,不继承生父母财产。男嫁女者,大多为女方父母只有女儿,没有儿子。男方父母儿子较多,经济生活、住房困难,难以娶媳而嫁给别家"当崽"。亦有女方父母所生子女,女儿为大,儿子年幼,先为女儿娶子。所娶儿子和亲生幼子同样享受财产继承权和供养女方父母的义务。男嫁女后要从女姓,所生子女同样从女姓,对女方父母亦称父母,不称岳父、岳母。可继承女方财产,可以亲生子身份加入宗谱,死后参加女方男子同辈排列位名(出嫁女子参加娘家排位)。两家亲,俗称作两头家、种两头田。男女双方均为独生子女,男女青年已同意成婚,经双方父母同意则可婚配,两家合并一家,子女供养双方父母,继承双方财产。男女婚后,父母尚能劳动时,仍为两家,子女负责种两家田。父母老后,以男方或女方哪方为主,则根据双方居地的自然条件、住房条件等由双方商定。两家合并后,为主一方要把对方祖宗香炉接来与本家祖宗香炉同排放在祖宗香龛,年节同样祭祀。子媳缘亲,家庭经济生活困难的畲民,生有儿子,怕长大成人后娶不来媳妇,就抱他人幼女做童养媳,长大后与儿子婚配。亦有婚后30岁以上有女无子的,可抱一幼子抚养,长大后与女儿婚配。抱童养媳或童养子,均须是符合与本家通婚条件的姓氏和支族。童养媳或童养子,成人后必须男女双方同意婚配并举行婚礼,请过"缘亲"酒,拜过祖宗,才能成为夫妻关系同居。带来童养子后,又生育儿子的,所带童养子与亲生子享有平等权利。[①]

《福州市畲族志》也是如此,该书说:福州畲族也是一夫一妻制,除女嫁男家外,还有男嫁女家"两头家""服务婚"等三种。男"嫁"女家,就是畲族"喊儿"或"招赘",男子从女姓,所生儿子一般长子随女姓,二三子随男姓,亦可随女姓,不同姓兄弟在家庭享有同等的权利和义务。"两头家",就是夫妻要耕种两家田地,赡养双方的父母。所生的子女分别姓父姓或母姓由双方商定,长大后分居,各自继承父辈财产。"服务婚",主要是女方缺乏劳动力,不收聘金,以"招赘"方式让男方负责女方家庭的田园耕作,一般在女家服务三年,就可以携妻带子回家。[②]

[①] 《浙江省少数民族志》,北京:方志出版社,1999年,第333页。
[②] 雷恒春主编:《福州市畲族志》,福州:海潮摄影艺术出版社,2004年,第46页。

这些现代的表述除了《浙江省少数民族志》认为"女嫁男家"是畲族婚姻的"主体"外,其余的都是并行介绍,而且把父系社会中的"招赘",用"男嫁女家"来表述。这种表述可能是反映了现阶段的情况,但也容易造成两种误会。第一,这种不分主次的表述以及将招赘称为"男嫁女家"的陈述方式,容易使人误会畲族社会不是一个父系社会,而可能是一个有着两可系继嗣系统的社会。第二,这种不加如"现在的"或"在今天"等这样的定语的表述,也容易让人误以为与继嗣相关的畲族婚姻形式历来就是如此。因此,这种做法有把时间模糊了的弊端,并造成了许多与事实不符的误解,如有的人就把畲族为解决父系继嗣问题的招赘婚称之为"男大当嫁",甚至有的人还从畲族的历史记忆中找一些所谓历史根据,把畲族的婚姻特色建构为"女婚男嫁"。①

然而当我们检视畲族族谱中所记载的清代情况,历史上所发生的事实好像与这些现代的描述或建构都不一致。浙江省丽水市莲都区老竹畲族镇沙溪村所藏的《宣邑蓝氏宗谱》,编纂于宣统己酉年(1909年),它记录了该族族人在清代及以前的情况。该族从第一世开始,是以《千字文》"天地玄黄,宇宙洪荒……"为序来排行其世系,而从第四世开始则增加了"排行字辈","应可大道,仪思公仁。忠信德懋,文学宗昌。辉光尚美,华彩明扬。志主朝廷,邦家永祥"来排行其世系。其"第一世,天字行,鼻祖,行天一,讳同相,居福建福州府连江县中鹄里凤山蟠垄三石境"。而根据《蓝氏续修宗谱序》所说的"予族国用公(第三世)自闽迁居云邑(浙江省云和县)洋背,应瑞公(第四世)迁至衢邑(浙江省衢州府)龙游三十三都塘头山;可乐公(第五世)迁居宣邑(浙江省宣平县)上井,今散居各地。大雄公(第六世)一派居任宅(今丽水市老竹畲族镇仁宅村),后仪福(第八世)、仪兴、仪凤、仪锦一派居沙溪。大成公(第六世)一派居赤坑,后仪先公(第八世)一派居高畔"的情况来看,他们在第六世时定居在现在的老竹境内,第八世时才迁居现在的村落。

该族谱对第一世到第八世的直系族人有一些比较详细的记录,在这些有生卒、婚姻、生育记录的族人中,除了第二世、第七世1人(其共有4人)、第八世1人(其共有13人)外,其余的人都是娶了原配后,就解决了子裔或香火问题。如"第一世,天字行,鼻祖,行天一,讳同相,居福建福州府连江县中鹄里凤山蟠垄三石境。娶盘氏,合葬仁贤里,坐癸向丁。生二子,仲贤、天

---

① 傅良基:《畲族婚俗》,《中央民族学院学报》1984年第4期。

生"。又如其第五世为宇字行:"瑞公次子,行宇二,讳可乐,住任宅之祖。娶雷氏,生三子,明山、大雄、大成。"再如其第六世,宙字行:"乐公次子,行宙四,讳大雄,居任宅兴焉。康熙甲辰年(1664年)十一月十七日子时生,乾隆丙辰年(1736年)六月十七日酉时卒。娶雷氏,康熙壬子年(1672年)四月初六日寅时生,乾隆癸亥年(1743年)十一月初三日寅时卒。合葬衢州府龙游县三十三都坛头山,坐西向东。生二子,道聪、道慎。"又如"第八世,荒字行,聪公长子,行荒一,讳仪福,字贤发。康熙丙申年(1716年)四月初四日寅时生,乾隆乙酉年(1765年)二月二十六日酉时卒,葬横溪垵,坐西向东。娶雷氏,康熙庚子年(1720年)九月二十四日寅时生,嘉庆辛酉年(1801)十月初二日戌时卒,葬饭甑坛,坐西向东。生三子,思明、思元、思魁。三女,长适本村雷有明,次适鸬鹚塘钟孔文,幼适郑坑雷老一"等等,都是娶了原配后,都有能传承香火的后裔。

而另外三位蓝姓先祖的继嗣问题的解决方式与上述情况都有点不同,他们都是以在原配去世后续娶的方式或娶两房妻子来生育后代。如"第二世,地字行,相公长子,行地一,讳仲贤,字世澄。娶雷氏,续娶雷氏,合葬仁贤,坐癸向丁。生八子,国成、国华、国荣、国用、国正、国栋、国安、国裔;三女"。又如第七世,洪字行,"成公长子,行洪二,讳道霽,字圣启。康熙壬午年(1702年)五月十三日寅时生,乾隆癸巳年(1773年)正月十五日申时卒。后改葬八都赤坑瓦灶头,坐壬向丙。娶雷氏,康熙壬午年(1702年)十月十八日巳时申生,乾隆壬寅年(1782年)六月十一日未时卒,葬高畔外山八分后,坐亥向巳。生一子,仪渊。一女适三村西山钟。续娶钟氏,康熙(应为乾隆才对)乙巳年(1725年)七月二十日未时生,乾隆乙未年(1775)十二月二十一日亥时卒,葬对弄大丘后,坐庚向甲。生四子,仪显、仪贤、仪案、仪先;生二女,长(适)长坑里雷其寿,次适赤坑雷士能"。再如第八世,荒字行,"慎公次子,行荒五,讳仪凤,字贤宾。皇恩钦赐。雍正戊申年(1728年)三月二十一日午时生,嘉庆己巳年(1809年)十一月二十日寅时卒,葬八都高铺岗,坐辛向乙。娶雷氏,雍正壬子年(1732年)二月初五日亥时生,乾隆癸酉年(1753年)八月二十四日未时卒,葬八都对弄大丘后,坐西向东。生一子,思春。续娶雷氏,雍正庚戌年(1730年)九月十三日卯时生,乾隆戊戌年(1778年)十二月初二日午时卒,葬八都丁公殿后,坐东向西。生二子,思亮、思馨;一女,适上塘钟五满"。

从这几条资料来看,第二世仲贤公是在原配雷氏去世后又没有生育的情况下,续娶另一位雷氏而生了八子三女。第八世仪凤公是在原配雷氏生子早世后,续弦另一位雷氏又生了二子一女。而第七世道曩公原配雷氏80岁才过世,续弦钟氏也至少活50岁,所以他应该是在世时同时有两个妻子,或一妻一妾。因此,他是用娶两房妻子或一妻一妾的方式来完成生产有继嗣能力的后代。

根据该宗谱"第四世,黄字行,用公长子,行黄一,讳应瑞,自福建于崇祯八年(1635年)移居处州府"的记载看,该宗谱所记载的第一世祖先应生活在明代晚年,而第八世人多生活在清代乾嘉年间。因此,我们可以说,从明代晚期到清代中期,沙溪村蓝姓解决继嗣问题所采取的方式是以一夫一妻的嫁娶婚为主,此外也有个别人,在原配去世后,用续娶妻子的方式来解决问题,或者以娶妻妾或两房妻子的方式来处理,而没有使用现在所讲的"男嫁女家"的女儿招赘或过继与收养的方式来解决此问题。

我们继续检视族谱中所反映的情况,就可以发现,从沙溪村蓝姓畲民的第九世起,他们开始使用"祀子"的过继方式来解决某些房支的继嗣问题。沙溪村蓝姓的第九世祖先们出世于乾隆壬戌七年(1742年)到乾隆甲寅五十九年(1794年),其有30人,但其中有1人只有女儿,而没有能传承香火的男丁,他也没有以娶另一妻子的方式来生育,而是从堂兄弟那里收养一侄子来承袭香火,如"华公长子,行日十六,讳思顺,字光琳。乾隆壬午年(1762年)十月二十五日辰时生,道光辛卯年(1831年)二月十七日戌时卒,葬饭甑坛岩,坐丑向未。娶罗氏,乾隆甲申年(1764年)二月初五日亥时生,道光丙申年(1836年)二月二十二日午时卒,葬松邑二十五都稻耳弄,坐西向东。祀子,公武。二女,长适雷来孙;次适四源罗阿汤。"其收养的儿子是其堂兄思明的亲生儿子,如"福公长子,行日一,讳思明,字徐琳。乾隆壬戌年(1742年)六月十七日寅时生,乾隆丁亥年(1767年)八月初一戌时卒。娶钟氏,乾隆庚申年(1740年)三月二十二日辰时生,嘉庆壬戌年(1802年)十月二十八日亥时卒,合葬饭甑坛,坐西向东。生二子,公文、公武。"这可能是因为思顺公只生了两个女儿,没有男丁可以延续本支的香火,所以才以抱养祀子的方式来传承香火。

此外,我们在该族谱的"世系之图"中也看到,虽然在思明公与思顺公的派下,都写有公武的名讳,但只在思顺公支派中,才有公武的派下人,而在其亲生父亲这支中,只到他这一代为止。这种记录方式表明他确实承嗣的是思顺公这一支,而其兄长公文则承继其亲生父亲这支的香火。同时,这种现象也表明,这种记录方法是记载在本宗族中过继的子裔时使用的,因为在该族谱的"凡例"中有一条规定涉及到从异姓收养儿子的情况,其规定与这里所反映的情况有所不同,该条规定说:"凡收养异姓之子入继者,律有明条,不得乱也。但族衰丁稀,不能执一,务书某姓之子继入某为嗣,以防日后同姓为婚姻,礼不可不知也。"换言之,该族规定,如收养异姓男丁为子嗣,需注明其姓氏,以杜绝今后可能出现同姓通婚之弊。由此看来,在当时沙溪蓝姓的实际社会生活中,多是利用本族中不同房支间的过继来解决某支派缺乏承袭香火的问题,而没有使用女儿招赘,也没有使用从异姓中收养养子的方法来解决该族中某支的承嗣问题。

沙溪蓝姓的第十世祖先们,出生在清代乾隆到道光年间。其有70人,其中有1人,即上面提到的公武,本身为思顺公的祀子,以继嗣思顺公支派的香火,而且他自己也没有亲生儿子,而是过继其兄长的三子为祀子。除公武外,根据该族谱的"世系之图"所载的情况看,沙溪蓝姓第十世祖先们中过继祀子的还有:公谓——祀子仁爱(公文次子);公卿——祀子仁泰(公麟长子);公唐——祀子仁惇(公尉次子);公佩——祧一子仁升(公化四子);公盈——祀子仁亲(公宝长子);公恩——祀子仁都(公宝次子);公秉——祀子仁享(公现长子);公望——祀子仁俊(公商次子);公玉——祀子仁授(公刘长子);公威——祀子仁汉(公刘次子);公景——祀子仁坤(公旺长子);公豪——祀子仁琭(公旺四子);公孙——祀子仁三(公绰三子);公旌——祀子仁科(公瑾长子);公朝——祀子仁新(公庭长子)。由此看见,这一代人有16人用祀子的方式来传承世系与财产,其占的比例约为23%。

这些用祀子来解决继嗣问题的人家情况各异,有的是本人未曾娶妻,而用过继的方式来使其世系能传承下去。如"馨公四子,行月四十三,讳公恩,字李广。嘉庆己未年(1799年)七月二十九日卯时生,道光己酉年(1849年)十一月二十日子时卒,葬丽邑二十一都三十九,坐东向西。祀子仁都。"换言之,公恩50岁去世,按此记载,其不曾娶妻,这自然没有亲生的儿子,所以才抱养祀子来解决继嗣问题。此外,这种状况表明,他可能是在存活时就抱养祀子,这种现象可称之为"活继"。①

有的则因早逝,因而未婚而无亲生儿子,所以才过继祀子。如"喜公长

---

① 参见石奕龙:《福建畲族的婚姻状况和收养关系》,《民族研究》1997年第5期,第48页。

子,行月五十,讳公望,字李登。嘉庆癸亥年(1803年)四月二十二日酉时生,嘉庆己巳年(1809年)二月初七日申时卒,葬高铺岗,坐巳向亥。祀子仁俊。"换言之,李登6岁就夭折,为了其香火的传承,其家中为他抱养祀子,以便他这一支脉有所传续。这种状况可称为"死继"。

有的人有亲生女儿,但也用祀子的方式来承继香火,而把女儿嫁出。如"存公三子,行月五十二,讳公珮,字李聘。嘉庆甲子年(1804年)六月初九日子时生,道光辛卯年(1831年)九月初九日午时卒,葬傍坡山尾,坐巳向亥。娶雷氏,嘉庆戊辰年(1808年)九月十九日亥时生,出嫁。祀子仁升。一女适上塘舒雷福"。也就是说,李聘于27岁时早逝,其妻"出嫁"即改嫁出去,所以其家族用祀子的方式使其香火有所传续,其亲生的女儿则出嫁,而且是嫁给舒姓汉族。

有的人虽娶了妻子,但可能是因为与妻子离异,妻子外嫁而无儿子与女儿,而且又没有再婚,所以才用祀子的方式来解决承继问题,如"馨公三子,行月廿三,讳公盈,字李谦。乾隆戊申年(1788年)七月十八日戌时生,咸丰□□年六月二十三日□时卒,葬本都三角丘田后堪,坐艮向坤。娶雷氏,出嫁。祀一子仁亲"。由于咸丰元年为1851年,公盈在咸丰年间去世,所以他至少应享年63岁,因而其妻的"出嫁",应为他在世时就已离异,而不会是在其去世后再改嫁。因此,这一例应该是在妻子改嫁出去后,没有再娶而无子女,这才以抱养祀子的方式来延续香火。

有的人娶有妻子,但可能是因为患不育症而无子无女,这才在本宗族中过继,如"顺公祀子,行月二,讳公武,字李佑。乾隆癸未年(1763年)十一月十四日亥时生,嘉庆壬戌年(1802年)九月二十八日午时卒,葬八都饭甑岩,坐北向南。娶罗氏。祀子仁智"。总之,这些记载表明,尽管每个人的具体情况都大相径庭,但在乾隆到道光年间,则多用在本宗族中过继儿子的方式来解决他们自家的承继问题。

在这第十世月字行或公字辈的人中,除了以正常嫁娶婚和抱养祀子的方式解决继嗣问题外,根据"蓝氏宗谱行第图"所记载的情况看,还存在两种与正常嫁娶婚不同的解决继嗣问题的方式。其一是用娶多妻的方式来解决继嗣问题,其二则是在原配早逝后以续娶妻子的方式来解决继嗣问题。

前者大约有3例,第一例是公言的例子,族谱说:公言为"铨公之子,行月五十八,讳公言,字李照。嘉庆己巳年(1809年)十一月十一日戌时生。娶雷氏,嘉庆丙寅年(1806年)四月二十七日申时生。子一,仁莅,次妻所出,承长妻之祀;生一女,适湾山□兆隆。次娶雷氏,道光庚辰年(1820年)十二月二十七日戌时生,生二子,仁莅,承长妻之祀;仁抢"。也就是说,公言的原配只生一女儿,没能完成生育后代的任务。因此,公言再娶了一房妻子,而这位次妻没有使他失望,为他生了两个儿子,并且由长子仁莅继承长妻的香火,而由次子仁抢继承次妻的香火。

第二例是公孙的例子,但情况与第一例有细微的差别。该族谱载:公孙为"恭公三子,行月二十,讳公孙,字李支。乾隆乙巳年(1785年)九月十三日辰时生。娶雷氏,乾隆丁未年(1787年)六月二十九日申时生,道光乙未年(1835年)二月二十二日亥时卒,葬赤岩对门坡,坐癸向丁。生二子,仁郁,早世;仁寿,早世。二女,长适丽邑东山雷□□,次适上阳雷阿有。祀子仁三。续雷氏,嘉庆辛酉年(1801年)三月二十九日子时生,生一女"。换言之,在这一例中,公孙的原配生有子女,但能继承香火的儿子均夭折,只剩下女儿。为了解决继嗣问题,公孙又娶了一位年龄比他小16岁的女人为妻,以便生育后代。但是遗憾的是这位次妻只生了一女,也没有生下儿子。因此,在娶了两房太太,但还是没有能获得儿子的情况下,他只好从堂兄弟那里抱养了祀子。

第三是公玉的例子,公玉为"敬公长子,行月十八,讳公玉,字李住。乾隆癸卯年(1783年)六月十三日午时生,道光□□年□□月□□日□时卒,葬十二都傅村畈石殿坪,坐坤向艮。娶雷氏,生卒缺,葬敏屈,坐丁向癸。子一,仁义,早卒。一女,适徐庄雷昌茂。续钟氏,嘉庆癸卯年(?)①十月二十六日亥时生,道光□□年□□月□□日□时卒,葬傅村畈外坡,坐乾向巽。子一,仁松,早卒。祀子,仁授。一女"。这一例与上面公孙的例子类似,也是在两房太太所生的孩子都剩下女儿的情况下,从本宗兄弟那里抱养了祀子。

后者的情况也有3例,其一是公家的例子。公家为"安公长子,行月五十三,讳公家,字李启。嘉庆甲子年(1804年)八月十六日午时生,卒缺,葬傍坡,坐南向北。娶钟氏,生卒缺,葬[傍]坡,坐南向北。续娶雷氏,道光戊子年(1828年)六月二十二日午时生。生一子,仁考"。由此看来,这记载表明

---

① 嘉庆没有癸卯的纪年,而有癸亥(1803年)和癸酉(1813年)的纪年。癸卯年应是道光二十三年,1843年。因此,钟氏的生年很可能是癸亥年,因为公玉在道光年间去世,道光元年为1821年,道光末年即道光三十年为1850年。如果其次妻钟氏生于嘉庆癸亥,到道光元年大体有17岁,这才有可能出嫁与生子女。而如果生于癸酉,则到道光元年才7岁,大约是不可能出嫁与生子女的,所以公玉的次妻生年应该是嘉庆癸亥。

公家在前妻早世后,续娶一妻子,这位继配为其生了一个儿子并存活了下来,解决了该家的香火传承问题。不过,由于公家的原配生卒不清,这一例子也表现有公家在世时同时娶有两妻的可能,因为他的继配比他小14岁。

其二是公田的例子,公田为"恭公长子,行月九,讳公田,字李珪。乾隆戊戌年(1778年)十二月十六日亥时生,道光戊子年(1828年)十二月二十六日戌时卒,葬赤岩后坡,坐卯向西。娶雷氏,乾隆丁未年(1787年)十月初九日亥时生。续雷氏,乾隆甲辰年(1784年)十月初七日亥时生,嘉庆丁卯年(1807年)十一月二十日巳时卒,生一女,适湾山雷兆振。前两房合葬高畔外山,坐壬向丙。又续雷氏,乾隆辛丑年(1781年)正月二十九日申时生,道光己亥年(1839年)四月二十七日卯时卒,葬横塘,坐丑向未。生二子,仁里,仁方,出姓。一女"。在这一例子中,因缺乏其原配的卒年,所以公田第一次再婚是否是在原配去世后的行为,在这里无法一目了然,但从其继配在23岁时就驾鹤西去的情况来看,其原配也应该是早世的,所以归于这一类型。同时,从这一记载也可以看到,就是因为继配只生女儿,而没有儿子,所以公田在继配去世后,又再续娶继配,并因此得到了后代。此外,从这条记载中提到"仁方,出姓"的情况来看,我们可以知道,在当时沙溪村的蓝姓也有人到本宗族外去当别人的养子或赘婿。

其三是公生的例子,公生为"春公长子,行月八,讳公生,字李秾。乾隆戊戌年(1778年)二月初六日巳时生,道光己亥年(1839年)六月二十一日申时卒,葬高铺岗,坐巳向亥。娶钟氏,乾隆乙未年(1775年)十一月二十一日申时生,嘉庆壬戌年(1802年)十月初一日巳时卒,葬东岩脚前山,坐东向西。续雷氏,乾隆己丑年(1769年)三月十三日辰时生,嘉庆庚辰年(1820年)六月十三日辰时卒,葬东岩脚前山,坐东向西。生子,仁定"。这表明公生的原配在27岁时就早世了,故他续娶一妻子,并以此方式获得了能继嗣香火的后代,并就此罢手。

沙溪村蓝姓的第十一世祖为"盈字行""仁字辈",他们出生于乾隆辛亥年(1791年)到咸丰辛亥年(1851年)间,共有93人。到宣统己酉年(1909年)为止,最年轻的也有58岁。根据宗谱的记录,在这些人中间,早卒的有9人,如"仁理,早世","仁仕,早卒"等。出姓到外族的有5人,如"仁宽出姓","仁匡出姓","仁栋出姓","仁骑出姓","仁方出姓"。

谱中记录有后裔的有25人,其一以在本宗族过继祀子的例子有13人,占一半多。如"财公长子,行盈四十七,讳仁闻,字慰邦。道光乙酉年(1825

年)三月初九日丑时生,光绪乙酉年(1885年)六月□日□时卒,葬十都狮仔山处坛凹灰铺后,坐东向西。娶钟氏道光庚寅年(1830年)六月二十七日午时生,咸丰戊午年(1858年)□月□日□时卒,葬十都丁弄,坐乙向辛。祀一子,忠常。"

其次为以正常的嫁娶婚就完成了传承后裔的例子,如"生公长子,行盈二,讳仁定,字秉邦。乾隆癸丑(1793年)十月二十九日亥时生。娶雷氏,嘉庆辛酉年(1801年)九月初七日丑时生。生三子,忠行、忠力、忠孔。"

其三,以多妻方式或原配去世后再娶的方式来生产有继嗣能力的后裔的有5人,如:"尉公三子,行盈五十一,讳仁誉,字惠邦。道光丙戌年(1826年)五月二十九日丑时生,同治甲戌年(1874年)四月十一日巳时卒,葬高铺岗,坐亥向巳。娶雷氏,道光丙戌年(1826年)十月十六日戌时生,咸丰□□年十二月二十六日□时卒,葬高铺岗合墓。生一女,适本村雷何福。续娶邓氏,道光丁酉年(1837年)五月初九日戌时生。生一子,忠称。"此为原配生一女后早逝,再娶后生有儿子。有的即便原配生有儿子,也续娶。如"尉公长子,行盈廿五,讳仁良,字护邦。嘉庆丁丑年(1817年)三月初一日子时生,光绪丁亥年(1887年)十二月二十四日戌时卒,葬宗祠后,坐辛向乙。娶雷氏,道光辛巳年(1821年)正月二十日卯时生,咸丰庚申年(1860年)十二月十三日卯时卒,生一子,忠抱,二女,长适三村钟蓝生;次适三村钟明。续娶□氏,道光□□年十二月初一日□时生,光绪□□年十二月十二日□卒,葬灵山,坐癸向丁。"

总之,在有关沙溪村蓝姓第九、十、十一世祖先们的资料中,我们可以看到,在早期,除了正常的嫁娶婚外,有多妻与续娶的现象。从第九世开始,出现了在本宗族中过继的现象。而从第十一世开始还出现了"出姓"的现象。同时,我们也可以看到,在这种清代编纂的族谱中找不到明确记载招赘婚的记录。然而,这并不表示那时没有招赘的事实,这可能反映的是,在那个时代,招赘的现象可能很少,因为这与父系继嗣原则有一定的矛盾,而且,当时的社会制度允许一个家庭在有女儿没儿子的情况下,可以用"纳妾"或其他类似的形式来解决。[①] 只要当事人有一定的经济能力,能够负担起娶妻或娶妾的费用。如沙溪的蓝姓宗谱的凡例也规定:"男子名下书配某氏,重伉俪

[①] 如福建宁德猴墩的畲族,也有用"租妻",即"做年份"的形式来繁衍后代。参见蓝炯熹:《猴墩茶人(畲族)》,昆明:云南人民出版社、云南大学出版社,2003年,第53~54页。

也。再娶书继配,分先后。有子之妾,书侧室,明嫡庶也。"这表明上述娶多位女性的情况多为该族所规定的"再娶",而不是娶妾,虽然有的看起来是某人在世时就同时拥有两个妻子。因为,它们都没有记录为"侧室"。换言之,因为招赘在那时与父系原则不太一致,不为世人包括畲民所提倡,加上有其他方式也可以解决继嗣问题,所以即便有招赘的事实,人们也不愿直截了当的写明。因此,可能的情况是有的招赘事实可能被"隐蔽"或"遮盖"起来。因为我们在该族谱第十世和第十一世的记录中,可以看到一些"出姓"的记载,如"仁栋,出姓;仁方,出姓"。这样的表述,说的是本姓的人到外姓的宗族去生活了。而在那里,要不是去当人家宗族的异姓养子,就是去他姓女家上门。因此,虽然族谱中没有明确的"招赘"记录,但我们也可以发现可能存在着招赘婚的蛛丝马迹。不过,相比之下,这类现象所占的比例相对少些,而且似乎不被宗族所认可,至少不会像现在的某些人那样,把这种不得已而为之的招赘婚姻说成是正常的"男大当嫁"。

因此,总的看来,从宣统己酉年(1909年)编的《宣邑蓝氏宗谱》中,其一,我们可以看到,在出生于乾隆到咸丰年间的沙溪蓝姓祖先中间,也就是在清代,解决世系或香火继嗣问题的方式最主要的为一夫一妻的嫁娶婚。其二的方式是在本宗族中过继子侄,如第十世有23%人家采用此,而第十一世有14%的人家采用这种方式。其三则为在世时同时娶两房妻子或妻妾,或用在原配去世后续娶继配的方式来解决继嗣问题,在沙溪蓝姓的第十世中,此约占9%,而在第十一世中约占5%。其四,才是第十一世出现极少的招赘或异姓养子,这在族谱上,大体可以从所谓"出姓"看到,这大约占5%。所以总的看来,在清代,畲族解决继嗣问题的方式与现代有一些差别。这种差别可能是因时代的不同,制度的不同,如现在禁止多妻,人口的生育有计划等形成的。因此,我们不能以现代的情况去推演出过去也是如此,而应该从历史上畲民自我主位表述的资料着手,这才能看出不同时代的情况,以及他们的变迁轨迹。

此外,从这份沙溪村《宣邑蓝氏宗谱》世系图中所列的情况来看,在绝大多数情况下,沙溪蓝氏都与他们同族人中的不同姓如盘、雷、钟通婚,不过从清代乾隆年间开始,该村的蓝姓已开始与盘、雷、钟之外的汉族通婚了,开始打破自己想象的"不与庶民交婚"的"魔咒"。如该族第七世洪字行的:

  雄公次子,行洪四,讳道慎,字圣德。康熙乙酉年(1705年)六月初七日午时生,乾隆辛卯年(1771年)五月十九日丑时卒。……娶雷氏,康熙乙酉年(1705年)五月初一日戌时生,乾隆癸未年(1763年)十二月初七日卯时卒。……生四子,仪兴、仪凤、仪龙、仪锦。四女,长适东畈雷,次适上塘雷,三适鸬鹚塘钟,四适黄贵雷。

也就是说,沙溪蓝氏第七世蓝道慎的第四女(第八世)嫁给黄贵雷,这是沙溪蓝氏中首例与畲民盘、雷、钟之外的汉人通婚现象。而在第八世荒字行蓝氏的下一代人中也有,如:

聪公次子,行荒二,讳仪华,字贤达。康熙辛丑年(1721年)三月初五日寅时生,嘉庆戊辰年(1808年)六月二十日酉时卒。……娶雷氏,雍正癸卯年(1723年)三月二十日巳时生,乾隆丁亥年(1767年)八月十八日卯时卒。生一子,思顺。三女,长适东畈雷,次适丽水林,三适露雾垵雷。

慎公三子,行荒六,讳仪龙,字贤远。雍正癸丑年(1733年)十月初六日戌时生,嘉庆辛酉年二月十一日戌时卒。……娶雷氏,乾隆戊午年(1738年)八月十三日午时生,嘉庆丙子年(1816年)三月初一日辰时卒。……生二子,思盛、思喜。二女,长适十一都黄弄华茂贵,次适紫阳观雷明有。

衅公五子,行荒十三,讳仪先,字贤祖。乾隆乙亥年(1755年)正月十六日卯时生,嘉庆丁丑年(1817年)六月十八日辰时卒。……娶雷氏,乾隆庚辰年(1760年)三月初七日戌时生,道光癸卯年(1843年)十月十八日未时卒。……生三子,思铨、思熹、思梁。二女,长适西源钟祖福,次适后堂畈夏林子。

由此看来,沙溪蓝氏宗族的第九世人中,仪华的次女嫁到了丽水县城的林家,仪龙的长女嫁到丽水十一都黄弄的华茂贵,仪先的次女嫁给后堂畈的夏林子。再如沙溪蓝氏第九世日字行的情况:

公长子,行日六,讳思春,字连琳,乾隆辛未年(1751年)正月十九日戌时生,乾隆甲辰年(1784年)八月十四日戌时卒。……娶雷氏,乾隆庚午年(1750年)五月二十七日戌时生,嘉庆辛未年(1811年)三月初一日辰时卒。……生二子,公生、公有。一女,适刘坑廖。

凤公长(次)子,行日九,讳思亮,字科琳。乾隆丙子年(1756年)十一月十九日亥时生,道光壬辰年(1832年)三月十三日午时卒。娶钟氏,乾隆丙子年(1756年)十二月二十七日戌时生,道光丁亥年九月(1827年)初十日子时卒。……生二子,公洋、公贞。四女,长适梁其□蓝喜,次适范用雷禄妹,三适羊店郭全福,四适乌坛张乾福。

龙公长子,行日十四,讳思盛,字玉琳。乾隆辛巳年(1761年)十二月二十七日辰时生,嘉庆辛未年(1811年)十一月初三日巳时卒。……娶钟氏,乾隆己卯年(1759年)十月二十二日寅时生。……生三子,公秉、公开、公现。五女,长适蒲鞋岭雷春盛,次适黄庄雷开明,三适黄桂钟鸣昌,四适酒堂吴三苟,五适紫阳观雷李实。

华公长子,行日十六,讳思顺,字光琳。乾隆壬午年(1762年)十月二十五日辰时生,道光辛卯年(1831年)二月十七日戌时卒。……娶罗氏,乾隆甲申年(1764年)二月初五日亥时生,道光丙申年(1836年)二月二十二日午时卒。……祀子,公武。二女,长适雷来孙,次适四源罗阿汤。

锦公次子,行日二十七,讳思安,字昇琳、乾隆己亥年(1779年)三月初四日未时生,道光丁未年(1847年)八月三十日卯时卒。……娶雷氏,乾隆丁酉年(1777年)六月十六日午时生,道光己丑年(1829年)十一月二十日卯时卒。……生一子,公家。四女,长适赤坑张德昌,次适赤坑俞老蒲,三适八都陶弄源钟向阳,四适松邑二十五都沙垵邓阿拦。

由此看来,沙溪蓝氏的第九世人中开始娶进汉人为妻,如蓝思顺娶了罗氏,而他们的女儿(第十世人)嫁给汉人的也较多。如蓝思春的女儿嫁到刘坑廖家,蓝思亮的三女嫁给羊店的郭全福,四女嫁给乌坛的张乾福,蓝思盛的四女嫁给酒堂的吴三苟,蓝思顺的次女嫁给四源的罗阿汤。蓝思安的长女嫁给赤坑的张德昌,次女嫁赤坑的俞老蒲,四女则嫁给松邑二十五都沙垵的邓阿拦。下面是沙溪蓝氏第十世月字行人的情况:

顺公祀子,行月二,讳公武,字李佑。乾隆癸未年(1763年)十一月十四日亥时生,嘉庆壬戌年(1802年,七年)九月二十八日午时卒。……娶罗氏。祀子仁智。

秦公长子,行月五,会公宪,字李海。乾隆甲午年(1773年)十二月初三日子时生。……娶娄氏,生卒缺。……祀子仁施。

亮公长子,行月六,讳公洋,字李胜。乾隆丙申年(1776年)二月二十九日亥时生,道光甲申年(1824年)十月十五日辰时卒。……娶雷氏,乾隆乙未年(1775年)二月初十日子时生,道光辛卯年(1831年)八月十一日丑时卒。……生二子,仁富、仁纬。三女,长适张大山章国光,次适丽邑畎岸谢金水,三适陶弄源钟向华。

馨公长子,行月十四,讳公龄,字李秀。乾隆壬寅年(1782年)四月十五日午时生,道光庚戌年(1850年)六月初一日时卒。……娶雷氏,乾隆癸卯年(1783年)五月三十日戌时生。……生二子,仁裕、仁经。二女,长适周山头周汤武,次适范用雷蓝明。

盛公长子,行月十六,讳公秉,字李隽。乾隆癸卯年(1783年)二月二十一日辰时生。……娶钟氏,嘉庆丙辰年(1796年)十一月十六日子时生,道光丁未年(1847年)月日时卒。……生一子,仁偏(早世),祀子仁享。三女,长适下赵潘太,次适大坑钟陶发,三适上塘钟春金。

据此看,沙溪蓝氏第十世月字行的人中有两位与汉人通婚,他们是蓝公武娶罗氏,蓝公宪娶娄氏。而他们的下一代中,蓝公洋的长女嫁给张大山的章国光,次女嫁给丽水畎岸的谢金水,蓝公龄的长女嫁给周山头的周汤武,蓝公秉的长女嫁给下赵的潘太。

总之,通过畲民自己建构的文献情况来看,至迟到清代乾隆年间开始,畲民如浙江丽水沙溪的蓝氏就开始打破过去在传统再发明的盘瓠传说中自认是"皇子皇孙"而"不与庶民交婚"的想象,而开始同汉人通婚,这大概也可以看作是畲民与汉人交往、交流进一步加深的一种体现。

第四节　清代畲族的服饰

清代以前畲族的服饰为何模样,因没有见过实物,故很难知道其具体的式样,而且明代关于畲客的记载惜墨如金,非常简单,如明代嘉靖十四年(1535年)戴璟、张岳等纂修的《广东通志初稿》卷十八《风俗》记曰:

輋户者,男女皆椎发跣足,依山而居,迁徙无常,刀耕火种,不供赋役。善射猎,以毒药涂弩矢,中兽立毙。

《广东通志初稿》卷三十五《猺獞》又曰:

潮州府,民有山輋,曰猺獞。其种有二,曰平鬃,曰崎鬃。姓有三,曰盘,曰蓝,曰雷。依山而居,采猎而食,不冠不履,三姓自为婚,有病殁则焚其室庐而徙居焉。俗有类于夷狄,籍隶县治,岁纳皮张,旧志无所考。我朝设土官以治之,衔曰輋官。[1]

---

[1] (明)戴璟、张岳等纂修:《广东通志初稿》卷三十五,《猺獞》,明嘉靖十四年(1535年)刻本,四库存目丛书史部第189册,北京:北京图书馆出版社,2010年,第576页。

万历元年(1573年)罗青霄总纂、谢彬编纂的《漳州府志》卷十二《漳州府·杂志》说：

> 猺种本出盘瓠,椎髻跣足,以盘、蓝、雷为姓,自相婚姻。随山散处,编荻架茅为居,植粟种豆为粮,言语侏僬弗辩,善射猎,以毒药涂弩矢,中兽立毙,以贸易商贾,居深山,光洁则徙焉。自称狗王后,各画其像,犬首人服,岁时祝祭,其与土人交,有所不合,詈殴讼理,一人讼则众人同之,一山讼则众山同之。土人莫敢与敌。

由此看来,明代畲客与汉人的区别主要是"椎髻跣足"或"不冠不履",尤其是妇女,她们赤脚天足,头饰都是"椎髻"。所以根据清代以来的服饰变化情况来推测,明代畲客的服装式样应该与当时汉人的服装式样类似,只是在某些方面有一些差别,如服装的装饰、色彩等。此外,不同地区的畲客,其服装、装饰也应该与清代一样各有一些差异。

清代初年,在清政府剃发换服的高压政策下,中国各民族的服装都发生了变化,大多数民族都被迫改穿满装,并在此基础上加以改变,而形成自己新的特色。男性的头饰也全部满族化,畲民成为清政府的编户齐民,也不例外要满族化其装束,畲民的男性也与汉族的男性一样要剃发留辫子。从遗留到现代的各地畲民服装看,清代畲民的服装的基本样式是满人的旗袍式样,但都在此旗袍的基础上有所改变,如变短、在服装的不同部位进行装饰等。此外,则是形成各地的一些差异。

如浙江省龙游县的"畲民礼服有青有红,长三尺,袖大一尺,缘以蓝布,约一寸五分,于祭其祖时用之。畲妇皆服青衣,结处不用纽而用带,袖约五六寸,长约三尺。均着裙,近始有着裤者。素无缠足之习,家居悉穿草履或木屐(与日本同式),必往其戚属庆吊时始用布鞋,鞋端必绣红花并垂短穗。其自膝以下蓝布匝绕,则男女皆然也"、"凡曾经祭祖者,得服红色衣,若其祖。又祭祖,则得服青色衣,其职分之尊卑,一以祭祖次数之多寡为准"。[①]

浙江处州府畲民的服饰与龙游县的有些不同,处州府的"畲妇戴布冠,缀石珠,赤足负戴",或"鬻市两脚赤,筠筒绿拥髻,布幅青搭额","腊月风寒

[①] 余绍宋:民国《龙游县志》卷二,《地理考·风俗》,台北:成文出版社,1970年,第51页。

尚短衫","衣斑斓履苴芦……复髻筠筒缀石珠","麻布单衣着两层"。① 云和县的畲民"无寒暑,俱衣麻。畲民戴布冠,缀石珠,负戴与男耦"。② 景宁县的畲民也是"无寒暑,皆衣麻,男单袷不完,勿衣勿裳;女短裙蔽膝,勿裤勿袜。……妇女跣足椎结,断竹为冠,裹以布,布斑斑,饰以珠,珠累累(皆五色椒珠)"。③ 遂昌县畲民"妇人椎髻跣足,以斑斓布包竹筒,缀以珠玑;蒙其首腰,着独幅裙"。④

江西贵溪江浒山的畲民"女子既嫁必冠笄,其笄以青色布为之,大如掌,用麦秆数十茎着其中,而彩线绣花鸟于顶。又结蚌珠缀四檐,服之刁刁然,自以为异饰也。子妇侍舅姑,谨平时蓬垢,见舅姑不笄不见也"。⑤

图 7-1 乾隆时期罗源畲民的服饰图(采自《皇清职贡图》)

图 7-2 乾隆时期罗源畲民的服饰图(采自《皇清职贡图》)

---

① (清)潘绍诒修,周荣椿纂:光绪《处州府志》卷二十四,《风土》,第 900 页;光绪《处州府志》卷三十,《艺文志下·诗篇·屠本仁:畲客三十韵》,第 1088 页;光绪《处州府志》卷三十,《艺文志下·诗篇·徐望璋,畲妇》,台北:成文出版社,1974 年,第 1095 页。
② (清)伍承吿修,王士鈖纂:同治《云和县志》卷十五,《风俗门·畲民》。
③ (清)周杰修,严用光等纂:同治《景宁县志》卷十二,《风土·附畲民》。
④ (清)胡寿海等重修,褚成允纂:光绪《遂昌县志》卷十一,《风俗·畲民附》,台北:成文出版社,1974 年,第 1197 页。
⑤ (清)伍承吿修,黄联珏纂:同治《贵溪县志》卷十四,《杂类·轶事》,台北:成文出版社,1989 年,第 2224 页。

图 7-3 乾隆时期罗源畲民的服饰图(采自《皇清职贡图》)

图 7-4 乾隆时期罗源畲民的服饰图(采自《皇清职贡图》)

福建省"古田畲民……妇以蓝布裹发,或戴冠……短衣布带,裙不蔽膝,常荷锄跣足而行"①,或"男戴竹笠,女跣足,围裤,头戴冠子,以巾覆之。或以白石、蓝石串络缚冠上,或夹垂两鬓,与居民较异"。② 侯官县的畲民"男子即短衫徒跣,其妇人则高髻垂缨"。③ 福安县的畲民也是如此,男子"短衣跣足,妇人高髻蒙布,加饰如璎珞状"。④ 建阳县的畲民"男子服饰、职业与汉人略同。女子不缠足,不施膏泽,无金银佩饰,服色惟蓝、青与白","新妇裹红帕于首,衣蓝色衣,张雨伞,徒步随之。"⑤ 长汀县的畲民过去"男子不巾帽,短衫阔袖,椎髻跣足","今则男子衣帽、发辫如乡人"。"妇人不笄饰,结草珠,若

---

① (清)傅恒:乾隆《皇清职贡图》卷三,扬州:广陵书社,2008 年,第 141、143 页。
② 余钟英:民国《古田县志》卷二十一,《礼俗志·畲民附》,上海:上海书店出版社,2000 年,第 534 页。
③ (清)吕渭英修,郑祖庚纂:光绪《侯官县乡土志》卷五,《版籍略·人类》,台北:成文出版社,1974 年,第 327 页。
④ (清)张景祁:光绪《福安县志》卷三十八,《杂记》,台北:成文出版社,1967 年,第 411 页。
⑤ (清)梁奥修,江远青、江远涵等纂:道光《建阳县志》卷二,《舆地志·附畲民风俗》,福州:海峡书局,2020 年,第 75 页。

璎珞蒙髻上。明眸皓齿白皙,经霜日不改"①,并且"裹髻以布"。②

从上述情况来看,在清代,畲族男子的服装以满族式的对襟和带大襟的短衫与长袖衫为主,下着裤子。结婚、祭祖时用的礼服以右衽长衫为主。畲女的上衣则以右衽的大襟长短衫为主,下着裙子或长裤,如穿短裤、短裙,则脚上裹有绷带;天足,赤脚,或穿拖鞋,或鞋子;头饰有的比较繁缛,有的裹发,有的戴冠;衣服的染色以青、蓝色、黑色为主,并在领口、胸前、袖口等处绣有很简单的花纹,没有今天那么繁复。

图7-5为清代晚期宁德县猴墩村茶商雷志波的母亲蓝陈妹与其妻蓝正妹跟着送茶叶到福州的队伍去福州城里,在福州府城南台后洋福的真吾居照相馆中拍的照片。它现在还保留在其子孙手中。这张照片是一张非常难得的照片,它清楚地反映了清代晚期宁德畲民富裕家庭中妇女的装束,其穿的都是长至遮膝盖的旗袍式衣服,下着长裤,天足③穿着袜子和布鞋,而且它们都是棉布制作的,而不是苎麻布。只不过一位的衣服颜色浅,一位的衣服颜色深,而裤子、鞋子与袜子均是深色的,蓝色或黑色。深色大约是用蓝靛染的布料,也可能是用洋靛染的布。再者,从照片上可以看到衣服上

图7-5 清晚期宁德猴墩雷志波母亲蓝陈妹与其妻蓝正妹的照片

资料来源:蓝炯熹:《猴墩茶人(畲族)》,昆明:云南人民出版社、云南大学出版社,2003年,第27页。

---

① (清)刘国光、谢昌霖等纂修:光绪《长汀县志》卷三十三,《杂识·畲客》,台北:成文出版社,1967年,第528~529页。

② (清)曾曰瑛等修,李绂等纂:乾隆《汀州府志》卷四五,《丛谈附》(同治六年重刊本),台北:成文出版社,1967年,第651页。

③ 其实,满族的妇女也是"天足"。

271

的装饰很少,除了衣襟、领圈、袖子上有一点点装饰外,其他都很素了。另外,雷志波的母亲蓝陈妹梳的头饰类似椎髻,但有些向后,而其妻子(着浅色衣裳者)则梳着与当地汉人同样的头饰,应该在头后梳有圆髻。还有看不见簪子、项链、手镯等的首饰。在这张照片中,除了天足显示她们与汉族有别外,其他方面其实是很难加以区别的。

图 7-6 的服装为清代末年或民国初年浙江省丽水市老竹畲族镇沙溪口村畲妇的服装,其为用蓝靛染色的苎麻布的女式服装,也是长到膝盖的满族式样的旗袍形式,只不过它没有长到脚踝,而且比较宽体。该衫衣襟边有绣花的滚边,然后为粉红色的花边刺绣装饰。不过我怀疑这一花边是后来再加上的,因为那是机绣的,是民国后的产物。此外,照片中畲妇的头冠应该是清代晚期的,即那种文献所描绘的"断竹为冠,裹以布,布斑斑,饰以珠,珠累累(皆五色椒珠)",或"以斑斓布包竹筒,缀以珠玑"的处州式的畲妇"布冠"。

图 7-6 清代晚期浙江丽水市老竹镇沙溪口村畲妇的服装

图 7-7 罗源县八井村的清代晚期的畲妇衣裳　图 7-8 罗源县八井村找到的清代晚期女鞋

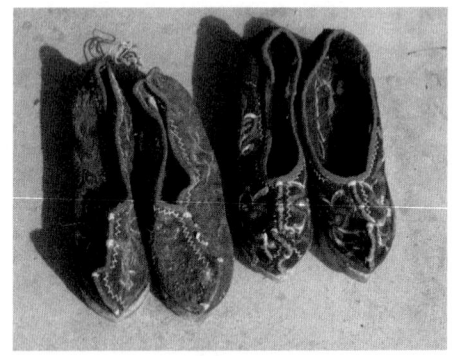

图 7-7、图 7-8 是在福建省福州市罗源县松山镇八井村发现的清代晚期的上衣与鞋子。上衣为蓝靛染色的苎麻布衣,长至膝盖,中开,衣襟上装饰一条手织的花边,领圈上也装饰一圈花边。但不管怎么说,都没有现代罗源

式的"布娘装"那么华丽,非常简单。罗源畲妇的绣鞋则有许多刺绣,其鞋面也是蓝靛染色的苎麻布做的,但上面则布满刺绣,鞋口亦箍以红布条,比较喜庆与华丽。因此,它可能是结婚时穿的红绣鞋。

总之,通过上述几张照片,我们可以看到,畲民清代晚期的服装与当时汉族穿的式样几乎一样,都是长至膝盖的大襟裳(衣服短至盖屁股的服装,大约是民国以后才出现的)。其上的装饰都比较少,衣服的布料以苎麻布为主,包括茶商的母亲与妻子也只是穿棉布而没有穿绫罗绸缎。所以可以说在清代,畲民的服装受满装的影响大,而且其装饰较少,与汉族的差别主要还是在头饰与天足。

结　论

　　畲族是主要生活在中国东南地区的少数民族之一。过去的研究"历史感"或"历史实践感"不强,即民族志的研究多于历史研究。有些畲族历史研究虽命名某某畲族史,但历史都被切断,看到的主要还是现代社会文化现象,历史阶段及畲族社会文化在历史中的特点被模糊了,使人对畲族的历史反而有不清楚的印象,同时对一些"当下"的畲民社会文化特征的由来也导致模糊。这一现象是本书特别注重畲族历史过程的主要出发点。本书选择明清为叙事时段,是因为这一阶段的文献资料相对比较多,畲族社会文化中的一些特点也可以追溯,所以课题先从这一时段开始,通过将零星散布在汉人文献中的记载与畲民自己建构的文献资料及课题组成员所做的田野调查资料,来丰满、描绘这一时段畲族的社会文化及其变迁过程的图景。再者,笔者使用文化人类学中的历史人类学方法来从事这一历史时段的研究,主要是因为多依靠汉族官方文献来研究的历史学研究,并不太适于对少数民族历史进行研究。因为历史上有关少数民族的汉人文献很少,所以笔者以为以历史人类学的方法研究少数民族史是合适的,是可以有作为的,是一种很好的尝试。笔者相信,当这一时段的畲族社会文化的方方面面及其变迁状况建构出来以后,再往其早期历史的深处延伸,或检视其至近代、现代的发展、变迁,都夯实了一个有"历史感"或"历史实践感"的基础。故这一课题的研究,有助于深入认识畲族这一民族,有助于深入认识畲族社会文化特点的由来,同时也有助于历史人类学的深入研究。

　　本书的研究首先提出马克思主义的历史观为"历史建构论"的理论诉求,即坚持以马克思主义"人们自己创造自己的历史"的观点来建构唯物主义的"历史建构理论"。

笔者以为历史的建构并非历史主体自我主位地有意识地或随意建构出来的,而应该是像近来流行的"社会建构"理论那样,充分认识到"当下"是通过人们意识或非意识的共同行动的结果。而马克思主义的历史建构论,正是强调人们不能随心所欲地建构其历史的,人们在"有意识"创造或建构其历史的过程中,必须受其他"非意识"的、"直接碰到的、既定的、从过去承继下来的条件"①的制约,而且马克思主义的历史建构论也强调人们的第一个历史活动是生产物质生活资料。故本书坚持以这一唯物主义的历史建构论作为理论依据,通过对畲族这一历史主体如何在明清这一长时段自己建构其自身历史的过程,即他们如何在这一过程中从事文化生产与再生产的过程,进行历史人类学的研究。

本书的第二个突出特色是尽可能地客观阐释历史事实,尽可能地排除研究者的主观介入。而使用的资料主要有三:其一,历史上的汉人主位建构的文献记载;其二,通过文化人类学的田野调查获得的畲民自身主位建构的文献,如族谱、历史时期使用的文书、契约、民间故事、民歌等;其三,文化人类学田野调查的访谈材料等。就文化人类学的角度讲,这些材料都可能带有某种主位意识,如历史上的汉人文献资料有道听途说以及后代抄前代之弊端,也有对他者的不宽容色彩等等。而畲民本身主位建构的文献,除了实际使用的契约等能直接、客观地反映当时的历史事实外,其建构的族谱除包括部分客观反映当时社会事实的部分,如某人的生卒、婚姻情况、生育情况等外,亦包含有其主位的有意识取舍,如其对其历史记忆的取舍与改造等传统再发明。而笔者自己的调查资料,也同样可能存在一些主观的介入。所以在历史人类学的研究中,重要的是认识与辨明,什么是历史主体的主位建构,什么是其客位的建构,和认识其为何要如此根据其直接碰到的、既定的、从过去承继下来的条件去建构其社会文化和生活史,尽可能地客观或客位地将零星的资料汇拢,复原与描述清楚此一历史主体如何自我建构他们自己的历史,或如何建构他们的社会文化生活过程,也即他们自己的文化生产与再生产的历程。

在上述两种理论或理念的指导下,笔者依据这些汉人主位建构和畲民主位建构的史料和其他,重构了畲民在明清这一时段的社会文化生活史。与其他研究者的著作相比,通过这一课题研究所获得的成果,具有更加注重

---

① 《马克思恩格斯全集》第一卷,北京:人民出版社,1956年,第603页。

对当时历史事实的描述和接近实际发生的历史事实,而非历史阶段不分的笼统叙事或阐释,甚或把现代发生的事也强加在历史上的谬误。换言之,本书强调历史人类学的研究必须具有"历史感"或"历史的实践感",因此它即是历史人类学的研究,也是中国少数民族史研究的一部分。

  本书分明代早中期、明代晚期、清代三个时段来叙述畲民的社会文化生活变迁史。在明代的早中期,畲民主要生活在闽粤赣交界地区。在汉人的记述或官方文献中,他们与瑶人、客家的先民并没有严格加以区分,如"猺人楚粤为盛,而闽中山溪高深之处间有之。漳猺人与虔(今赣州等地)、汀、潮、循(今梅州部分、惠州等地)接壤错处,亦以盘、蓝、雷为姓"。[①] 而这些被汉人称为他者的人——客民,自己本身也没有进行边界的划分,都被归入"盘瓠之遗种"中,而且他们的姓氏也不止后来的盘、蓝、雷、钟四姓,如有"輋贼谢志山"、高快马等。这些畲客瑶人、客都称当地的编户齐民的民户(闽南人或潮州人)和城邑人或"土人"为"河老",这表明他们的语言一致。因此,我们可以将其视为一个族群,而非三个族群。此外,畲客瑶人在明代早中期的社会经济生活也没有像过去已有的一些论著那样,他们从事的仅是刀耕火种的经济与社会生活。实际上,在这一时期,明政府已将畲客瑶人纳入某种羁縻管理中,有明政府任命的畲官或瑶总,甚或抚瑶土官羁縻统治。这一时期的畲客瑶人的社会,为一个等级社会,他们有着自己的首领。畲客瑶人的首领与政府的关系为"贡纳"关系。由于有自己相对集中的生活地盘,故这一时期这地区畲客瑶人的经济生活是多样化的,而非仅以刀耕火种来从事生产之一种,如有的成为猎户,有的种植固定的土地,如水田、茶园等。有的有时也需为明王朝服役,被调去镇压他地的盗贼等,有的甚至直接就成了封建政府的编户在籍居民。也因为有相对集中的地盘,因而形成较大的集团。

  在明代中叶以后,畲民的社会文化生活区域主要是闽东浙南等地。导致其迁徙的主要推力,是明代正德年间王守仁(王阳明)对闽粤赣地区畲民的残酷镇压和镇压后创用保甲法、十家连坐法和制定"乡约"对新旧土民的严格管控,挤压了畲客瑶人较自由的生存空间。而主要拉力则是闽东浙南在经受邓茂七农民起义和倭乱后造成的人口锐减、荒地多,无劳力耕种的现象。同时,由于闽东浙南有较多的荒地,也就形成一个菁业等有突然兴起与

---

① 顾炎武:《天下郡国利病书》第二十六册,《福建》,上海:上海古籍出版社,1995年,第256页。

繁盛的发展空间,与荒地多同样,急速发展的菁业等也需要很多的劳力。因此,导致畲民、汀民等大规模迁徙到该处,他们或为种菁业打工,或直接迁居此,并最终留了下来,后来也成为闽东浙南的在籍之民。这一从明代中叶以后开始的畲民迁徙,也有其自我的特点。即所谓大规模迁徙,指的是闽粤赣交界地区的畲客瑶人在这一时期多往这一区域迁徙,但这种迁徙并非畲民的集体行为,而是畲民的个体(个人或家庭)行为。这从畲民自己建构的族谱中的一些叙述即可看出。在现代的每个畲民村落,其开基祖都是一个人,或几个人到了一个地方,以后再通过正常的繁衍而慢慢发展成一个宗族或宗族的支系等的村落。但不管怎么说,明中叶以后的这一畲民的迁徙活动最终形成当下的中国畲族分布的现状,即闽东浙南成为畲族的主要生活区域,他们大分散、小聚居地与汉族杂居、生活在同一区域中,共同拥有同一的市集经济圈。

跟明代早中期比较,由于不形成集体性地聚居在一大块地域中,而是散居在汉人中,所以其反抗力量减弱许多,在与汉人的冲突中,也处于弱势。他们不是为棚主打工,就是向汉人地主租赁土地垦殖维生,当然偶有一些在有主的山林中偷开山田来维持生计,发生了一些经济与社会文化的转型。他们在这一新的生活区域中从事农业经济,种植各种作物,如粮食、蔬菜、苎麻、茶叶、蓝靛、薯类等,也从事樵作、雇工、力役(挑夫、轿夫等)等工作,并有更多的人在这一区域中学会了闾山法师的技艺,有的也读书识字或学习当草药医、做工匠等,力图挤进王朝体系,总之,艰难地生存下去。

在明代中叶以后,畲民社会文化转型的最重要事件或行动是,当下盘、蓝、雷、钟四个姓氏的畲族族群边界或者他们的族群认同的核心标识的盘瓠传说是在明晚期的闽东浙南地区再发明出来的。这一再发明出来的传统是畲民自己的一种新建构,与上古时的盘瓠传说大不相同。换言之,他们在明代中叶以后到明末这段时间里,最大的社会文化转型是再发明了他们的传统——盘瓠传说。所谓传统再发明的盘瓠传说,是指他们在这一时期将历史上的盘瓠传说加以改造,重新建构。其中重点有三,一是把过去盘瓠传说中,由"畜狗""犬"等异族的象征,逐步转化为华夏族或汉族的象征"龙",甚至建构为高辛帝皇后刘君秀的"未怀于人胎"的儿子,故其血缘也成了汉族的正统,并且"高贵",因而其子孙也就是高贵的华夏族或汉族正统的"皇子皇孙",从而将自己纳入中华民族共同体的核心华夏族或汉族之中,同时也从精神上消解了"蛮夷"的印记。第二个重点是把过去盘瓠有六男六女的说法改为盘瓠和三公主生三子一女,三子被高辛帝赐姓为盘、蓝、雷,一女招赘钟姓。同时因为他们都是"皇子皇孙","不与庶民交婚",所以强调他们实行的是姓族外婚的族群内婚制,从而把畲民的族群边界划定在盘、蓝、雷、钟四个姓氏的范围,把同是"盘瓠之遗种"的其他姓氏的人排斥在自称"山客"或被称为"畲民"或"畲客"的族群之外,从而重新发明了他们族群认同的核心价值体系。从此以后,除了认同盘瓠为祖先并被高辛帝赐姓、赐婚、赐爵的盘、蓝、雷、钟这四姓的成员才是"山客"、"畲客"或"畲民",其他姓氏则多数排除在外。第三个重点则是强调畲民想象的祖先盘瓠对汉人皇帝高辛氏的贡献,由于他帮助高辛皇帝消灭了危害王朝的敌人,盘瓠不但成了驸马,而且还获得了皇帝赐予的王位与特权,即盘瓠及其子孙后代都有权可以到处"逢山开山,逢田开田"、免差徭,而可以不受历代封建政府的法律管束。从而把过去传说中讲述盘瓠自己喜欢居山的"好山恶都"的原说法,改成皇帝因盘瓠的功劳赐予他们可以到处随便开山田生活的权利。

  实际上,这是畲民在迁徙到闽东浙南时遇到生存危机时的一种自己应变的变通行为的结果。通过这一传统再发明,畲民希冀建构一种在有主人的山林中偷开土地来维持其自己生存的行为具有"合法性"或"法律"依据。换言之,这是因为明中叶后畲民陆续迁徙闽东浙南的时代并非改朝换代的时代,因此土地资源的分配早已定型。也就是说,当畲民迁到那里时,那里实际不存在无主的荒山或荒地,故当他们无法租到土地或无法购买到土地时,他们有的人只好在僻静有主的山林中偷开一点山地来维持生存。当土地的主人得知土地被占,自然会夺回,这时就会有纠纷或抗争等现象出现,或被驱离,或被迫以租赁方式来承受等。所以为了使他们能在如此的社会环境中生存下去,他们将他们的传统——盘瓠传说进行再发明,将其改造成是皇帝赐予他们有"逢山开山"的那么一点权利,以便在此类纠纷中有一些由他们的"想象"建构出来的依据而得以抗争。其实,到清代,由于他们受地方里堡地棍的乱派差徭与"索贴"时,他们也利用这一再发明的盘瓠传说作为武器来抗争,并迫使清代的地方政府在其付出国家赋税的基础上,在"免差徭"方面做了些让步。

  进入清代后,由于清初为改朝换代的时段,所以清初有一个重新整顿土地所有权与户籍的过程。在这一过程中,有的畲民在政府招徕开垦的工作中获得土地与户籍,有的也在"编户隶籍"的户籍整顿工作中,成了清王朝的编户齐民,因此又发生了一次转型,即经历了这一过程后,畲民绝大多数就成了闽东浙南籍的"土著"了,其也真正纳入封建社会中。虽然在村社这一层次上畲民有自己的社会组织,如宗族以及一些自愿组织,但都需受保甲制度的约束,虽然畲民的甲长称为寮长。在闽东浙南的生活,也由于畲民中的某些人的自己努力而产生原本比较平等的畲民社会发生了阶级分化。有的畲民通过自身的努力发财致富,有的通过经商成为富户、富商,有的有钱就购买汉人与畲民的土地而成为地主。所以迁徙到闽东浙南后,畲民自己的社会也发生了转型,即从相对比较平等的等级社会,发展成了阶级社会,也可以说完全融入了以中央王朝代表的封建社会中。再则,在明清时代,他们的社会是一种父系社会,其家庭组织、宗族组织与当地的汉人基本一致,而没有现代有些人说畲民有"男嫁女家"的制度化现象出现,故有的汉人编纂的历史文献称其为"半染华风"或"渐与齐民同"自然是符合当时的历史事实。当然,他们虽杂居在闽东浙南的汉人当中,从经济、社会组织、宗教等方面都渐渐与当地汉人相类,发生了文化人类学所说的涵化现象。但他们自己还具备或坚守一定的族群或民族意识,认为与汉人有着不同,并以某种物质化或非物质化的标识来表示畲民的自己族群或民族意识,并与汉人区隔。物质化的标识如服饰,尽管畲民与汉人一样在清代都被迫接受满族的服装,但畲民有自己改造,从而形成了具有自己特色的服饰,并以此服饰来区隔畲民与汉民,而非物质化的标识则有明中后期以来再发明的盘瓠传说、言语、山歌、某些民俗习惯等。

通过对明清时段畲民社会文化的历史人类学的重新检视与建构,力图按历史事实的本来面目来加以叙事与解释,因而本书的研究获得了一些新的认识与见解。这些也许能把对畲族历史、文化的研究进一步向深度与广度推进,因此这种研究具有很好的理论意义与实用价值。笔者以为公开出版后,其一定会具有很好的社会影响力,不仅能使我们对畲族的历史有更加深入的了解,而且可能推进历史研究往更加客观化的方面发展。同时,也对各民族如何构筑中华民族共同体意识的历程能提供一个实例。

参考文献

一、史籍文集

陈历明编校:《明清实录潮州事辑》,香港:艺苑出版社,1998年。
谈迁著,罗仲辉、胡明校点校:《枣林杂俎》,北京:中华书局,2006年。
邓淳辑:《岭南丛述》,清道光十年(1830年)刻。
范晔撰:《后汉书》,北京:中华书局标点本,1982年。
干宝:《搜神记》,清光绪崇文书局百子全书本。
谷应泰撰:《明史纪事本末》,北京:中华书局,1977年。
顾炎武:《天下郡国利病书》,续四库全书·史部·地理类(597),上海:上海古籍出版社,1995年。
郭柏苍著,胡枫泽校点:《闽产录异》,长沙:岳麓书社,1986年。
柯劭忞撰,张京华、黄曙辉总校:《新元史》(1922年),上海:上海古籍出版社,2018年。
贾思勰:《齐民要术》,北京:中华书局,1985年。
李调元:《南越笔记》,北京:中华书局,1985年。
李时珍著,张绍棠重订:《本草纲目》,北京:商务印书馆,1930年。
里人何求纂:《闽都别记》,福州:福建人民出版社,1987年。
《马克思恩格斯全集》第一卷,北京:人民出版社,1956年。
《马克思恩格斯选集》第四卷,北京:人民出版社,1972年。
《明实录·明太祖实录》(五),台北:"中央研究院"历史语言研究所,1983年。
《明实录·明英宗实录》(十四),台北:"中央研究院"历史语言研究所,

1983年。

《清实录》(第3册)《世祖章皇帝实录》,北京:中华书局影印本,1985年。

《清实录》(第7册)《世宗宪皇帝实录》,北京:中华书局影印本,1985年。

《清实录》(第11册)《高宗纯皇帝实录》,北京:中华书局影印本,1985年。

邝露:《赤雅》,(清)葛元煦辑:《啸园丛书》。

屈大均:《广东新语》,北京:中华书局,1997年。

潘衍桐编纂,夏勇、熊湘整理:《两浙輶轩续录》(10),杭州:浙江古籍出版社,2007年。

申时行等修:《明会典》,上海:商务印书馆,1936年。

宋应星:《天工开物》,哈尔滨:哈尔滨出版社,2009年。

素尔讷等纂修:《钦定学政全书校注》,霍有明、郭海文校注,武汉:武汉大学出版社,2009年。

檀萃:《说蛮》,(清)王锡祺辑:《小方壶斋舆地丛钞》第八帙。

童璜总纂:《钦定学政全书》,浙江省图书馆古籍部藏本。

王守仁著,王晓昕、赵平略点校:《王文成公全书》,北京:中华书局,2015年。

王世懋:《闽部疏》,台北:成文出版社,1975年。

司马迁:《史记》,北京:中华书局,1982年。

吴震方:《岭南杂记》,北京:中华书局,1985年。

谢肇淛:《五杂俎》,续修四库全书子部·杂家类(1130),上海:上海古籍出版社,1995年。

徐珂等辑:《清稗类钞》,北京:中华书局,2010年。

应劭撰,吴树平校译:《风俗通义校译》,天津:天津古籍出版社,1980年。

张廷玉等撰:《明史》,北京:中华书局,1974年。

赵尔巽等撰:《清史稿》,北京:中华书局,1977年。

二、地方志

(明)黄仲昭修纂:弘治三年《八闽通志》,福州:福建人民出版社,2006年。

(明)周瑛、黄仲昭修:弘治《重刊兴化府志》,同治十年重刊,福州:福建人民出版社,2007年。

(明)祝允明纂修：正德十年《兴宁县志》，北京：中国书店，1992年。

(明)莫尚简修，张岳纂：嘉靖九年《惠安县志》，上海：上海古籍出版社，1981年。

(明)戴璟、张岳等纂修：嘉靖十四年《广东通志初稿》，四库存目丛书史部(189)，北京：北京图书馆出版社，2010年。

(明)李玘修，刘梧纂集：嘉靖二十一年《惠州府志》，日本藏中国罕见地方志丛刊，北京：书目文献出版社，1991年。

(明)郭春震纂修：嘉靖二十六年《潮州府志》，日本藏中国罕见地方志丛刊，北京：书目文献出版社，1991年。

(明)黄国奎等纂：嘉靖三十一年《兴宁县志》，天一阁藏明代方志选刊续编，上海：上海书店，1990年。

(明)姚良弼修，杨宗甫纂：嘉靖三十五年《惠州府志》，天一阁藏明代方志选刊，上海：上海古籍书店，1961年。

(明)姚虞：嘉靖《岭海舆图》，北京：中华书局，1985年。

(明)黄一龙修，林大春纂：隆庆六年《潮阳县志》，天一阁藏明代方志选刊，上海：上海古籍书店，1963年。

(明)王应山等纂修，陈叔侗、卢和校注：万历《闽大记》，北京：中国社会科学出版社，2005年。

(明)罗青霄修，谢彬编纂：万历元年《漳州府志》，(明代方志选)(三)，台北：学生书局，1965年。

(明)许兼善修，朱安期纂：万历四年《永春县志》。

(明)陆以载总修，陈晓梧等纂：万历二十五年《福安县志》，厦门：厦门大学出版社，2009年。

(明)唐学仁修，谢肇淛等纂：万历四十年《永福县志》，万历福州府属县志，北京：方志出版社，2007年。

(明)陈良谏修：万历四十二年《罗源县志》，万历福州府属县志，北京：方志出版社，2007年。

(明)殷之辂修，朱梅等纂：万历四十四年《福宁州志》，日本藏罕见中国地方志丛刊，北京：书目文献出版社，1990年。

(明)张士俊、阴维标纂修：崇祯《宁化县志》，清顺治修补本。

(明)周华纂：崇祯《兴化县志》(《游洋志》)，蔡金耀点校重印本。

(明)刘熙祚修，李永茂纂：崇祯十年《兴宁县志》，稀见中国地方志汇刊

(44),北京:中国书店,1992年。

(清)孙光胤修,李逢祥等纂:康熙二年《长乐县志》,上海:上海书店,2003年。

(清)刘佑督修,叶献论等纂:康熙十一年《南安县志》,台北市南安同乡会印行,1973年。

(清)范止辂修:康熙二十六年《德化县志》,上海:上海书店出版社,2000年。

(清)王相等修,昌天锦等纂:康熙五十八年《平和县志》,上海:上海书店出版社,2000年。

(清)张廷球修纂:乾隆三年《龙岩州志》,福州:福建省地图出版社,1987年。

(清)鲁鼎梅主修,王必昌纂:乾隆十二年《德化县志》,福建省德化县地方志编纂委员会,1987年。

(清)傅恒等撰,殷伟等点校:乾隆十六年《皇清职贡图》,扬州:广陵书社,2008年。

(清)辛竞可修,林咸吉等纂:乾隆十六年《古田县志》,台北:成文出版社,1967年。

(清)曾曰瑛等修,李绂等纂:乾隆十七年《汀州府志》,台北:成文出版社,1967年。

(清)徐景熹主修,鲁曾煜等纂:乾隆十九年《福州府志》,台北:成文出版社,2001年。

(清)李琬修,齐召南等纂:乾隆二十五年《温州府志》,台北:成文出版社,1983年。

(清)吴宜燮修,黄惠等纂:乾隆二十七年《龙溪县志》,台北:成文出版社,1967年。

(清)周硕勋修纂:乾隆二十七年《潮州府志》,光绪十九年重刊本,台北:成文出版社,1967年。

(清)朱珪修,李拔纂:乾隆二十七年《福宁府志》,光绪六年重刊本,台北:成文出版社,1967年。

(清)杨廷璋等修,沈廷芳、吴嗣富纂:乾隆三十三年《福建续志》,扬州:江苏广陵古籍刻印社,1989年。

(清)余文仪修:乾隆三十六年《仙游县志》,同治十二年刊本,台北:成文

283

(清)吴楚椿等纂修:乾隆四十二年《续青田县志》,台北:成文出版社,1983年。

(清)刘业勤修,凌鱼纂:乾隆四十四年《揭阳县志》,1937年重刊本,台北:成文出版社,1974年。

(清)卢建其修,张君宾纂:乾隆四十六年《宁德县志》,厦门:厦门大学出版社,2012年。

(清)郑一崧修,颜璘纂:乾隆五十二年《永春州志》,台北:成文出版社,1974年。

(清)薛凝度修,吴文林纂:嘉庆二十一年《云霄厅志》,1931年重刊本,台北:成文出版社,1967年。

(清)阮元主修:道光二年《广东通志》,中华丛书编审委员会,1959年。

(清)卢凤棽修,林春溥纂:道光九年《罗源县志》,上海:上海书店出版社,2000年。

(清)梁舆等修,江远青、江远涵等纂:道光十二年《建阳县志》,福州:海峡书局,2020年。

(清)彭衍堂修,陈文衡等纂:道光十五年《龙岩州志》,台北:成文出版社,1967年。

(清)孙尔准修,陈寿祺纂:道光十五年《重纂福建通志》,南京:凤凰出版社,2011年。

(清)郑培椿等纂:道光十五年《遂昌县志》。

(清)侯坤元修,温训纂:道光二十五年《长乐县志》,上海:上海书店,2003年。

(清)张鹤龄修,谭史等纂:咸丰六年《兴宁县志》,1929年铅印本,台北:成文出版社,1966年。

(清)伍承告等修,王士玢纂:同治三年《云和县志》,台北:成文出版社,1970年。

(清)杨长杰修,黄联珏等纂:同治十年《贵溪县志》。

(清)蒋继洙等修,李树藩等纂:同治十二年《广信府志》,台北:成文出版社,1970年。

(清)魏瀛等主修,钟音鸿等纂:同治十二年《赣州府志》,台北:成文出版社,1970年。

(清)周杰修,严用光等纂:同治十二年《景宁县志》。

(清)彭润章纂修:同治十三年《丽水县志》,台北:成文出版社,1975年。

(清)卞宝第:同治《闽峤𬨎轩录》。

(清)潘绍诒修,周荣椿纂:光绪三年《处州府志》,台北:成文出版社,1974年。

(清)刘国光、谢昌霖等纂修:光绪五年《长汀县志》,台北:成文出版社,1967年。

(清)陈铭珪撰:光绪七年《浮山志》,荔庄刻本。

(清)张景祁等纂修:光绪十年《福安县志》,台北:成文出版社,1967年。

(清)俞渭修,陈瑜纂:光绪十八年《黎平府志》,成都:巴蜀书社,2006年。

(清)胡寿海等修,褚成允纂:光绪二十二年《遂昌县志》,台北:成文出版社,1974年。

(清)吴宗焯修,温仲和等纂:光绪二十四年《嘉应州志》,台北:成文出版社,1968年。

(清)卢蔚猷修,吴道镕纂:光绪二十六年《海阳县志》,台北:成文出版社,1967年。

(清)吕渭英修,郑祖庚纂:光绪二十九年《侯官县乡土志》,台北:成文出版社,1974年。

(清)周祖颐纂:光绪《福安乡土志》,京华印书局,1905年。

(清)杨澜:光绪《临汀汇考》。

(清)陈一夔:《甘棠堡琐志》。

(清)唐赞衮:《台阳见闻录》,台北:大通书局,1987年。

曹刚等修,邱景雍等纂:民国《连江县志》(1927年),台北:成文出版社,1967年。

何横等修,邹家箴纂:民国《宣平县志》(1934年),台北:成文出版社,1975年。

黄澄渊修,余钟英修纂:民国《古田县志》(1942年),上海:上海书店出版社,2000年。

黄继元等修,邓光瀛等纂:民国《长汀县志》(1940年),上海:上海书店出版社,2000年。

梁伯荫修,罗克涵纂:民国《沙县志》(1928年),(中国地方志集成:福建府县志辑)(39),上海:上海书店出版社,2000年。

刘织超修,温廷敬纂:民国《大埔县志》,大埔县修志局印行,1943年。

刘禹轮修,李唐纂:民国《丰顺县志》,汕头铸字局梅县分局,1943年。

罗汝泽等修,徐友梧纂:民国《霞浦县志》(1929年),台北:成文出版社,1967年。

王理平修,符璋、刘绍宽等纂:民国《平阳县志》(1925年),台北:成文出版社,1970年。

王思章修,赖际熙纂:民国《增城县志》(1921年),上海:上海书店出版社,2003年。

吴吕熙等修,柳景元等纂:民国《景宁县续志》(1933年),台北:成文出版社,1970年。

吴栻修,蔡建贤等纂:民国《南平县志》(1921年),台北:成文出版社,1974年。

余绍宋编纂:民国《龙游县志》(1925年),台北:成文出版社,1970年。

詹宣猷等修,蔡振坚等纂:民国《建瓯县志》(1929年),台北:成文出版社,1967年。

朱朝亨修,王光张等纂:民国《德化县志》(1939年),上海:上海书店出版社,2000年。

周瑞光汇编:《福鼎旧志汇编》,厦门:厦门大学出版社,2012年。

卓剑舟等著:《太姥山全志》,福州:福建人民出版社,2008年。

丽水地区地方志编纂委员会编:《丽水地区志》,杭州:浙江人民出版社,1993年。

罗源县地方志编纂委员会编:《罗源县志》,北京:方志出版社,1998年。

三、学术论著

班思德:《最近百年中国对外贸易史》(《最近十年各埠海关报告》),海关总税务司署统计科译印,1931年。

陈国强主编:《畲族民俗风情》,福州:海峡文艺出版社,1997年。

陈国强、蓝孝文主编:《崇儒乡畲族》,福州:福建人民出版社,1993年。

陈国强主编、石奕龙副主编:《简明文化人类学词典》,杭州:浙江人民出版社,1990年。

陈支平、周雪香主编:《华南客家族群追寻与文化印象》,合肥:黄山书社,2005年。

参考文献

《福建省少数民族古籍丛书：畲族卷——家族谱牒（上）》，福州：海风出版社，2010年。

《福建省少数民族古籍丛书：畲族卷——家族谱牒（下）》，福州：海风出版社，2011年。

《福建省少数民族古籍丛书：畲族卷——文书契约（上）》，福州：海风出版社，2012年。

《福建省少数民族古籍丛书：畲族卷——文书契约（下）》，福州：海风出版社，2012年。

福建少数民族调查组、浙江少数民族初级师范学校等：《畲族翻身唱新歌》，上海：上海文艺出版社，1961年。

郭志超：《畲族文化述论》，北京：中国社会科学出版社，2009年。

黄集良主编：《上杭县畲族志》，厦门：厦门大学出版社，1994年。

蒋炳钊：《畲族史稿》，厦门：厦门大学出版社，1988年。

蓝炯熹总纂：《福安畲族志》，福州：福建教育出版社，1995年。

蓝炯熹：《猴墩茶人》，昆明：云南人民出版社、云南大学出版社，2003年。

蓝炯熹：《畲民家族文化》，福州：福建人民出版社，2002年。

蓝炯熹主编：《穆云畲族乡志》，福州：海峡书局，2014年。

蓝炯熹主编：《康厝畲族乡志》，福州：海峡书局，2017年。

蓝炯熹主编：《坂中畲族乡志》，福州：海峡书局，2023年。

蓝炯熹等编著：《福建畲族村落文献·文书契约卷》，厦门：厦门大学出版社，2023年。

蓝运全、缪品枚主编：《闽东畲族志》，北京：民族出版社，2000年。

雷必贵：《苍南畲族的源流与分布》，北京：中国文史出版社，2006年。

雷恒春主编：《福州市畲族志》，福州：海潮摄影艺术出版社，2004年。

雷楠、陈焕钧主编：《凤凰山畲族文化》，深圳：海天出版社，2006年。

丽水学院畲族文化研究所、浙江省畲族文化研究会编：《畲族文化研究论丛》，北京：中央民族大学出版社，2007年。

林光华、陈成基等主编：《坦洋工夫》，福州：福建美术出版社，2009年。

吕立汉主编：《丽水畲族古籍总目提要》，北京：民族出版社，2011年。

宁德师范学院等编：《畲族文化新探》，福州：福建人民出版社，2012年。

《畲族简史》编写组：《畲族简史》，福州：福建人民出版社，1980年。

施联朱编著：《畲族风俗志》，北京：中央民族学院出版社，1989年。

施联朱主编：《畲族研究论文集》，北京：民族出版社，1987年。

石奕龙、张实主编：《畲族：福建罗源县八井村调查》，昆明：云南大学出版社，2005年。

宋光宇编译：《人类学导论》，台北：桂冠图书有限公司，1979年。

王逍：《走向市场：一个浙南畲族村落的经济变迁图像》，北京：中国社会科学出版社，2010年。

俞郁田编纂：《霞浦县畲族志》，福州：福建人民出版社，1993年。

浙江省民族事务委员会编：《畲族高皇歌》，北京：中国广播电视出版社，1992年。

浙江省少数民族志编纂委员会编：《浙江省少数民族志》，北京：方志出版社，1999年。

浙江省丽水地区畲族志编纂委员会等编：《丽水地区畲族志》，北京：电子工业出版社，1992年。

赵世培、郑云山：《浙江通史》（第9卷），杭州：浙江人民出版社，2005年。

《中国民间文学集成·浙江省·丽水地区：景宁畲族自治县卷》，景宁畲族自治县文化局民间文学集成办公室，1989年。

《中国少数民族社会历史调查资料丛刊》福建省编辑组编：《畲族社会历史调查》，福州：福建人民出版社，1986年。

钟雷兴主编：《闽东畲族文化全书：谱牒祠堂卷》，北京：民族出版社，2009年。

朱洪、姜永兴：《广东畲族研究》，广州：广东人民出版社，1991年。

Hacking, I. *The Social Construction of What?* Boston：Harvard University Press，2000.

四、学术论文

傅良基：《畲族婚俗》，《中央民族学院学报》1984年第4期。

胡先骕：《浙江温州、处州间土民、畲客述略》，《科学》1923年第7卷第3期。

江金秀：《闽东畲族村落文化遗产的保护》，厦门大学硕士学位论文，2008年5月。

蓝岚：《畲族祖图长卷艺术价值初探》，《畲族文化新探》，福州：福建人民出版社，2012年。

蓝焰:《畲族巫术文化中的陈靖姑信仰》,《世界宗教研究》2007年第4期。

吕立汉、蓝岚:《一帧弥足珍贵的畲族祖图长卷——钟水寿藏畲族祖图长卷介绍》,《畲族文化新探》,福州:福建人民出版社,2012年。

石奕龙:《福建畲族的婚姻状况和收养关系》,《民族研究》1997年第5期。

石奕龙:《福建漳浦畲族家庭生活的若干问题》,《宁德师专学报(哲社版)》1998年第4期。

石奕龙:《关于畲族族源的若干问题》,《畲族研究论文集》,北京:民族出版社,1987年。

石奕龙:《关于畲族民间信仰现状的初步研究》,《畲族民俗风情》,福州:海峡文艺出版社,1997年。

石奕龙:《畲鬼抑或山鬼——符号象征的时代转换与时代感》,《徐州工程学院学报》2018年第2期。

石奕龙:《明代嘉靖以后闽东浙南才有畲民见诸文字记录》,《宁德师范学院学报》2016年第2期。

石奕龙:《明清时期畲族盘瓠传说的再发明及其原因》,《西岸》文史集刊第二辑,福州:福建教育出版社,2013年。

石奕龙:《畲民在成年礼后就能加上"法名"吗?》,《畲族文化新探》,福州:福建人民出版社,2012年。

石奕龙:《畲族男大当嫁吗?》,《福建社会主义学院学报》2006年第1期。

石奕龙:《明清时期畲族的香火继嗣方式——以丽水市老竹畲族镇沙溪村蓝姓宗族为例》,《畲族文化研究论丛》,北京:中央民族大学出版社,2007年。

钟玮琦:《蓝礼文闹考场》,《丽水文史资料》第七辑,1990年。

Shi Yilong: Marriage and Adoptions Among the People of She Nationality in Fujian Province: An Investigation in Chagang Village, Shuimen Township, Xiapu County, *Social Sciences in China*, Vol.XIX, No.4 (《中国社会科学》英文版1998年4期)。

五、档案文书

福建安溪县善坛村:《关于申请恢复吾善坛村钟氏"畲族"族名的报告》。

《关于设立柳城畲族镇车门广生殿为畲族道教文化管理场所的申请报告》,2010年。

《(嘉庆八年)钟正芳呈文》,档案号:丙5－0007。

《蓝芳呈文(道光六年泰顺县恣情应试部文)》,苍南县民宗局民族科藏原件,丽水学院图书馆藏复印件,档案号:丙5－0009。

《李殿图对钟良弼祈求准予应试呈文的批文》,苍南县民宗局民族科藏原件,丽水学院图书馆藏复印件,档案号:丙5－0005。

(清)《请奶通关门科文》,福建罗源县八井村法师雷法连藏用。

《请奶科文》,福建罗源县八井村法师雷法连藏用。

六、族谱家谱

福建崇安三徵堂鉴修:《汝南郡蓝氏宗谱》,清光绪甲申年重镌,豫章三友堂梓。

福建福安坂中和庵(和安):《钟氏宗谱》,清道光二十七年初修,清光绪十六年重修。

福建福安坂中井口:《汝南郡蓝氏宗谱》,1937年手写本。

福建福安坂中畲族乡林岭村:《雷氏宗谱》,清光绪八年修。

福建福安春雷云:《冯翊雷氏宗谱》,清光绪元年手写本。

福建福安金斗量:《雷氏宗谱》,清嘉庆五年修。

福建福安上和安村藏:《钟氏宗谱》,清道光二十七年初修。

福建福鼎枇杷坑:《颖川郡钟氏族谱》,1915年刻本。

福建福鼎岭兜藏:《冯翊郡雷氏族谱》,清同治五年刻本。

福建惠安丰山:《雷氏族谱》,清乾隆二十八年手写本。

福建侯官钟大焜纂修:《颖川钟氏支谱》,清光绪二十七年刻本。

福建连江辋川:《蓝氏族谱》,清同治十年抄本。

福建罗源松山上土港:《汝南蓝氏支谱》,清咸丰八年手写本。

福建罗源县松山镇树楼村:《蓝姓族谱》,清光绪十八年抄本。

福建宁化茜坑:《冯翊郡雷氏家谱》,1914年芳饮堂藏板。

福建霞浦县崇儒镇霞坪村(垮里)藏:《雷氏族谱》,清同治癸酉年重修刻本。

福建霞浦县水门乡茶岗村藏:《冯翊雷氏宗谱》,1978年重修。

福建永安曹远蔡地:《汝南郡蓝氏族谱》,清嘉庆十六年刻本。

福建漳浦石椅种玉堂:《蓝氏族谱》,1991年修。

江西兴国贺堂源头山雷氏:《雷氏六修族谱》,清光绪三十二年新镌。

浙江丽水莲都区老竹畲族镇沙溪村:《宣邑蓝氏宗谱》,清宣统己酉年重修刻本。

浙江丽水莲都区丽新镇立新村藏:《冯翊雷氏宗谱》,1931年重修。

浙江丽水景宁惠明寺村雷岳松藏:《雷氏族谱》。

浙江丽水市景宁畲族自治县澄照乡四格村藏:《汝南郡蓝氏宗谱》,1919年手抄本。

浙江省丽水市景宁畲族自治县鹤溪镇暮洋湖:《蓝氏宗谱》,1921年手写本。

浙江云和:《汝南蓝氏宗谱》。

后　　记

本书是我承担的国家社会科学基金项目"畲族地区的经济生产方式转型与社会文化变迁"(04BMZ009)的最终成果,结题报告《明清时期畲族的社会文化变迁(1367—1911年)》完成于2011年7月。首先应感谢全国哲学社会科学工作办公室资助了这个项目的研究,使我有经费从事这一研究的人类学田野调查工作。由于当时国家社会科学基金项目资助的力度不够,经费仅够从事文化人类学的田野工作,无法使结题的成稿当即问梓。加上其他原因,如不时有些其他紧急、应时的研究任务需完成,在此拖延的十二年的时间里出版了三本书,即再现中国地理41:《福建省二:人文篇》、《两周时期句吴与邻族关系试探》、《妈祖文化志:妈祖信仰组织卷》,再版三本书,即《文化人类学导论》、《福建土围楼》、《泥土板筑的城堡——土围楼》等。故这一课题研究公开问世拖至今日才有机会得以在曹大明为首席的国家社科重大项目"近代浙江畲族文书的搜集、整理与研究"(20&ZD213)的支持下大幅修改后实现。同时也得到石磊的帮助,他参与和完成第五章和第七章的撰写,计8万多字。

当然,本书的问梓需要感谢厦门大学社会与人类学院资助出版经费,这才使这项虽结了题但却被某些原因束之高阁的历史人类学的畲族社会文化变迁史的研究,得以在2024年能够正式公开出版。不过,在这一耽搁的十二年时间里,也使得这本书有了一点比之过去些许进步的修正,有些见解也得以进一步凝实与提出。这也许就是一本书搁置多年、不断锤炼、推敲所带来的好处。虽然,不能保证还存在没有讲清楚的观点,也不能保证它仍可能存在着这样和那样的问题。但不管怎么说,现在的此书比之此项目结题时,有些进步也是明眼可见的,起码它的篇幅就猛然增加了三分之一强。当然,鉴于目前年老体衰、老眼昏花的认知，问题与疏漏难免仍可能存在，但这也只能待此书问梓后，接受公开的社会检验后再行处理了。所以，此书一旦出版，各种遗憾仍将存在。

其次，在这里也应该向厦门大学出版社的薛鹏志编辑表示我的衷心感谢。因为，在他的善意提醒下，我补充了"参考文献"一节，使这书的结构更加完善。同时，也再一次认真地核对了一些有关畲族的历史资料的出处。由此，也发现过去有些前辈汇编的畲族史料摘抄因受当时政治运动的政策影响，对摘抄下来的历史资料做了一些字面的刻意修改，这导致这些摘抄中的资料的"历史感"被削弱了，看不到历史的本来面目。如果没有核对史料的原出处就引用，就可能削弱了历史人类学和中国民族史研究的"历史感"，甚至可能产生某些误解。另外，这些摘抄编汇的畲族史料中，不知因为什么原故，有的还搞错了版本，张冠李戴，使人根据它去寻找原文出处时一头雾水。所以，建议后学者当利用这些摘抄汇编的畲族史料时，一定得花些时间认真地核对原文，找出原出处。这才不会出现引注与陈述的错误。这种较真的求实精神也是今后想作为学者的后学者应该坚持的学术精神，也应该是习总书记"历史就是历史，事实就是事实，任何人都不可能改变历史和事实"的求实精神在对畲族文化进行历史人类学研究的具体体现。

其三，要向厦门大学图书馆的周建昌表示我的感激之情。在他的帮助下，我从网上的《方志库》那里校对了一些文献记载。而且他也教会我可以在家中利用厦门大学图书馆购买的《中国数字方志库》等进行查寻地方志资料的技能与技巧。当然，遗憾也是存在的，这就是网上的《中国数字方志库》《中国基本古籍库》等中的收藏仍不够全面，有一些明代的方志在那里仍然找不到。

其四，在本书的出版过程中，应当感谢福建省民族与宗教研究所蓝炯熹、刘冬的大力支持和热情帮助。刘冬还主动提供了封面插图。

最后，需感谢内子黄丽敏女士，如果没有她任劳任怨地操持家务与管束孙儿，我也无法心无旁骛地在获得出版资助消息后的短时间内完成修订此书的任务。是为记。

石奕龙

2023年12月15日

于厦门大学北村海隅斋